만들기

MAKING: Anthropology, Archaeology, Art and Architecture
by Tim Ingold

Copyright © 2013 Tim Ingold

All rights reserved.

Authorised translation from the English language edition published by Routledge, a member of the Taylor & Francis Group.

This Korean edition was published by Podobat Publishing Company in 2025 by arrangement with TAYLOR & FRANCIS GROUP through KCC(Korea Copyright Center Inc.), Seoul.

이 책은 (주)한국저작권센터(KCC)를 통한 저작권자와의 독점계약으로 포도밭출판사에서 출간되었습니다. 저작권법에 의해 한국 내에서 보호를 받는 저작물이므로 무단전재와 복제를 금합니다.

만들기

인류학, 고고학, 예술, 건축
팀 잉골드 지음 | 차은정, 오성희, 권혜윤 옮김

making

일러두기

- [ ] 안의 내용은 본문의 이해를 돕기 위한 역자의 부가 설명이다.
- 별도 표시 없는 각주는 저자주, [역주] 표시가 있는 각주는 역자주다.
- 참고문헌 중 한국어 번역본이 있는 경우 역주에 서지 정보를 표기했다. 번역문 인용시 번역본의 쪽수를 적었으며, 필요한 경우 번역문 일부를 수정했다.

차례

서문과 감사의 말　　　　　　　7

제1장　내부로부터 알기　　　　　13
제2장　생명의 물질　　　　　　53
제3장　주먹도끼 만들기에 관하여　91
제4장　집 짓기에 관하여　　　　125
제5장　눈뜬 시계공　　　　　　159
제6장　둥근 둔덕과 대지 하늘　　193
제7장　도주하는 신체들　　　　227
제8장　손으로 말하다　　　　　269
제9장　선을 그리다　　　　　　309

역자 후기　　　　　　　　　353
참고문헌　　　　　　　　　367
찾아보기　　　　　　　　　380

서문과 감사의 말

내 마음에서 이 책의 이름은 줄곧 〈네 개의 A(The 4 As)〉여야 했다. 나는 계속 그럴 생각이었고, 모두에게 그렇게 말해왔다. 네 개의 A란 인류학(Anthropology), 고고학(Archaeology), 예술(Art), 건축(Architecture)을 말한다. 이 이름을 내걸고 학부 고학년생과 대학원생을 대상으로 몇 년간 강의를 계속해오면서 나는 수업 내용을 한 권의 책으로 만들면 앞으로 이 강의를 더 하지 않아도 되겠지 싶었다. 2007년 시점에서는 간단한 일이라고 생각했다. 강의용 노트가 이미 두툼했고 자료 또한 충분히 숙지하고 있었다. 쓰기만 하면 될 일이었다. 이듬해 2008년 늦여름부터 두세 달 남짓의 연구휴가를 맞아 본격적으로 집필에 돌입했다. 그러나 이 책의 3장과 4장의 초고를 쓰고 나니 휴가가 끝나버렸고, 그 후 3년간 학교 운영을 총괄하는 책임자를 떠맡게 되었다. 어느 날 내 상사인 부학장이 "팀, 이제 자네는 경영진일세. 우리는 같은 편이야"라고 말하며 내게 썩은 미소를 지어 보였다. 나도 모르게 소름이 돋았다. 그리고 나는 〈네 개의 A〉의 일을 떠올렸다. 그 일을 끝낼 수 있을까? 이 책을 다시 시작할 기회가 오지 않는 것이 아닐까? 혹시 나는 되돌아갈 수 없는 강을 건넌 것일까? 이 책을 먼저 끝내고 그다음에 수필집 『살아 있다는 것(Being Alive)』에 착수할 생각이었으나, 수필의 문장은 이미 다 써가고 거의 완성에 가까운 상태라는 것을 생각했을 때 어찌 됐든 후자를 먼저 끝내는 편이 더욱 현실적이었다. 〈네 개의 A〉는 또다시 미뤄졌다. 나는 내게 유예된 시간을 사용해서 특히 2010년의 길고 무더웠던 여름 동안 『살아 있다는 것』에 모든 것을 쏟아부었다. 이제 〈네 개의 A〉는 낡은 노트에 의지할 수 없었고 문제의식을 더욱 밀고 나아가야 했다.

그렇지만 돌이켜보면, 그렇게 돼버린 상황이야말로 감사할 일이었다. 이 책을 다 쓰기까지 오랜 시간이 걸렸지만 이보다 더 빨리 쓸 수는 없었을 것이다. 이 책의 기초를 이루는 아이디어가 숙성할 시간이 필요했기 때문이다. 그 아이디어는 다양한 대화를 통해 성장해야 했고, 더구나 최근 한두 해 사이에 읽을 수 있는 서적들에서 얻은 것이기도 하다. 일례로 이 책에서 중요한 역할을 하는 조응(correspondence)이라는 아이디어는 『살아 있다는 것』의 교정 최종단계에서 비로소 처음으로 생각해낸 것이다. 결과적으로 이 책은 처음에 구상했던 '강의에 기반한 교재'와는 완전히 다른 것이 되었다. 이 책은 내 개인의 철학을 표명하는 일종의 진술서이자, 요즈음 학계에 만연한 지나치게 부풀리고 과장해서 자기를 드높이는 문체에 대한 항의서가 된 것 같다. 말이란 경의를 표할 가치가 있는 소중한 것이어야 한다. 여전히 이 책의 영감은 내가 가르친 수업 중에서 가장 보람 있었던 〈네 개의 A〉 강의에 있다. 2003년과 2004년 사이에 처음 이 강의를 시작한 이래 수강한 모든 학생에게 한 명 한 명 감사의 말을 전하고 싶다. 세상의 모든 가르침이 그러하듯이 이 강의는 즐거웠으며 나 또한 많은 것을 배웠다. 그렇지만 내가 마침내 이 책을 쓸 수 있었던 것은 3년간의 학교 경영직을 마친 후 주어진 휴가 덕분이었다. 2011년 10월부터 시작된 이 휴가는 리버흄 재단(the Leverhulme Trust)이 2년간 지원해준 것인데, 그것이 없었다면 이 책을 쓸 수 없었을 것이다. 리버흄 재단의 지원에 심심한 감사를 표한다. 이제 이 책을 끝냈으니 연구제안서에 쓰겠다고 한 책을 쓰련다! 그건 다음 책이다.

여하간 나는 휴가 기간 밀린 일을 처리해야 했기에, 2012년 4월 말이 되어서야 빈 대학에 방문할 수 있었고, 2주간의 방문 동안 드디어 '만들기'라는 정식 제목을 달게 된 이 책 작업을 재개할 수 있었다. 〈네 개의 A〉라는 제목 또한 좋았지만, 무한한 우주에서 모든 것이 가능하되 계단만 못 오르는 공상과학소설의 생명체들처럼 최첨단 e북 시스템은 숫자가 포함된 제목을 처리할 수 없다는 이야기를 들었다. 게다가 〈네 개의 A〉는 아직 책의 배경을 잘 모르는 사람들에게 수수께끼일 수 있다. 반면에 '만들기'는 이 책이 무엇에 관한 것인지를 투명하게 보여준다. 인류학, 고고학, 예술, 건축, 이 네 분야는 만들기를 통한 사고방식이거나 적어도 그럴 수 있다는 것이다. 이것은 고등교육기관에서 이론가와 실천가를 학술적 담장을 경계로 대립적으로 나누는 사고방식에 기반한 만들기와는 전혀 다르다. 이와 달리 나는 사물의 만들기는 성장의 과정과 같다고 주장한다. 책을 쓰는 것도 마찬가지다. 비는 성장을 돕는다. 지금도 생생하게 기억하는 가장 습한 스코틀랜드의 여름철을 보내며 내 원고는 점점 살이 올랐다. 그리고 원고는 숙성되기 위해 약간의 햇빛이 필요했다. 2010년 여름에 『살아 있다는 것』을 썼을 때처럼 또다시 핀란드 동부의 피에리넨(Pielinen) 호수 기슭에 있는 작은 별장에 기거하며 주변 환경의 도움을 받았다. 7월의 햇볕이 내리쬐는 3주간의 목가적인 환경에 둘러싸여 나는 그 햇볕 덕분에 마지막 두 장을 끝낼 수 있었다. 이 단계에 이르면 내가 책을 쓰는 것이 아니라 오히려 책이 내게 무엇을 써야 하는지를 가르쳐준다. 책이 어떻게 스스로 사고하는지에 관해 생각하면 할수록 참으로 기이하다. 이때 저자가 할 수 있는 일이란 책이 가려는 길을 찾아내서 그것을 따르는 것뿐이다. 사실 나는 만든다는 행위도 이와 같다고 생각한다. 바로 이것을 논증하는 것이 이 책의 주요한 주제 중 하나이다. 간단히 말해 나의 논제는 만들기란 제작자와 물질 간의 조응이며, 예술과 건축에서 그러하듯이 인류학과 고고학에서도 그러하다는 것이다.

늘 그렇듯 이 책을 쓰면서 헤아릴 수 없이 많은 사람에게서 영감과 도움을 받았다. 고마운 사람들이다. 그중에서도 마이크 아누사스(Mike Anusas), 스테파니 번(Stephanie Bunn), 얀 클라크(Jen Clarke), 앤 더글러스(Anne Douglas), 캐롤라인 가트(Caroline Gatt), 세자르 제럴드 헤레라(Cesar Giraldo Herrera), 웬디 건(Wendy Gunn), 레이첼 하크네스(Rachel Harkness), 엘리자베스 호드슨(Elizabeth Hodson), 레이먼드 루카스(Raymond Lucas), 크리스텔 매튜스(Christel Mattheeuws), 엘리자베스 오길비(Elizabeth Ogilvie), 아만다 레이브츠(Amanda Ravetz), 크리스천 시모네티(Cristian Simonetti), 조 버건스트(Jo Vergunst)에게 특별히 많은 은혜를 입었다. 나는 또한 라우틀리지 출판사의 외주 편집자인 레슬리 리들(Lesley Riddle)에게 신세를 졌다. 그녀는 약속한 기한을 계속해서 어기고 그 약속을 다시 미루는 작가에게 변함없는 지지와 인내심을 보여주었다. 그리고 집필 과정 내내 나를 인내해준 캐서린 옹(Katherine Ong)에게 감사하다. 나는 몇몇 장에서 이미 발표했거나 출판한 자료를 활용했지만, 실질적인 개정을 거치지 않은 것이 아니다. 예를 들어 제1장의 일부는 『앎의 방법: 지식과 학습의 인류학에서 새로운 접근법(Ways of Knowing: New Approaches in the Anthropology of Knowledge and Learning)』(M. 해리스 편집, 옥스퍼드 베르크한 출판, 287-305쪽, 2007년)에 수록된 「네 개의 A(인류학, 고고학, 예술, 건축): 가르침과 배움의 경험에 관한 고찰(The 4 As(anthropology, archaeology, art and architecture): reflections on a teaching and learning experience)」에 유래한다. 제2장의 몇몇 절은 다소 초보적인 형태로 「물질의 생태학을 향하여(Toward an ecology of materials)」(Annual Review of Anthropology 41 : 427-42쪽, 2012년)에서 발표된 내용이고, 제5장의 일부는 두 편의 서론에서 앞서 다루었다(「서론: 사용자-생산자의 지각(Introduction: the perception of the user-producer)」, W. Gunn & J. Donovan 편집, 『디자인과 인류학(Design and Anthropology)』, Farnham: Ashgate, 19-33쪽, 2012년; 「서론」, M. Janowski & T. Ingold 편집, 『경관을 상상하

다: 과거, 현재 그리고 미래(Imagining Landscapes: Past, Present and Future)』, Farnham: Ashgate, 1-18쪽, 2012년). 제6장은 나 자신의 논문「둔덕은 기념물이 아니다(The round mound is not a monument)」(『영국 신석기시대 및 그 후의 둔덕과 기념물성(Round Mounds and Monumentality in the British Neolithic and Beyond)』, J. Leary & T. Darvill & D. Field 편집, Oxford: Oxbow Books, 253-260쪽, 2010년)의 일정 부분을 포함한다. 제7장은 앞서 제출한 연차보고서에서 몇 단락을 가져왔으며, 제9장의 몇 단락은 내가 편집한 책『인류학의 재구상: 물질, 운동, 선(Redrawing Anthropology: Materials, Movements, Lines)』(Farnham: Ashgate, 1-20쪽, 2012년)의 서론에서 옮겨왔다. 나머지는 새로 작성한 것이다.

    나는 이 책을 모든 면에서 나의 가장 성실한 지지자이자 가장 신랄한 비평가에게 바친다. 그녀는 이 책이 출간되는 지금까지도 어딘가에 정신이 팔려있는 구제 불능의 학자인 남편과 40년 이상을 살아냈다.

팀 잉골드
2012년 8월 애버딘에서

제1장
내부로부터 알기

배우는 법을 배우기

스스로 알아라! 이는 40여 년 전 핀란드 북동부 사미족(Saami) 사람들 사이에서 초보 현장연구자로 있던 내가 실용적인 작업들을 어떻게 진행해야 할지 몰라 막막해하고 있을 때 나의 연구참여자들이 종종 유일하게 해주었던 조언이다. 나는 처음에 그들이 그저 돕기를 꺼리거나 자신들이 지극히 잘 아는 것을 알려주기를 꺼린다고 생각했다. 하지만 나는 얼마 지나지 않아 그들이 그와는 정반대로 내가 다음을 이해하길 원했음을 깨닫게 되었다. 바로 무언가를 진정으로 알기 위한 유일한 방법인즉, 존재의 바로 그 내부로부터 아는 것이 자기 발견의 과정을 통한다는 것이다. 당신이 무언가를 알기 위해서는 그것으로 성장해야 하고, 그것이 당신 안에서 성장하게 해서 당신의 일부가 되도록 해야 한다. 만일 내 연구참여자들이 무엇을 해야 하는지 설명함으로써 형식적인 설명을 제공했다면, 나는 단지 알고 있다고 착각했을 것이다. 지시대로 하는 순간, 이 착각은 산산이 깨졌을 것이다. 단순한 정보 제공은 이해는커녕 지식도 보장하지 않는다. 속담에 담긴 지혜가 알려주듯, 말하기는 쉽지만 행하기는 어렵다.

요컨대 우리는 보고, 듣고, 느끼며, 즉 세계가 우리에게 알려줄 수밖에 없는 바에 주의를 기울이며 배운다. 나의 연구참여자들은 내가 스스로 탐구하는 수고를 덜어주기 위해 그곳에 무엇이 있는지 알려주지 않았다. 오히려 그들은 내가 어떻게 알아낼 수 있을지 알려주었다. 그들은 내게 무엇을 찾아야 하는지와 어떻게 사물을 추적해야 하는지를 가르쳐주었고, 앎이 적극적인 따라가기, 즉 따라 나아가기(going along)의 과정임을 가르쳐주었다. 이들은 항상 낚시, 사냥, 순록 방목으로 먹고살던 사람들이었으며, 그렇기에 이들에게 나아가며 안다는 관념, 다시 말해 움직임에 의한 앎이 아니라 앎이 움직임이라는 관념은 제2의 본성이었다. 그 관념은 나에게는 제2의 본성이 아니었지만, 그 당시에 심지어 나도 모르게 내 안으로 어떻게든 파고 들었던 게 틀림없다. 왜냐하면 돌이켜봤을 때 그 관념이 어떻게 내 사고와 특정 철학에 대한 선호를 이끌었는지 알 수 있기 때문이다. 내가 경력 초기에 현장 연구의 형성적인 경험을 겪지 않았다면 지금과 같은 방식으로 생각하고 있을까? 이를 알 수는 없다. 결과가 똑같을지 아니면 다를지 보려면 그 경험을 제외하고서 지난 사십 년을 반복해야 할 것이다. 그게 아니면 나로서는 달리 설명할 방법이 없다.

내가 처했던 것과 같은 상황에서 우리의 과업은 배우는 법을 배우는 것이다. 인류학자이자 사이버네틱 전문가, 그리고 다

방면에 걸친 독자적 지성인인 그레고리 베이트슨[1]은 이를 '이차학습(deutero-learning)'(Bateson 1973: 141)이라 불렀다. 이와 같은 배움은 세계에 대한 사실을 제공하기보다는 세계에 의해 가르침을 받도록 하는 것을 목표로 한다. 세계는 그 자체로 공부의 장소, 하나의 대학교가 된다. 이곳에는 학과에 마지못해 소속된 전문 교사와 재학생뿐만 아니라 모든 곳에 있는 사람들 그리고 우리의 삶과 우리와 그들이 사는 땅을 공유하는 다른 생명체들을 포함한다. 우리는 학문 분야와 상관없이 이 대학에서 우리가 함께[2] 공부하는 사람들(혹은 것들)에게 배운다. 지질학자는 교수뿐만 아니라 바위와 함께 연구한다. 그는 그것으로부터 배우고 그것은 그에게 무언가를 알려준다. 마찬가지로 식물학자는 식물과 연구하고 조류학자는 새와 연구한다. 그리고 인류학자는? 그 역시 잠시 잠깐일지라도 그와 머무른 사람들과 연구한다. 다른 모든 학문 분야의 종사자와 마찬가지로 인류학자에게

---

1 [역주] 그레고리 베이트슨(Gregory Bateson, 1904~1980)은 영국 태생의 인류학자다. 그는 사이버네틱스, 유전학, 병리학, 정신의학, 언어학, 생태학 등 여러 분야에 걸친 연구 성과를 남겼다. 그는 캘리포니아의 팔로 알토(Palo Alto)에서 일명 베이트슨 프로젝트(Bateson Project, 1953~1963)을 통해 조현병의 이중구속 이론을 발전시킨 것으로 유명하다. 시스템 이론에 관심을 기울였던 그는 사이버네틱스의 메이시 회의(1941~1960)의 원년 멤버였다. 대표 저서로 『마음의 생태학』(박대식 옮김, 책세상, 2006)이 있다.

2 [역주] 원문은 "In this university, whatever our discipline, we learn *from* those *with* whom (or which) we study"이다. 강조한 부분을 번역하면 "~에 대해 배우다", "~로 배우다"라는 뜻이지만 잉골드가 이후에 "anthropology of"와 "anthropology with"를 구별하는 것을 고려하여 'with'를 '함께', '~와'로 옮겼다.

배우는 법을 배운다는 것은 그의 관찰을 섣불리 구체화할 수 있는 선입견을 적용하기보다는 떨쳐내는 것을 의미한다. 이는 모든 확신을 질문으로 전환하는 것이며, 이에 대한 답은 책의 해답지를 보며 발견되는 게 아니라 세계 속에서 우리 앞에 놓인 것에 주의를 기울임으로써 발견된다. 따라서 발견의 길은 우리의 시선을 뒤로 돌리기보다는 앞으로 나아감을 느끼기에, 회상보다는 기대에 있다.

 이 책은 인류학이라는 학문 분야를 기반으로 한다. 학문 분야 내에서 틀림없이 가장 반학문적인 인류학은 그 대다수의 현역 인류학자들이 학문 활동의 대부분을 할애하는 학습 및 학업 제도가 아니었더라면 지속하지 못했을 것이다. 그렇지만 그와 동시에 인류학은 이 제도의 정당성이 근거하고 그 운영을 지속적으로 뒷받침하는 주요한 인식론적 주장에 도전하는 데 주로 헌신한다. 학계는 세계가 어떻게 작동하는지에 대한 권위 있는 설명을 전달하거나 외관의 환상 배후에 있는 실재를 드러내기 위해 이러한 인식론적 주장을 한다. 학문의 전당에서 이성은 직관을, 전문성은 상식을, 사실에 근거한 결론은 사람들이 일반적인 경험이나 선조들의 지혜에서 얻은 앎을 능가하도록 운명 지어졌다. 인류학의 사명은 오랫동안 이 전당을 근본적으로 뒤엎는 것이었다. 그 시작점은 세상의 이치에 관해 무엇이든 아는 자가 있다면 그가 그 조상들처럼 그 이치를 따르는 데 삶을 헌신한 자라고 추정하는 것이다. 그러므로 인류학자는 이러한 삶의 이치를 이해하고 이를 실천하는 데 필요한 몇몇 지식과 기법을 스스로 습득함으로써 우리가 가장 많이 배울 수 있다고 말한다. 우리는 이 배움과 이것이 열어주는 비판적 관점으로 무장하여 학계로 다시 시선을 돌리고, 말하자면 학계 자체의 지식 실천에 내재한 한계를 드러내 그 과대평가된 모습을 적절한 수준으로 낮출 수 있다.

인류학과 민족지

우리는 인류학에서 사람들과 함께 연구한다. 그리고 우리는 그들에게서 배우길 소망한다. 우리가 '연구' 혹은 심지어 '현지조사'라 부를 수도 있는 것은 사실 장기간 이루어지는 고급 강좌로, 여기서 수련생은 그의 스승이 하는 방식으로 보고, 듣고, 느끼는 것을 차차 배우게 된다. 요컨대 생태 심리학자인 제임스 깁슨[3]이 칭한 주의의 교육(education of attention)을 겪는 일이다(Gibson 1979: 254; Ingold 2001 참조). 하지만 많은 현장 연구자는 이러한 종류의 교육을 받을 뿐만 아니라 현지 공동체의 삶과 시대를 기록하는 데 전념한다. 이 기록물은 민족지로 알려져 있다. 대개 인류학자와 민족지학자는 같은 사람이고, 인류학과 민족지의 과업도 나란히 진행된다. 하지만 그 둘은 같지 않으며

---

3   [역주] 제임스 깁슨(James Gibson, 1904~1979)은 미국의 심리학자다. 그는 시각적 지각 분야에서 활약했다. 지각 활동보다 신경 체계가 우위라고 주장하는 기존의 심리학 정설을 뒤집어 정신이 신경 체계의 부가적 과정 없이 생태적 과정을 직접 수용한다는 생태학적 심리학을 주장했다. 국내에서는 『지각체계로 본 감각』(박형생, 오성주, 박창호 옮김, 아카넷, 2016)이 출간되었다.

이 지속적인 혼동은 문제를 끝없이 초래해왔다. 우리는 이 문제를 해결해야만 한다.

예시를 통해 생각하는 것은 도움이 되므로 이를 위해 하나의 예시를 고안해보자. 나는 아마추어 첼리스트로서 물론 지극히 비현실적이지만 언젠가 위대한 러시아의 첼로 거장 므스티슬라프 로스트로포비치(Mstislav Rostropovich)와 함께 연구하러 갈 것이라는 꿈을 꾸곤 했었다. 나는 그의 발치에 앉아 관찰하고 듣고, 연습하며 지도를 받았을 것이다. 그렇게 한두 해가 지나면, 나는 이 악기의 가능성과 잠재성, 음악의 깊이와 미묘함, 그리고 한 인간으로서 나 자신에 대한 훨씬 더 깊은 이해를 갖고 돌아올 것이다. 결국 이는 앞으로도 오랫동안 탐험할 음악적 탐구의 길을 열어줄 것이다. 자, 이번에는 그 대신 어쩌면 음악학 학위를 취득하고 유명한 러시아 첼리스트들에 대한 연구를 수행하기로 결정했다고 가정해보자. 연구의 목적은 그들이 이 특정한 길을 걷게 만든 요인이 무엇인지, 이후의 경력이 어떻게 전개되었는지, 무엇이 그들의 삶과 연주 방식에 주로 영향을 미쳤는지, 현대 사회의 맥락에서 그들이 자신과 자신의 음악을 어떻게 생각하는지 밝히는 것이다. 나는 내 첼로를 이용해 로스트로포비치와 그의 주변인에 접근하고, 일상적인 대화든 보다 형식적인 인터뷰든 연구와 관련 있는 정보를 모으리라는 희망을 품으며 그와 얼마간 시간을 보낼 계획을 세웠을 것이다. 나는 비록 그렇게 유명하지 않더라도 내 명단에 있는 다른 몇몇 첼리스트에게도 똑같이 할 것이다. 그러고서 「현 위의 곰: 현대 러시아의 첼리스트와 첼로 연주」라는 내 계획된 논문에서 다룰 방대한 자료를 가지고 돌아올 것이다.

　나는 후자와 같은 연구가 음악학 문헌에 귀중한 기여를 할 수 있음을 부정하려는 것이 아니다. 이 연구는 평소라면 거의 다루어지지 않았을 주제에 대한 우리의 지식을 향상시켜줄 수 있다. 심지어 이 연구 덕에 박사학위를 받았을 수도 있다! 내 요점은 첫 번째 프로젝트가 두 번째 것보다 낫다는 것이 아니라 다만 그 둘이 근본적으로 다르다는 것이다. 내가 민족지와 인류학에 관해 말하고자 하는 바에는 결정적인 세 가지 차이가 있는데 이를 유추로 강조해보겠다. 첫째로, 첫 번째 프로젝트에서 나는 로스트로포비치와 함께 연구하고 그의 연주 방식에서 배우는 반면에 두 번째 프로젝트는 로스트로포피치에 대한 연구로 이를 통해 그의 연주 방식에 관해 배운다. 둘째로, 첫 번째 프로젝트에서 나는 내가 배운 것을 가지고 앞으로 나아가며, 그 과정에서 나는 당연히 이전 경험을 곰곰이 생각한다. 그와 반대로 두 번째 프로젝트에서 나는 동향과 패턴을 설명하기 위해 내가 모은 정보를 되돌아본다. 그리고 셋째로, 첫 번째 프로젝트를 추진하는 동력은 주로 변환적인 반면에 두 번째 프로젝트의 핵심 과제는 본질적으로 기록적이다. 다소 거칠게 말하자면, 이것은 인류학과 민족지의 차이이기도 하다. 인류학은 무엇과 함께 공부하는 것이자 그에게 배우는 것이다. 인류학은 삶의 과정 속에서 계속 이어지며 그 과정 내에 변환을 가져온다. 민족지는 무엇에 대한 연구이자 그것에 관해 배우는 것이며, 그 지속적인 결과물은 기록의 목적에 기여하는 회고적 서술이다.

　물론 이러한 구별을 제안한다고 해서 민족지를 경시하려는 것은 아니다. 나는 많은 동료 연구자가 민족지를 단순한 기록물로 간주하는 것은 이에 대해 지나치게 협소한 관점을 취하는 것이라고 반발할 것을 안다. 그들은 민족지가 내가 말한 것보다 훨씬 더 폭넓고 풍부한 시도이며 심지어 내가 조금 전에 인류학이라는 표제 아래에 두었던 모든 것들을 포함해야 한다고 강력하게 주장할 것이다. 그들은 인류학뿐만 아니라 민족지 또한 변환적이라고 말할 것이다. 왜냐하면 민족지학자는 경험에 의해 변화되고 이 변화는 그의 미래 작업으로 이어지기 때문이다. 이 때문에 그들의 관점에서 민족지와 인류학은 실질적으로 구별이 불가능하다. 하지만 나는 이에 대해서 기술적 기록물에 '단순한' 것은 없다고 대답할 것이다. 민족지적 작업은 복잡하고 벅찬 일이다. 이 작업은 민족지학자에게 미치는 영향에 있어 심지어 변환적일 수도 있다. 그러나 이 영향은 부수적인 효과이며 그 기록의 목적에 중요하지 않다. 실로 민족지를 경시하거나 이를 실제보다 부족해 보이게 만드는 것이 있다면, 그것은 다른 목적을 위해 그 이름을 가로채는 일이다. 어쨌든 민족지(민족(ethnos)=사람들; 지(graphia)=기술)는 문자 그대로 "사람들에 대한 기술"을 의미한다. 만일 민족지가 실제로 기술이 아닌 다른 것이 되었다면 기술의 과업은 어떤 이름으로 알려져야 하는가? 이름을 잃고 인정받지 못하는 것만큼 더 확실한 평가절하는 없다. 또한 뿐만 아니라 내가 곧 설명하겠지만, 기록과 변환의 목적을 혼동하는 것은 인류학이 그 비판적 권한을 수행하는 데 있어 무력해지도록 만드는 것이다.

현재로서는 목적의 측면에서 기록적인 것과 변환적인 것

의 구별이 경험적인 작업과 이론적인 작업의 구별과 전혀 일치하지 않는다는 점을 주장하고 싶을 뿐이다. 이론과 무관한 기술이나 기록이 있을 수 없다는 것은 자명한 사실이다. 하지만 같은 이유로, 생각하고 느끼는 방식에서의 진정한 변환은 면밀하고 주의 깊은 관찰에 기반하지 않으면 불가능하다. 이 책은 이에 딱 들어맞는 사례다. 이 책은 민족지적 연구가 아니며, 실로 민족지 자체를 거의 참조하지 않는다. 그러나 그렇다고 해서 이 책이 이론서가 되는 것은 아니다. 오히려 나의 전체 주장은, 우리 주변 세계에서 일어나는 일들과 별개로 사물을 '이론화'할 수 있으며 이러한 이론화의 결과가 세계를 이해하고자 하는 시도에 적용될 가설을 제공한다는 자만에 맞서는 데 있다. 이 자만이야말로 사회학자 C. 라이트 밀스[4]가 지적 공예술(intellectual craftsmanship)에 관한 유명한 에세이에서 앎의 방식과 수단 사이의 거짓된 분리라고 비판한 것을 만들어낸다. 밀스는 학문 분야의 이론과 그 방법 사이에는 구별이 있을 수 없다고 주장했다. 오히려 둘 모두 "공예 실천의 일부"(1959: 216)다. 인류학은 나에게 그러한 실천이다. 인류학의 방법이 물질로 작업하는 실천가의 방법이라면, 그 학문 분야는 실천가가 현재 무슨 일이 일어나는지 이해하고 이에 차례로 응답할 수 있도록 해주는 관찰적 관여와 지각적 예리함에 놓여 있다. 이것은 학계에서 참여 관찰

---

4 [역주] C. 라이트 밀스(C. Wright Mills, 1916~1962)는 미국의 사회학자다. 그는 막스 베버의 이론을 적용하고 대중화한 사회학자 중 하나다. 대표 저서로는 『화이트칼라(White Collar)』, 『파워 엘리트(The Power Elite)』, 『사회학적 상상력(The Sociological Imagination)』 등이 있다.

이라 알려진 방법이자 학문 분야다. 참여 관찰은 인류학자가 마땅히 자랑스럽게 여기는 것 중 하나다. 하지만 참여 관찰은 인류학의 실천이지 민족지의 실천이 아니다(Hockey and Forsey 2012). 그리고 내가 다음에서 보여주겠지만, 인류학자는 이 둘을 혼동하면서 그 자신을 괴롭힌다.

참여 관찰

인류학의 목적은 사물의 특이성을 있는 그대로 기술하는 것이 아니다. 이는 내가 주장했듯이 민족지의 과업이기 때문이다. 하지만 인류학의 목적은 이러한 기술로부터 일반화하는 것, 즉 인류학자 댄 스퍼버[5]의 말처럼 "민족지 자료"에 의존함으로써 "인간 문화의 다변성을 설명하는 것"(1985: 10-11)이 아니다. 오히려 그 목적은 인간 삶의 조건과 잠재성을 관대하고 제약 없이, 비교적이면서도 비판적으로 탐구하기 위한 공간을 열어주는 것이다. 이는 삶이 어떤 것일지 혹은 어떤 것이 될 수 있는지에 관한 사람들의 사변에 함께하는 것인데, 그렇더라도 이 방식은 특정 시공간에서 삶이 어떤 것인지에 대한 깊은 이해에 기초한다. 그렇지만 인류학의 사변적 야심은 관찰과 실천적 참여로

---

5 [역주] 댄 스퍼버(Dan Sperber, 1942~)는 프랑스의 사회과학자, 인지과학자, 인류학자이자 철학자다. 그는 '표상의 전염학(epidemiology of representations)'이라는 이론적 접근으로 유명하다.

배운 교훈이 차후 해석을 위한 경험적 자료로 재구성되는 지식 생산의 학문적 모델에 굴복함으로써 지속적으로 약화돼왔다. 이 단 한 번의 치명적인 변화에 인류학이 민족지로 몰락했을 뿐만 아니라 앎과 존재의 관계 전체가 뒤집혔다. 삶의 교훈은 그 외부에서 생성되는 이론 체계에 따라 분석되어야 하는 '질적 자료'가 되어버린다.

실증주의적 정신을 지닌 사회과학자들이 '질적 및 양적 방법', 심지어 더 터무니없게는 '양/질'을 말하고 마치 둘을 섞는 것이 이롭다는 듯 그것들의 본질적인 상보성을 들먹일 때마다 이 전도가 작동하고 있다. 설상가상으로 그들은 자료 집합의 질적 요소를 수집하기 위한 적절한 도구로 참여 관찰을 추천한다. 이는 그야말로 엎친 데 덮친 격이다! 왜냐하면 참여 관찰은 절대로 자료 수집의 기술이 아니기 때문이다. 그와 반대로 참여 관찰은 존재론적 책무에 깊게 자리잡고 있어 자료 수집이라는 관념 자체를 생각도 못하게 만든다. 이 책무는 결코 인류학에 국한되지 않는다. 이 책무는 우리가 알고자 하는 세계에 우리의 존재 자체를 빚지고 있다는 인식에 놓여 있다. 간단히 말하자면, 참여 관찰은 내부로부터 아는 방식이다. 과학학자 캐런 버라드[6](2007: 185)가 유창하게 표현했듯이 "우리는 세계 밖에 서서 지식을 습득하지 않는다. 우리는 '우리'가 세계의 것이기에 안다. 우리는

---

6 [역주] 캐런 버라드(Karen Barad, 1956~)는 미국의 페미니스트 이론가이자 물리학자다. 대표 저서는 『우주의 중간에서 만나기(Meeting the Universe Halfway)』다. 양자물리학의 개념을 발전시켜 행위적 실재론(agential realism)을 주창했다.

미분적 생성(differential becoming)을 하는 세계의 일부다."⁷ 오직 우리가 이미 세계의 것이기에, 그리고 우리의 주의를 끄는 존재 및 사물과 함께 하는 동료 여행자이기에 그들을 관찰할 수 있다. 그렇다면 참여와 관찰 사이에는 모순이 없다. 오히려 하나는 다른 하나에 의존한다.

우리가 세계에 빚진 것을 그로부터 추출한 '자료'로 전환하는 것은 존재에서 앎을 지워버리는 일이다. 이 전환은 지식이 '사후에' 구축되는 체계물로서 외부에서 재구축된다고 규정하는 것으로, 지식이 직접적이고 실천적이며 감각적인 방식으로 주변 환경과 관여하는 과정에서 발달되는 지각 기법과 판단 능력에 내재한다고 규정하는 것이 아니다. 이 변화야말로 관찰자를 그가 지식을 추구하는 세계 바깥에 위치시킴으로써 참여 관찰의 '역설'이라 종종 주장되는 것을 형성한다. 즉, 이 역설은 연구자가 탐구의 장 '내부'와 '외부'에 동시에 있기를 요구하는 것이다. 하지만 이것은 정상과학을 뒷받침하는 인간성의 정의 자체의 핵심에 자리한 실존적 딜레마를 재진술할 뿐이다. 과학에 따르면 인간 존재는 자연의 한 종이지만, 그럼에도 인간이 된다는 것은 그 자연을 초월하는 것이다. 이 초월성은 과학에 그 관찰을 위한 기반을 제공하면서 과학이 권위를 주장할 자격을 뒷받침한다. 적어도 공식적인 규약에 따르면, 이 딜레마는 과학자가 지식을 추구하는 바로 그 세계 속에 존재하는 것이 불가능하

---

7   강조는 원문을 따름. 이후로도 직접 인용에서의 강조는 별도 표기가 없을 경우 모두 원문을 따른다.

도록 만드는 조건이 동시에 그들이 아는 것을 가능하게 하는 조건이 된다는 것이다. 우리는 세계로부터 우리를 분리하고 우리 자신을 낯선 존재로 만드는 해방을 거쳐서만 세계에 대한 진실을 갈망할 수밖에 없는 듯하다.

양적 자료든 질적 자료든 이에 호소할 때마다 앎의 영역과 존재의 영역이 분리되었다는 전제가 깔려 있다. 왜냐하면 세계가 과학에게 주어지는 방식이 어떤 제공이나 책무의 일부가 아니라 마음껏 이용할 수 있도록 그곳에 있는 예비물이나 잔여물이라는 것이 이미 당연한 사실로 받아들여지고 있기 때문이다. 사회과학자의 탈을 쓴 우리는 보이지 않는 척 은밀하게 혹은 스승들에게 배우러 왔다고 주장하는 거짓된 미명 아래 이 세계에 발을 들인다. 이 스승들의 말은 그들이 제공해야만 하는 지침이 아닌 그들의 사고방식과 신앙 혹은 태도의 증거로서 귀 기울여진다. 그러고서 우리는 필요한 자료를 모두 챙기자마자 황급히 자리를 뜬다. 내가 보기에 이는 근본적으로 비윤리적이다. 이것은 우리가 사는 그리고 우리의 형성을 빚지고 있는 세계를 저버리는 일이다. 우리는 모든 자료를 손에 쥔 채 무엇을 알 수 있는지 안다고 생각한다. 그렇지만 우리는 모든 것을 안다고 생각하면서도 세계 그 자체를 보거나 그로부터 배움을 얻는 데 실패한다. 나의 목표는 이 책으로 앎을 그것이 속한 곳, 존재의 중심으로 복귀시키는 것이다. 이는 세계가 우리에게 가르쳐줘야만 하는 것을 위해 다시금 세계를 향해 돌아서고, 정상과학을 떠받치는 자료 수집과 이론 구축 사이의 구분을 반박하는 일이다.

우리는 인류학자로서 현재 이중구속에 처해 있다. 어떻게 하면 다른 문화의 민족지적 풍부함과 복잡성을 제대로 다루면서 동시에 인간 삶의 잠재성에 대한 급진적이고 사변적인 탐구에 열려 있을 수 있을까? 대안은 다음 두 가지 사이에 놓인 듯하다. 하나는 파국으로 치닫고 있는 세계에서 우리의 집합적 인간성을 어떻게 형성해야 하는가라는 거대한 질문을 둘러싼 비판적 대화에 참여해야 하는 책임을 방기하는 것이다. 다른 하나는 우리가 연구했던 사람들을 부지불식간에 그들이 만들지도 않은 구원 철학의 대변인으로 바꿔놓는 것이다. 두 대안 모두 인류학에 도움이 되지 않았다. 첫 번째는 인류학을 주변부에 머무르게 하고 언제나 소멸 직전에 놓인 듯 보이는 토착 세계에 대한 회고적 기록물로 전락하게 만든다. 두 번째는 원주민의 전통적 지혜가 어떻게든 이 행성을 구할 수도 있다는 통속적 믿음을 부채질할 뿐이다.

민족지로부터 해방된 인류학은 더는 기술적 정확함에 대한 회고적 책무에 얽매이지 않을 것이다. 그와 반대로, 인류학은 앎과 느낌의 방식을 우리 모두가 공유하는 미래로 가는 길을 모색하는 것을 돕는 본질적으로 미래 지향적인 과업으로 자유롭게 가져올 수 있을 것이다. 이 앎과 느낌의 방식은 현지조사의 맥락 안팎에 있는 세계 각지 사람들과의 변환적인 관여로써 형성된다. 우리가 교육 과정에서 대학자에게 배우러 가는 것은 훗날 그의 사상을 서술하거나 대변하기 위해서가 아니라 앞으로 다가올 중대한 과업을 위해 지각적, 도덕적, 지적 능력을 예리하게 하기 위해서다. 인류학자가 다른 사람을 연구하러 갈 때도 이와 다를 게 뭐가 있겠는가? 사실 우리는 계속 나아가기 위한 길을 찾기 위해 가능한 모든 도움을 필요로 한다. 하지만 그 누구도, 어느 토착 집단도, 어느 전문 과학도, 어느 교리나 철학도 미래로의 열쇠―그러한 열쇠를 찾을 수만 있다면―를 미리 쥐고 있지 않다. 우리는 스스로 미래를 만들어가야 한다.

탐구의 기술

우리는 또한 미래를 생각하지 않고서 미래를 만들 수 없다. 그렇다면 생각하기와 만들기의 관계는 무엇인가? 이에 대해 이론가와 장인은 다르게 답할 것이다. 전자가 생각만 하고 후자는 만들기만 한다는 게 아니라, 하나는 생각함으로써 만들고 다른 하나는 만듦으로써 생각한다는 것이다. 이론가는 머릿속에서 생각한 후 그때서야 물질세계의 실체에 그 생각의 형상을 적용한다. 반대로 장인의 방식은 우리 주변의 존재 및 사물과의 실천적이고 관찰적인 관여의 도가니에서 지식이 자라도록 하는 것이다 (Dormer 1994; Adamson 2007). 이것은 내가 탐구의 기술이라 부르고자 하는 실천이다.

    탐구의 기술에서 사고는 우리가 작업하는 물질의 유동 및 흐름과 함께 따라 나아가고 이에 끊임없이 답하며 수행된다. 이 물질은 우리가 물질을 통해 생각하듯이 우리로 생각한다. 여기서 모든 작업은 하나의 실험이다. 이것은 미리 형성된 가설을 검증하거나 '머릿속'의 관념과 '현장'의 사실을 대립시키려는 자연과학적 의미에서가 아니라 틈을 비틀어 열고 그 틈이 이끄는 곳으로 따라간다는 의미에서의 실험이다. 당신은 이것저것 시도해보고 무슨 일이 벌어지는지 지켜본다. 따라서 탐구의 기술은 이에 영향을 받은 이들의 삶 그리고 그것과 그들 모두가 속한 세계와 더불어 실제 시간 속에서 앞으로 나아간다. 탐구의 기술은 그들의 계획과 예측에 답하기보다는 그들의 희망과 꿈에 함께한다. 이는 인류학자 히로카즈 미야자키[8](Miyazaki 2004)가 희망의 방법(method of hope)이라 부른 것을 적용하는 것이다. 이 방법을 실천한다는 것은 세계를 기술하거나 재현하는 것이 아니라, 세계에서 일어나는 일에 우리의 지각을 열어 두어 그에 따라 이에 응답할 수 있도록 하는 데 있다. 다시 말해, 이는 내가 앞으로 조응이라 부르는 세계와의 관계를 형성하는 일이다. 나는 인류학이 이런 의미에서 탐구의 기술이 될 수 있다고 생각한다. 우리는 세계에 관한 더 많은 정보를 축적하기 위해서가 아니라 세계와 더 잘 조응하기 위해 인류학을 필요로 한다.

하지만 대체로 탐구의 기술을 실천하는 이는 인류학자가 아니라 현역 예술가 집단 사이에서 찾아볼 수 있다. 그리고 이것은 예술과 인류학의 관계에 대한 재평가를 촉구한다. 물론 예술 인류학은 오래되고도 훌륭한 학문 전통을 지니고 있다. 전 세계의 거의 모든 지역의 토착 생산품은 철저한 분석과 해석의 대상이

---

8   [역주] 미야자키 히로카즈(Miyazaki Hirokazu)는 일본 태생의 인류학자다. 그는 피지(Fiji)에 대한 인류학적 연구로 『희망의 방법: 인류학, 철학, 피지의 지식(The Method of Hope: Anthropology, Philosophy, and Fijian Knowledge)』을 출간했다. 이 책에서는 수바부(Suvavou) 사람들이 지난 백 년 동안 조상들의 땅을 되찾고자 하는 희망을 어떻게 유지해왔는지에 집중한다.

돼왔다. 그 결과로 나온 문헌의 상당 부분은 물질문화 및 시각문화 분야의 글과 겹친다. 또한 두 문헌은 같은 편향으로 고통받는다. 물질문화 연구의 초점은 완성된 대상과 이를 사용하고 소비하거나 귀중품으로 여기는 사람들의 생애사와 사회적 상호작용에 이 대상이 연루되면서 발생하는 일에 지나치게 집중돼왔다. 시각문화 연구의 초점은 대상, 이미지, 그리고 그들의 해석 사이의 관계에 집중돼왔다. 두 연구 분야는 인공물 자체를 존재하게 만드는 생산적 과정의 창조성을 놓치고 있다. 이 창조성은 한편으로는 그것을 만드는 물질의 발생적 흐름에 있고, 다른 한편으로는 실천가의 감각 의식에 있다. 따라서 만들기의 과정은 만들어진 대상에, 보기의 과정은 보이는 이미지에 집어삼켜진 듯하다.

인류학자는 예술에 대한 연구와 마찬가지로 예술 작품을 민족지적 분석의 대상으로 여기는 경향이 있다. 알프레드 겔[9](Gell 1998: 13)이 말했듯이, "예술 인류학이 예술 인류학이기 위해서는 어떤 '대상'이 사회적 행위자와 독특한, '예술스러운' 방식으로 관계 맺는 사회관계의 부분집합으로 한정되어야 한다." 그가 말하고자 하는 바는 예술 인류학이 최종 산물에서 그 생산을 유발했다고 추정되는 최초의 의도 혹은 이에 부여되었을 의미까지 인과관계의 연쇄를 역으로 추적할 수 있어야 한다는 것이다.

---

9 [역주] 알프레드 겔(Alfred Antony Francis Gell, 1945~1997)은 영국의 사회인류학자다. 그는 예술, 언어, 상징, 의례에 대한 인류학적 연구를 했다. 인도와 멜라네시아에서 현장 연구를 했다. 대표 저서로 『예술과 행위성(Art and Agency)』이 있다.

한마디로 이는 대상을 사회적·문화적 맥락에 두는 것이다. 따라서 예술 인류학은 예술 작품을 그 제작자의 사회적 환경과 문화적 가치의 지표로 간주하면서 그저 미술사의 역할을 떠맡게 되었다. 인류학자가 가치 함축적이고 자민족중심주의적으로 보이는 기준에 따라 평가적 판단을 내리는 여러 미술사학자의 경향과 자신들의 노력을 분리하기 위해 애써 온 것은 사실이다. 그럼에도 불구하고 인류학자가 예술을 분석되어야 하는 작품 모음집으로 취급하는 한 그 작품을 만드는 창조적 과정과의 직접적인 조응은 가능하지 않다.

나는 인류학과 예술의 관계에 관한 한 이 역-독해(reverse-reading), 역-분석적 접근이 지적 난관을 보여준다고 강력하게 주장하고자 한다. 이 난관의 원천은 '무엇의 인류학'이라는 공식으로 명명되는 것에 있다. 문제는 인류학이 그 외부에 있는 무엇과 만날 때마다, 그것이 이를테면 친족, 법, 혹은 의례든 무엇이든 분석 가능한 대상으로 전환하려 한다는 것이다. 따라서 인류학은 예술을 접할 때도 이를 우리가 연구할 수 있는 사회적·문화적 관계의 결에 얽힌 작품 모음집으로 취급하고 싶어 한다. 그러나 예술품 분석으로부터 예술에 관해 많은 것을 배울 수도 있을지라도, 예술로부터는 아무것도 배울 수 없다. 그와 반대로 나의 목표는 무엇의 인류학을 무엇과 함께하는 인류학으로 대체하는 것이다. 이는 우선 예술을 학문 분야로 간주하는 것이다. 학문 분야로서 예술은 인류학과 마찬가지로 우리의 감각을 다시 일깨우고 삶이 전개되는 과정에서 존재 내부로부터 지식이 성장하도록 하는 데 관심을 둔다. 인류학을 예술과 함께 수행한다는 것은 예술 자체의 성장 혹은 생성의 운동 속에서 역행하지 않고 전진하는 독해를 통해 예술과 조응하고 그것이 이끄는 길을 따라가는 것이다. 그리고 이는 예술과 인류학을 그 실천의 조응으로써 연결하는 것이지 각각의 역사적이고 민족지적인 대상의 측면으로써 연결하는 것이 아니다.

지금까지 몇몇 두드러지는 예외(예를 들어 Schneider and Wright 2006, 2010)를 제외하면, 인류학자와 예술 실천가의 공동 작업은 많지 않았고 진행되었던 작업도 모두 완전히 성공적이지는 않았다. 또다시 그 어려움의 원인은 인류학을 민족지와 동일시하는 데 있다. 왜냐하면 예술 실천을 인류학의 실천과 양립 가능하게 만드는 바로 그 이유가 정확히 민족지와 양립 불가능하게 만드는 이유이기도 하기 때문이다. 한편, 예술 실천의 사변적이고 실험적이며 제약 없는 성격은 민족지의 기술적 정확함에 대한 책무를 위태롭게 만들 수밖에 없다. 다른 한편, 민족지의 회고적인 시간 지향성은 예술의 관찰하며 관여하는 미래지향적인 역동성과 직접적으로 반대된다. 그러나 예술 실천이 그 목적에서 예술사와 다르듯이 인류학 또한 민족지와 다르다. 내 생각에 바로 여기에 예술과 인류학의 생산적인 공동 작업의 실질적인 잠재성이 있다. 예를 들어, 특정 예술 실천이 인류학을 하는 새로운 방법을 제시해줄 수 있을까? 만일 예술가와 인류학자가 세계를 연구하는 방식에 유사성이 있다면, 예술작품을 인류학적 연구의 대상이 아닌 인류학적 연구와 같은 것의 결과로서 간주할 수는 없을까? 우리는 인류학 연구의 결과가 작성된 텍스트에 국한될 필요가 없다는 관념에는 이미 익숙하다. 이 결과에는 사진이나 영상 또한 포함될 수 있다. 하지만 소묘, 그림 혹은 조각품 또한 포함될 수 있을까? 공예 작품이나 음악 창작, 혹은 심지어 건물도 포함될까? 반대로 예술작품이 비록 비언어적 매체로 '쓰인' 것일지라도 인류학의 형식으로 간주될 수는 없을까?

스스로 하기

이러한 종류의 질문들은 우리가 이 책이 처음 구상되었던 15년도 전에 시작된 세미나에서 제기한 것들이었다. 1990년대 중반 당시, 나는 여전히 맨체스터 대학교 사회인류학과에 재직 중이었다. 학과에는 의도된 것은 아니지만 우연히도 예술이나 건축, 혹은 그 둘 모두에 경력이 있는 다수의 연구생이 있었다.[10] 나는 우리가 정기적으로 만나 예술, 건축학, 인류학 사이의 접점에 관한 주제를 이야기하면 흥미로우리라 생각했다. 우리는 이를 실제로 진행했고 꽤나 성공적이었다. 실로 이 세미나는 내가 애버딘 대학교에서 현재의 직책을 맡기 위해 맨체스터를 떠났던 1999년까지 3년 동안 간헐적으로 진행되었다. 적어도 나에게는 매우 인상적인 세미나였으며 난생 처음 해보는 경험이었다. 우리는 세미나실에서 서로의 이야기를 듣는 일반적인 방식으로

---

10 나는 세미나 참여자 중 특히 세 명, 스테파니 번(Stephanie Bunn), 웬디 건(Wendy Gunn), 그리고 아만다 라베츠(Amanda Ravetz)를 언급하고 싶다. 세 명 모두 박사학위를 받은 뒤 각자의 힘으로 중요한 학문적 기여를 하고 있으며, 나는 그들의 지속적인 격려와 지지에 큰 고마움을 느낀다.

시작했지만, 한 학기가 지난 후 일종의 교착 상태에 이르렀음을 알게 되었다. 왜냐하면 우리가 관심 있어 하는 문제들이 진공 상태에서 다루어질 수 없음이 명백해졌기 때문이다. 우리는 스스로 해야만 했다.

당연히도 우리 인류학자는 사전 훈련 없이 (우리 중 몇몇은 있었지만) 마법처럼 손가락을 튕겨서 즉시 예술가나 건축학자로 변신할 수 없다. 하지만 우리가 고안해낸 아이디어에 몇몇 경험적 토대를 마련하기 위해 최소한 논의를 실천적인 것에 근거하도록 노력할 수는 있었다. 우리는 정말 다양한 일을 했다! 줄을 감아 바구니를 엮고, 항아리를 만들어 손수 제작한 가마에 굽고, 알렉산더 테크닉을 연습하여 우리의 머리와 팔다리가 완전히 이완되었을 때 얼마나 무거운지 알아내기도 했다. 우리는 농부를 도와 자연석 돌담을 다시 지었고, 다성음악 가창 워크숍을 열었으며, 건축 도면 그리기를 시도하고, 예술가의 작업실과 전시회를 방문했다. 우리가 했던 일 중 일부는 다소 터무니없었으며, 항상 성과로 이어지지는 않았다. 우리는 한 번도 일관된 안건을 다루지 않았다. 그러나 우리 모두 이 일을 하는 동안 나누었던 논의의 질이 일반적인 세미나에서 경험했던 것과는 전혀 다르며 새로운 통찰을 만들어내는 데 엄청나게 생산적이라는 점에 동의했다. 하지만 이것이 의심할 여지없이 사실이었음에도 왜 그러한지는 명확하지 않았다. 그렇다면 질문은 바로 이것이다. 논의가 실천적인 활동의 맥락에 기반을 두게 된다면 어떤 차이를 만들어내는가?

내가 1999년에 애버딘 대학의 인류학 프로그램을 부활시키기 위해 그곳으로 옮겨갔을 때, 내 야심 중 하나는 맨체스터 대학교의 예술, 건축학, 인류학 세미나에서 나온 아이디어 중 일부를 이어가는 것이었다. 던디 대학교 미술대학과 시각연구센터(School of Fine Art and the Visual Research Centre)의 동료들과 했던 초기 논의는 "배움은 실천 속에서 이루어지는 이해: 지각, 창조성, 기법 사이의 상호관계를 탐구하기"라는 다소 장황한 제목의 공동 연구 계획서 작성으로 이어졌다. 굉장히 놀랍게도, 이 프로젝트는 3년(2002-2005) 동안 연구 자금을 지원 받았다.[11] 연구 프로젝트를 구성했던 한 구성 요소는 작업실 기반 실천 과정에서 미술 기법이 어떻게 가르쳐지고 학습되는지를 살피는 것이었으며 던디의 미술대학 학생들의 학습 경험을 따라가는 참여 관찰을 포함했다(Gunn 2007). 하지만 우리는 이 연구와 나란히 진행하면서 동시에 이 연구를 보완하고자 인류학 학문 분야에서 미술과 건축학의 가르치기와 배우기 실천의 잠재적 적용 가능성을 탐구하기 시작했다.

바로 이 맥락에서 우리는 애버딘 대학교 인류학과의 상급학부생과 대학원생을 위해 〈네 개의 A: 인류학, 고고학, 예술, 건축〉이라는 제목의 수업을 개발했다. 이 수업은 2004년 봄 학기에 처음으로 개설되어 진행되었고, 한두 차례의 중단을 제외하

---

11 예술 및 인문학 연구위원회(Arts and Humanities Research Board)의 아낌없는 학술 연구비 지원에 매우 감사하다(연구보조금 참조 B/RG/AN8436/APN14425). 나는 또한 프로젝트의 핵심 신청자이자 전반적인 과정에서 중요한 역할을 수행해준, 던디 대학교의 스코틀랜드 예술사 교수인 머도 맥도널드(Murdo Macdonald)에게 개인적으로 감사를 표한다.

고는 그 이래 줄곧 열리고 있다. 나는 다음에서 이 수업이 무엇을 다루었고 어떻게 전달되었으며 이에 더하여 이를 뒷받침하는 교수 학습의 철학에 관해 이야기할 것이다. 하지만 그 전에 이 네 가지 학문 분야를 한데 모으게 만든 것이 무엇인지를 이들 모두가 A라는 글자로 시작한다는 우연한 일치를 넘어서 설명해 보겠다! 나는 이미 그중 하나인 인류학을 민족지 실천과 구별하는 데 상당한 관심을 할애했다. 인류학과 예술의 조응을 위한 조건을 확립하기 위해서는 그것을 구별해야만 했다. 이것은 앞으로 보겠지만 인류학이 건축학 및 고고학과 조응하기 위해서도 필요하다.

네 개의 A

예술에 대한 인류학에서 많은 연구가 이루어진 데 반해 건축에 대한 인류학은 지금까지 미개척의 영역으로 남아 있다. 전자의 문헌은 방대하고, 후자의 문헌은 거의 존재하지 않는다. 이 이유는 불명확하다. 사람들의 삶에서 예술과 건축의 상대적 중요성이 반영된 것은 분명 아닐 것이다. 가능한 하나의 설명은 예술작품이 그 규모와 휴대성 때문에 건축물보다 수집하기 더 쉽고 그래서 서구 세계의 박물관과 갤러리로 들어와서 그 출처지로 여행하기 꺼려 하는 학자들의 관심을 자연스럽게 끌게 되었다는 것이다. 하지만 이 가설을 지지하기 위한 증거는 없으며 틀림없이 다른 요인도 관련돼 있을 것이다. 어쨌든 존재하는 소수의 연구 대부분은 예술, 시각 및 물질문화 연구와 같은 일반적 입장을 취하는데 이 입장은 '건축'을 구조물과 동일시하고 그런 다음에 이 구조물을 민족지적 분석 대상으로 취급한다.[12] 이 연구는 건축에 대한 연구이지 건축과 함께하는 연구는 아니다. 나는 건축학을 예술 및 인류학과 결합하는 데 있어 그것을 학문 분야라고 대신 생각하기를 제안한다. 학문 분야로서 건축학은 우리가 주거하는 환경과 이를 지각하는 방식을 만드는 창조적 과정을 탐구하고자 하는 관심사를 예술 및 인류학과 공유한다. 이러한 학문 분야의 실천으로 간주된 건축학은 건물에 관한 것이라기보다는 건물에 의한 것이다. 요컨대, 이는 탐구의 건축이다. 이에 포함된 것은 형식의 발생, 힘과 흐름의 에너지학, 물질의 속성, 표면의 짜임새와 질감, 부피의 대기, 활동과 휴식의 역학, 선 만들기와 장소 만들기의 역학이다. 이 모든 질문에 대한 답은 내부로부터 아는 방법을 수반하며 우리는 이후 장에서 이 방법 중 일부를 탐구할 것이다.

맨체스터 대학교에서 애버딘 대학교로 옮기면서 예술, 건축학, 인류학이라는 세 가지 A에 고고학이라는 네 번째 A가 더해졌다. 이것은 고고학과 인류학의 경계를 오랫동안 넘나들었던 나 자신의 관심사를 일부 반영한 것이다. 하지만 나에게는 예술,

---

12 예를 들어, 다음을 참조하라. Blier(1987), Wilson(1988), Oliver(1990), Coote and Sheldon(1992), Carsten and Hugh-Jones(1995), Waterson(1997). 트레버 머챈드(Trevor Marchand)의 두 최근 연구는 노동 조직과 석공의 기법의 습득과 배치와 함께, 실제 짓기 과정에 초점을 맞춘 점에서 주목할 만한 예외적인 연구다(Marchand 2001, 2009).

건축학, 인류학의 관계에 대한 그 어떤 논의도 고고학 역시 포함되지 않는다면 완성될 수 없다는 확신 또한 있었다. 시간과 경관이라는 공통의 주제(Ingold 1990)와 인간 삶의 물질적이고 상징적인 형식에 대한 상호 관심을 지닌 인류학과 고고학은 비록 항상 소통해온 사이는 아니지만 오랫동안 밀접한 학문 분야로 여겨졌다. 게다가 고고학과 예술 및 건축학의 역사 사이에는 고대 유물과 고대 건축물에 공통의 관심을 가진다는 점에서 명백한 친연성이 있다. 내 생각에 어떤 의미에서는 건축학자와 고고학자가 과정상으로 대등하지만 시간상으로 반대된다고 간주할 수 있다. 어쨌든 건축가가 미래의 건축 형식을 제작하기 위해 사용하는 모종삽을 고고학자는 발굴 현장에서 과거의 형식을 드러내기 위해 동일하게 사용한다. 건축가가 무엇이 지어질 것인지에 대한 디자인으로 시작한다면, 고고학자는 발굴된 것에 대한 도면으로 끝낸다. 실로 이러한 유사성과 연관성을 고려할 때, 고고학이 네 번째 A로 함께하는 것은 자연스러운 일이다.

하지만 고고학이 실증과학이 아닌 탐구의 기술로서 인류학과 함께하려 한다면, 그리고 이와 유사하게 역사적 분석을 위한 대상의 집합이 아닌 학문 분야로 여겨지는 예술과 건축학과 함께하고자 한다면, 관여의 조건은 두 측면에서 재협상되어야 한다. 첫째로, 우리가 인류학을 민족지와 구분해야만 했던 것과 마찬가지로 고고학 역시 과거의 일상생활을 그럴듯하게 기술하여 재구성하는 것을 목적으로 하는 선사 혹은 원사 기록학의 종류와 구분되어야 한다. 비록 그와 같은 재구성의 공백을 채우기 위해 민족지적 유추[13]를 사용하는 것에 대한 찬반양론이 광범위하게 토론되었지만, 이 문제는 민족지와 선사 연구의 관계에서 핵심적일 뿐 인류학과 고고학의 관계에는 큰 영향을 주지 않았다. 둘째로, 고고학의 핵심 실천인 발굴은 가장 넓은 의미에서 과거 인간 활동의 흔적을 지닌 대지에 묻힌 물질과 관여하는 것으로 이해되는데, 우리는 이 발굴이 그에 조응하는 인류학의 참여 관찰 실천과 마찬가지로 자료 수집 기술로 환원될 수 없다는 점을 알아야 한다. 발굴은 참여 관찰처럼 내부로부터 아는 방법이다. 즉, 발굴은 '모종삽의 끝에서'[14] 숙련된 손에 의해 행해지는

---

13 [역주] 민족지적 유추는 민족지적 혹은 역사적 자료에서 알려진 관습과 적응 방식을 이용하여, 고고학적 증거만을 토대로 알려진 다른 인간 집단의 생활 방식을 연구자가 재구성하는 데 도움을 주거나 정당성을 부여해주는 논리를 의미한다. 이에 대한 비판으로는 유추라는 논리 방식이 언제나 추정적일 뿐이라는 점과 연구자에 의해 제안된 유추 자체가 아예 부적절할 수 있다는 것이다. (출처: University of California, San Diego 홈페이지 설명 https://pages.ucsd.edu/~dkjordan/cgi-bin/moreabout.pl?tyimuh=ethnographicanalogy)

14 [역주] 이는 고고학자 이안 호더(Ian Hodder)와 아사 버그렌(Åsa Berggren)이 2003년에 쓴 『모종삽의 끝에서: 고고학의 반성적 현장 실천에 대한 입문서(At The Trowel's Edge: An Introduction To Reflexive Field Practice in Archaeology)』와 관련된다. 이 문구는 고고학적 실천에서의 딜레마, 즉 현장에서 발생하는 일과 해석 및 글쓰기에서 발생하는 일 사이의 괴리를 잘 보여준다. 고고학 현장은 실험실처럼 지식이 생산되고 변환되는 곳이다. 과거의 유물은 어쩔 수 없이 현재에 모습을 드러내고 다양한 자연력에 노출된다. 이 현재와 과거 물질의 흔적이 만나는 곳이 '모종삽의 끝'이다. 하지만 이 물질성은 우리가 이미 가지고 있는 인지적 관념의 주형에 끼워 맞춰지기를 거부하며 지식에 저항하고, 놀랍게 하고, 재구성할 역량을 지니고 있다. 에지워스는 이러한 고정된 지식과 물질의 흐름을 돌을 감싸고 소용돌이 치는 물에 비유한다. 이 모종삽의 날에서 만나는 물질은 모종삽을 잡은 신체를 특정 방향으로 지향

세심한 주의와 생기 있는 물질 사이의 조응이다. 고고학적 지식은 '이론'의 틀 내 '자료'의 분석이 아니라 바로 이 조응으로부터 성장한다. 최근에 매트 에지워스[15]는 발굴 실천에서 고고학자는 어쩔 수 없이 단면(cut)을 따라가야[16]만 하며 "단면이 어디로 가는지, 그리고 어느 방향으로 우리를 이끄는지 살펴야만" 한다고 말했다. 고고학자는 단면을 수동적이기보다는 먹이를 추적하는 사냥꾼처럼 능동적으로, 본질적으로 가변적인 환경에 있는 시각 및 촉각 단서에 항상 주의를 기울이고 응답하면서 따라간다(Edgeworth 2012: 78, Ingold 2011a: 251 fn. 4 참조). 사실상, 단면은 조응의 선이다.

    하게 하고, 다양한 곳으로 이끌기에 신체는 이를 따라가야만 한다(Edgeworth 2012: 77).

15 [역주]매트 에지워스(Matt Edgeworth)는 영국의 고고학자다. 그는 영국뿐만 아니라 북아프리카의 카르타고(Carthage)와 스코틀랜드의 오크니 섬(Orkney Islands)에서 발굴 작업을 해왔다. 대표 저서는 『유동적인 과거: 흐름의 고고학(Fluid Pasts: Archaeology of Flow)』이다.

16 [역주] '단면을 따라가기'란 영국 고고학계에서 주로 구덩이, 말뚝 구멍, 배수로 등을 파낼 때 수반되는 핵심 기법을 가리킨다. 모종삽이나 여타 도구를 사용하며 발굴하는 사람은 물질과 접촉하며 이 단면을 따라가는데, 이는 체화된 지식으로 설명되기 어렵다. '모종삽의 끝'에 대한 논의에서처럼 이 단면은 중립적인 개체가 아니다. 고고학자가 미리 가지고 있는 관념은 그가 물질과 접촉하고 발굴하는 과정에 영향을 주며, 동시에 단면과 다른 고고학적 개체는 그가 미리 가지고 있는 관념이나 예상 밖으로 움직이며 기존 지식에 도전하고 변환된다(Edgeworth 2012: 78).

수업

수년 전, 인류학자 권헌익[17]은 가르침의 목표를 어떻게 설명하겠느냐는 한 대학 관료의 물음에 학생들을 훌륭한 사냥꾼으로 만들고자 열과 성을 다할 것이라 답했다. 이 대답은 늘 그렇듯 탁월했고, 관료를 완전히 당황하게 만들었지만 네 개의 A에 대한 수업의 설계와 전달 방식의 기저를 이루는 원리를 요약한 것으로서는 더할 나위 없이 좋았다. 수업의 목적은 학생들이 탐구의 기술을 훈련하고, 관찰의 힘을 예리하게 하고, 관찰 이후에 생각하는 것이 아니라 관찰로써 생각하도록 격려하는 것이었다. 그들은 사냥꾼처럼 배우는 법을 배우고 존재와 사물의 움직임을 따라가며 이에 차례로 판단력과 정확성으로 응답하는 법을 배워야 했다. 그들은 지혜에 이르는 길이 이 조응에 있으며 학문적 텍스트의 자기 참조적 영역으로 도피하는 데에 있지 않았다는 것을 발견했을 것이다. 그리고 그들은 사냥꾼처럼 꿈을 꾸도록 격려 받았다. 사냥꾼처럼 꿈을 꾼다는 것은 당신이 사냥하는 생명체가 되고 그들이 보는 방식대로 보는 것이다. 이는 존재의 새로운 가능성을 여는 것이지 닫힘을 모색하는 것이 아니다. 토착 사냥꾼이 우리에게 말해주듯, 꿈의 세계는 깨어 있는

---

17 [역주] 권헌익(Heonik Kwon)은 한국의 인류학자다. 그는 주로 한국과 베트남에 대한 현장 연구를 바탕으로 전쟁, 폭력, 기억에 대한 인류학적 연구를 해왔다. 그는 시베리아의 퉁구스 민족에 대한 인류학적 조사를 통해 영국 케임브리지 대학교에서 박사 학위를 받았다. 대표 저서로 『학살, 그 이후』, 『베트남 전쟁의 유령들』, 『전쟁과 가족』 등이 있다.

삶과 다를 바 없다. 하지만 꿈속에서는 다른 방식으로 그리고 어쩌면 땅 위가 아닌 공기 중에서처럼 다른 매질 속에서 움직이면서, 그 세계를 다른 감각으로 지각한다.[18] 당신은 깨어난 뒤에 익숙한 것을 새롭게 보게 된다(Ingold 2011a: 239).

우리는 관료적 책임을 이유로 어쩔 수 없이 제공해야 했던 공식적인 수업계획서에 네 개의 A 수업의 목표를 다음과 같이 명시했다. "이 수업은 인류학, 고고학, 예술, 건축학 사이의 연결을 탐구하는 것을 목표로 한다. 이 네 학문은 사람들이 공간, 시간, 운동의 흐름 속에서 주변 환경을 지각하고 이에 관계하는 방식을 이해하고 형성하는 데 상호 보완적인 접근으로 여겨진다." 하지만 돌이켜보면 이 수업을 진행하며 얻은 가장 놀라운 결과 중 하나이자 다소 예상치 못했던 결과는 이것이 명시적으로 학제간 연구로 계획되었음에도, 실제로는 학문 분야의 경계가 그저 사라져버렸다는 것이다. 그 경계가 만일 정말 존재했다면 말이다. 학생들은 네 개의 다른 영역을 연결해야 하는 경험을 하지 않았고 오히려 인류학, 고고학, 예술, 건축학의 관심사가 자연스럽고 수월하게 만나는 듯 보이는 일련의 길을 따라가게 되었다. 아마도 그 이유는 이 수업이 간-학제적(interdisciplinary)인 만큼 반-학제적(anti-disciplinary)이었기 때문일지도 모른다. 이 수업이 반-학제적이었던 이유는 학문 분야를 구획된 탐구의 영역으로 보는 규범적 이해를 뒤집었기 때문이다. 이 영역의 경계는 학

---

18 예를 들어 북중부 캐나다의 오지브와 사람들의 꿈꾸기에 대한 할로웰의 연구(Hallowell 1955: 178-181)를 참조하라.

문 분야가 다루는 현상군(A)의 경계와 일치한다. 이는 한 학문 분야가 A에 대한 연구(예를 들어, 예술 혹은 건축)로 설명될 때마다 암시된다. 하지만 지식의 전체 지형은 함께 연구한다는 우리의 관점에서 재구성된다. 우리에게는 영역 혹은 연구 분야로 분할된 영토적 표면 대신에 조응하는 가닥 혹은 관심의 선에 감긴 밧줄 같은 것이 있다. 우리의 목표는 이 선들을 함께 묶으면서 학문 분야가 규범적으로 이해돼온 방식에 암시된 지식의 영토화를 해체하고 내부로부터의 앎이 지닌 개방성을 기리는 데 있다.

 수업은 10주에 걸쳐 강의, 실습, 프로젝트 과제, 워크숍을 결합한 방식으로 진행되었다. 일반적인 개론 수업 이후 강의 주제로 디자인과 만들기, 물질, 물체와 사물, 몸짓과 공연, 공예와 기법, 지각 내 감각, 선들, 그리기[소묘], 표기법을 (이 순서에 따라) 다루었다. 일반적으로 이러한 심화 단계에서 제공되는 수업은 매주 한 시간씩 진행되는 강의 한 회와 개별 지도 시간 한 회로 구성된다. 네 개의 A를 위한 강의가 상당히 전통적인 구성 방식을 따랐던 반면, 개별 지도 시간은 주별 실습 세션으로 대체되었다. 학생들은 각 세션에서 그 주 강의에서 생긴 쟁점을 그에 첨부된 읽을거리와 함께 토의했다. 그와 동시에 해당 쟁점을 경험적 맥락에 배치하는 데 도움이 되는 구체적인 실습도 수행했다. 이 실습 중 일부는 이후 장에 서술되어 있다. 그것에는 물체 수집하기, 물질을 다루며 이것저것 시도하기, 연날리기, 줄 만들기와 매듭 엮기, 해변 산책, 서명 따라 쓰기, 관찰한 움직임의 표기법 구성이 포함되어 있었다.

 학생들은 강의에 참석하고 실습에 참여하는 것 외에도 프

로젝트 또한 수행해야 했다. 프로젝트는 수업 기간 내내 진행
됐다. 각 학생은 건물, 다리, 벤치, 고대 기념물, 공공 조각상, 혹
은 랜드마크(예를 들어 탑, 분수 혹은 유명한 나무)와 같은 '사
물(thing)'[19]을 골라야 했다. 학생들은 매주 약 한 시간씩 그 사
물과 시간을 보내고 그 사물의 특정한 측면에 주목하여 관찰하
거나 발견한 내용을 기록하도록 지도 받았다. 예를 들어, 그들
은 완성되었든 아직 성장하는 중이든 구축되는 중이든 그 사물
의 역사에 관심을 기울여야 했다. 그리고 그 사물을 이루는 물질
과 그 물질의 역사, 그 사물 위에 어떤 식물이 자라는지 혹은 안
에 어떤 동물이 사는지, 그리고 사람이나 동물이 그 안에서, 그
것을 넘어서, 그것을 통과해서, 혹은 그 주위에서 어떻게 움직이
는지에 주목해야 했다. 하루의 각기 다른 시간대인 밤이나 날씨
의 변화에 따라 그 사물이 어떻게 들리고 느껴지는지에도 관심
을 가져야 했다. 학생들은 사물을 그리거나 스케치하고 그 도면
을 만들며 이러한 그리기 과정이 관찰에 어떤 영향을 미쳤는지
성찰해야 했다. 그리고 그들은 쉽게 구할 수 있는 원재료로 모형
을 만들고 사물과 모형 간의 규모와 물질의 차이를 유념하면서
모형 만들기가 그 사물에 관해 무엇을 가르쳐줄 수 있는지를 고
려해야만 했다. 수업의 막바지에 이 노트는 소묘, 모형, 보조 자
료와 함께 평가를 위해 제출될 서류 묶음으로 모아졌다. 수업의
마지막 요소는 세 차례의 반나절 워크숍으로 이루어졌다. 여기

---

19 프로젝트의 초점을 – 예를 들어 – '물체/대상(object)'이 아니라 '사물(thing)'이
라 칭하는 이유는 이후에 명확하게 설명된다(제6장, 218-219쪽).

에는 버드나무로 직조하는 야외 활동, 예술가 작업실 방문, 경관 지각의 문제를 탐구하기 위한 시골 지역 산책이 포함되어 있었다.

⟨네 개의 A⟩ 수업의 설계와 운영 방식은 인류학이 밝혀낸 가르침과 배움의 방법과 일치하는 인류학 내 가르침과 배움의 방법을 도입하기 위한 노력의 일환이었다. 나는 수년간 입문 및 심화 수준의 학부 수업을 가르쳐왔고, 이 수업에서 배움을 실천의 특정한 맥락에 적용하기에 앞서 이미 완성된 정보 체계의 전달로 생각하는 것은 잘못되었다고 설명했다. 그와 반대로 우리는 삶의 과업을 수행하는 과정에서 행함으로써 배운다.[20] 여기서 선생의 기여는 감각 경험의 불완전하다고 추정되는 물질에 형상을 부여하는 이미 완성된 개념 및 범주 체계의 형식으로 지식을 그야말로 전달하는 데 있지 않다. 오히려 그의 기여는 그가 이미 알고 있을 뿐만 아니라 어쩌면 모르는 많은 것을 우리가 스스로 발견할 수 있는 맥락이나 상황을 마련해주는 데 있다. 한마디로 우리는 지식을 물려받기보다는 지식으로 성장한다. 진 레이브[21](Lave 1990)가 배움이란 문화를 습득하는 것이라기보다

---

20 나는 가르칠 때 제롬 브루너(Jerome Bruner 1986), 바바라 로고프(Barbara Rogoff 1990, 2003), 진 레이브와 에티엔 벵거(Jean Lave and Etienne Wenger 1991), 기슬리 팔손(Gísli Pálsson 1994)과 같은 학자들의 저작을 참조했으며, 이에 더해 내 저작도 참조했다(Ingold 2001, 2008b).

21 [역주] 진 레이브(Jean Lave, 1939~)는 사회인류학자다. 그는 주로 학습(learning)을 사회적으로 상황 지어진 활동으로 보는 연구를 했다. 그중 첫 책은 1988년에 출간된 『실천되는 인지(Cognition in Practice)』다.

는 실천 속에서 이해하는 것의 문제라고 말했을 때 의미한 바가 바로 이것이다.

　이제 어느 사회에서나 사람들이 이 방식으로 배운다면 우리가 속한 사회에서 학생들이 배우는 방식 또한 마찬가지일 것이다. 그러므로 학생의 역할은 학계의 우수한 자료에서 나오는 공인된 명제적 지식의 집대성을 받아들이는 것이 아니라, 인간 이해라는 공동의 추구에 협력하는 것이다. 그렇지만 레이브가 지적했듯 적어도 서구 세계의 교육 제도는 교실이 배움을 위한 전용 공간이며, 학생들은 사회에 대한 입증된 지식을 습득하고 교육이 완료된 후에야 이를 바깥 세계로 가지고 나가 실천할 수 있다는 이론에 근거하고 있다. 내 수업을 들었던 보다 통찰력 있는 학생 몇몇은 그들이 내게 배우는 방식(how)과 사회에서 배움이 실제로 이루어지는 방식에 대해 배웠던 것(what) 사이에 현저한 불일치가 있다고 지적했다. 나와 같은 교육자야말로 자신이 설파하는 것을 거의 실천하지 않는 사람들인 듯하다.

이 책

그렇다면 내게 주어진 도전은 내가 배운 대로 가르치는 방법을 찾는 것이다. 내가 주장했듯이 만일 인류학의 최종 목적이 기록이 아니라 변환에 있다면, 우리에게는 우리가 과거로부터 받았듯이 미래에 주어야 할 분명한 의무가 있다. 만일 자기(self)의 변환이 거기서 끝난다면, 자기가 타자와 세계를 변환하기 위해 호혜적으로 나아가지 않는다면 이 변환에 어떠한 가치가 있겠는가? 내가 로스트로포비치와 함께 연구하러 갔다면, 나는 음악을 연주함으로써 세계를 변환하고자 모색했을 것이다. 하지만 나의 직업은 음악가가 아니라 인류학자다. 나는 수업을 하지 공연을 하지 않는다. 그럼에도 불구하고, 나의 가르침을 비롯한 모든 가르침은 변환의 의도가 없다면 무가치할 것이다. 그리고 반대로 나의 연구를 비롯한 모든 연구는 우리를 이러한 의도로 가르치도록 이끌지 않는다면 무가치할 것이다. 가르친다는 것은 우리의 형성을 빚진 세계에 보답함으로써 우리의 책무를 기리는 것이다. 요컨대, (민족지적 글쓰기가 아니라) 가르치기는 참여 관찰의 다른 면이다. 즉, 한쪽 없이는 다른 쪽도 존재할 수 없으며, 둘 모두 탐구의 기술로서 인류학 실천에 필수적이다. 인류학을 가르친다는 것은 인류학을 실천하는 것이고, 인류학을 실천한다는 것은 탐구의 기술을 가르치는 것이다. 이것이 네 개의 A 수업의 핵심에 있던 교수법의 원리였다. 그리고 이 원리는 또한 이 책을 뒷받침한다. 이 수업은 학생들만큼이나 나에게도 무엇을 발견하게 될지 알지 못한 채 함께 떠난 여정이었고, 나는 이 여정이 열어준 길을 따라 발견한 것들 중 일부를 다음 장들에서 제시하려 한다. 즉, 사물을 만든다는 것의 의미가 무엇인지, 그리고 물질과 형태, 인공물과 건물, 디자인의 본질, 경관과 지각, 활기 있는 생명, 인격적 지식과 손으로 하는 작업에 관한 것이다. 하지만 이 책은 교과서는커녕 강의 교재도 아니다. 그렇다면 이 책은 어떤 종류의 책인가?

어느 밤 당신이 자는 동안 요정 트릭스터[22]가 부엌으로 슬그머니 들어갔다고 상상해보자. 요정은 당신이 레시피를 보관한 책장으로 가서 『케이티 스튜어트의 요리책(Katie Stewart's Cookbook)』(Stewart 1983) 한 부를 꺼낸다. 트릭스터는 그 다음에 책으로 가득한 서재로 이동해 그곳에서 피에르 부르디외[23]의 『실천 이론의 개요(Outline of a Theory of Practice)』(1977)를 발견한다. 짓궂은 눈빛을 한 요정은 『개요』를 조용히 꺼내고 『요리책』을 그 자리에 집어넣는다. 그러고 부엌으로 돌아와 『개요』를 『요리책』이 있던 곳에 슬쩍 넣는다. 다음날 당신은 전통적인 스코틀랜드 음식인 청어를 넣은 오트밀을 저녁 식사로 요리할 계획을 세운다. 당신은 케이티 스튜어트의 레시피가 그의 책 78쪽에 있다는 것을 떠올린다. 기억을 되살릴 몇 가지 팁이 필요하여 평소 책장에 꽂아두던 자리에서 책을 무심히 꺼낸다. 당신은 해당 페이지를 펼치고 다음을 읽는다. "아비투스는 견고하게 자리잡은 규제된 즉흥성의 생성 원리로서 그 발생 원리를 생산하는 객관적 조건에 내재한 규칙성을 재생산하는 경향을 지닌 실천을 생산한다. 그러면서 아비투스를 구성하는 인지 구조와 동기 부여 구조에 의해 정의되는 상황의 객관적 잠재

---

22 [역주] 트릭스터(trickster)는 신화나 민속 문학 등에서 등장하는 인물로, 속임수, 장난, 교활함 등으로 기존 질서를 흔드는 존재다.
23 [역주] 피에르 부르디외(Pierre Bourdieu, 1930~2002)는 프랑스 사회학자다. 그는 아비투스 개념을 주창하고 이와 관련해 상징 폭력, 장 이론 등 여러 개념을 발전시켰다. 대표 저서로 『구별짓기(La Distinction)』, 『실천이론의 개요』 등이 있다.

성으로서 기입된 요구에 적응한다." 어라, 이게 무엇인가? 누가 이런 허튼소리를 적었단 말인가? 이게 어떻게 당신이 요리하는 데 도움이 되겠는가? 당신은 불만스러운 상태로 「인류학 이론(Anthropologica Theoretica)」 저널에 보낼 학술 논문을 계속 작업하러 서재로 향한다. 그런데 당신이 필요로 하는 부르디외의 구절이 있다. 그것은 암기하기엔 지나치게 장황하다. 찾아봐야겠다! 그것은 78쪽에 있다. 당신은 그 책이라 생각하고 펼친 책에서 다음과 같은 내용을 발견한다. "청어를 깨끗이 하고 머리를 잘라내라. 청어를 조리대에 두고 껍질이 위쪽으로 오게 평평하게 펴내라. 뼈를 헐겁게 하기 위해 등을 따라 누르고, 각각의 청어를 뒤집고 뼈를 부드럽게 빼내라. 접시에 오트밀을 놓고 소금과 후추로 간을 해라. 청어의 각 면을 오트밀 안으로 단단히 눌러 넣어 오트밀로 덮어라." 이게 이론과 무슨 상관이 있는가?

물론 요정이 부린 속임수는 당신이 늘 엄밀하게 분리해두는 맥락에 속한 작업들을 뒤섞어버리는 것이다. 요리책과 요리 설명서를 위한 장소는 요리든 다른 어떤 것의 공예에 사용되는 재료와 기구 사이다. 그 책들은 부엌 혹은 작업장 내에서 믿을 만한 조언의 원천뿐만 아니라 영감과 통찰의 원천도 될 수 있다. 하지만 그러한 책은 서재에서 지적 내용이 1온스도 없는 하찮은 것들의 모음집으로 보인다. 스튜어트는 서문에서 다음과 같이 쓴다. "나는 작업하는 동안 발견한 최고의 레시피와 유용한 요리법 힌트와 팁을 모아두었다"(Stewart 1983: 7). 하지만 이 책은 평생의 경험을 농축했지만 당신의 서재에서 아무 쓸모가 없다. 그렇다고 부르디외의 책이 부엌에서 더 쓸모 있는 것도 아니다. 20세기 후반에 쓰인 사회학 및 인류학 이론서 중 가장 영향력 있다고 널리 알려진 이 책은 난해한 학술 용어로 가득한 것으로 전락해버린다. 실로 그것의 실천과 이론 사이의 간극, 혹은 말하자면 청어와 아비투스 사이의 간극은 그 어느 때보다 커 보인다. 나의 야심은 줄곧 그 간극을 메우는 책을 쓰는 것이었고 이론적인 것과 실천적인 것 사이의 대립을 어떻게든 해결하는 것이었다. 그러한 책은 다른 책뿐만 아니라 세계를 참조할 것이다. 책의 문장[선]은 세계의 글과 뒤섞이고, 그 페이지는 세계의 표면과 뒤섞일 것이다. 그렇다면 그 책의 거처는 어디인가? 당신은 어디에 거처를 두고 있는가? 일반적으로 부르디외는 서재에 있고 스튜어트는 부엌에 있지만, 당신은 집의 두 공간 모두에 그리고 그 외의 수많은 다른 곳에 있다. 그러므로 아마 이 책은 당신이 어디에 있든 당신과 함께, 당신이 몸에 지닐 수 있는 곳에 있을 것이다. 이 책을 읽으려 애쓰지 마라. 왜냐하면 이 책은 당신이 알아야 할 것을 알려주지 않을 것이기 때문이다. 당신은 스스로 알아내야 한다. 하지만 책과 함께 읽어라. 그리하여 이 책이 당신의 길을 안내해주기를 바란다.

제2장
생명의 물질

물체(objects)는 만지고 물질(materials)은 느낀다

〈네 개의 A〉 수업의 첫째 주에 학생들과 수행했던 실험 하나를 묘사하는 것으로 시작해보겠다. 이 실험을 위해 각자가 프로젝트에서 초점을 두고자 하는 '사물(things)' 주변에 놓인 물체들 중에서 발견한 것을 선택해 오라고 했다. 학생들은 잡다한 잡동사니의 모음을 가지고 왔다. 동전, 종이 집게, 음료 캔, 담배꽁초, 고무공, 갈매기의 깃털 등 많은 것이 있었다. 우리는 먼저 가져온 것을 전부 바닥 한가운데에 무더기로 쌓았다(그림 2.1). 그 더미를 바라보던 중, 그 사이에서 거미 한 마리가 빠져나와 허둥지둥 카펫을 가로질러 갔다. 거미는 한 물건을 타고 이곳에 도착했을 것이다. 하지만 아무도 어떤 물건인지 몰랐다. 사실 거미는 그 물건의 부분이었을까? 우리는 차례대로 각각 물체를 들어 올려 관찰하고, 형태를 살피고, 그 물체를 가져온 사람에게 어디에서 그것을 찾았고 왜 그의 관심을 끌었는지를 따져 물었고, 이떻게 물체가 그 특정한 장소에 이르렀는지에 대한 이야기를 재구성하려고 시도했다. 동전을 예로 들자면, 주머니와 지갑, 그리

그림 2.1 바닥 위 물체의 모음: 〈네 개의 A〉 수업에서

고 손과 계산대 사이에서의 셀 수 없는 자리바꿈을 이야기한다. 종이 집게는 바쁜 사무실의 서류 뭉치를 한때 집고 있었고, 액체가 담겼던 음료 캔은 바로 직전에 타오르는 담배 연기를 들이마셨을 목마른 입술에 닿았던 것이다. 표면에 난 치아 자국으로 보아, 모래사장에서 주워 온 고무공은 한때 개의 장난감이었던 것이 분명했고, 깃털은 한때 하늘 높이 날던 새를 장식하고 있던 것이다. 이 모든 물체는 요컨대 인간, 개, 조류 등 다른 생명을 증언하고 있었다. 그럼에도 그것들은 물체가 되어가는 과정에서 마치 나무에서 떨어진 잔가지처럼 이러한 생명에서 분리되었고, 강둑에 좌초한 장식품만큼이나 생명력 없이 남겨졌다. 오직 그 거미만이 탈출했다.

그 다음 주에는 각자의 프로젝트 장소로 돌아가 그 장소의 환경에서 모을 수 있는 물질을 선택해 가져오도록 했다. 이번에는 많은 학생들이 모래, 자갈, 진흙, 낙엽과 같은 것들로 가득 찬 용기(容器)를 가지고 왔다. 왜 용기일까? 우리는 내용물을 비우자마자 깨달았는데, 물질은 그 자체로 자리에 고정되지 않으며 어떤 형태를 유지하지 않고 흐트러지는 내재적 특성을 가지고 있기 때문이다. 우리는 모두 오물은 제자리에 있지 않는 물질이라는 메리 더글라스(Douglas 1966: 44)[24]의 유명한 정의에 익숙하다. 아니나 다를까 우리의 손은 금세 몹시 더러워졌다. 이는 지난주에 물체와 냉담하게 거리를 두고 관찰한 것과는 극명하게 다른 촉감의 경험을 제공했다. 그때는 보호 장갑을 낀 것처럼 반드시 물체와 그것을 들고 있는 손 사이에 어떠한 본질적 교환도 없어야 했다. 마찬가지로 물체가 구부려지지도, 부서지지도 또는 짓눌러지지도 않아야 했다. 우리의 관심은 전적으로 형태의 지속성에 있었고, 우리는 마치 탐정처럼 증거를 함부로 변경하거나 자료로서 가치를 위태롭게 하지 않도록 모든 물체를 세심하게 다루려 조심했다. 반면 물질과의 촉감의 경험은 모두 티끌과 질감에 관한 것이고, 가변성이 있는 물질과 예민한 피부 사이의 접촉에서 오는 느낌에 관한 것이며, 손바닥 위에 동그랗게 모이거나 손가락 사이로 흘러내리는 건조한 모래, 물기가 있어 들러붙거나 마르면서 굳어지는 진흙, 자갈의 거친 긁힘 등에 관

---

24 [역주] 메리 더글라스, 『순수와 위험: 오염과 금기 개념의 분석』(유제분, 이훈상 옮김), 현대미학사, 1997.

그림 2.2 풀로 뒤덮인 보드 위에 물질을 마구 바르기: 〈네 개의 A〉 수업에서

한 것이다.

　나 역시 물질 몇 가지, 즉 하드보드지 몇 장과 벽지 풀 한 통을 가져갔다. 보드에 풀을 바른 뒤 모두가 각자 가져온 물질을 섞어 보드 위에 원하는 대로 마구 발랐다(그림 2.2). 그 결과물은 오히려 놀라운 일련의 예술 작품이었다. 내가 생각하기에 가장 놀라웠던 점은 그 작품이 움직임과 흐름의 자취를 기입하는 방식이었다. 그것은 한편으로 실천자로서 우리 자신의 손짓과 몸짓이고, 다른 한편으로는 우리가 만든 혼합물의 특정한 흐름의 패턴이다. 돌이켜보면 그토록 놀랄 필요는 없었다고 생각한다. 결국 이것은 주방에서 겪는 우리의 가장 일상적인 경험과 일맥상통하니 말이다. 다음 번에 수프를 만들 때, 숟가락으로 저어

주는 동작이 팬에 섞인 재료의 점도와 흐름을 유도하고 그에 반응하는 방식 모두에 주의를 집중해보라. 이상한 점은 주방의 물질문화에 대한 연구들이 대체로 냄비나 프라이팬, 그리고 숟가락에만 초점을 두었고, 수프는 사실상 배제해왔다는 것이다. 다시 말해 그 초점은 물질보다는 물체에 있었다. 하지만 다시 생각해보면 이것은 우리가 주방에서 발견하는 것들의 구분이 아니다. 말하자면 이쪽은 물체이고, 저쪽은 물질이라는 식의 구분 말이다. 오히려 이것은 다른 관점일 뿐이다. 주부는 적어도 요리를 시작하기 전까지는 냄비와 프라이팬을 물체로 생각할 것이다. 하지만 고철상에게 그것들은 물질 덩어리다.

 마찬가지로 첫 수업에 학생들이 가지고 온 물체로 돌아가 질문해볼 수 있다. 우리가 이 모든 것을 물질로 생각한다면 어떤 일이 일어날 것인가? 동전을 예로 들어보자. 그것은 구리이고 망치로 두드리거나 달구거나 불꽃에 던져 어떤 일이 일어나는지 보면서(그 불꽃은 초록색이 될 것이다) 그것의 속성을 알아낼 수 있을 것이다. 클립은 일정 길이의 철사이고, 우리는 어떤 목적을 가지고 그것을 펴거나 구부릴 수 있다. 음료 캔은 알루미늄이다. 이것이 얼마나 가벼운지 느껴보라! 담배꽁초 안에는 여전히 연초가 남아 있다. 불을 붙이면 연기가 뿜어져 나올 것이고, 그 연기는 우리 호흡의 흐름과 리듬에 반응하며 이리저리 구불거리는 자취를 공기 중에 남긴다. 공은 고무로 만들어졌고 손으로 꼭 쥐면 말랑말랑함과 탄력성을 느낄 수 있다. 심지어 개가 공을 이빨 사이에 물고 느꼈을 기분을 상상해볼 수도 있다. 깃털을 물질로 본다면 그것이 원래 새의 몸 일부로서 함께 성장해왔으며 비행 중에 공기와 함께 어우러진다는 것을 알게 된다. 모든 사례에서 이전에는 물체였던 것을 물질로 다룸으로써 우리는 이들을 막다른 골목에 처했던 상태에서 구해 생명의 흐름으로 복원시킨다.

만들기는 곧 성장의 과정이다

이 장은 사물을 다시 생명으로 되돌리는 것에 관한 이야기다. 기본적인 논의는 간단한 도식으로 표현할 수 있다. 두 개의 선을 그려보자. 꼭 직선일 필요는 없으며, 조금 구불구불하게 그려도 좋다. 하지만 마치 나란히 걷는 두 사람이 남겨놓은 자취처럼 두 선은 서로 함께 나아가야 한다. 각각은 움직임의 경로이다. 이 중 한 선은 빛, 소리, 느낌으로 가득 찬 의식의 흐름을 나타낸다고 하자. 그리고 다른 선은 순환하고 섞이고 녹아드는 물질의 흐름을 의미한다고 하자. 이제 순간적으로 두 흐름이 각각 멈추었다고 상상해보라. 의식의 측면에서 이 멈춤은 스포트라이트의 환한 빛에 갑작스레 포착된 도주자처럼 이미지의 모습을 띤다. 그리고 물질의 측면에서 멈춤은 도주자를 길 위에서 막고 있는 바위처럼, 물체(대상)라는 단단한 형태를 띤다. 이 도식에서 각각의 멈춤은 두 선에 점이나 방울로 표시할 수 있다. 이제 두 점을 잇는 양방향 화살표를 그려보자. 원래의 두 선과 달리 이 화살표는 움직임의 자취가 아니다. 이것은 현상적이기보다 관념적이며, 이미지와 대상 사이 어떤 종류의 연결을 묘사한다. 이로

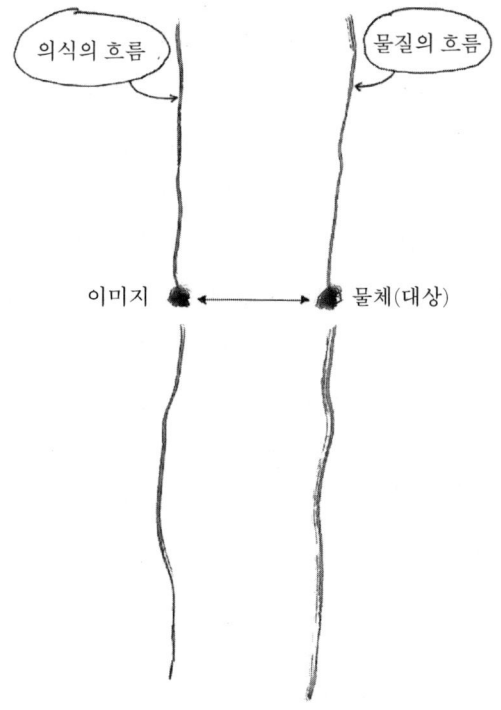

그림 2.3 의식, 물질, 이미지, 물체(대상) 도식

써 그림이 완성되면(그림 2.3) 우리는 이 장, 실제로는 이 책 전체의 주장을 요약할 수 있다. 즉, 인류학, 고고학, 예술, 건축학 분야의 학술적 저술에서 흔히 볼 수 있는, 이미지에서 대상으로, 대상에서 이미지로 끊임없이 오가는 우리의 퍼스펙티브를 물질의 흐름 그리고 이미지와 대상이 상호 형성하는 감각적 의식의 기류로 전환하자는 것이다. 이 그림으로 설명하자면, 이것은 횡단으로부터 종단으로 90도 회전하는 것을 수반한다.

우리는 이 회전이 다양한 연결에서 또다시 나타난다는 점을 발견하게 될 것이다. 사실 앞 장에서 민족지적 기록(횡단)과 인류학적 변환(종단)을 구분하면서 이 회전을 이미 접한 바 있다. 지각과 관련해서 이 회전은 세계와의 시각적이고 촉각적인 교류를 구분하는 기반이 되는데, 그 구분이란 (촉각적 관계가 손에만 한정되는 것이 아니듯) 시각적 교류가 눈에 의해 매개되는 지각에 한정되는 것이 결코 아니라는 점을 보여주며 앞서 기술한 촉지의 경험이 매우 달랐던 이유를 설명한다. 창의성의 관점에서 보면, 이 회전은 일을 진행하면서 문제를 풀어가는 노동의 즉흥적인 창의성과 미리 구상된 결정적 목표의 참신성에 창의성을 부여하는 방식을 구분한다. 이는 제7장에서 상호작용과 조응 사이를, 제8장에서는 분절적 지식과 인격적 지식 사이를 구분할 때도 근간이 된다. 그러나 무엇보다 근본적으로, 이 회전은 사물을 만든다는 것은 어떤 의미인지에 관한 질문과 관련하여 다시 등장한다.

우리는 만들기를 하나의 투영으로 생각하는 데 익숙하다. 이는 우리가 달성하고자 하는 아이디어를 먼저 머릿속에 품고 그것을 실현하기 위해 필요한 원자재를 마련하는 것으로 시작한다. 그리고 그 투영은 재료가 의도된 형태를 갖추는 순간에 끝을 맺는 것이다. 이 점에서 우리는 하나의 인공물을 만들었다고 말한다. 가령 돌덩이가 도끼로, 점토 덩어리는 항아리로, 용해된 금속은 검이 된다. 도끼, 항아리, 검은 학자들이 물질문화라고 부르는 것들의 본보기이다. 이는 통상적으로 전해져 오는 문화 전통의 개념적 표상이 자연으로부터 제공되는 물질과 통합하는 것으로서 만들기의 이론을 정확히 보여준다. 줄리언 토머스[25]가 썼듯이, "물질문화는 물질을 만들어낸 생각들과 문화로 옮겨진 자연의 본질을 동시에 나타낸다"(Thomas 2007: 15). 학계에서는 이러한 이론을 질료형상론(hylomorphism)이라 부르는데, 이는 그리스어의 *hyle*(질료)와 *morphe*(형상)에서 온 것이다. 인공물 만들기란 실천자가 생각 내부에 있는 형상을 '저 밖의' 물질세계에 부과하는 것이라고 여길 때마다 질료형상론은 작동하고 있다.

나는 그보다는 만들기를 성장의 과정이라 생각하고 싶다. 이는 처음부터 제작자를 생동하는 물질로 가득한 세계 속 참여자로 두는 것이다. 이 물질은 그가 함께 작업해야 하는 것이고, 만들기의 과정에서 제작자는 그것과 함께 '힘을 합치거나', 그것을 함께 놓거나 분리하고, 합성하고 정제하면서 무엇이 나타날지 기대해본다. 이러한 시각에서 보면 제작자의 포부는 대체로 질료형상적 모델이 함의하는 것보다 훨씬 더 겸손하다. 세상이 이미 준비되어 있고, 그가 구상한 디자인을 그대로 받아줄 거라며 냉담하게 서 있는 것과는 거리가 멀다. 오히려 그가 할 수 있는 최선은 이미 진행되고 있는 세계의 과정, 즉 나무와 동물, 물과 눈, 그리고 모래의 흐름, 바위와 구름과 같이 우리의 주변에

---

25 [역주] 줄리언 토머스(Julian Thomas, 1959~)는 영국의 선사고고학자로 영국과 북서 유럽의 신석기 및 청동기 시대를 연구한다. 그는 「물질문학의 문제(The Trouble with Material Culture)」를 통해 고고학에서 '물질문화(material culture)' 개념을 비판적으로 검토하며, 이 개념이 근대 서구의 사고 방식에 깊이 묶여 있어 과거를 이해하는 데 걸림돌이 될 수 있다고 주장한다.

서 볼 수 있는 살아 있는 세상의 형태를 만드는 활동하는 힘과 에너지에 자신의 추진력을 추가함으로써 개입하는 것이다. 예를 들어 대리석 조각과 종유석 같은 암석 형성의 차이는 하나는 만들어진 것이고 다른 하나는 그렇지 않다는 것에 있지 않다. 차이는 오직 이것뿐이다. 대리석 덩어리가 형성되는 역사 속 어느 순간에 먼저 채석공이 나타나 망치와 쐐기를 이용해 있는 힘껏 기반암으로부터 돌을 비틀어 떼어냈다. 그다음 조각가가 끌을 들고 작업에 착수해 자신이 표현하고자 하는 대로 그 돌에서 형태를 풀어냈다는 것이다. 그러나 끌의 모든 날들이 조각의 형태가 나타나는 데 기여하는 것과 마찬가지로 동굴 천장에서 떨어지는 모든 과포화된 용해 방울은 석순의 형태에 기여한다. 이후에 조각이 비에 닳아 없어질 때조차 형태-발생의 과정은 지속되지만, 이때 더 이상 인간의 개입은 없다.

만들기를 이미지에서 대상으로 전환하는 횡적인 방식이 아니라, 힘과 물질이 합류하는 종적인 방식으로 해석하는 것은, 만들기를 일종의 형태-생성(form-generating) 또는 형태발생 (morphogenetic) 과정으로 간주하는 것이다. 이는 유기체와 인공물에 대한 우리의 구분을 누그러뜨린다. 왜냐하면 유기체가 성장한다면 인공물도 성장하고, 예술품이 만들어진다면 유기체 역시 만들어지기 때문이다. 셀 수 없이 많은 것들 사이에서 각각 차이를 갖게 되는 것은 형태가 발생할 때 인간이 어느 정도 개입하느냐의 정도 차이다. 그러나 이는 일종의 정도 차이지 종류의 차이는 아니다. 물론 제작자가 무엇을 만들고 싶은지 머릿속에 아이디어를 가지고 있다는 것을 부정하는 것이 아니다. 그는 어쩌면 이미 그의 앞에 있는 작품을 모방하려 할 수도 있다. 그렇다면 이것이 조각과 석순을 완전히 구분해주는 차이가 되지 않을까? 인공물의 경우에만 디자인이라는 개념을 고유하게 적용할 수 있지 않을까? 이는 내가 나중을 위해 남겨놓은 질문이다(제5장을 보라). 지금으로서는 제작자가 하나의 형태를 머릿속에 가지고 있다고 해도, 작품을 만드는 것은 이 형태가 아니라는 것만 말해두자. 작품을 만드는 것은 오히려 물질에 관여하기(engagement)이다. 그리고 무언가가 어떻게 만들어지는지를 이해하기 위해 바로 이 관여하기에 주목해야 한다. 학자들은 자주 사물을 위한 디자인을 갖는 것이 마치 이미 사물 그 자체를 가진 것과 마찬가지라고 언급했다. 개념 예술과 건축의 몇 가지 흐름은 이 추론을 극단적으로 밀어붙인 나머지, 사물 자체는 불필요한 것이 되었다. 그것은 선행하는 디자인의 재현, 즉 파생적 사본일 뿐이다(Frascari 1991: 93). 만약 형태에 대한 모든 것들이 디자인에서 먼저 보인다면, 어째서 그것을 만드는 일에 신경을 쓰겠는가? 그러나 제작자들은 더 잘 안다. 그리고 이 책의 목적 중 하나는 그들을 질료형상적 모델의 무비판적인 적용에 의해 드리웠던 그림자 밖으로 데리고 나와 그 성취의 창조성을 기리기 위함이다.

모래 위에서 바구니 만들기

춥고 바람이 많이 부는 2월의 어느 날, 〈네 개의 A〉 수업 학생들과 나는 애버딘시 북쪽 바다로 흘러 드는 돈강(River Don) 하구와 바닷가 사이에 끼어 있는 모래 반도에 나갔다. 땅 위에는 군데군데 눈이 남아 있었다. 우리는 인류학자이자 공예가인 스테파니 번[26](Bunn 2010: 49-50 참고)으로부터 버드나무를 엮어 바구니 만드는 법을 배우고 있었다. 먼저 틀을 잡기 위해 홀수의 기다란 버드나무를 바닥에 수직으로 세우고 대충 원을 만들기 위해 상단을 묶었다. 그리고 나서 수직 틀에 수평의 버드나무 가지를 교차시키며 안과 밖으로 엮어내자 점점 뒤집힌 고깔 모양의 표면이 만들어졌다. 학생들은 혼자 혹은 둘씩 짝을 지어 작업했다(그림 2.4). 내 생각에 처음부터 많은 학생들이 물질이 고분고분하지 않다는 점에 놀랐던 것 같다. 완성된 바구니를 보면 마치 버드나무가 꼭 그 형태에 맞춰진 듯 자연스럽게 자리잡고 있어 본래 그 모양이 숙명이었던 것처럼 보인다. 그러나 실제로 버드나무는 형태를 갖추기 위해 구부러지기를 원치 않았다. 때로는 반대로 통겨지거나 직조자의 얼굴을 때리면서 싸움을 걸기도 했다. 그러므로 조심스럽게 달래야만 했다. 그러다 보니 우리는 사실 이 저항, 즉 나뭇가지가 서로 구부러지면서 생기는 마찰이 전체 구조를 하나로 묶어준다는 것을 깨달았다. 형태는 외

---

26 [역주] 스테파니 번은 세인트앤드루스 대학교 사회인류학과의 레버헐름 명예 선임 연구원이다. 중앙아시아 유목민의 펠트 직물 연구를 전문으로 하며, 영국 박물관에서 중앙아시아 펠트 직물에 대한 첫 전시를 기획했다. 직물과 바구니 세공의 인류학적 연구를 수행하며 재료, 제작, 은유, 의미 간의 관계에 주목한다. 번의 연구는 직물과 바구니 세공을 통한 문화적 표현, 재료의 상징성과 제작 과정의 사회적 의미를 탐구하는 데 중점을 두고 있다.

그림 2.4 북동 스코틀랜드의 애버딘 해변 근처 모래 위에서 바구니를 만들고 있다. 레이먼드 루카스 제공.

부로부터 물질에 부과되는 것이 아니라 직조자와 버드나무 사이의 관계에서 이루어지는 역장(力場, force field)에서 발생하는 것이다. 사실 초보자로서 우리는 각자의 바구니에 알맞은 형태와 비율을 조금만 통제했다. 땅에 무릎을 꿇고 직조해야 했기 때문에 우리의 직조는 몸 전체, 혹은 적어도 무릎 위쪽의 상당한 근육운동을 동반했다. 따라서 바구니의 크기는 팔둘레와 어깨 높이에 따른 몸의 치수와 직접적으로 관련이 있었다. 어느 정도 시간이 지나자 근육통을 느끼기 시작했기 때문에 학생들은 그 동안 생각도 하시 않고 살던 위치에 근육이 있다는 것을 새삼 깨닫기도 했다. 또 다른 힘도 형태 만들기 과정에 관여했다. 그중 하나는 바람이었다. 계속해서 세차게 부는 바람은 바구니의 높

그림 2.5 완성에 가까운 바구니. 레이먼드 루카스 제공.

이가 올라갈수록 경사를 만들면서 모든 수직 틀을 한 방향으로 구부렸다. 그러다 보니 특히 해변 가까운 곳에서 직조된 많은 바구니들이 다소 멋들어지면서도 전혀 의도치 않은 곡선과 함께 기울어진 것은 당연한 일이었다(그림 2.5).

 우리는 거의 세 시간 동안 작업하면서 점점 물질에 대한 리듬과 느낌을 키워나갔다. 하지만 작업이 진전되면서 다른 문제에 부딪혔다. 언제 멈출지를 어떻게 알 수 있을까? 바구니가 완성되었다는 명확한 지점이란 게 없었다. 우리에게 끝이 다가온 것은, 애초에 그런 것은 없었기 때문에, 형태가 처음 기대한 대로 된 시점이 아니었다. 오히려 날이 어두워지고 금방이라도 닥칠 것 같은 폭우, 점점 사지에 느껴지는 오한과 결림, 가닥들이 더 엮이는 것이 왠지 불필요하다 싶은 느낌과 함께 끝이 왔다. 그 시점은 바로 각각 엮은 밑바닥을 끼우고, 우리가 완성한 높이에서 수직 부분을 자를 때였다. 드디어 마지막으로 구조물을 땅에서 들어 올려 뒤집어 보니 우리가 만든 것은 정말로 바구니였다. 바구니들은 저마다 달랐는데 만든 사람의 신체적 조건뿐만 아니라 각자가 지닌 기분과 기질이 반영되어 있었다. 마침내 학생들은 자신이 만든 바구니를 자랑스럽게 안고 짙어가는 황혼 속으로 흩어져 집으로 향했다. 나중에 학생들은 그날 오후에 배운 것이 그 많은 수업과 책에서 배운 것보다도 더 많았다고 말해주었다. 무엇보다도 사물을 만든다는 것이 어떤 의미인지, 형태가 어떻게 움직임으로부터 발생하는지, 그리고 물질이 지닌 역동적인 속성에 대해서 배웠다고 했다.

질료와 형상에 대해서

어쩌면 바구니 만들기를 예로 들어 질료형상 모델을 비판하는 것은 부당할지 모른다. 질료형상 모델이 직조에 적용되지 않는다고 결론을 낸다고 하더라도, 형태가 물질에 더욱 노골적으로 부과되는 제조 분야에는 완벽하게 적용될 가능성을 배제할 수는 없다. 예를 들어 벽돌 만들기는 어떠한가? 벽돌의 형태를 만들 때 가마에 불을 피우기 전에 부드러운 찰흙을 미리 준비된 직사각형의 주형에 넣어 누른다. 물질, 즉 점토는 본래 형태를 가지지 않지만, 주형은 형태를 규정하는 것처럼 보인다. 분명히 점토가 주형에 넣어 눌러짐으로써 형태는 물질에 통합되는데, 이는 질료형상론의 논리가 요구하는 그대로이다. 그러나 철학자 질베르 시몽동[27]은 『형태와 정보 개념에 비추어 본 개체화』라는 제목의 논문에서 그렇지 않다는 것을 보여준다.[28][29] 우선 첫 번째 이유로, 주형은 기하학적 추상물이 아니라 구체적인 구성물, 즉 특정한 물질(전통적으로 너도밤나무와 같은 단단한 목재)로 먼저 만들어진 것이기 때문이다. 다른 이유로, 점토가 원자재가 아니기 때문이다. 점토는 사용될 준비가 되기 전에 겉흙의 아래에서 파내진 뒤에 먼저 갈려지고 돌과 다른 불순물이 걸러진 후 완전히 반죽이 되어야 한다. 그러므로 벽돌을 주조하는 과정에서 형태가 물질에 통합되는 것이 아니다. 오히려 점토는 주형

27 [역주] 질베르 시몽동(Gilbert Simondon, 1924~1989)은 프랑스의 철학자이자 기술철학자다. 그의 개체화(individuation) 이론이 사후인 21세기에 주목을 받기 시작했다.
28 영어로는 *Individuation in the light of notions of form and information*으로 번역된다. 이 논문의 첫 번째 부분은 1964년에 출판됐고, 두 번째 부분은 1989년에 출판됐다. 2005년이 돼서야 전체로 묶여서 출판됐다(Simondon 1964, 1989, 2005). 오랫동안 영어로 번역되길 기다려졌던 이 저서들은, 여전히 잘 알려지지 않고 영어권 인류학계에서는 적게 인용되고 있다. 그러나 시몽동의 작업은 이 분야를 혁신할 가능성을 지닌다(Knappett 2005: 167).
29 [역주] 질베르 시몽동, 『형태와 정보 개념에 비추어 본 개체화』(황수영 옮김), 그린비, 2017.

에 잘 들어맞고 주형은 점토를 받아들일 수 있는 특정한 양립 가능성에 이르는 지점에, 각각 주형을 만들고 점토를 준비하는 두 "절반의 연쇄들(*demi-chaînes de transformations*)"[30]의 결합 또는 묶임이 존재한다(Simondon 2005: 41-42). 만남의 순간, 즉 벽돌공이 점토 덩이를 주형에 '내던지는' 때, 점토에 가해진 몸짓의 표현적 힘은 주형 벽의 단단한 나무가 압축되는 저항에 힘껏 들어오게 된다. 그리하여 벽돌 특유의 직사각형 모양은 형상이 질료 안에 부과된 결과가 아닌 점토와 주형 모두에 내재한 동등하면서 반대하는 힘이 서로 맞선 결과이다. 즉, 역장에서 형태는 일종의 일시적인 균형으로 나타나는 것이다. 아마도 벽돌은 바구니와 그다지 다르지 않을지도 모른다(그림 2.6).

시몽동의 개체화(individuation)에 대한 핵심 명제에 따르면, 사물의 발생은 이미 주어진 형태가 아닌 언제나 새로 생기는 형태발생(morphogenesis)의 과정으로 이해해야 한다. 브라이언 마수미[31](Massumi 2009: 37)는 시몽동의 글을 논평하며, "존재(being)의 상태들보다 이를 거쳐가는 되기(becoming) 과정의 중요성"을 주장한다고 설명한다. 시몽동은 질료형상론이 전

---

30 [역주] "demi-chaînes de transformations"은 직역하면 '변형의 절반-연쇄들'이지만, 한국어 번역본(황수영 옮김, 2017, 73쪽)을 따라 '절반의 연쇄들'이라 번역했다.

31 [역주] 브라이언 마수미(Brian Massumi, 1965~)는 캐나다의 철학자이자 사회이론가로 예술, 건축, 문화연구, 정치 이론, 철학 등 다양한 분야를 넘나들며 연구해온 학자다. 질 들뢰즈와 펠릭스 과타리의 철학을 영어권에 소개한 대표적 번역자이자 해석자이며, 정동 이론(Affect Theory)의 핵심 사상가 중 한 명이다.

그림 2.6 초가지붕 아래서 작업 중인 벽돌공, 그의 옆에는 손수레가 놓여 있다. 판화는 1827년에 제작되었으며 작가는 알려져 있지 않다. 메리 에번스 사진 자료관 제공.

제하는 형상을 받아들이는 질료의 수동성에 반대하며, 질료 또는 물질의 본질을 형상을 취하는 능동성 안에서 찾았다. 시몽동(Simondon 2005: 46)이 결론 짓기를, 질료형상의 모델은 작업실 밖에 서서 무엇이 들어오고 나가는지를 보지만 그 사이에서 무슨 일이 일어나는지, 즉 다양한 종류의 물질이 형태를 갖게 되는 실제 과정을 보지 못하는 사람의 관점과 같다. 이는 마치 형

태와 질료에 있어, 반쪽짜리 연쇄의 양 끄트머리만 붙잡고서 그
것들을 하나로 모으는 것이 아닌, 다시 말해 사물들이 되어가는
과정에서 이루어지는 형태-취하기 활동의 가운데에서 지속되
는 변조가 아니라 단지 주조의 간단한 관계만 취하는 것과 같다.

철학자 질 들뢰즈[32]와 정신분석가 펠릭스 과타리[33]는 「1227
년: 유목론 또는 전쟁 기계」[『천 개의 고원』 제12장]에서 질료형
상론에 대항하는 시몽동의 운동을 이어 나간다. 그리고 그들의
영향력 덕분에 이 운동이 제기한 쟁점이 고고학과 인류학으로
퍼지기 시작했다. 들뢰즈와 과타리가 주장하듯이, 질료-형상 모
델의 문제는 "고정된 형상과 동질적인 것으로 여겨진 질료"를
상정하면서, 한편으로는 질료의 가변성 즉, 질료의 장력과 탄성,
흐름의 선(line of flow), 그리고 저항을 인지하지 못하고 다른 한
편으로는 그러한 변조 과정이 일으키는 형태와 변형을 인지하
지 못한다. 실제로 우리가 질료를 마주할 때마다 그것은 "운동
하고 흐르고 변화하는 물질"이고, 그 결과 "이러한 흐름으로서
의 물질에는 그대로 따를 수밖에 없다"[34]라고 그들은 주장한다

---

32 [역주] 질 들뢰즈(Gilles Deleuze, 1925~1995)는 현대 프랑스 철학의 대표 인물 중 한 명으로, 후기 구조주의 및 포스트모더니즘 흐름에 깊은 영향을 주었다. 정신분석가 펠릭스 과타리와 『안티 오이디푸스』와 『천 개의 고원』 등의 공저를 남겼다.
33 [역주] 펠릭스 과타리(Pierre-Félix Guattari, 1930~1992)는 프랑스의 정신분석가, 정치철학자, 기호학자, 사회운동가로 20세기 후반의 독창적 사상가이다. 라캉파 정신분석가로 활동하며, 기존 정신분석의 구조적 한계에 비판적 시각을 제시했다.
34 [역주] 질 들뢰즈, 펠릭스 과타리, 『천 개의 고원』(김재인 옮김), 새물결, 2001, 785쪽.

(Deleuze and Guattari 2004: 450-451). 그 흐름을 따르는 장인 또는 실천자들은 사실상 떠돌이이며 행려이고, 그들의 과업은 세상이 되어가는 결을 파고들어 그것을 진화하는 목적에 맞게 구부려내는 것이다. 거기에는 곧 "행동 중인 직관"이 존재한다 (ibid.: 452).

시몽동이 벽돌 만들기를 핵심적인 사례로 들었다면, 들뢰즈와 과타리는 야금술(冶金術)을 예로 든다. 그들에게 야금술은 질료형상 모델이 지닌 특유의 한계를 분명히 보여주는데, 말하자면 질료형상 모델은 기술 작업을 다른 여러 단계의 연속으로만 이해하고, 각 단계의 종료와 다음 단계의 시작을 명확히 구분하는 문턱을 지닌다. 그러나 야금술에서는 이러한 문턱이야말로 정확하게 중요한 작업이 이뤄지는 지점이다. 그러므로 대장장이가 모루 위에서 망치로 두드려 형태를 펼칠 때조차도 주기적으로 쇠를 다시 불 속에 달궈야 한다. 이렇듯 물질의 변화는 조형 과정 전체에 걸쳐 있고 실제로 그 너머에서도 계속된다. 왜냐하면 쇠가 최종적으로 담금질되는 것은 단조(鍛造) 이후이기 때문이다. 들뢰즈와 과타리가 말하기를, "야금술에서보다 형상과 물질이 딱딱하게 고정된 것처럼 보이는 예도 없을 것이다. 그러나 다양한 형상의 계기들은 연속적으로 전개되는 형상에 의해, 다양한 물질들의 변화는 연속적으로 변주되는 물질에 의해 대체되는 경향이 있다"(ibid.: 453).[35] 기술 분석가들이 작업의 연쇄[36]

---

35 [역주] 위의 책, 788쪽.
36 작업의 연쇄(chaîne opératoire)라는 개념은 앙드레 르루아구랑에 의해 인류학

라고 이름 붙인 다른 여러 작업의 연속 대신 여기서 우리가 마주하는 것은, 단절 없이 이어지는 몸짓의 춤과 재료의 변조가 서로 어긋나면서도 맞물리는 일종의 대위법적 결합에 더 가깝다. 쇠조차도 흐르며, 대장장이는 그 흐름에 뒤따라야 한다.

물질성의 두 얼굴

학자들이 '물질세계' 또는 조금 더 추상적으로는 '물질성'에 대해 이야기할 때, 그 말은 무엇을 의미하는 것일까? 물질문화 연구자들에게 질문해보라. 그러면 아마도 모순되는 답변을 듣게 될 것이다. 몇 가지 예를 들어보겠다. 첫 번째 예는 크리스토퍼 틸리[37]의 돌에 대한 주제이다. 틸리는 "날것 그대로의 물질성" 속에서 돌을 바라보며 그저 형상이 없는 질료 덩어리로 지각한다. 한편 틸리가 생각하기에 특정 사회적, 역사적 맥락에서 형태와 의미가 어떻게 특정한 돌 조각에 부여되는지를 이해하기 위해서는 물질성에 대한 개념이 필요하다(Tilley 2007: 17). 마찬

과 고고학에 소개되었다. 특히 불어권 학자들의 비교 기술학(the comparative study of techniques)에서 중요한 개념이다(Naji and Douny 2009).

37 [역주] 크리스토퍼 틸리(Christopher Tilley, 1955~2024)는 영국의 고고학자로, 후기 과정주의 고고학 이론에 기여한 것으로 알려져 있다. 대표 저서로 현상학적 접근을 통해 경관(landscape)을 감각적, 물리적으로 경험하는 방식에 주목한 『돌의 물질성: 경관 현상학에 대한 탐구(The Materiality of Stone: Explorations in Landscape Phenomenology)』(2004)가 있다.

가지로 앤드루 존스[38](Jones 2004: 330)는 물질성이라는 개념이 "환경의 물질적 또는 물리적 구성 요소"를 망라함과 더불어 "그러한 물질적 요소가 사람의 삶 프로젝트에 동원되는 방식을 강조한다"고 본다. 니콜 부아뱅[39](Boivin 2008: 26)은 본인이 "물질세계의 물리성(physicality)을 강조하기 위해" 물질성이라는 단어를 사용하지만, 이 물리성은 "인간 행위자에게 여러 가능성을 제공한다"는 사실 또한 아우른다고 말한다. 폴 그래이브스브라운[40](Graves-Brown 2000: 1)은 물질성을 주제로 하는 논문 모음집의 서문에서, 저자들의 공통 관심사가 "우리 주변 세계가 가진 진정한 물질적 특성이 인류에 의해 어떻게 전용되는지"에 대한 질문에 있다고 주장한다. 그리고 비슷한 맥락에서, 조슈아 폴라드[41](Pollard 2004: 48)는 "내가 말하는 물질성이란, 세계의

---

38 [역주] 앤드루 메이리온 존스(Andrew Meirion Jones, 1967~)는 사우샘프턴 대학교 고고학과 교수다. 예술의 고고학, 특히 서유럽 후기 선사 시대 예술을 연구한다. 그는 고고학이 단순히 유물의 인식론적(epistemological) 분석에 집중하는 것이 아니라, 유물의 존재론적(ontological) 성격을 탐구해야 한다고 주장해왔다.

39 [역주] 니콜 리제 부아뱅(Nicole Lise Boivin)은 고고학자이자 전 막스 플랑크 인간사 과학 연구소 고고학부 디렉터다. 부아뱅은 인류의 확산과 환경과의 상호작용, 물질문화 연구를 중심으로 고고학적 연구를 수행해왔다.

40 [역주] 폴 그레이브스브라운(Paul Graves-Brown)은 셰필드 대학교에서 고고학 및 선사학을 전공하고, 사우샘프턴 대학교에서 고고학 박사 학위를 취득한 고고학자다. 현재 웨일스 남부에서 고고학 큐레이터로 활동하고 있으며, 인류 기원과 현대 물질문화 연구를 주로 수행하고 있다.

41 [역주] 조슈아 폴라드(C. Joshua Pollard, 1968~)는 영국의 고고학자다. 폴라드는 영국과 북서 유럽의 신석기 시대 연구 전문가로, 특히 퇴적 관행, 기념물, 경관 연구를 수행한다. 폴라드는 신석기 시대 기념물이 단순한 유적이 아니라,

물질적 특성이 어떻게 이해되고 전용되며 인류의 프로젝트에 투입되는지를 의미한다"고 설명한다.

이 모든 사례에서 물질성에는 두 측면이 있는 것처럼 보인다. 한 측면에는 세계의 '물질적 특성'의 날것 그대로의 물리성이 있다. 다른 측면에는 사회·역사적으로 위치 지어진 인간존재의 행위자성이 있는데, 인간은 이 물리성을 자신의 목적에 맞게 전용하면서 자연적으로 주어진 날것의 물질을 인공물의 완성된 형태로 전환하는 과정에서 디자인과 의미를 투영하는 혐의를 지닌다. 물질적 세계를 이해하는 데서 나타나는 이러한 이중성은 인간 본성의 개념을 둘러싼, 매우 오래된 논쟁에서 이미 발견되는 것과 정확히 대응한다. 인간 본성의 개념은 인간이 '짐승'과 공유한다고 여겨지는 기본적인 본능의 원초적 기질을 가리키면서도, 언어, 지적 능력, 상징적 사고 등과 같이 인간을 다른 모든 피조물보다 높은 존재 수준으로 격상시키는 일련의 특성을 모두 가리킨다. 이 논쟁에서 "인간 본성(human nature)의 인간적 본성"(Eisenberg 1972)이라는 호소는, 이 이중성을 해결하기는커녕 오히려 이중성을 재생산하는 데 이바지할 뿐이다. 앞서 살펴 보았듯이, 실제로 인간성이라는 개념 그 자체는 인간 스스로가 불가분한 부분이 되는 세계에서 분리되어 존재의 또 다른 층위, 즉 물질보다는 정신, 자연보다는 문화의 차원에 자신을 다시 새겨넣는 방식으로만 자신과 세계를 알 수 있는 피조물의 곤경을 잘 보여준다(Ingold 2010: 362-363). 마찬가지로 물질성

의례와 사회적 삶의 맥락에서 이해해야 하는 중요한 요소임을 강조한다.

이라는 개념에서 세계는 그야말로 존재의 근간임과 동시에 초월적 인간성에 의해 이해되고 전용될 수 있는 외부성으로 제시된다. 인간성처럼 물질성도 야누스의 두 얼굴을 가지고 있다.

고고학자 뵈르나르 올센[42](Olsen 2010: 16)이 주장하듯, '물질성'이라는 단어를 우리의 어휘에서 제외하거나 그것의 사용을 금지하려는 것이 절대 아니다. '인간성'과 마찬가지로 '물질성'이란 단어 없이는 많은 어려움이 따를 것이다. 하지만 우리는 그것이 수반하는 전제들에 대해 경계할 필요가 있다. 특히 지리학자 벤 앤더슨과 존 와일리(Anderson and Wylie 2009: 319)가 경고했듯이, 물질세계가 본질적으로 고체 상태를 정의하는 것과 같이 완고함과 형태의 일관성이라는 속성을 가진다는 식의 가정에 주의해야 한다. 그러나 올센 자신도 세계의 "단단한 물리성"(Olsen 2003: 88)을 언급함으로써 바로 이 가정의 희생물이 되어버렸다. 어째서 단단함과 고체인가? 예를 들어 보통의 항아리를 보자. 항아리는 처음 만들어진 뒤부터 금이 가고 버려져 다시 흙으로 돌아갔다가 수천 년이 지난 후 고고학적 발굴로 세상에 드러나기까지 자신의 시간 속 수많은 고군분투에서 낡

---

42 [역주] 뵈르나르 율리우스 올센(Bjørnar Julius Olsen, 1958~)은 노르웨이 북극대학교 고고학 교수로, 고고학 이론, 물질문화, 박물관학, 북극 및 현대 고고학을 전문으로 연구하는 학자다. 고고학 이론 및 물질문화 연구 분야에서 '사물로의 전환(turn to things)' 이론을 선도하며, 인간 중심적 해석을 벗어나 사물의 능동적 역할을 강조하는 '대칭적 고고학(symmetrical archaeology)' 개념을 발전시켰다. 이를 통해 고고학이 과거뿐만 아니라 현대의 유물과 환경을 분석하는 학문으로 확장할 수 있음을 강조함으로써 전통적인 고고학 패러다임을 새롭게 정립한 학자로 평가된다.

아졌다. 그러나 그 모든 것을 거치며 항아리는 언제나 변함없이 항아리였는가? 고고학자 코넬리어스 홀토르프[43](Holtorf 2002: 54)는 「항아리 조각의 생애사에 관한 노트(Notes on the life history of a potsherd)」에서 그렇지 않다고 답했다. 그가 주장하길, 항아리의 물질성이란 그것이 자신의 역사 속에서 다양한 방식으로 인간 삶의 프로젝트에 동원되었던 방식들 그 이상도 이하도 아니기 때문이다. 원칙적으로는, 이것은 누군가가 바라는 어떤 물질이든 될 수 있다. 그러나 바로 이 주장에서 홀토르프는 물질성의 한 면에서 다른 면으로, 말하자면 물질의 물리성에서 사회적 전용의 형태로 확 넘어간다. 이러한 변화는 물질을 유연하게 하거나 액화시키거나 생동감 있게 만들지는 못한다. 만약 항아리가 생애사를 지닌다면(그리고 이것은 제작되는 순간에서부터 버려지거나 결국에는 다시 발견되기까지를 어떻게 계산하는지에 따라 '짧거나' '길' 수도 있다), 항아리를 이루는 물질 자체에 내재한 역사가 아니다. 그것은 항아리 주변에서 이루어지는 인간의 삶과 인간이 항아리에 부여한 역사일 뿐이다.

잘게 부서진 돌로 만든 인공물은 어떠한가? 항아리처럼 그 돌 역시 여러 순간을 지닌다. 선사학자 제프 베일리[44](Bailey

---

43 [역주] 코넬리어스 홀토르프(Cornelius Holtorf, 1968~)는 스웨덴의 고고학자다. 린네 대학교 문화과학과 교수이자 문화유산 미래에 대한 유네스코 석좌 프로그램 교수다. 문화유산 미래 연구 프로그램에서 '불확실성(Uncertainty)' 주제를 이끌며 공동 연구자로 활동했으며 문화유산의 지속 가능성과 미래 세대를 위한 유산 보존 문제를 연구하는 데 집중하고 있다.
44 [역주] 제프 베일리(Geoff Bailey, 1948~)는 영국의 고고학자다. 주로 패총

2007: 209)에 따르면, 적어도 세 순간이다. 이것이 습득되었을 때, 인공물의 형태로 만들어질 때, 그리고 인공물이 결국 폐기될 때다. 한 고고학자에 의해 발굴되는 순간 네 번째가, 한 출판물에 그림으로 이용되는 순간 다섯 번째가, 그 이후로도 가능한 순간이 몇 번이고 추가될 것이다. 그 순간이 후대에 알려진 이유는 오직 그것이 물질의 자취를 남기기 때문이고, 베일리에 따르면 인공물은 이러한 자취가 축적된 결과로 스스로를 드러낸다. 그는 이를 '팔림프세스트'[45]라는 용어로 부른다. 더 나아가 베일리는 돌 인공물과 같은 사물의 물질성이란 정의상 그것이 만들어지고 기록된 능동적인 순간이 오래도록 지속된 양상이라고 주장한다. 이는 일종의 형성 과정의 음각과 같다. 그러나 이는 다시 한 번, 물질성은 형태를 취하는 능동성이 아닌 형태를 받아들이는 수동성으로 보는 질료형상론적 이해로 되돌리는 것이다. 요컨대 어떤 사물의 역사를 홀토르프와 같이 그것들을 감싸는 삶 속에서 찾든 또는 베일리와 같이 사물의 삶이 흘러간 후에 그들 안에 남아 있는 자취 속에서 찾든, 물질성에의 호소에서 물질이 되어가는 과정, 즉 그들의 생성적 혹은 재생적 잠재력, 나아가 그 자체의 생명력은 이미 굳어져버린 세계의 틈 사이로 빠져버린 것처럼 보인다.

    과 선사 시대 해안, 그리고 인류가 이용한 해양 환경에 관한 연구를 수행하고 있다.
45 [역주] 팔림프세스트(palimpsest)란 글을 여러 번 지웠다 쓴 고대 문서를 이르며, 다층적인 의미를 지닌 것을 포괄한다(옥스퍼드 영한사전 참고).

연금술로의 회귀

그렇다면 질료란 무엇인가? 우리가 물질에 관해 이야기할 때 그 의미는 무엇인가? 질료와 물질은 과연 같은 것일까 혹은 다른 것일까? 장인, 공예가, 화가, 또는 다른 기술의 실천자를 포함하여 물질과 함께 작업하는 이들에게 있어 물질의 의미를 이해하기 위해서는 미술사학자인 제임스 엘킨스[46]가 제안한 대로 "화학을 잠시 잊는 짧은 강의"를 들어야 한다고 생각한다(Elkins 2000: 9-39). 조금 더 정확하게는, 연금술의 시대에서 사람들이 어떻게 물질을 이해했는지를 되새겨 보아야 한다. 엘킨스의 요점은, 합성물감이 도입되기 전 화가가 물질을 다루는 지식은 근본적으로 연금술적이었다는 것이다. 그림을 그린다는 것은 붓 위에 올려진 특정 재료의 혼합물을, 그것을 들고 있는 손을 통해 일어나는 특정한 몸짓과 함께 하나의 동작으로 결합하는 것이다. 그러나 단지 해부학이 그 몸짓을 정의할 수 없는 것과 마찬가지로 화학이라는 과학은 그 혼합물을 정의하지 못한다. 화학자는 질료를 불변하는 원자적 혹은 분자적 구성물이라는 관

---

[46] [역주] 제임스 엘킨스(James Elkins, 1955~)는 미국의 미술사가이자 미술 비평가다. 그는 『회화란 무엇인가: 연금술의 언어를 사용하여 회화를 사유하는 방법(What Painting Is: How to Think About Painting, Using the Language of Alchemy)』에서 회화를 연금술과 비교하며 두 분야 모두 통제할 수 없는 물질과의 실험적 관계 속에서 이루어진다고 주장한다. 연금술사가 물질을 변형하고 예측할 수 없는 변화를 탐구하듯 화가도 물감, 캔버스, 재료와 상호 작용하며 새로운 형태를 창조한다는 점을 강조한다.

점에서 이해한다. 그러므로 물은 H₂O이고, 소금은 염화나트륨이다. 반면 연금술사에게 물질은 그것이 무엇인지가 아니라, 특히 다른 것과 섞이거나 특정한 방식으로 다루어질 때, 또는 특정한 상황에 놓여 있을 때 그것이 무엇을 하는지로 정의된다(Conneller 2011: 19). 셀 수 없는 다른 물질 사이에서 물은 하나의 분출로 콸콸 소리를 내며 쏟아져 내리고, 가열되면 증기가 되고, 냉각되면 얼음이 되고, 소금을 용해한다. 그리고 소금은 하얀 가루로 갈려서 소금통 구멍으로 나오거나, 도로와 인도 위 물이 얼지 않게 방지하고, 음식에 특유한 풍미를 부여하기도 한다.

샹탈 코넬러[47]는 금의 두 가지 정의를 비교하면서, 물질의 고고학에 대한 최근 논의를 소개한다. 그중 하나는 화학 교과서로부터 나온 것이고, 다른 하나는 8세기 페르시아의 철학자이자 연금술사의 정의다. 화학자에게 금은 주기율표상의 원소 중 하나로 엄밀히 말해 여러 가지 형태와 그것이 출현하는 상황 또는 인간과의 접촉과는 상당히 독립적으로 주어진 근본적인 구조를 지닌다. 그러나 연금술사에게 금은 노르스름하고 번뜩이는 것이었으며, 물속에서 더욱 빛나고, 망치로 두드려 얇은 박이 될 수 있는 그 무엇이었다(Conneller 2011: 4). 표면적으로 '동일한' 물질에 대해 앞서와 같이 다른 이해를 수용하기 위해 디자인 이론가인 데이비드 파이[48]처럼 물질의 속성(properties)과 성

---

47 [역주] 샹탈 코넬러(Chantal Conneller, 1973~)는 영국 뉴캐슬 대학교 초기 선사 시대 고고학 교수다. 주로 중석기 시대 인간 사회와 기술, 환경과의 상호작용을 연구한다.
48 [역주] 데이비드 파이(David Pye, 1914~1993)는 가구 제작자이며 영국왕립예

질(qualities) 사이를 구분하는 방식을 생각할 수 있다. 파이에게 속성은 객관적이고 과학적으로 측정할 수 있는 것이고, 성질은 주관적이며 인간이 문제의 재료에 대해 머릿속에서 떠올리고 투사한 관념이다(Pye 1968: 47). 하지만 이렇게 구분해버리면, 우리가 해결하고자 하는 물질세계에 대한 이중성, 즉 주어진 물성과 인간의 만들기 프로젝트에서 이루어지는 가치 부여 사이에서의 이중성을 재생산하는 것밖에는 안 된다(Ingold 2022a: 30). 연금술사가 그렇듯, 물질의 속성에 대해 숙련된 실천자의 지식은 단순하게 물질 위에 투영되는 것이 아니라 특정한 공예 또는 교환 속 밀접한 몸짓과 감각이 개입된 생애에서 성장하는 것이다. 코넬러가 주장하듯이, "물질에 대한 각기 다른 이해는 단지 '실제' 속성에서 분리된 '개념'으로 존재하는 것이 아니다. 그것은 그 자체로 물질 효과를 지니는 각기 다른 실천을 통해 실현된다."

그러나 바로 이러한 실천은 매우 다양하고 전혀 다른 결과를 낳기 때문에, 코넬러는 특정한 물질-기술 상호작용의 맥락에서 도출된 이해를 모든 것을 위한 하나의 메타-이론으로 바꾸려는 유혹을 경계해야 한다고 경고한다. 우리의 과제는 오히

술대학에서 가구 디자인 교수로 재직했다. 파이는 디자인 이론에서도 중요한 개념을 제시했으며 특히 '위험을 수반하는 기술(The Workmanship of Risk)' 개념으로 잘 알려져 있다. 파이는 우리가 무언가를 만드는 이유가 변화를 일으키기 위해서라고 주장하며 모든 디자인은 타협과 실패를 포함한다고 보았다. 또한 도구가 인간을 행복하게 만드는 것이 아니라 단순히 불행을 피하는 역할을 한다고 지적했다.

려 각 사례를 민족지적 특수성 속에서 기술하고 분석하는 것이다. 이러한 이유로 코넬러는 시몽동, 들뢰즈와 과타리 그리고 심지어 나와 같은 학자들이 질료형상론의 논리를 전복하려는 시도에 대체로 공감하면서도, 단 하나의 실천 분야를 선택해 다른 모든 분야를 바라보는 하나의 렌즈로 삼는 경향에 대해서는 비판적이다. 예컨대 시몽동이 벽돌 만들기 작업을 기반으로 자신의 주장을 전개하고, 들뢰즈와 과타리는 야금술 전반을 가로지르는 일반화를 거리낌 없이 하며 "모든 질료는 금속으로 간주될 수 있으며, 따라서 모든 질료가 야금술의 대상이 될 수 있다"(Deleuze and Guattari 2004: 454)고 말한다. 그들은 금이 흐른다면, 풀, 물, 가축은 말할 것도 없고 목재와 진흙도 흐른다고 말한다. 나의 경우 바구니 공예에 기대어 만물의 형태가 어떻게 역장과 물질의 흐름 속에서 발생하며 실천자와 물질, 그리고 넓게는 환경 사이에 우리가 그어놓은 경계를 넘나드는지에 관한 다소 유사한 주장을 전개했다. 그러므로 어떤 의미에서 보면 대장간에서 대장장이가 하는 일이나 작업대에서 목수가 하는 일은 사실 직조라고 말할 수 있다. 심지어 벽돌공이 회반죽을 이용해 벽돌을 벽의 구조에 엮어 넣으며 규칙적이고 반복적인 패턴을 만들 때조차도 직조한다고 말할 수 있다(Frampton 1995: 6). 이것은 코넬러에게는 미안하지만, 버드나무, 철, 목재, 진흙이 지닌 속성 사이에 차이가 없다거나, 바구니 제조자의 기술이 대장장이, 목수, 그리고 석공의 기술과 차이가 없다는 것을 억지로 주장하는 것이 아니다. 오히려 어떠한 실천 분야이든 어떠한 물질이 쓰이든 상관없이, 숙련된 실천의 의미가 무엇이며 물질이 속성을 부여받았다는 의미가 무엇인지에 주목하는 것이다.

물질의 수수께끼

적절한 또 다른 사례로는 돌에 대한 이해가 있다. 돌은 특히 그 경도와 견고함, 내구성 때문에 고고학자들이 특별히 관심을 가져온 물질이다(Tilley 2004). 이러한 속성은 실제로 꽤 자주 강조되어 보편적인 것처럼 보이기도 한다(Conneller 2011: 82). 만약 오래가는 기념물을 짓고자 한다면 단단한 돌은 선택하기에 적절한 물질이다. 하지만 오늘날 고고학적 기념물로 여겨지는 것들에서 돌로 된 요소만이 오래 지속되었고, 건축에 사용되었던 다른 모든 물질은 이미 오래 전에 낡아 없어졌다고 해서, 이것이 원래 건축가가 의도한 바였거나, 애초에 건축에 돌을 포함하기로 선택한 이유라고 가정할 수는 없다. 우리가 아는 한, 과거에 돌은 그 견고함과 지속성 때문이 아니라 그 반대, 말하자면 유동성과 변이성 때문에 사람들에게 선택되었을 것이다. 물론 옛날의 부싯돌 제작자는 석기 제작에 있어 단단한 날을 높이 샀을 것이 틀림없다. 그러나 연금술적 지식을 지닌 화가는 갈아서 황토로 만들어 색을 내는 부드러운 돌을 더 가치 있게 여겼을 것이다. 어떤 종류의 돌은 무겁고 어떤 것들은 가볍다. 어떤 것들은 단단하고 그 외는 부드럽거나 잘 바스러진다. 어떤 것들은 평평한 판으로 나뉘고 어떤 것들은 블록으로 쪼개질 수밖에 없다. 코넬러(Conneller 2011: 82)가 결론짓기를, 모든 것을 고려해볼 때 "'돌'이라고 할 수 있는 단일한 것은 존재하지 않는 게 분명하다. 저마다 다른 속성을 지닌 다른 종류의 돌이 있고, 이 돌들은 각자의 특정한 관계 방식을 통해 서로 다른 존재가 된다."

그러나 이 일반적인 '돌'을 유형학적으로 무수히 많은 하부 유형으로 분류한다고 해서, 물질은 무엇인가라는 우리의 처음 질문에 대한 답변에 한층 가까워졌는지는 분명하지 않다. 스위스의 건축가 페터 춤토르[49]가 쓰기를 "물질은 무한하다."

> 돌을 예로 들어보자. 그것을 보고, 갈고, 드릴로 뚫거나 연마해보면, 이것은 매 순간 다른 것이 된다. 같은 돌을 소량 또는 대량으로 가지고 오면 이것은 다시 다른 무언가가 된다. 그리고 그것을 불빛 위에 비춰보라. 또 다르다. 단지 하나의 물질에 수천의 다른 가능성이 있다(Zumthor 2006: 25).

그러나 코넬러도 어쩔 수 없이 인정했듯, 돌을 다룰 수 있는 방법들 만큼이나 많은 종류의 돌이 존재한다면 완전하게 같은 두 개의 돌은 결코 있을 수 없다. 이 논리를 끝까지 밀고 나가 보면, 그 분류 작업은 세상에 존재하는 돌의 숫자 만큼이나 많은 하부 유형을 우리에게 남길 것이고, 우리는 돌다움(stoniness)이 의미하는 것이 무엇인지 끝내 모를 것이다! 사실 속성과 자질

---

49 [역주] 페터 춤토르(Peter Zumthor, 1943~)는 스위스의 건축가로, 그의 작품은 비타협적이고 미니멀한 스타일로 자주 묘사된다. 2009년 프리츠커상 및 2013년 RIBA 왕립 골드 메달 수상자. 춤토르는 역사적 복원 프로젝트 경험을 통해 다양한 건축 재료의 특성과 공법을 깊이 이해해왔다.

면에서 물질의 분류를 생산하는 모든 시도는 실패할 가능성이 크다. 왜냐하면 이 속성은 고정되지 않으며 오히려 물질 그 자체와 함께 지속해서 생성된다는 단순한 이유 때문이다. 내가 돌이 지닌 돌다움에 대해 구체적으로 언급한 다른 글에서 주장했듯이, "물질의 속성은 본래 주어진 것이 아니라 역사다"(Ingold 2011a: 32). 실천자들은 돌의 이야기를 앎으로써 그것을 안다. 이를테면 돌이 하는 일과 그것이 특정한 방식으로 다뤄질 때 어떤 일이 일어나는지를 통해서 말이다. 그러한 이야기는 어떠한 분류 작업에도 본질적으로 저항한다(ibid.: 156-164). 물질은 대상처럼 진단되는 속성을 지닌 정적인 실체로 존재하는 것이 아니다. 캐런 버라드의 표현을 빌리자면, 물질은 "자연의 극히 일부"가 아니며, 완성되기 위해 문화와 역사와 같은 외부의 힘을 기다리는 존재도 아니다. 오히려, 물질은 되어감의 상태 속에서 계속 가거나 지속되면서, 언젠가 한 번쯤은 그들에게 부여된 공식적인 목적지를 앞질러 가고, 그렇게 함으로써 끊임없는 변조를 겪는다. 지금 어떤 객관적인 형태를 취하고 있다 해도, 물질은 언제나 그리고 이미 무언가가 되는 길 위에 있으며, 버라드의 표현대로 언제나 "이미 진행 중인 역사성"(Barad 2003 : 821) 위에 있다.

물질은 형언하기 어렵다. 이미 확립된 개념이나 범주로 분명하게 정의할 수 없다. 어떠한 물질을 묘사하는 것은 수수께끼를 내는 것이다. 그것은 거기에 무엇이 있는지를 관찰하고 직접 다루는 과정을 통해서만 발견할 수 있는 답을 지녔다.[50] 그 수수께끼는 물질에게 목소리를 부여하고, 물질이 자신의 이야기를 하도록 허락한다. 그리고 귀를 기울여 그것이 제공하는 단서를 통해 무엇이 말하는지를 발견하는 것은 우리에게 달렸다. 앞에서 든 예로 돌아가면 '나는 노르스름하고 반짝이며, 흐르는 물 속에서 더욱 밝게 빛난다. 나는 무엇인가?'라는 질문의 답은, 이름을 붙이지 않아도 사금 채취자에게는 분명하다. 왜냐하면 바로 그곳, 개울 바닥에 빛나며 놓여 있기 때문이다. 마치 사금을 채취하는 경우처럼, 물질을 안다는 것은 장인들이 항상 그랬던 것처럼 물질에, 그리고 "순수한 생산성을 지닌 물질-흐름에 순종"해야 한다(Deleuze and Guattari 2004: 454). 그들의 모든 기술적 몸짓은 질문이고, 물질은 자기 특성에 따라 대답한다. 실천자들은 물질을 따라갈 때 그것과 상호 작용하기 보다는 차라리 조응한다(이 책의 제7장 259-267쪽을 보라). 그렇다면 만들기는 조응의 과정이다. 이는 미리 구상된 형태를 날것의 물질 위에 부과하는 것이 아니라, 되어가는 세계 속에 내재하는 잠재성을 끌어내거나 드러내는 것이다. 현상계에서 모든 물질은 그저 하나의 되어감이며, 미로와 같은 궤적을 통한 하나의 길 또는 궤도이다.

---

50 문학 연구자인 다니엘 티파니(Tiffany 2001: 75)에 따르면, "물질(substance)은 수수께끼에서 말해지는 사물에 의해 제시된 난제에 대한 해답이다." 티파니가 지적했듯이(ibid.: 78), '수수께끼(riddle)'라는 단어는 어원학적으로 '읽는다(to read)'라는 동사에 연결되어 있으며, 둘 다 주의를 기울이다(attend)와 자문을 받다(take counsel)의 뜻을 지닌 고대 영어 raedan에서 파생되었다.

이런 의미에서 우리는 물질이 "질료의 고유한 삶"을 분명하게 밝힌다는 들뢰즈와 과타리의 주장에 동의할 수 있다. 비록 질료를 비활성의 물질로 환원하는 질료형상 모델의 관점에서는 감춰지거나 알아보기 어려운 것이라 할지라도 말이다. 그들은 이 삶, 말하자면 "모든 질료 속에 들어 있는 신체성의 내재적 힘과 그에 수반되는 단결심"에서 만들기(바구니 만들기, 벽돌 직조 또는 금속공학처럼)와 연금술 사이의 관계를 찾을 수 있다고 주장한다. 만들기의 현장에서 장인은 그의 작업을 결실로 이끄는 힘과 흐름에 가담하고 따르면서 정말로 자기 삶 그 자체인 자신의 움직임과 몸짓을 물질의 되기와 결합한다. 정치학 이론가인 제인 베넷[51]이 설명했듯이(Bennett 2010: 60), 물질이 무엇인지를 알고자 하는 과학자의 욕망과 달리, 물질이 무엇을 할 수 있는지를 보는 장인의 욕망은 물질 속에서 삶을 포착하여 궁극적으로 그것과 "더 생산적으로 협업"할 수 있게 해준다. 내가 서두에서 제시했던 도식(그림 2.3)으로 돌아가 보면, 물질이 무엇을 할 수 있는지를 보고 그것과 협업하거나, 우리의 용어로 그것과 조응하는 것은 만들기를 횡단이 아닌 종단으로 읽는 것이다. 이어지는 두 장에서는, 선사 시대의 석기 작업의 사례(제3장)와 중세 건축의 사례(제4장)를 통해, 이 종단적 읽기의 의미가 실제

---

51 [역주] 제인 베넷(Jane Bennett, 1957~)은 미국의 정치 이론가이자 철학자다. 베넷은 『생동하는 물질』에서 음식, 상품, 폭풍, 금속과 같은 물질이 반(半)주체적 존재로 작용하며, 고유한 경로와 가능성, 경향성을 지닌다고 주장했다. 이 책은 정치 생태학적 시각에서 기존의 인간 중심적 사고에서 벗어나 물질과 환경의 능동적 역할을 강조했다.

로 어떤 의미를 지니는지 살펴보려 한다.

제3장
주먹도끼 만들기에 관하여

아슐리안[52] 양면 석기

선사시대의 가장 기이한 수수께끼 중 하나는 주먹도끼라 불리는 사물이다. 전문적인 석기 제작자(stone knapper) 존 로드[53]가 내 주문에 따라 만든 복제품이 지금 이 글을 쓰는 내 앞에 놓여 있다(그림 3.1과 3.2). 이것은 뛰어난 장인정신으로 만들어진 굉장히 아름다운 사물로 실용성은 명백하게 전혀 없다. 나는 성인의 손바닥과 쭉 뻗은 손가락에 완벽하게 들어맞는 크기와 모양의 이 주먹도끼를 그저 쥐고 그 무게와 질감을 느끼기를 즐긴다.

---

52 [역주] 아슐리안(The Acheulean) 문화는 전기 구석기시대의 주먹도끼 문화를 대표하며, 프랑스의 생타슐(Saint Acheul)에서 주먹도끼가 다량 발견되면서 붙여진 이름이다. 이 주먹도끼의 기술형태학적 특징 중 하나는 석기의 양면이 모두 박리되어 있다는 것이다.

53 [역주] 존 로드(John Lord)는 세계적으로 유명한 석기 제작자다. 그는 발 로드(Val Lord)와 함께 1975년부터 선사 기술 연구 프로젝트를 시작했다. 그들은 1975년부터 1988년까지 석기 제작 기술을 익히면서 이를 가르치기 시작했다. 그는 2017년에 석기 제작에 대해 대영제국 메달을 수여받았다.

그림 3.1 존 로드가 만든 아슐리안 주먹도끼 복제품. 정면. 수재나 잉골드 제공.

그림 3.2 동일한 주먹도끼. 측면. 수재나 잉골드 제공.

이 주먹도끼는 검은 부싯돌의 단괴[54]로부터 제작되어 일부 흰 자갈면[55]의 잔여 흔적을 지니고 있으며 선사학자가 양면 석기라 부르는 형상을 지니고 있다. 즉, 양면 석기는 두 볼록한 면을 지니고 있는데, 한 면은 다른 한 면보다 살짝 더 튀어나와 있다. 두 면은 두터운 밑동에서 둥근 끝 부분으로 갈수록 가늘어지는 가장자리를 따라 접한다. 이 두 면은 이를 만든 기술의 흔적을 지니고 있는데, 이 기술은 원래의 몸돌[56]에서 격지[57]를 연속적으로 제거하는 과정을 포함한다. 이 기술은 패각상 깨짐[58]의 속성, 즉 돌출된 모서리 근처에서 비스듬하게 부딪혔을 때 가늘고 긴 조각으로 갈라지는 부싯돌의 경향을 이용한다. 이 조각은 충돌 시점에 전구 모양의 원뿔로부터 나온다. 각 조각의 배(腹)면은 살짝 볼록해서 몸돌에 가늘고 긴 오목형의 자국을 남긴다. 이 면이 완전히 박리되었을 때, 이 오목한 자국은 교차하여 불규칙적인 뚜렷한 이랑 패턴을 형성한다. 두 면이 만나는 모서리는 놀랍도록 날카로우며, 나무나 사슴 뿔과 같이 더 부드럽고 덜 부서지는

---

54 [역주] 단괴(團塊, nodule)는 퇴적암 속에 들어 있는 덩어리로 주위 암석과 다른 자생광물의 집합체를 가리킨다.
55 [역주] 자갈면(cortex)은 돌의 겉면으로 돌이 구르면서 닳아 생긴 면이다(출처: 한국민족문화대백과사전-석기).
56 [역주] 몸돌(core)은 석기의 격지를 박리한 후 남은 잔존물이다.
57 [역주] 뗀석기 제작을 할 때, 사람이 돌을 떼어낸 박리의 과정에서 몸돌로부터 떨어져 나온 돌 조각을 격지(flake)라고 부른다. 격지가 원래 붙어 있던 몸돌의 부분은 배면(ventral surface)이다.
58 [역주] 패각상 깨짐(conchoidal fracture)은 흑요석, 석영 등의 광물이 조개껍질 모양으로 갈라지는 것을 가리킨다.

물질로 된 망치로 압력을 가하여 만든 톱니 모양을 더함으로써 다듬어졌다.

이 사물이 주먹도끼라고 불리게 된 것은 1830년대와 40년대 프랑스 북부의 생타슐 유적지에서 선사시대 표본들이 최초로 상당하게 발견된 것을 둘러싼 상황에서 비롯되었다. 그것들을 발견한 사람은 인근 마을 아베빌(Abbeville)의 세관원 자크 부셰르 드 페르트[59]다. 드 페르트는 그것들이 굉장히 오래되었다고 믿었고 이들을 "노아의 홍수 이전의 도끼(haches antediluviennes)"[60]라고 불렀다. 그의 주장은 동시대인들에게 조롱받았으나 이후 인류가 수백 억 년의 시간에 걸쳐 진화했다는 관념에 점점 더 익숙해지던 사상적 분위기 속에서 호응을 얻게 되었다. 따라서 생타슐 유적지는 19세기 후반에 이르러서야 드 페르트가 그곳에서 처음 발견한 것과 같은 종류의 인공물을 만드는 공작(工作, industry)과 연관되어 선사시대 전체를 상징하게 되었다. 이 공작은 1925년에 공식적으로 '아슐리안'으

---

59 [역주] 자크 부셰르 드 페르트(Jacques Boucher de Perthes, 1788~1868)는 프랑스 고고학자이자 골동품 수집가다. 그는 솜므(Somme) 강에서 석기 제작 도구를 발견한 것으로 유명하다.

60 [역주] 독일의 고생물학자 요한 프리드리히 에스퍼(Johann Friedrich Esper)는 1771년에 멸종되었던 동물 뼈와 동시대에 존재했을 것으로 추정되는 인간 뼈를 발견했다. 하지만 당시에는 창조론을 비롯한 성서에 기반한 역사가 팽배했으며, 에스퍼 역시 이 화석들이 성서에 등장하는 홍수로 인해 모아지게 되었다고 주장했다. 이러한 주장을 홍수론(diluvialist) 지질학 또는 격변설자(catastrophist) 지질학이라고 부른다. 부셰르 드 페르트는 "홍수 이전의"라는 표현으로 그보다 더 이전에 존재하는 인간에 대한 가설을 세우는데, 당시에 그의 주장은 큰 호응을 받지는 못했다.

로 명명되었으며, 그 명칭은 주먹도끼와 같은 상징적인 인공물의 지정과 더불어 그 이래 줄곧 사용되고 있다. 그렇지만 아슐리안 주먹도끼는 프랑스 혹은 심지어 북부 유럽에 국한되지 않고 유럽의 다른 지역과 아프리카, 근동 지역, 남아시아 곳곳에서도 나타났다. 주먹도끼는 구세계의 세 대륙 모두에서 발견되었을 뿐만 아니라, 그 연대가 백만 년 이전으로 추정된다. 가장 오래된 것으로 알려진 주먹도끼는 비록 다소 조잡하게 만들어졌지만 170만 년 전에서 160만 년 전의 동아프리카 유적지에서 발견되었다. 그와 동일한 종류의 인공물은 유럽에서 12만8천 년 전까지도 여전히 만들어지고 있었다. 그리고 초기와 후기의 표본을 비교해보면 보다 나은 균형과 대칭을 향해 점진적으로 개선되었다는 몇몇 증거가 보이긴 하지만, 그 모든 세월 동안 전체 형상은 거의 변하지 않았다(Schick and Toth 1993; Wynn 1995; Roche 2005).

주먹도끼가 의도적인 활동의 결과물이며 그런 의미에서 인위로 만들어진 사물이라는 점을 의심할 이유는 거의 없어 보인다. 패각상 깨짐이 우연히 발생할 수 있음은 사실이다. 예를 들어 돌이 해변에서 파도에 서로 부딪힐 때 발생할 수 있다. 하지만 그 어떤 우연도 혹은 일련의 우연도 주먹도끼의 체계적이고 규칙적인 박리를 발생시킬 수 없다. 침팬지가 딱딱한 껍질을 가진 견과류를 깨뜨리기 위해 단단한 표면 위에 돌을 올려두고 위로부터 충격을 주어 내리쳐 쪼개는 방법에 필적하는 기술을 사용하는 것이 관찰된 것 또한 사실이다. 석기 제작자는 여전히 이 기술을 사용하여 작업할 몸돌을 얻는다.[61] 하지만 쪼개어 부수는 방법은 패각상 깨짐의 방법 및 결과 모두와 완전히 다르다(Pelegrin 2005: 25). 후자는 어느 정도 양손 손재주와 정밀한 통제를 필요로 한다. 이는 가장 엄격하게 훈련된 유인원조차 할 수 없는 것이며 마찬가지로 200만 년 이상 전에 쪼개진 돌을 광범위하게 사용했지만 한 번도 이를 박리하지는 못했던 조상 호미닌(hominin)[62]의 능력을 넘어선 것이다. 따라서 아슐리안 석기 공작은 동물계에서 정말로 유례를 찾아볼 수 없는 공작이다. 이 공작은 화석 기록에서 일반적으로 호모 에렉투스로 오랫동안 알려진 호미닌 종류의 유적과 관련이 있으며 우리는 주먹도끼의 제작자가 대부분 이 종의 개체임을 합리적으로 추론할 수 있다. 하지만 만일 그들이 어떤 목적으로 만들었다면 우리는 그 목적이 무엇이었는지 전혀 짐작할 수 없다. 가령 주먹도끼가 동물 가죽이나 야채를 자르고 긁기 위해 사용되었다는 그럴듯한 설

---

61 침팬지의 견과류 깨기에 관한 문헌은 매우 방대하다. 몇가지 주요한 자료는 Sugiyama and Koman(1979), Boesch and Boesch(1990), McGrew(1992), Joulian(1996)을 포함한다. 오늘날 돌자귀 제작자들이 원석(blank)을 얻기 위해 쪼개어 부수는 것에 대한 설명을 보고자 한다면 Stout(2002: 697)를 참조하라.

62 최근에 인간과 이족보행처럼 인간다운 특성을 공유하는, 그리고 인간과 밀접하게 관련되었지만 이제는 멸종한 조상 종들을 지칭하는 용어로, 전통적으로 써온 호미니드(hominid) 대신 포괄적인 용어로 호미닌(hominin)이 도입됐다. 이것은 인간과 유인원(오랑우탄, 고릴라, 침팬지) 사이의 계통학적 연결이 이전에 생각했던 것보다 더 가깝다는 것을 인정한 결과이며, 이는 사람과(Hominidae)가 후자를 포함하도록 그 범위를 확장하라는 요구로 이어졌다. 이전에 호미니드로 알려졌던 더 협소한 집단을 가리키는 새로운 용어가 도입되어야만 했다. 이들이 바로 호미닌이다.

명부터 사냥꾼이 '도끼'를 회전시키며 던졌을 때 그 특유의 공기역학적 속성을 이용해 무방비한 사냥감을 기절시키거나 고꾸라지게 했다는 이론을 포함한 기괴한 설명까지 존재한다(Calvin 1993). 우리가 확실히 아는 것은 그 사물이 도끼로 사용될 수 없다는 것이다. 그랬다면 그가 쓰러뜨리고자 했던 무언가보다 사용자의 손에 더 큰 부상을 입혔을 것이기 때문이다.

 대부분의 선사시대 역사학자는 조금이라도 나은 설명을 얻기 위해 인공물을 "일반적 목적의 도구"(Wynn 1995: 14)로 기술하는 안전한 선택을 했다. 하지만 주먹도끼의 근원적 수수께끼는 그것이 무엇을 위해 사용되었는지가 아니라 그 형상의 안정성에 있다. 이 안정성을 무엇의 결과라고 봐야 하는가? 현대와 과거 인간 도구에 관해서라면 그것은 마치 그 제작자가 완성된 형상을 마음의 눈으로 먼저 '본' 다음 이를 물질에 실행하기 위해 작업을 시작하는 것처럼 지적 설계의 산물이라고 일반적으로 여겨진다. 우리가 아슐리안 주먹도끼의 형상을 그 규칙성과 균형을 반추하며 고찰할 때, 우리는 그것 역시 마찬가지로 의도적이고 자기 의식적인 디자인의 실현물로 본다. 양면 형상은 자연적으로 불규칙한 모양을 한 돌덩어리로 이루어진 원재료나 석기 제작자와의 관계에 어떤 식으로든 예시(豫示)된 것으로 보이지 않는다. 형상이 이처럼 임의적이고 물질에 부여되는 것이라면, 개념적으로 틀 지어지고 사회적으로 전승된 전통의 일환으로서 제작자의 정신 외 어디에 존재할 수 있겠는가? 실로 이런 취지의 주장은 고고학적 문헌에서 흔히 볼 수 있다. 예를 들어 존 고블렛[63]은 독자들에게 다음과 같이 단언한다. "70만 년 이전의 호모 에렉투스는 기하학적으로 정확한 비례 감각을 지니고 있었으며 외부 세계에 있는 돌에 이를 부과할 수 있었다"(Gowlett 1984: 185). 마찬가지로 주먹도끼 만들기의 기법을 숙달하고자 시도했던 자크 펠레그랭[64]은 양면 석기의 규칙성과 대칭성은 그 제작자가 "'개념'이라 명명될 만한 (…) 미리 형성된 심상"에 인도되었다는 가장 명백한 증거를 마련해준다고 강력히 주장했다(Pelegrin 1993: 310). 요컨대 아슐리안 주먹도끼 제작자는 여느 근대 장인처럼 상상 속에서 생산해야 하는 사물에 대한 어떤 모델이나 재현으로 작업을 시작했으리라고 추정된다. 브라이언 페이건[65]은 다음과 같이 주장한다. "제작자는 돌덩어리에 불과한 것으로부터 생산해야 하는 인공물의 모양을 구상해야 했다"(Fagan 1989: 138).

63 [역주] 존 고블렛(John Anthony Jamys Gowlett)은 영국의 고고학자다. 그는 동아프리카, 남아프리카에서 현장 연구를 해왔으며, 인간의 불 사용에 대한 기원과 기술의 디자인 형태의 진화를 연구한다.
64 [역주] 자크 펠레그랭(Jacques Pelegrin, 1955~)은 프랑스의 선사학 연구자다. 석기 기술을 전문적으로 연구한다.
65 [역주] 브라이언 페이건(Brian M. Fagan, 1936~)은 영국의 고고학자다. 그는 케임브리지의 펨브로크 컬리지에서 고고학과 인류학을 공부하여 학사 학위 및 석박사 학위를 취득했다. 그는 다수의 대중적인 고고학 책을 썼다.

본능인가 지성인가

형상이 디자인 개념의 표현이라면, 어떻게 세 대륙과 백만 년에 걸친 개념의 안정성을 설명할 수 있는가? 인간 존재는 역사의 흐름에서 놀랄 만큼 다양한 디자인을 생산해왔으며 그중 상당수는 그 독창성이 뛰어나다. 그중 일부는 잘 확립된 전통 안에 자리잡아 수백 년, 심지어 수천 년 동안 지속돼왔다. 하지만 민족지 기록이나 지난 십만 년의 선사시대를 봐도 양면 형상의 범위와 지속성에 필적할 만한 것은 없었다. 펠레그랭(Pelegrin 1993: 312)이 그랬듯이 "심상 수준에서의" 진보가 "전통의 관성"에 의해 지체되었기에 형상이 일정하게 유지되었다고 주장하는 것은 왜 그러한 관성이 그 어느 때보다도 호모 에렉투스의 전성기 동안에 훨씬 더 강하게 혁신을 옥죄었는지에 대한 선결문제 요구의 오류일 뿐이다. 주먹도끼 제작자가 그것을 실현하기에 앞서 형상을 구상할 수 있는 지성을 지녔다면, 그는 이론상으로 우리가 포함되는 호모 사피엔스라는 종의 현대판 후손처럼 대안적 형상을 고안해낼 능력을 지녀야 한다. 그렇다면 호모 에렉투스가 돌을 박리하면서 전통 혹은 다른 어떤 정신적 모델의 명령을 따르지 않았다는 것인가? 양면 석기는 그 형상의 지속성으로 보자면 거의 호미닌 신체에서 뻗어 나온 인공 기관처럼 보이는데, 이것은 골격의 부속물로 체외에 있고 떼어낼 수 있다는 점에서 치아나 손톱과는 다르다. 결국 필요한 기법을 발전시킬 기회만 주어진다면, 사용 가능한 원재료의 특정 속성 및 특질과 환경의 행동유도성에 응답할지라도 특정 종에 고유하고 어느 정도 불변적인 방식으로 새는 둥지를 짓고 비버는 댐을 건설할 것이다. 호모 에렉투스라고 왜 달랐겠는가? 주먹도끼 만들기가 본능의 표현 그 이상도 이하도 아니라고까지 말할 수 있을까?

정확히 이러한 주장은 20세기 고고학의 가장 위대하고도 확실히 가장 독창적인 지성인 중 하나인 앙드레 르루아구랑[66]의 1964년 논문 「행위와 말(Le geste et la parole)」[67]에서 제기되었다. 그는 주먹도끼 제작자를 특이하고도 이제는 한물간 전문 용어인 "고대 인류(Archanthropians)"[68]라고 불렀다. 그가 말하길 그들의 도구는 "여전히 주로 종 [특유의] 행동에서 직접적으로 발산된 것"으로 각각은 "유인원 신체와 뇌의 '분비물'이었다"(Leroi-Gourhan 1993: 91, 97). 마치 고대 인류의 신체로부

---

66 [역주] 앙드레 르루아구랑(André Leroi-Gourhan, 1911~1986)은 프랑스의 고고학자, 고생물학자, 고인류학자, 인류학자이다. 그는 마르셀 모스의 지도하에 북태평양의 고고학 연구로 박사 학위를 취득했다. 그는 대영박물관과 프랑스의 인류학 박물관을 포함한 여러 박물관에서 일했으며, 1969년에서 1982년까지 콜레주 드 프랑스에서 교수직을 맡았다.

67 1993년에 *Gesture and Speech*으로 영문 출판되었으며, 애나 보스톡 버저(Anna Bostock Berger)에 의해 훌륭하게 번역되었다. [역주] 앙드레 르루아구랑, 『행위와 말(전2권)』(공수진 옮김), 연세대학교 대학출판문화원.

68 [역주] 르루아구랑은 호미니드 진화의 주요한 형태학적 단계를 설명하기 위해 이를 각각 'Australanthropian', 'Archanthropian', 'Palaeoanthropian', 'Neanthropian'으로 지칭한다. 이 용어들은 모두 현재 사용되지 않는다. 한국에 출간된 번역본에서는 이를 '아르칸트로프'로 표기했다(출처: Howells, Christina, and Gerald Moore(eds.), 2013, *Stiegler and Technics*, Edinburgh University Press, pp. 50-51).

터 기술적 활동이 배어나와 그것이 만들어낸 인공물의 형상으로 굳어지는 것과 같다. 인공물의 형상은 골격 구조처럼 신체 양식(body plan)[69]에 긴밀하게 연결되어 있어 형상을 만든 생명체의 골격 형태보다 더 빨리 변화할 수는 없다. 다시 말해 둘 모두 "생물학적 진화의 리듬을 따랐다"(ibid.: 106). 그러나 이 주장에 의구심을 가지거나 믿기 어려워한 사람이 있다면, 그건 바로 르루아구랑 그 자신이었다. 그는 자기 자신의 주장을 반대로 단호하게 부인하며 양면 석기의 모양은 "제작자의 정신에 미리 존재해야만 하고" 이 정신이 양면 석기로 만들어질 돌을 선별하고 박리의 연속적인 조작을 통제한다고 역설했다(ibid.: 97). 고대 인류는 복합적 지능을 부여받았으며 "날것의 돌덩어리에 (…) 그들의 양면 석기의 미래 모양을 마음 속에 그릴 수 있는 탁월한 장인이었다"(ibid.: 141). 그렇다면 그들은 왜 대안적 형상을 마음 속에 그리거나 다른 물질에 실현하지 못했는가? 르루아구랑은 이 질문을 제기했음에도 불구하고 답을 내리는 데 실패했다. 그는 자신의 실패에 대해 호모 사피엔스의 뇌를 지닌 우리가 우리와는 매우 다른 방식으로 작동하는 생명체의 지적 생활을 이해하기란 어렵다고 궁색하게 변명했다(ibid.: 141).

르루아구랑은 그 전후의 많은 선사학자처럼 이중구속에 걸려든 듯하다. 한편으로 양면 석기의 형상이 신체 양식과 연결된

---

69 [역주] 신체 양식은 일반적으로 '체제' 혹은 '체형'으로 번역되지만, 중의적으로 해석될 수 있기에 '신체 양식'이라는 번역어를 대신 사용했다. 신체 양식은 동물 몸의 기본 형식으로, 같은 문(門)에 속한 동물이 공유하는 형태학적 요소의 집합이다.

다면 그 지속성은 설명할 수 있지만, 그 디자인에 분명하게 드러나는 지성을 설명할 수 없다. 다른 한편으로 양면 석기를 복합적 지성의 산물로 본다면 그 디자인은 설명할 수 있지만 형상의 지속성은 설명하지 못한다. 바로 이 이중구속이 르루아구랑으로 하여금 어느 한순간에는 고대 인류 기술성의 전제조건으로서 지성을 강조했다가 다음 순간에는 그것이 어떤 중대한 지적 구성 요소도 지니고 있지 않다고 부정하게 만들었다. 하지만 나는 문제의 원인이 호모 사피엔스가 지닌 뇌의 한계에 있다고 생각하지 않는다. 원인은 오히려 우리가 자연의 한 종이라는 우리 자신의 집합적인 자기 규정을 뒷받침하는 구성적 딜레마에 있다. 우리는 오로지 존재의 문지방을 유례없이 넘어 자연적인 것을 초월하는 영역으로 들어섬으로써만 스스로를 알 수 있다. 딜레마의 뿌리는 물질세계의 필수적인 부분으로 이해되는 인간 신체와 이 세계에 독자적인 관념과 개념을 제공하는 것으로 보이는 영혼의 관계에 대한 끝없는 논쟁을 통해 서양 철학 전통에 깊숙이 자리잡고 있다. 이 신체와 영혼의 구별은 아리스토텔레스 이후로 줄곧 질료와 형상이라는 더 일반적인 분할의 구체적인 예시로 받아들여졌다. 아리스토텔레스가 추론하기로 모든 실체적 사물은 그 창조의 행위에서 결합되는 질료와 형상의 복합체다.[70] 우리가 이전 장(60-65쪽)에서 보았듯 여기에 만들기의 질

---

[70] 아리스토텔레스는 「영혼론(De anima, On the Soul)」 2권의 서두에서 다음과 같이 설명한다. "이제 우리가 실체라고 부르는 사물의 종류가 있으며, 그 용어 하에는 다음의 것이 포함되어 있다. 첫째, 질료가 있는데 이것은 그 자체로는 이것도 저것도 아니다. 둘째로 모양 혹은 형상이 있으며, 이것이나 저것이라는

료형상적 모델의 토대가 있다. 질료형상적 사고는 그 이후 서구 사상사에 그 어느 때보다도 단단히 자리잡게 되었다. 하지만 이 사고는 점차 불균형해지게 되었다. 형상은 특정한 디자인을 염두에 둔 행위자가 그의 목적에 부응하도록 부여한 것으로 여겨지게 된 반면, 질료는 형상이 부여되는 것으로서 수동적이고 무기력하다고 여겨졌다.

완성된 인공물 오류

생물인류학자 랠프 할로웨이[71]가 이전 학자들의 긴 계보를 따라 "환경에 임의적 형상을 부과하는 것"으로 정의되는 문화를 다시 한 번 인간 고유의 영역으로 되찾았을 때, 우리는 이 근대판 질료형상론이 작동하고 있음을 분명하게 볼 수 있다(Holloway 1969: 395). 문화는 형상을 마련하고, 자연은 물질을 마련한다. 인간 존재는 형상을 물질에 중첩함으로써 자기 자신을 둘러싸고 있는 인공물을 점점 더 많이 창조해낸다. 할로웨이 자신도 아

용어가 동시에 적용된다. 셋째로 질료와 형상으로 만들어진 전체가 있다. 질료는 잠재성과 동일하며 형상은 실재성과 동일하다"(Hicks 1907: 49).
71 [역주] 랠프 할로웨이(Ralph Holloway, 1935~2025)는 미국의 인류학자다. 그의 연구 관심사는 인간-동물 관계, 신체와 의학으로 주로 뇌와 행동의 진화, 비교 행동학, 진화 생물학이다. 그의 타웅 아이(Taung Child)에 대한 연구는 호미니드의 뇌 크기가 증가하기 이전에 뇌의 재조직화가 발생한다는 것을 처음으로 제안한 연구 중 하나였다.

슐리안 주먹도끼가 엄밀한 의미에서 인공물이며 따라서 그것이 물질문화의 전형적인 사례이자 그 제작자가 지닌 본질적 인간성의 지표라는 점을 의심하지 않았다. 그의 논문이 출간되었던 40년 전에는 대부분의 고고학자와 인류학자가 이에 동의했을 것이다. 호모 에렉투스와 호모 사피엔스 사이에 어떤 차이가 있었든 – 이 차이는 여전히 발화 생산 문제를 둘러싼 논쟁에 휩싸여 있다 – 형상을 실현하기에 앞서 이를 구상하는 능력은 그 둘 모두에 공통적이라고 널리 받아들여졌다.

그러나 이 합의는 인간 진화 내 도구 제작과 인지, 그리고 그 둘과 언어 능력 사이의 관련성을 설명하기 위해 1990년에 소집된 학회에서 완전히 와해되었다. 선사시대 고고학자 이언 데이비드슨[72]은 심리학자 윌리엄 노블[73]과 공동 집필한 논문에서 주먹도끼의 형성을 설명하기 위해 급진적인 대안적 주장을 제시했다. 만약에 제작자에게 그와 같은 사물을 생산해내려는 의도가 전혀 없었다면 어떻게 될까? 호모 에렉투스가 작고 일회용이면서 사용으로 무뎌지지 않은 날카로운 도구를 자주 필요로 했다고 가정해보자. 몸돌에서 갓 떼어낸 격지보다 나은 것이 있을

---

72 [역주] 이언 데이비드슨(Iain Davidson)은 영국의 선사시대 고고학자다. 그는 스페인 구석기 시대 동물상과 경제에 대한 연구로 케임브리지 대학교에서 박사 학위를 받았다. 그는 언어 기원의 고고학에 관한 여러 저작을 출간했다. 그는 퀸즈랜드의 동굴 벽화 등에 대한 다양한 고고학적 연구를 수행해왔다.

73 [역주] 윌리엄 노블(William Noble)은 영국의 심리학자다. 그는 주로 손상된 청각의 심리사회적 영향, 정신 건강의 동반 질환 효과 등을 연구한다. 또한 의사소통의 진화에 관심을 두고 있다.

까? 격지는 몸돌과 어쩌면 돌망치를 들고 다님으로써 필요한 만큼 그리고 필요한 때에 즉각 떼어질 수 있었다. 몸돌은 더 이상 효과적으로 박리될 수 없을 때까지 깎아진 후에야 비로소 버려졌을 것이다. 데이비드슨과 노블은 고고학자가 의도적으로 제조된 인공물이라고 추정해온 것이 그저 이러한 잔여 몸돌에 불과하다고 주장했다. 그것은 잔여물이다(Davidson and Noble 1993: 372).

이 주장은 학회에서 경악을 불러일으킬 정도는 아니었지만 회의적으로 받아들여졌으며 그 이후로도 많은 지지를 얻지 못했다. 5년 뒤 학회의 또 다른 발표자인 토머스 윈[74]은 이에 대한 포괄적인 반박문을 발표했다(Wynn 1995). 윈은 주먹도끼의 양면 대칭성은 격지를 박리하는 어떤 무계획적인 과정에서 발생할 수 있는 수준을 넘어선다고 주장했다. 게다가 이 대칭적 형상을 생산하는 데는 매우 작은 격지 조각을 제거하는 것이 포함되는데, 이 조각은 너무 작아 상상할 수 있는 그 어떤 용도로도 사용될 수 없었다. 마지막으로 경우에 따라 도끼를 주변 격지의 '부산물(debitage)'에 맞춰 몸돌 전체를 재구성하는 것이 가능했는데, 이 사실은 도끼가 일련의 분산된 사건으로부터 남겨진 것

---

74 [역주] 토머스 윈(Thomas G. Wynn)은 미국의 고고학자다. 그는 진화 인지 고고학의 선구자로 1979년에 발표한 논문 「후기 아슐리안 호미니드의 지성(The intelligence of later Acheulean hominids)」은 발표 이후 계속해서 꾸준히 인용되고 있다. 그의 박사 연구는 구석기 시대 연구에 새로운 방향을 제시했는데, 그는 피아제의 심리학 이론을 이용하여 호미닌의 공간 인지 능력의 진화 과정을 설명하고자 했다.

이 아니라 한 자리에서 한 번에 만들어졌다는 것을 보여준다. 윈의 의견은 분명했다.

주먹도끼는 물질세계에 부과된 관념이었으며 여러 개인에게 공유되었던 관념이기도 했다. 이는 진정한 문화적인 범주였다. 석기 제작자는 주먹도끼를 최종 생산물로 생산하고자 했다. 그 생산물은 몸돌이었을 수도 있지만, 모양 자체는 명백히 의도적이었으며 따라서 이는 제작자의 정신을 엿볼 수 있게 해준다(Wynn 1995: 12).

자크 펠레그랭은 자신의 고고학적 조사와 수년간 부싯돌을 제작한 실천적 경험을 결합하며 이와 크게 다르지 않은 결론을 내린다. 작업의 우수함과 모양의 규칙성은 잘 만든 주먹도끼에 분명하게 드러나며 원재료와는 무관한 제작자의 의도를 선명하게 보여준다. 펠레그랭은 다음과 같이 쓴다. "호모 에렉투스와 같은 고대호미닌(palaeohominins)의 경우, 그들의 섬세한 타제 방법은 그들이 수십만 년 전에 정밀한 운동기능뿐만 아니라 전체 타제 과정을 틀 지우는 정신의 주형을 소유했다는 증거를 제공한다. 기술적 행동은 기하학적 의도에 종속되었으며 이에 구조화되었다"(Pelegrin 2005: 30, 인용자 강조).

주먹도끼 제작자가 격지를 생산하는 데 주로 관심이 있었다는 가설을 반박하는 증거는 확실히 강력했다.[75] 하지만 데이비

---

[75] 이는 가설이 최종적으로 반증되었다고 말하는 것이 아니다. 토니 베이커(Tony

드슨과 노블이 이 가설을 제시하면서 진정으로 주목하고자 했던 것은 원리의 보다 근본적인 점을 예시하는 것이었다. 이는 우리가 고고학적 유적지로부터 발굴된 인공물의 최종 형상을 당시 제작자가 상상했을 법한 '최종 형상'과 안이하게 혼동해서는 안 된다는 것이다. 오늘날 고고학자가 발굴하여 양면 석기로 분류하는 돌덩어리는 수천 년 전 그 제작자 겸 사용자에게 버려진 돌이다. 하지만 그것은 새로 만들어졌을 때가 아니라 더는 사용할 수 없게 되었을 때 버려졌을 것이다. 현대적 유비로는 익숙한 공장에서 생산된 연필을 들 수 있다. 나는 갓 구입한 완전히 새것 같은 연필을 버리지는 않을 것이다. 하지만 나는 사용하면서 연필을 주기적으로 다시 깎아야 하며, 연필 일부는 깎을 때마다 갈려 나가면서 길이가 줄어들어 결국 손에 쥐기에 너무 짧아지게 된다. 그때서야 나는 연필을 버린다. 미래의 고고학자가 21세기의 쓰레기통 내용물을 분석한 뒤 흔히 '연필'이라 불리는 사물이 너무 짧아서 실제로 그림 그리는 용도로 만들어졌을 리 없다는 결론을 (그리고 어쩌면 그 대신 의례적 혹은 상징적 기능

Baker 2006)는 이에 열띤 옹호론을 전개했다. 그의 주장은 호모 에렉투스에게는 한 손으로 몸돌을 안정적으로 잡고 다른 손으로 그것을 타격하는 양손의 재주가 없었으리라는 것이다. 도끼 제작자는 그러므로 매 타격을 견디기 위해 몸돌 덩어리의 관성에 의존해야만 했을 것이다. 이 타격은 결국 덩어리에 스칠 정도로 가해지는 게 아니라 덩어리 중심부를 향해야 했으며, 그렇지 않을 경우 몸돌은 충격의 힘으로 인해 그저 자리에서 밀려나게 됐을 것이다. 이러한 기술은 현대의 석기 제작자에게 더 잡기 쉬운, 작은 몸돌보다는 더 큰 부피를 지닌 넓은 몸돌에 적합했다. 그리고 이 넓은 몸돌로부터 격지를 제거하는 것은 쓸 만한 도구를 생산해냈을 것이다.

을 가졌을 것이라는 결론을) 내린다면, 그는 데이비드슨과 노블(Davidson and Noble 1993: 365)이 완성된 인공물 오류라고 부르는 오류를 저지르게 되는 것이다.

실로 부싯돌 도구는 이 점에서 연필과 그리 다르지 않다. 부싯돌 도구는 사용되면서 닳고 마찬가지로 토막으로 줄어들어 버려질 때까지 더 많은 박리로 깎여야 했을 것이다(그림 3.3). 예를 들어, 해럴드 디블[76]은 4만 년 전의 네안데르탈인(Homo sapiens neandertalensis)과 관련된 이른바 무스테리안 공작(Mousterian industry)에 속하고 찌르개와 긁개로 다양하게 분류되는 서로 다른 종류의 박리된 석기 도구들이 그저 격지 감쇄의 연속적인 단계를 나타내는 것으로 이해될 수 있음을 보여주었다(Dibble 1987a). 아슐리안 석기 공작에 관해 윈과 다른 사람들처럼 주먹도끼 제작자가 격지 생산이 아니라 몸돌 빚기에 주로 관심이 있었다는 데 우리가 동의할지라도, 오류의 위험성은 남아 있다. 우리는 발굴된 몸돌의 모양이 그 제작자가 원래 염두에 두고 물질에 부과하고자 했던 것이라거나 혹은 심지어 펠레그랭이 말했던 "정신의 주형"과 "기하학적 의도"에 상응하는 무언가가 그들의 정신에 조금이라도 존재했다고 가정할 수 없다.

---

76 [역주] 해럴드 디블(Harold Lewis Dibble, 1951~2018)은 미국의 구석기 시대 고고학자다. 그는 주로 석기 감쇄에 대한 연구를 해왔으며, 프랑스, 이집트, 모로코에서 현장 연구를 해왔다. 그는 펜실베이니아 대학교의 인류학 교수였으며 펜실베니아 대학교 고고학 및 인류학 박물관 유럽 섹션의 책임 큐레이터였다.

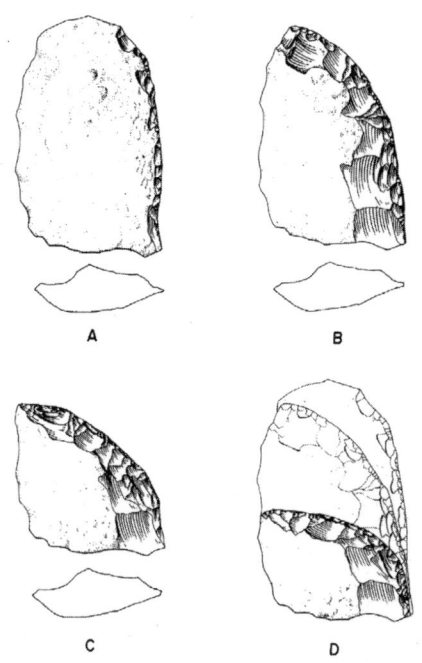

그림 3.3 해럴드 디블에 의해 복제된 박리된 석기 긁개 감쇄의 연속적인 단계(A-D). 디블은 다음과 같이 말한다. "감쇄가 지속되면서 잔손질은 점점 더해지고, 격지 길이와 표면 면적은 감소하며, 이 도구는 유형학적으로 단면 긁개에서 가로날 긁개가 되어간다"(Dibble 1987b: 112). 1987년 American Antiquity 52(1)에서 복사됨. 전미 고고학회의 허가를 받음.

주형과 기하학

내가 조금 전에 참조했던 "석기 제작자는 최종 생산물로서 주먹도끼를 생산하는 일에 착수했다"(Wynn 1995: 12)는 윈의 주장

제3장 주먹도끼 만들기에 관하여   111

을 떠올려보자. 그렇다면 우리는 생산 과정이 어느 시점에서 끝나는지 어떻게 알 수 있는가? 미완성된 도끼를 완성된 도끼, 또는 말하자면 이미 완성된 후 사용으로 홈집과 마모의 흔적을 지닌 도끼와 어떻게 구분할 수 있을까? 가능한 하나의 답으로 할로웨이를 다시 참조해볼 수 있다. 그는 도끼 만들기를 언어의 문장 구성과 비교한다. 우리는 문장을 만들기 위해 단어를 사슬처럼 연결하여 구문론상으로 일관된 전체를 만든다. 이와 마찬가지로 할로웨이에 따르면 "아슐리안 주먹도끼와 같은 석기 만들기 과정은 위계적으로 조직되어 있으면서 쇠사슬처럼 이어지는 활동이다"(Holloway 1969: 402). 따라서 미완성된 인공물은 완결되지 않은 문장과도 같다. 이 마지막 문장을 마지막 단어를 생략하고 읽어보자. 미완성된 인공물은 완결되지 않은 문장과도……. 이 결과로 남아 있는 단어는 지리멸렬하게 되어 무의미하게 되었다. 미완성된 도끼도 마찬가지다. 석기 제작자는 도끼를 만들기 위해 힘과 방향을 달리하여 여러 번 타격해야 하며, 이 타격 작업은 반대쪽을 작업하기 위해 손으로 돌을 돌리거나 뒤집는 것과 같은 다른 작업과 번갈아 진행되었다. 할로웨이는 다음과 같이 말한다.

각 운동 사건을 따로 떼어놓고 보면, 그 어떤 행동도 완성되지 않는다. 각 행동은 다른 행동을 요구하고, 각 행동은 원래 계획에 다른 방식으로 의존한다. 다시 말하자면, 마지막 단계를 제외한 행동의 각 단계에서 인공물은 구조상 '충분하지' 않다. 각 행동 단위는 도구 사용이라는 의미에서 보면 그 자체로는 무의미하며, 오로지 최종 생산물로 이어지는 완성된 전체 행동 집합의 맥락에서만 유의미하다. 이것은 언어와 정확히 유사하다(ibid.: 402).

따라서 할로웨이의 이해에 따르면, 만들기 과정에는 분명하게 규정되는 시작 지점뿐만 아니라 종료 지점도 있다. 제작자는 계획뿐만 아니라 이를 시행하는 데 필요한 한정된 작업 요소 집합으로 시작한다. 이 요소는 작업이 진행되면서 원래의 디자인과 정확히 조응하는 총체를 구성하기 위해 서서히 조립된다.[77] 하지만 인공물은 퍼즐의 마지막 조각을 맞추는 것처럼 마지막 작업에서야 일관된 전체로서 제 모습을 갖추게 된다.

요컨대 초기 디자인이 없다면 최종 생산물도 있을 수 없다. 즉 원본이 없다면 완성도 없다. 왜냐하면 최종 상태란 가상적 형상이라 할지라도 제작자의 정신에 처음부터 이미 예시된 조립의 기획에 관련해서만 판단될 수 있기 때문이다. 윈은 이 이유에서 앞서 인용한 짧은 단락에서 주먹도끼를 "최종 생산물"이자 "물질세계에 부여된 관념"이라고 말할 수 있던 것이다(Wynn

---

[77] 디트리히 스타우트(Dietrich Stout)와 그의 동료들은 최근에 같은 맥락에서 아슐리안 도구제작은 "미리 결정된 형상을 달성하기 위해 몸돌을 의도적으로 빚는 것을 필요로 하며" 그리고 이것이 "당면한 목표를 장기적 목적에 종속시키는 것을 포함한 정교한 계획"을 요구한다고 주장했다. 그들의 관점에서 타격의 기본적인 행동은 양면석기 모서리 만들기의 하위 목표에 좌우된다. 이것은 얇게 다듬는 작업(thinning)의 중간 목표 내에 포함되며, 그 목표는 형태 만들기라는 대단히 중요한 목표에 속한다(Stout, Toth, Schick and Chaminade 2008).

1995: 12). 윈은 여기서 할로웨이와 마찬가지로 근대적으로 구현된 질료형상적 모델에 호소하고 있는데, 이는 문화적 형상을 자연이 공급하는 물질에 능동적으로 부과하는 것을 수반한다. 제작자는 과정이 시작될 때 한편으로는 디자인을 염두에 두고, 다른 한편으로는 형상 없는 돌덩어리를 가지고 있다. 종국에 디자인과 돌은 완성된 석기 인공물로 통합된다.

하지만 형상이 사전에 구상되지 않았다면 사물이 완성되었는지에 대한 질문에 답하는 것은 불가능할 뿐만 아니라 이를 묻는 것조차 무의미하다. 나는 이 주장을 입증하기 위해 주먹도끼와 더불어 이 글을 쓰는 지금 내 앞에 놓인 또 다른 돌을 소개해 보겠다. 나는 이 돌을 집에서 멀지 않은 스코틀랜드의 북동쪽에 있는 조약돌 해변에서 주웠다. 이 돌은 화강암으로 구성되어 굉장히 단단하지만 그 형상은 너무나도 아름답게 둥글어서 확실히 홈집이 가득한 톱니 모양의 주먹도끼와 비교해보면 그 외관이 거의 부드러워 보일 정도다. 돌은 손으로 만져보았을 때 완벽하게 매끄럽다. 돌의 형상은 탁자 위에 놓였을 때는 약간 찌그러진 구에 가깝고, 위에서 봤을 때는 원형에 근접한 윤곽, 옆에서 봤을 때는 타원형에 근접한 윤곽이다(그림 3.4와 3.5). 실로 이 돌은 그 기하학의 측면에서 양면 석기 못지않게 대칭적이다. 이 돌이 완벽하게 대칭적이지 않은 것은 사실이지만 그건 주먹도끼도 마찬가지다. 하지만 내가 이 돌을 주워 들고 나의 수집 활동(이는 어떤 형식적이고 미적인 기준에 따라 추진되었다)을 마무리 짓기 위한 용도로 전용하기 전까지 돌은 어떤 의미에서도 '완성'되지 않았다. 돌은 결코 [만들어지기] 시작된 적도 없다.

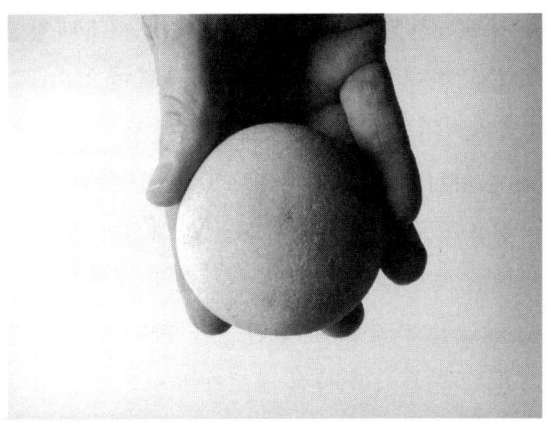

그림 3.4 스코틀랜드 북동쪽 해변에서 발견된 돌, 넓은 옆면. 수재나 잉골드 제공.

그림 3.5 같은 돌, 좁은 옆면. 수재나 잉골드 제공.

돌은 그 현재의 형상을 빚어낸 파도의 힘 아래 끊임없는 연마 작용을 영원히 받으며, 그저 거기에 있었다.
 분명히 그 어떤 기하학적 의도 혹은 정신의 주형도 이 돌

의 형성을 인도하지 않았다. 또한 우리에게는 그 대칭성 하나에
만 힘입어 손도끼에 디자인을 부여할 자격이 없다. 그러나 양
면석기의 규칙적인 박리 무늬는 내가 이미 말했듯이 내 돌과 달
리 그 어떤 침식의 일반적인 과정으로 설명될 수 없다. 이 무늬
는 의도적이고 고도로 숙련된 활동을 통해서만 만들어질 수 있
다. 하지만 이조차도 디자인 개념 혹은 조립 계획의 형식으로 사
전 의도를 언급할 자격을 주지 않는다. 왜냐하면 숙련된 실천
의 의도성은 행동에 어떤 사전 의도가 부여되었든 아니든 행동
그 자체, 그 주의력과 응답의 특질에 내재하기 때문이다(Ingold
2000: 415). 우리가 다음 장(145-147쪽)에서 보게 되겠지만, 장
인이 흔히 주형과 기하학 모두를 광범위하게 사용해왔음은 사
실이다. 하지만 이 주형은 정신에 있는 게 아니라 인공물 그 자
체로, 물질로 만들어져 다른 작업 도구와 함께 사용된다.[78] 그리
고 기하학은 현장에서 실물 크기로 이루어졌는데, 몸을 측정 기
준으로, 줄을 선 그리는 용도로 사용했다. 미술사학자 데이비드
서머스[79]가 보여주었듯이, 사물의 물질성과 분리된 순수 형상의
가상공간에서 비(ratio)와 비율(proportion)의 추상적 기하학으
로 측정 가능한 것에 대한 파악은 아리스토텔레스 사상에 특정
한 뿌리를 두고 있는 서구 전통 특유의 성과다(Summers 2003:

---

78 이는 이전 장(69-75쪽)에서 논의되었던 벽돌 제작자의 거푸집에도 해당된다.
79 [역주] 데이비드 서머스(John David Summers, 1941~)는 르네상스 미술과 미술
    사학 분야의 전문가다. 대표 저서로『실제 공간: 세계 미술사와 서구 모더니즘
    의 부상(Real Spaces: World Art History and the Rise of Western Modernism)』
    이 있다.

317). 호미닌은 고사하고 인간 존재에 보편적이지도 않은 인지 유형이 호모 에렉투스에 있다고 믿기보다는, 그리고 인공적 주형을 사용했다는 증거가 부재한 상황에서는 다음의 주장이 훨씬 더 합리적인 듯하다. 즉 주먹도끼 만들기를 인도했던 어떤 주형이나 기하학이 주먹도끼를 만든 몸—특히 손—의 형태와 비율에 이미 형성되어 있었다고 보는 것이다(Marzke 1997). 실로 주먹도끼를 위한 주형을 만드는 것은 매우 간단한데, 그저 두 손을 손바닥과 손바닥이 맞닿게 살짝 동그란 모양으로 모아 쥐면 된다. 두 손바닥 사이에 에워싸인 공간은 주먹도끼의 모양과 부피와 거의 완벽하게 일치한다. 그렇지만 나는 이 공간을 그 어떤 종류의 심상을 불러낼 필요도 없이 간단한 몸짓으로 형성할 수 있다.

흐르는 돌

요컨대 르루아구랑이 고대인류라고 부른 생물체의 신체 형태에 양면석기의 모양을 연결하거나 주먹도끼를 사실상 **뼈대의 연장**으로 생각한 것이 완전히 잘못된 것은 아닐지도 모른다. 도끼 제작자가 어떤 종류의 정신적 표상으로부터 시작해야만 한다는 일단의 이유는 없다. 데이비드슨과 노블이 보여주었듯 손의 근육계 및 형태학, 박리의 몸짓 역학, 그리고 물질의 깨짐 속성을 고려했을 때, 손바닥 크기의 몸돌이 격지의 연속적 제거로 감쇄되면서 양면석기의 형상으로 나아가는 것은 거의 불가피한 일이다(Davidson and Noble 1993: 372). 형상은 물질에 부과되지 않는다. 오히려 형상은 격지 제거 과정의 창발적 결과물이다. 실로 형상의 대칭성은 그것을 만든 몸 때문이라고 말할 수 있을 뿐만 아니라, 그 비대칭성도 마찬가지로 주로 쓰는 손과 보조적으로 쓰는 손의 차이 때문이라고 할 수 있다.

하지만 이 주장이 받아들여진다면, 우리는 어쩌면 연필이 버려지는 시점에서야 완성된다는 의미를 제외하고서 어떤 주먹도끼도 진정으로 완성될 수 없다는 사실 또한 인정해야 한다. 해변에서 수집된 내 돌이 오로지 내 수집 활동의 맥락에서만 완성되었다고 간주할 수 있듯이, 주먹도끼 또한 오로지 고고학자의 수집 문화 내에서만 완성된 인공물로 간주될 수 있다. 주먹도끼는 이 수집 문화 내에서 여러 범주 유형 중 하나, 즉 '아슐리안'에 부합하게 된다. 하지만 최초의 주먹도끼 제작자는 이 유형의 전형적인 복제품을 의도적으로 생산하는 근대의 실험 고고학자와 달리 이 분류에 대해 전혀 알지 못했으며 이를 따르지도 않았다. 모든 주먹도끼는 그 제작자에게 완성된 인공물이 아니었으며, 사전에 존재하는 문화적 범주의 표현이나 실현도 아니었다(Wynn 1995: 12). 오히려 도끼는 한 도끼에서 다음 도끼를 만드는 데 이어지는 숙련된 활동의 계속되는 흐름이 결정화된 것이다. 모든 주먹도끼는 물질과 작업하는 삶의 증거다.

형상이 부여된 게 아니라 창발했다는 인식은 오랜 시간과 광대한 지리적 범위에 걸친 양면 석기 형상의 안정성이 제기하는 수수께끼에 마침내 명쾌한 해결책을 제공해준다. 우리가 만들기를 계속해서 자연이 공급한 원재료에 문화적 형상을 투사하는 것으로 간주한다면 주먹도끼와 그 제작자 모두 이례적인 존재로 보일 수밖에 없다. 윈이 인정하듯, 주먹도끼는 "도구가 무엇인지에 대한 우리의 이해에 잘 들어맞지 않으며 그 제작자는 인간이 무엇인지에 대한 우리의 이해에 잘 들어맞지 않는다"(Wynn 1995: 21). 인간도 비인간도 아닌 제작자는 분명 강한 체격을 지니고 양손을 능숙하게 사용하는 극도로 숙련된 생명체였음에도 근대 고고학자와 인류학자의 글에서 그 사람은 자연에서 문화로의 과도기에 백만 년 넘게 꼼짝 못하고 갇힌 어설픈 혼종으로 나타난다. 그는 디자인 혁신을 발생시킬 인지적 능력을 갖춘 정신을 지녔지만 이를 실행하기에는 변화가 너무나도 더딘 몸을 가졌거나 혹은 반대로 대안적 디자인을 운동으로 실행할 수 있는 몸을 가졌지만 필요한 기술적 조작을 계획하거나 개념화하지 못하는 정신을 지니고 있다고 묘사된다. 그러나 테츠시 노나카[80], 블랜다일 브릴[81], 로버트 레인[82]이 다양한 숙련도를 가진 현대 석기 제작자에 대한 최근의 실험적 연구에서 보여주었듯이, 박리를 조절하는 기법은 정신적 능력이나 신체

---

80 [역주] 테츠시 노나카(Tetsushi Nonaka, 野中 哲士)는 일본의 인지 과학 및 생태 심리학 연구자이다. 그는 행동-환경 연결이 형성되는 과정을 주로 연구하며, 인간과 동물의 도구 사용 행동을 지각적, 발달적, 생태적, 진화적 관점에서 연구한다.
81 [역주] 블랜다일 브릴(Blandile Bril)은 프랑스의 심리학자다. 그는 인지 심리학과 비교 문화 심리학을 연구한다.
82 [역주] 로버트 레인(Robert Rein)은 심리학, 사회학, 고고학, 그리고 선사학 연구자다. 그는 운동을 과학적으로 연구하며, 복잡한 생물학적 체계에서 기법이 습득되고 패턴이 형성되는 과정에 관심을 두고 있다.

적 생체 역학으로 환원될 수 없다. 왜냐하면 돌을 감정하고 행동을 계획하는 일은 역동적으로 접촉하는 탐색적인 신체 운동을 수반하는 반면 박리 운동을 조절하는 일은 돌망치와 몸돌로 무엇을 해야 하는지에 대한, 작업 내내 지속되는 지각적 의식에 의존하기 때문이다(Nonaka, Bril and Rein 2010: 165).

도끼 제작에서 모든 격지 분리는 물질의 내부와 외부에 있는 힘의 복합적인 상호 작용 결과다. 이 힘에는 근력이 있으며, 이 힘은 망치 타격을 가하는 한 손과 몸돌을 고정하는 다른 손으로 전달된다. 그리고 이 힘에는 압축력도 있는데, 이 힘은 그 지질학적 퇴적 과정에서 물질 안에 갇히고 방출되면서 파열의 특징적 무늬를 생성한다. 따라서 주먹도끼의 형상을 제한하는 것은 인지나 생체 역학 어느 것도 아닌 역장에 내재하는 발전 잠재력이다. 이 역장은 석기 제작자가 석기 물질에 평생 동안 관여하고 그 둘 사이의 접점을 가로지르며 확립된다(Ingold 2000: 345). 형상이 창발한다고 이해하는 것은 형상이 바로 이 역장의 전개 속에서 발생함을 인정하는 것이다. 이제 분명해졌듯이, 주먹도끼의 수수께끼는 만들기의 질료형상적 모델에 뿌리내리고 있으며 이를 해결하기 위해서는 이 모델의 근간 자체에 도전해야만 한다. 물질의 속성은 분명 형상을 발생시키는 과정에 직접적으로 연루되어 있다. 따라서 질료형상론의 철학 전체가 기반하는 형상과 질료의 구분은 유지될 수 없다.

아슐리안 양면석기라는 기묘한 사례에 대한 탐구는 형성 중에 있는 세계(마치 오래 전에 완성되어 우리가 되돌아볼 수 있는 세계와는 완전히 구별되는 세계)의 본질적 관계가 질료와 형상의 관계가 아니라 힘과 물질의 관계라는 결론으로 우리를 거침없이 이끈다. 나는 이 점에서 이전 장에서 보았듯이 질료형상적 모델을 반박하는 것이 지적 과제의 핵심이었던 들뢰즈와 과타리(Deleuze and Guattari 2004)로부터 한 번 더 힌트를 얻고자 한다. 그들은 이 모델의 부적당함을 입증하고자 하나의 사례를 제시하는데 이는 도끼로 목재를 쪼개는 작업이다. 이 도끼는 당연히 아슐리안 주먹도끼가 아니라 실제로 그 용도로 사용될 수 있는 도끼다. 노련한 나무꾼은 도끼를 내리칠 때, 그 날이 나뭇결을 파고들어 나무가 살아 있었을 때의 과거 성장 역사를 통해 이미 나무 속에 형성된 길을 따라가게 한다. 도끼가 가는 대로 나무를 쪼개며 자신의 길을 찾아갈 때, 도끼는 들뢰즈와 과타리가 말했듯이 "섬유 조직의 가변적인 물결 모양과 비틀림"에 이끌린다. 이것은 질료에 형상을 부여하는 것이 아니라 형상을 끌어내는 것이다. 이 형상은 기하학적이기보다는 위상학적이며, 물질 그 자체의 변환과 물질의 장력 및 압축의 활동적인 선에 잠재해 있다. 부싯돌의 특성이 목재와 비교했을 때 매우 다르다는 것을 감안하더라도, 망치로 돌을 박리하는 실천은 도끼로 목재를 쪼개는 실천과 마찬가지로 이 주장을 잘 예시할 수 있었을 것이다. 들뢰즈와 과타리의 말을 다시 한 번 빌리자면, 두 사례 모두 물질을 "거스르지 않"고 "그것이 이끄는 대로 따라가는 것"의 문제다(Deleuze and Guattari 2004: 450-451).

우리는 할로웨이와 다른 이들이 제안한 '조립 부품 세트(construction kit)' 관점과 완전히 다른 만들기에 대한 이해를 얻게 된다. 이 관점에 따르면 제작자는 계획이나 주형 그리고 한정된 일련의 부품으로 시작하고 마지막 조각이 맞춰질 때 끝난다. 이 관점에서 만들기 과정은 줄에 꿰인 구슬처럼 서로를 뒤따르는 개별 단계의 연속이다.[83] 그와 반대로 우리가 제안한 관점에서 만들기 과정은 조립이기보다는 행진이며, 개별적인 부분으로부터 위계적으로 조직된 총체로 쌓아 올리는 것이 아니라 계속 가는 것이다. 계속 간다는 것은 모든 걸음이 그 이전 걸음에서 이어지는 걸음으로 자라는 길을 따라 나아가는 것이며, 언제나 목적지를 넘어서는 여정 속에서 이루어진다. 들뢰즈와 과타리(Deleuze and Guattari 2004: 410)의 유용한 구별을 다시 한번 빌리자면, 이것은 걸음의 되풀이가 아니라 순회다. 만들기는 여정이며 제작자는 방랑 장인(journeyman)[84]이다. 그가 하는 활동의 본질적 특징은 쇠사슬처럼 이어지는 것이 아니라 흐른다는 것이다. 깨지기 쉬운 부싯돌은 숙련된 석기 제작자의 손 안에서 액체처럼 흐르게 되고 흐름의 소용돌이로 드러나게 된다. 여기서 모든 잠재적 타격혹[85]은 회오리가 되어 이로부터 파단면이

---

83 작동의 연속적인 단계를 기술하기 위한 '구슬이 꿰인 줄'의 비유는 상업용 언어 트롤선에서의 기교 습득에 관한 연구에서 존 게이트우드(John Gatewood)에 의해 처음으로 제기되었다(Gatewood 1985: 206). 이것은 윈(Wynn 1993: 392-396)에 의해 더욱 정교화되었다.

84 [역주] 'Journeyman'의 'journey'는 더는 사용되지 않는 '하루 노동'이라는 의미를 지니며, 14세기에 처음으로 이런 의미로 사용되었다. 이 'journey'는 프랑스어 'journée'로부터 유래하는데, 이 역시 하루를 의미한다. 독일 전통에서 journeyman은 'Wandergeselle'로 불렸으며 그는 집을 떠나 수련을 위한 여행을 떠난다.

85 [역주] 타격혹(bulb of percussion)은 격지가 원래 붙어 있던 배면의 타격면 아래에 있는 볼록한 혹이다.

파도처럼 잔물결을 이루며 퍼져 나간다. 석기 제작자는 격지를 떼는 리드미컬한 타격 운동을 하며 이 흐름을 따라간다. 인공물의 형상에 규칙성이 있다면 그것은 이를 만든 운동의 능란한 리듬에서 나온다. 르루아구랑이 말하듯이, "리듬은 형상의 창조자다"(Leroi-Gourhan 1993: 309). 우리는 이 지점을 다시 이야기할 것이다(제8장 287쪽). 그러나 우리의 다음 단계는 고고학의 장에서 건축학의 장으로, 만들기에서 짓기로 전환하는 것이며 여기서 우리는 여러 동일한 고려사항이 적용된다는 사실을 발견하게 될 것이다.

제4장
집 짓기에 관하여

건축이라는 관념

영어에서는 많은 것들이 부정 관사에 달려 있다. 짓기는 하나의 (an) 활동으로 건설가가 행하는 것이다. 하지만 관사를 추가하게 되면 그(the) 활동은 끝을 맞이한다. 움직임은 멈추고 사람들이 한때 도구와 물질을 가지고 노동했던 자리에는 이제 영속성과 견고성을 분명하게 보여주는 하나의 구조물, 즉 하나의 건물이 서 있다. 관심은 그 대신에 건물 안에서 일어나는 일, 그 지붕 아래에서 수행되는 활동 ─ 예를 들어 요리, 먹기, 잠자기, 친교, 그리고 어쩌면 예배 ─ 으로 옮겨간다. 적어도 서구사회에서는 이러한 활동에 관여하는 사람을 건물의 주민이라고 기술하는 것이 통상적이다. 하지만 이는 그의 점거가 이미 구축된 공간을 그 자신이 사용하기 위해 점유하는 문제라고 가정하는 것이다. 따라서 설사 그들이 손수 건물을 세웠다 하더라도 주거의 활동은 처음에 그 건립을 이끌었던 활동과 범주적으로 구별된다. 짓기가 끝나는 순간 주거가 시작되며, 이는 마치 인공물이 다 만들어진 이후에 사용되는 것과 같다. 그러나 우리가 이미 보았듯이 인공물의 경우, 만들기와 사용하기를 구분한다는 것은 그 사물의 생애에 그것이 완성되었다고 할 수 있는 시점을 특정하는 것이다. 게다가 이 완성의 시점은 오직 처음부터 가상의 형식으로 이미 존재하는 총체성과의 관계 속에서, 즉 디자인과의 관계 속에서 확정된다. 건물의 경우에서도 정확히 마찬가지다. 주거 활동이 짓기 활동과 정말로 다르고 그 결과에 영향을 받는다면, 건물이 완성되는 특정한 시점, 즉 짓기 활동이 하나의 건물을 만들어내는 때가 있어야만 한다. 결국 이는 건물의 형상이 이미 존재하는 디자인을 실현한 것으로 판단되어야 함을 의미한다. 바로 이러한 판단이 건물을 건축의 일례로 간주하는 데 수반된다.

    물론 건축학계는 하나의 건물을 만드는 데 들어가는 모든 창조적 작업이 디자인 과정에 집중되어 있으며, 그 이후의 구축 단계는 관용적 표현을 빌리자면 결국 건조 환경의 '벽돌과 모르타르'를 실현하는 것에 불과하다면서 오랫동안 자만해왔다. 건축가는 완성된 건물을 모든 구성 요소가 마침내 적절한 위치에 고정되어 원래의 디자인 콘셉트를 결정화한 것으로 생각하고 싶어 한다. 전체 구조는 조각 퍼즐과 마찬가지로 어떤 구성 요소가 하나라도 추가되거나 빠지게 되면 일관성을 잃고 만다. 건물은 이상적인 경우 일단 완성되면 건축가가 의도한 형상을 영원히 유지해야 한다. 발명가이자 디자이너인 스튜어트 브랜드[86]는 다음과 같이 쓴다. "건축이라는 관념 전체는 영속성에 있다"(Brand

---

86 [역주] 스튜어트 브랜드(Stewart Brand, 1938~)는 미국 발명가이자 디자이너다. 그는 「Whole Earth Catalog」 잡지의 공동 설립자이자 편집자다.

1994: 2). 그럼에도 건물은 세계의 일부다. 그리고 세계는 인간들이 단결하여 이를 못박아두거나 고정된 최종적 형상으로 주조하려고 하는 시도와 상관없이, 가만히 멈춰 서 있지 않고 그 무수한 성장, 부패, 그리고 재생의 길을 따라 끊임없이 펼쳐질 것이다. 브랜드가 표현하듯이 세계와 세계에 대한 우리의 관념 사이에는 필연적으로 "어긋남(kink)"이 있다. 다시 말해 "관념은 결정체와 같고 사실은 유동적이다"(ibid.: 2). 건설가는 원칙적으로는 아니더라도 실제로는 이 어긋남 속에서 살아가며, 주민도 마찬가지다. 이들 모두에게 그들의 힘과 주의를 필요로 하는 것은 생산물보다도 과정이다. 건설가는 작업이 계획대로 진행되는 경우가 거의 없다는 사실을 너무나도 잘 알고 있다. 그는 변화가 심하고 변덕스러운 환경에서 작업하기에 예상할 수 없었던 문제에 대한 해결책을 계속해서 즉흥적으로 마련해야 하며, 요구되는 모양으로 유지되기는커녕 그 모양에 맞춰지지도 않는 물질과 계속해서 씨름해야 한다. 완성은 기껏해야 법적 허구다. 브랜드(ibid.: 64)가 빈정대며 말했듯 현실에서 "마무리는 결코 마무리되지 않는다."

결코 완전히 마무리되지 않은 건물이 법적으로 지정된 주민에게 인도된다고 해서 그 과정이 조금이라도 완성에 가까워지는 것은 아니다. 저명한 포르투갈 건축가 알바루 시자[87]에 따르면, 그때서야 비로소 짓기의 중대한 작업이 실제로 시작된다. 주

---

87 [역주] 알바루 시자(Álvaro Joaquim de Melo Siza Vieira, 1933~)는 포르투갈의 건축가다. 모더니즘 건축의 거장으로 평가받는다.

민이 곤충과 설치류의 침입, 곰팡이 감염으로 인한 부패, 자연력의 부식 효과로 인한 피해를 제한하기 위한 매일의 싸움을 시작하기 때문이다. 빗물은 바람에 기와가 날아간 지붕을 통해 뚝뚝 떨어져 목재를 부식시킬 위험이 있는 곰팡이를 피게 하고, 홈통은 썩은 잎으로 가득하며, 그것도 모자라 시자가 한탄하듯 "개미 떼가 문지방을 침입하고 언제나 새, 쥐, 고양이의 시체가 널려 있다"(Siza 1997: 47). 실로 건축가와 디자이너, 그리고 주민과 건설가의 지각 간의 불일치는 그들 각자가 비를 대하는 태도보다 더 잘 예시될 수 없다. 건축학적 디자인의 형상적 세계 내에서 비는 상상조차 되지 않는다. 떨어지는 빗방울과 그것이 표면에 부딪혀 만들어내는 흐르는 물줄기는 그 어떤 도면의 일부도 될 수 없다. 근대 건축가의 개념이 지닌 기하학적 순수성 또한 사나운 날씨에 대한 전망으로 인해 흐려질 수 없다. 하지만 이 개념에 따라 구축된 모든 건물은 그 깔끔한 선, 예리한 각, 납작한 표면으로 거의 반드시 누수가 생기기 마련이다. 브랜드가 1980년에 언급하기를 구축 후 건축가에게 제기된 하자보수 청구의 80%가 누수로 인한 것이었다(Brand 1994: 58). 저명한 미국 건축가 프랭크 로이드 라이트[88]는 누수된 지붕에 대해 항의한 고객에게 다음과 같이 응수했다고 한다. "그래야 그게 지붕인 것입니다." 펜실베이니아에 있는 그의 가장 유명한 건물인 낙수

---

88 [역주] 프랭크 로이드 라이트(Frank Lloyd Wright, 1867~1959)는 미국의 건축가이자 디자이너다. 그는 유럽적 양식에서 탈피하여 미국의 주택양식인 대초원 양식(prairie style)을 확립했다.

장(Fallingwater)은 그 최초의 소유자에 의해 "솟구치는 흰곰팡이" 그리고 "일곱 양동이 건물"이라고 정답게 불리곤 했다.[89] 양동이는 이 고질적인 문제에 대한 임시변통의 해결책으로 물방울을 받기 위해 들여졌는데, 이것은 건축가의 결정화된 개념과 유동적인 현실 사이의 어긋남을 완벽하게 전형적으로 보여주며 입주자는 이를 바로잡아야 하는 불운을 떠안게 된다.

건축가와 목수

레온 바티스타 알베르티[90]는 낙수장이 지어지기 오백 년 전 고대 그리스 로마 시대 이래 건축학의 이론과 실천에 대한 최초의 논문을 작성했다. 그는 논문에서 비의 위험성에 대해 분명하게 경고하고 건물의 지붕을 디자인할 때 그것이 적절하게 방수와 배수를 보장할 수 있도록 특히 신경 쓸 것을 건축가들에게 강

---

89 [역주] 낙수장은 20세기 최고의 주택으로 찬사를 받을 정도로 유명한 건물이다. 이 집의 최초 소유자는 카우프만즈 백화점 소유주인 카우프만 부부였고, 라이트는 그들에게 "폭포를 그저 바라보는 게 아니라 폭포와 함께 살길 바란다"고 말했다. 하지만 지나치게 시끄러운 폭포 소리와 누수, 곰팡이 문제로 인해 이들은 이 건물에 "일곱 양동이 건물", "솟구치는 흰곰팡이"라는 별명을 붙였고 결국 이후에는 이 집을 떠났다.
90 [역주] 레온 바티스타 알베르티(Leon Battista Alberti, 1404~1472)는 이탈리아의 건축가다. 건축 이외에도 수학, 법학, 신학에 관한 저작도 썼다. 볼로냐 대학에서 공부한 뒤 1431년 교황청에 들어가 교황 에우제니오 밑에서 일하며 고대 건축을 연구하고, 1450년에 『건축론』 10권을 저술했다.

력히 권고했다. 알베르티는 다음과 같이 썼다. "비는 언제나 해를 끼칠 준비가 되어 있으며, 해를 가하기 위해서라면 아주 작은 구멍일지라도 반드시 이용해먹기 때문이다. 비는 그 미묘함으로 스며들고, 무르게 하여 부패시키고, 그 끈질김으로 건물 전체의 힘을 약화시켜 결국에는 작업 전체를 붕괴시키고 파괴한다"(Alberti 1988: 27). 1450년경에 완성된 알베르티의 논문 「건축론(De re aedificatoria)」[91]은 그 실용적 지혜와 디자인적 야망을 조합한다는 점에서 실로 주목할 만하다. 실용적 지혜는 전통 그리고 지역 지식에 대한 깊은 존중에 기반하고, 디자인적 야망은 건축가의 지위를 변변찮은 장인의 지위 이상의 명예롭고 인정받는 자리로 승격시키고자 하는 관심에 기반한다. 한편으로 예를 들어 알베르티(ibid.: 63)는 건물을 지을 지면을 선택할 때 항상 지역 주민들로부터 조언을 구해야 한다고 권고했다. 기존의 건물과 새로 지어지는 건물 모두에 대한 그들의 일상적 경험은 토양의 성질과 특성에 대한 신뢰할 만한 이해를 내놓을 것이다. 그러나 다른 한편으로 그는 건축가가 "학식과 상상력"을 지녔으며 "어떤 물질에도 의지하지 않고 정신에 전체 형상을 투사"할 수 있는 인간이라고 근거 없는 자신감으로 자기 자신을 과장하여 묘사했다. 알베르티는 유럽 르네상스의 창립 인물 중 한 명으로 돌이켜보면 궁극적으로 건축학을 시공이 아닌 디자인에 전적으로 헌신하는 학문 분야로 전문화하는 과정의 중요

---

91 [역주] 레온 바티스타 알베르티, 『레온 바티스타 알베르티의 건축론(전3권)』 (서정일 옮김), 서울대학교 출판문화원, 2018.

한 국면에 서 있었다고 볼 수 있다. 그의 논문은 그 전임자인 과거 수석 건설가의 시대를 돌아볼 뿐만 아니라 건축가가 형상의 윤곽만을 규정하고 그 실제 구축은 숙련되고 유능한 일꾼의 손에 맡기는 시대를 내다보고 있기도 하다.

알베르티(ibid.: 5)는 「건축론」의 서문에서 건축가라는 것이 무슨 의미인지 설명하기 위해 애썼다. 그는 정확히 건축가가 아닌 것이 무엇인지를 이야기하면서 설명한다. 분명 건축가는 목수가 아니다. "이야기인즉 나는 당신에게 목수와 다른 분야의 뛰어난 전문가를 비교하라고 한 것은 아니다. 목수는 그저 건축가의 휘하에 있는 도구에 불과하다." 그런데 왜 알베르티는 그 모든 사람 중에 목수를 건축가의 또 다른 자아로 선택했을까? 우리는 답을 찾기 위해 알베르티가 건물이 반드시 잘 만들어진 지붕을 갖추도록 하는 데 부여했던 중요성으로 되돌아가 볼 수 있다. 지붕은 전통적으로 목재 들보로 만들어졌기에 그 구축은 목수의 책임이었을 것이다. 그러나 알베르티 시대의 목수는 기이한 운명의 장난 탓에 일반적으로 건축가라고 알려지게 되었다. 이 명칭은 945년의 교회 기록물에서 그 유래를 찾을 수 있다. 이 기록물의 저자는 동사 *architector*를 라틴어 *arcus*(아치)와 *tectum*(지붕)의 합성어로 착각하여, 건축가가 아치형 지붕을 만들고 고치는 전문가일 것이라고 성급하게 결론 내린 것이다! 그 후 몇 세기에 걸쳐 다른 저자도 이러한 용례를 따랐고 결국 이 용법은 관습으로 굳어졌다(Pevsner 1942: 557). 오늘날 당신의 지붕에서 물이 샌다면 디자인에 결함이 있다는 이유로 건축가에게 책임을 물을 것이다. 하지만 중세 시대에는 건축가를 불러 지붕을 고치도록 했을 것이다. 목재로 된 지붕이었다면 목공이 필요했겠지만, 석조 아치로 지탱되었다면 석공 또한 필요했을 것이다. 실로 건축가는 중세 시대에 일반적으로 석공이면서 목수였다. 그 이유는 그들 각자의 작업 방법에 많은 유사성이 있고(Pacey 2007: 87) 석공일과 목수일의 기법을 한 사람이 모두 지니는 경우도 종종 있었기 때문이다. 7세기 학자 세빌랴의 성 이시도로스(Isidore of Seville)[92]는 영향력 있는 진술에서 건축가를 석공(*masionem*)으로 간주했는데, 결과적으로 이 단어는 석공이 높은 벽과 지붕을 건설할 때 무거운 자재를 들어 올리는 데 필요한 도르래 장치를 의미하는 라틴어 *machina*에서 파생한 것이다.

그러나 주목할 만한 점은 건축가가 건물의 토대를 놓는 자로도 여겨졌다는 것이다(Carruthers 1998: 22, 284 fn. 40). 이시도로스는 이러한 후자의 측면에서 『고린도전서』의 성 사도 바울의 전례를 따랐다. 바울은 자신을 "지혜로운 수석 건설가"로 묘사하면서 다음과 같이 선언한다. "나는 토대를 놓았고, 다른 이가 그 위에 세운다"(고린도전서 I, 3장 10절).[93] 건축가가 아무리 숙련되었다 해도 단순한 석공이자 목수가 아니라 오히려 다

---

92 [역주] 이시도로스 히스팔렌시스(Isidorus Hispalensis, 560~636)는 히스패닉계 로마 학자이자 신학자이며 세빌랴의 대주교다. 그는 고대 세계의 마지막 학자라는 이름을 얻기도 했다.
93 [역주] 고린도전서 I, 3장 10절의 전문은 다음과 같다. "내게 주신 하나님의 은혜를 따라 내가 지혜로운 건축자와 같이 터를 닦아 두매 다른 이가 그 위에 세우나 그러나 각각 어떻게 그 위에 세울까를 조심할지니라."

른 이들이 지을 수 있는 토대를 놓는 자라는 개념은 중세 시대보다는 고대 그리스 로마 시대의 관습에 더 가깝게 부합한다. '건축가'라는 용어는 어원학적으로 라틴어가 아니라 그리스어에서 유래했으며, 문자 그대로 수석-건설가(master-builder)로 번역된다(*arkhi*-는 우두머리, *tekton*은 제작자).[94] 그리스의 플라톤은 건축가 "그 자신은 일꾼이 아니라 일꾼의 통치자"라고 주장했다. 마찬가지로 로마 시대의 저자 비트루비우스[95]는 기원전 1세기에 쓴 『건축 10서』에서 건축가가 이론과 실천 모두에 대한 빈틈없는 지식을 지녀야 하며 정통한 학문과 손재주를 결합해야 하는 것의 필요성을 강조했다(Vitruvius 1914: 5). 비트루비우스는 니콜라우스 페브스너[96](Pevsner 1942: 549)가 지적했듯이 분명 석공이나 목수가 아니라 학식 있고 문해력이 뛰어나면서 높은 사회적 지위를 지닌 사람을 염두에 두고 있었다. 그렇다면 알베르티가 동시대의 건축가를 이와 유사한 지위로 복권

---

94 역설적이게도 비록 *tekton*이 일반적으로 제작자를 가리키지만 그것은 또한 더 구체적으로 목공을 가리키기도 한다. 이는 이 *tekton*이 '목수'를 의미하는 산스크리트어 *taksan*에서 유래되었기 때문이다. 그래서 어쩌면 최초의 '건축가'는 결국 목수들이었을지도 모른다! *Tekton*의 어원과 특히 목공에서 만들기 일반으로 의미가 변화하여 결국 수석 건설가 혹은 *arkhitekton* 관념이 출현하게 된 것에 대한 확장된 논의를 위해서는 프램튼(Frampton 1995: 3-4)을 참조하라.
95 [역주] 마르쿠스 비트루비우스 폴리오(Marcus Vitruvius Pollio, 기원전 70년 이전 출생~기원전 15년 이후 사망 추정)는 고대 로마의 기술자이자 건축가이다. 그의 저서『건축 10서』는 로마건축의 집대성으로 유명하다.
96 [역주] 니콜라우스 페브스너(Nikolaus Pevsner, 1902~1983)는 독일계 영국 미술사학자이자 건축 역사가다. 그는 『영국의 건물(The Buildings of England, 1951~1974)』이라는 46권으로 구성된 책 시리즈를 저술한 것으로 유명하다.

하고자 비트루비우스의 저서를 자신의 『건축론』의 본보기로 삼은 것은 당연한 일이다.[97] 그가 건축가를 목수와 구별하고자 했던 것 또한 당연한 일이다. 알베르티는 이를 통해 건축가를 전문 지식이 없는 공예가로 보았던 중세 관념을 완전히 불식시키고 건축가를 그가 고대에 한때 위치했던 높은 지위로 되돌려 놓고자 했다.[98] 그러나 알베르티는 고대로부터 형상과 질료를 결합하는 만들기의 질료형상적 모델에 대한 분명한 책무 또한 가져왔다. 그가 말하길, "건물은 외형과 질료로 구성된다. 외형은 사고의 산물이며 질료는 자연의 산물이다. 하나는 정신과 이성의 힘을 필요로 하며 다른 하나는 준비와 선별에 의거한다. 그러나 (…) 둘 다 그 자체로는 충분하지 않으며 외형에 맞춰 물질을 빚는 숙련공의 손길이 있어야만 한다"(Alberti 1988: 5). 여기서 알베르티가 '외형(*lineamenta*)'이라 부르는 것은 구축(*structura*) 작업에 독립적으로 그리고 선행하여 지성에 의해 상상된 건물의 형상과 외양의 정확하고 완전한 상세설명(specification)으로

---

97 인문주의자 포지오 브라치올리니(Poggio Bracciolini)와 첸초 루스티치(Cencio Rustici)가 1416년에 생갈(St Gall)에서 비트루비우스의 『건축 10서』의 필사본을 발견했을 때, 그들은 오랫동안 잃어버린 고전 문헌을 되찾았다고 생각했다. 알베르티는 이 작품을 로마 예술과 건축에 대한 관심을 당대에 되살리는 과정에서 널리 알리는 데 큰 기여를 했다. 그러나 우리는 이제 비트루비우스 저작 복사본이 중세 시대 내내 널리 유통되었다는 것을 안다(Harvey 1972: 20-21).

98 이것은 수석 석공으로서 중세 건축가가 자신의 손을 더럽히지 않고 작업을 지시하며 더 후한 보수를 받았다는 점에서 이미 하급 일꾼들과 구별되었다는 점을 부정하는 것은 아니다. 1261년의 한 설교에서 도미니크회 수사 니콜라 드 비아르(Nicolas de Biard)는 이에 대해 불평하는 것이 온당하다고 여기기까지 했다(Erlande-Brandenbrug 1995: 61에서 인용)!

구성된다. 비트루비우스에게 이론(*ratiocinatio*)이 실천(*opus*)을 선행하고 뒷받침하는 것과 마찬가지로 알베르티에게도 외형(*lineamenta*)이 구축(*structura*)에 선행하고 이를 뒷받침한다(Rykwert et al., in Alberti 1988: 422; Vitruvius 1914: 11 또한 참조).

실용 기하학

외형은 종이 위에 선을 그리듯이 기입되었을 것이다. 이 선은 직선이거나 곡선일 수 있고 특정 각에서 접하거나 교차할 수 있다. 그러나 이 드로잉은 손짓의 흔적이 아니라 개념적 이미지의 기하학적 투영으로 이해되었다. 바로 이런 의미에서 다수의 유럽 언어에서 드로잉을 의미하는 단어는 디자인을 의미하는 단어와 동일해졌다. 예를 들어, 프랑스어로는 데생(*dessin*), 이탈리아어로는 디제뇨(*disegno*), 스페인어로는 디부하르(*dibujar*)이다. 디자인이든 드로잉이든 각각의 경우에서 그 함축된 의미는 패턴과 의도였지 움직임이나 과정이 아니었다(Maynard 2005: 66-67). 조르조 바사리[99]는 무려 1568년에 이러한 맥락에

---

[99] [역주] 조르조 바사리(Giorgio Vasari, 1511~1574)는 이탈리아 르네상스 시대의 화가, 건축가, 그리고 미술사학자다. 그는 프레스코화를 주로 그렸으며, 우피치궁을 디자인한 건축가이기도 하다. 그가 남긴 저서 중 가장 유명한 것은 『미술가 열전('Le Vita De' Piu Eccellenti Architetti, Pittori, et scultori')』으로, 르네상스 시대 예술가에 대한 방대한 기록이다.

서 디제뇨가 "지성에 있고 정신으로 상상되며 관념 속에서 만들어지는 개념을 오직 시각적으로 표현하고 명확하게 하는 것일 뿐"(Panofsky 1968: 62에서 인용)이라고 썼다. 실로 알베르티의 선은 유클리드의 형식 기하학에서 그 기원을 찾을 수 있다. 그가 설명하기를, "직선은 두 점 사이에 그어질 수 있는 가장 짧은 가능한 선"인 반면에 "곡선은 원의 일부다"(Alberti 1988: 19). 미술사학자 장프랑수아 빌레테[100]가 유클리드 기하학의 선에 대해 쓴 내용은 알베르티가 말한 외형에 동등하게 적용된다. 그가 쓰길, 선은 "몸도 색도 질감도 없으며, 다른 어떤 만질 수 있는 특성도 지니고 있지 않다. 즉, 그 속성은 추상적이고 개념적이며 합리적이다"(Billeter 1990: 47). 이에 따라 브뤼노 라투르[101]와 알베나 야네바[102](Yaneva 2008: 82)가 말했듯이 종이에 구획된 공간은 실제 건물이 지어지고 그곳에 주거하는 세계와는 별개의 세계다.

그렇다면 중세 시대의 석공과 목수 또한 선을 그렸고 그 과정에서 특정 기하학을 사용했다(Pacey 2007: 59-86). 그들은 심

---

100 [역주] 장프랑수아 빌레테(Jean-François Billeter, 1939~)는 스위스 출신의 중국학자이자 제네바 대학의 명예교수다.
101 [역주] 브뤼노 라투르(Bruno Latour, 1947~2022)는 프랑스의 인류학자, 사회학자, 철학자, 과학기술학자다. 그는 과학기술학 분야의 핵심적 인물로 행위자-연결망 이론(ANT)을 발전시켰다. 대표 저서로 『프랑스의 파스퇴르화』, 『우리는 결코 근대인이었던 적이 없다』, 『존재양식의 탐구』 등이 있다.
102 [역주] 알베나 야네바(Albena Yaneva)는 사회학자이자 건축 이론가다. 그는 과학 연구, 건축 이론, 인지 인류학, 정치 철학의 분야를 가로지르며 연구한다. 그는 이탈리아의 토리노 공과 대학교의 교수다.

지어 유클리드[기하학]에 호소하기도 했다. 하지만 그들이 사용한 기하학은 선과 표면에 대한 촉각적이고 감각적인 지식으로 알아낸 것이었지 추상적이고 개념적인 형상을 인식하는 눈으로 알아낸 것이 아니다. 그리고 그들의 유클리드는 오늘날 우리가 『유클리드 원론(Stoikheîa)』[103]의 저자로 알고 있는 실제 인물인 알렉산드리아 출신의 에우클레이데스와 전혀 다른 신화적 인물이다. 14세기 후반의 어느 무명의 성직자가 전하고 잉글랜드의 『석공 조합 헌법(Constitutions of Masonry)』[104]에 포함된 유클리드에 관한 한 이야기는 그 둘이 다른 인물이라는 실마리를 제공해준다. 이 이야기에 따르면, 유클리드는 성서에 등장하는 아브라함이 이집트에 머무는 동안 그의 서기로 일하면서 그로부터 기하학을 배웠다. 당시 나일강은 사람들이 강 주변에 거주할 수 없을 정도로 땅을 범람했는데, 유클리드는 이들에게 물을 막기 위한 벽과 배수로를 짓는 법을 가르쳐주었으며 기하학을 이용하여 땅을 측량하고 구획했다. 이야기가 이어지기를, 그래서 이집트인들은 "유클리드에게 아들들을 보내 그의 뜻대로 그들을 통솔하도록 했으며 그는 그들에게 석공 공예를 가르쳐주고 이에 기하학이라는 이름을 붙였는데, 그가 사람들에게 지면을 나누는 법을 가르쳐주었기 때문이다"(Harvey 1972: 197에서

---

103 [역주] 『유클리드 원론(전2권)』(박병하 옮김), 아카넷, 2022.
104 [역주] 『석공 조합 헌법』은 석공과 건설가 길드의 의무, 기능 및 공예술이 만들어진 신화적 역사를 다루는 고대 규약(Old Charges) 혹은 고딕 석공 조합 헌장(Gothic Constitutions of Freemasonry)이다. 이 고대 규약은 14세기에서 18세기 사이에 작성되었다.

인용). 건축 역사가 론 셸비[105](Shelby 1972: 396-397)가 논평했듯이, 이 이야기를 근거로 볼 때 "중세 석공에게 유클리드는 사실상 그들의 공예술을 대표하는 이름이 되었으며 기하학이라는 단어는 석공술과 동의어가 되었다 (…) 다시 말해서 '유클리드' 혹은 '기하학' 모두 중세 석공에게 오늘날 우리가 말하는 유클리드 기하학을 의미하지 않았을 수도 있다는 것이다." 그러면 중세 시대의 공예가에게 기하학은 어떤 의미였을까?

우선 첫째로 기하학은 본질적으로 이론의 문제라기보다는 실용의 추구였다. 파리 태생의 철학자이자 신학자인 생 빅토르의 위그[106]는 이미 12세기에 기하학이라는 분과를 이론과 실용 두 분야로 나누었지만 그가 말하는 실용 기하학이라는 관념은 우리가 오늘날 측량술이라고 칭하는 것에 국한된다(ibid.: 401-402). 스페인 철학자이자 번역가인 도미니쿠스 군디살리누스[107]

---

105 [역주] 론 셸비(Lonnie Royce Shelby, 1935~2018)는 미국의 건축 역사가다. 그의 주된 연구 분야는 음성 통신과 기술의 역사다. 그는 중세 건축가와 디자인을 연구했는데, 특히 로렌츠 레클러(Lorenz Lechler), 빌라르 드 온쿠르 등에 대해 연구한 것으로 유명하다. 그는 구조적 기하학(constructive geometry)이라는 용어를 만든 것으로 유명하다.

106 [역주] 생 빅토르의 위그(Hugh of Saint Victor, 1096~1141)는 프랑스의 신학자다. 그는 파리의 생 빅토르 학교 설립을 이끌었던 신비주의 전통을 시작한 사람이다. 그의 신비주의 논문은 성 아우구스티누스 주교에 영향을 받았다. 그는 『디다스칼리콘』이라는 굉장히 포괄적인 백과사전을 집필했다.

107 [역주] 도미니쿠스 군디살리누스(Dominicus Gundissalinus, 대략 1115년 출생~1190년 이후 사망 추정)는 스페인의 철학자이자 번역자다. 철학자로서 그는 아비켄나의 존재론이나 이븐 가비롤의 보편적 질료형상론과 같은 주제로 교리를 받은 첫 라틴 사상가다. 그는 라틴 철학을 아랍 철학에 동화하는 데 공헌

는 그와 거의 동시대에 살았던 위그로부터 명백하게 영향을 받았는데, 그는 기하학에서 이론의 목적은 형식적 입증과 증명을 통해 가르치는 것인 반면에 실용의 목적은 성과를 내는 것이라고 설명했다. 그러나 군디살리누스에게 실용 기하학자는 두 부류였다. 다시 말해 측량사뿐만 아니라 공예가 또한 실용 기하학자였다. 그가 말하길 공예가는 다음과 같은 사람들이었다.

> [공예가는] 구축적 혹은 기계적 기예 분야에서 몸을 쓰며 일하는 사람이다. 예를 들어 목수는 나무로, 대장장이는 철로, 석공은 점토와 돌로 작업한다. (…) 각자는 실로 자신의 기예에 맞는 방식으로 물체에 선, 표면, 정사각형, 원 등을 형성한다. 이 여러 종류의 공예가는 그가 작업하는 서로 다른 물질과 그 물질로 만들어내는 것에 따라 구별된다. 따라서 이들 중 어느 누구나 자신만의 적합한 물질과 도구를 지니고 있다. 도구들 (…) 목수의 도구는 도끼, 자귀, 날이 넓은 도끼 등이 있다. 대장장이의 도구는 모루, 전단기, 망치 등이 있다. 석공의 도구에는 줄, 트로웰, 수직추, 추 등이 있다(ibid.: 403에서 인용).

그렇다면 그 어떤 중세 석공이나 목수도 그들에게 별 도움이 되지 않는 대학에서 주로 가르쳐졌던 이론 기하학 교육과 형편에 맞지 않는 책에 접근할 기회를 가졌을 가능성은 매우 낮다

했다. 번역자로서 그는 아랍어를 중세 라틴어로 옮기는 작업을 했다.

(Shelby 1970: 14-15). 공예가는 이미 그의 목적에 적합한 일련의 전통적인 기하학 지식을 소유했기에 학문적 교육이 필요 없었을 것이다(Harvey 1972: 114). 그의 지식은 대체로 장인에게 도제 수업을 받음으로써 '작업 중에' 얻어졌을 것이다. 이것은 행하면서 배우는 것이지, 이후 실천에 적용하기 위해 이론적 수칙을 습득하는 것이 아니었다. 공예가는 수학적 정리가 아니라 경험 법칙(rules of thumb)으로 작업했으며, 이는 수학적 정확함이나 논리적 일관성보다는 일처리를 완료하도록 지침이 된다는 점에서 가치 있게 여겨졌다. 군디살리누스가 설명하듯, 석공과 목수의 기하학은 그들이 일하는 데 필요한 도구와 함께 작업장에서 행해졌다. 이 도구에는 도끼와 온갖 종류의 끌, 모종삽, 다림줄과 끈과 더불어 그가 언급하지 않은 세 가지 중요한 기구가 있다. 그것은 바로 사전에 잘라 만든 주형, 직선자와 직각자다(Shelby 1971: 142).

이 지식은 기록의 흔적을 거의 남기지 않았는데 그 이유는 바로 이것이 학습될 뿐만 아니라 살아 있는 전통으로 실천가의 입말과 명시적 행위로 전승되었기 때문이다. 프랑스의 수석 석공인 빌라르 드 온쿠르[108]가 남긴 설명이 동반된 스케치북은 보기 드문 예외다. 빌라르는 13세기에 자신의 책을 정독하는 자

---

108 [역주] 빌라르 드 온쿠르(Villard de Honnecourt, 1200~1250)는 프랑스 건축가다. 그의 스케치는 그가 살아 있을 동안 지어졌던 여러 대성당들에 정통했음을 보여준다. 그 자신이 얼마나 건축가로서 기여했는지는 스케치에 잘 나오지 않지만, 생캉탱 건설에는 활발하게 참여한 것으로 보인다. 그의 노트를 보면, 자신이 로잔 대성당의 장미꽃 무늬 창에 어떤 작업을 했는지 서술되어 있다.

들이 그로부터 "기하학 분야가 요구하고 가르치듯이 (…) 위대한 석공의 기술과 목공 방법에 대한 견실한 조언"을 얻을 수 있기를 기대한다고 썼다(Barnes 2009: 35에서 인용). 그 스케치북의 한 페이지는 이 기하학적 기예가 무엇을 수반했는지에 대한 감을 잡게 해준다(그림 4.1).[109] 상단의 두 행은 여러 설명 중 원통형 수직축의 지름을 재는 법(축을 벽에 기대어 놓고 직각자의 짧은 부분을 축 위에, 긴 부분을 벽에 기대어 놓는다), 아치를 만들기 위해 쐐기돌과 홍예석 자르는 법, 그리고 탑의 첨탑을 올리는 법에 대한 설명을 제공한다. 아래에는 세 개의 드로잉이 더 있다. 왼쪽 드로잉은 천장에 매달린 아치를 만들기 위한 홍예석 자르는 법을 알려준다. 구축되는 동안 아치의 펜던트는 일시적으로 나무줄기로 지지된다. 나무 줄기에 못을 박는데, 이 지점은 벽의 가장 밑부분과 꼭대기의 중간쯤이며 이 못에 끈을 묶는다. 이 끈을 아치의 여러 지점으로 당겨 절단 각도를 결정한다. 가운데에 있는 드로잉은 다림줄이나 수준기를 사용하지 않고 동일한 높이의 두 기둥을 얻는 방법을 알려준다. 두 기둥 사이의 중간 지점에 경첩 달린 말뚝을 세워 둘 중 한 기둥의 상단과 닿게 한다. 그런 다음 이를 그네처럼 회전시켜 다른 기둥의 높이를 잰다. 오른쪽에는 탑 드로잉이 있다. 탑의 높이를 결정하려면 수직이등변 삼각형 모양의 도구를 지면에 두어 당신이 지면의 수준

---

[109] 상단의 두 줄은 빌라르 자신이 그린 것이 아니라 오십 년 뒤 익명의 누군가가 원래의 드로잉을 문질러 없애고 덧그린 것으로 보인다. 문자 새김 또한 이후에 더해진 것이다. 빌라르 자신은 문맹이었을 수도 있으며, 만일 그렇다면 필경사가 받아쓰도록 시켰을 것이다(Barnes 2009: 11, 24).

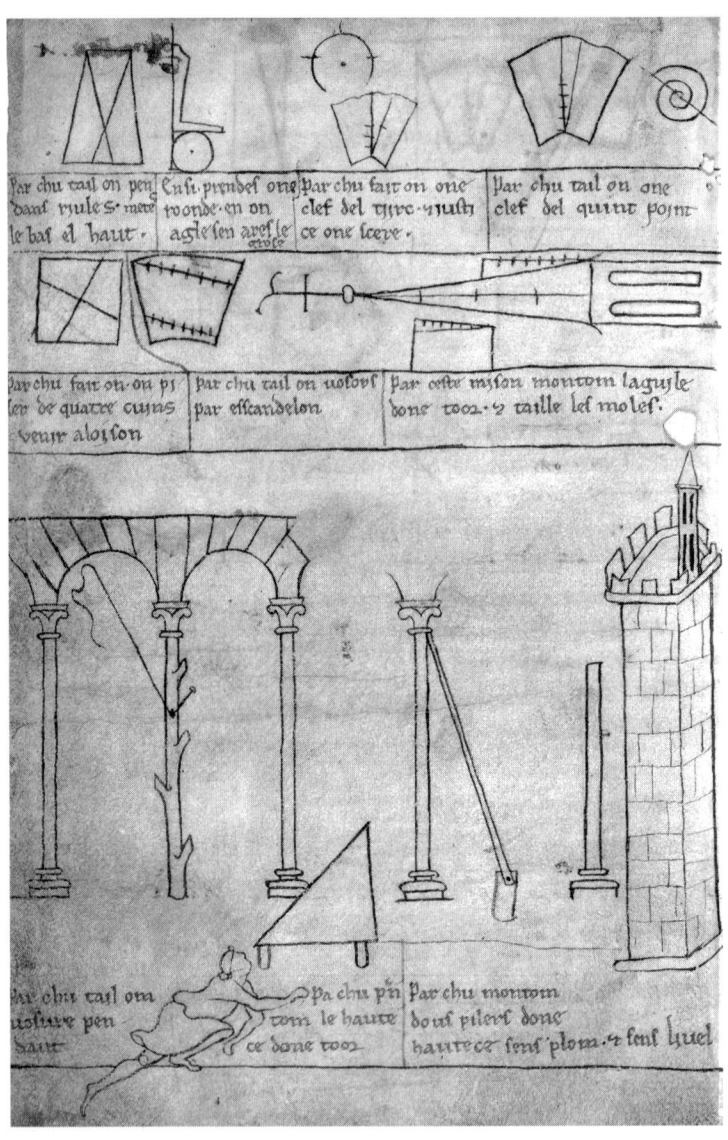

그림 4.1 빌라르 드 온쿠르의 포트폴리오 한 페이지. 20번째 장, 왼쪽 페이지. 리슐리외 프랑스 국립 도서관 제공.

에서 빗변을 따라 올려다보았을 때 시선이 탑의 상단에 닿도록 해야 한다. 삼각형의 끝에서 탑의 가장 밑부분까지 지면을 따라 잰 거리는 높이와 같다(Barnes 2009: 140-145, 또한 다음을 보라 Shelby 1972: 409-410; Bucher 1979: 122-124). 이 과정에서 눈에 띄는 것은 그 단순성뿐만 아니라 그 순전한 물리성이다. 석공과 목수가 기하학을 실천할 때 그들은 추상적 이성과 합리적 계산의 힘으로 이미 연역된 형상을 돌과 나무에 투사하지 않았다. 그들은 일을 진행하며 디자인 문제를 해결했는데, 그들이 다루는 손 안에 있는 기구 및 물질의 조작을 통해 그리고 빌라르가 묘사했던 바와 같이 일을 하며 습득하고 축적한 '비법'에 의지하면서 해결했다.

돌에 그려진 도면

그런 의미에서 셸비(Shelby 1972: 409)가 보여주었듯 그들의 기하학은 실천적이었을 뿐만 아니라 더 정확하게는 구축적(constructive)이었다. 그들에게 직선은 유클리드가 말한 관념적인 점에서 점으로의 연결 장치가 아니라 현장에서 실물 크기로 고정된 노끈의 실제 길이였다(Pacey 2007: 63). 그들에게 점은 나무나 지면에 망치로 박아진 못 또는 말뚝이었다. 기하학의 도형은 텅 빈 윤곽이 아니라 나무나 돌을 자르고 빚어 만든 단단하고 무거운 조각들로, 만질 수 있는 표면과 모서리를 지녔다. 그리고 이 모양 가운데 단연코 가장 중요한 것은 석조 절단의 지침으로 사용되는 주형 혹은 '거푸집'이었다.[110] 이 주형은 주로 두꺼운 널빤지로 만들어졌지만 때로는 캔버스 천이나 양피지, 혹은 가끔 납판을 잘라 만들어졌다(Shelby 1971: 142-143; Pacey 2007: 35). 수석 석공은 널빤지에 디자인을 그렸을 것이고 목수는 그것을 잘라냈을 것이며 그다음에 그것은 실제로 돌을 자르는 일을 하는 현장의 일꾼에게로 넘어갔을 것이다.

고형물을 잘라 서로 단단히 맞물리는 조각으로 만드는 기예는 전문적으로 규구법(規矩法, stereotomy)으로 알려져 있다. 이는 고전 그리스어 *stereo*에서 단단하다는 의미를, *tomia*에서 자른다는 의미를 가져온 것이다(Sanabria 1989: 266; Frampton 1995: 5). 직사각형 블록의 벽을 쌓는 것은 단순하지만, 아치, 아치형 지붕, 작은 첨탑을 지닌 복합 건물을 건설할 때 중세 석공들은 만만치 않은 규구법적 어려움에 맞닥뜨리게 되었다. 그러나 이 어려움은 정확한 사전 계산과 정밀한 절단으로써 해결되지 않았다. 오히려 이는 셸비(Shelby 1971: 154)가 주목했듯이 "개별적 차이와 개인적 선택의 작용을 위한" 여지를 충분히 남겨주는 경험 법칙과 창조적 즉흥성의 조합으로 해결되었다. 비록 석공의 구조적 기하학은 견습공이 따르도록 가르침받은 신중하게 규정된 단계를 마련했지만, 그 어느 것도 실제로 행동 방침을 미리 운명 지을 정도로 제약적이지 않았으며 그들이 따

---

110 중세 자료는 '거푸집(moulds)'만 오직 언급했다. 조형된 돌을 뜻하는 단어 '몰딩(moulding)'은 이 '거푸집'에서 파생되었다. '거푸집'의 동의어로서 '주형(template or templet)'이라는 단어는 비교적 근래에 도입된 것으로 보인다(Pacey 2007: 219).

른 법칙도 그들 산업의 성공이 최종적으로 달려 있는 오랜 경험이 낳은 기법과 독창성을 결코 대체할 수 없었다(Shelby 1972: 420). 철학자 마이클 폴라니[111](Polanyi 1958: 50)는 다음과 같이 말한다. "기예의 법칙은 유용할 수 있지만, 그 실천을 결정하지 않는다. 그 법칙은 격언으로, 기예의 실천적 지식에 통합될 수 있어야만 기예의 지침이 될 수 있다. 기예의 법칙은 이 지식을 대체할 수 없다." 석공의 법칙은 이런 의미에서 격언이었다. 그것은 행동을 위한 자원이었지만 행동을 결정 짓지는 않았다(Suchman 1987: 52; Ingold 2000: 35-36 또한 참조).

석공이 자신이 할 수 있는 일에 제약을 받았다면, 이는 기본적인 고형물로부터 건물을 조립하는 규구법적 퍼즐이 오직 수학적으로 정확한 해법만을 인정했기 때문은 아니다. 비록 우리 근대인의 눈에는 그렇게 보일 수도 있겠지만, 위대한 중세 건물은 미리 잘린 조각으로 이루어진 퍼즐처럼 조립되지 않았으며 또한 마지막 조각이 제자리에 맞춰졌을 때 완성되는 것도 아니었다. 존 하비(John Harvey 1974: 33)가 제시한 더 나은 유비는 조각보 퀼트다. 조각보를 퀼트에 기워 내듯이, 돌도 건물에 점진적으로 더해진다. 각각은 이전의 돌이 [다음] 돌을 위해 마련한 공간에 맞도록 다듬어지고 필요하다면 다시 다듬어지며, 결과적으로는 다음에 올 돌을 위한 공간을 마련한다.[112] 생 빅토

---

111 [역주] 마이클 폴라니(Michael Polanyi, 1891~1976)는 헝가리 태생의 영국 화학자이자 철학자다. 그는 1913년 부다페스트 대학에서 의학박사를 취득하고, 1917년 동 대학에서 화학박사를 취득했다.
112 람브로스 말라푸리스는 펠레폰네소스에 있는 미케네의 고대 요새를 둘러싸고

르의 위그가 1127년 『디다스칼리콘: 기예에 대한 중세 지침서(Didascalicon of Hugh of St. Victor: A Medieval Guide to the Arts)』에서 작업하는 석공을 다시 한 번 묘사한 대목을 보자.

> 석공이 무엇을 하는지 한 번 보아라. 토대가 놓이자 그는 그의 끈을 직선으로 늘어뜨리고 수직 측정기를 떨어뜨린다. 그러고는 차례차례 윤이 나도록 열심히 닦은 돌을 일렬로 놓는다. 그리고 그는 다른 돌을 가져와 달라고 요청하고 또 다른 돌을 요청한다. 그리고 그가 놓은 고정된 경로와 맞지 않는 돌을 우연히 발견한다면, 그는 줄을 꺼내어 돌출된 부분을 매끄럽게 하고 거친 부분을 다듬고 맞지 않는 부분을 바꾸어 형태에 맞추고 마침내 일렬로 놓인 나머지 돌과 합친다 (Hugh of St Victor 1961: 140).

이 설명으로 보아 구조의 외형은 물질에 부과되기보다는 짓는 과정 그 자체로부터 출현하는 듯하다. 하지만 그렇다면 중세 석공이 디자인이나 도면을 필요로 했다면, 어떤 필요였을까? 알베르티(Alberti 1988: 7)가 후에 주장했듯이, 짓기의 작업이 심있는 키클롭스식 벽([역주] 키클롭스식 건축 방식은 거석을 모르타르 없이 불규칙적으로 쌓는 방법으로 키클롭스가 구축했다고 믿어진다.)을 언급하면서 정확히 동일한 주장을 한다. "키클롭스식 벽을 만들 때, 적합한 돌 덩어리를 선택하는 것은 미리 구상된 정신적 계획보다는 혹은 적어도 그것 못지 않게 일련의 행동 속에서 앞선 돌이 남긴 틈에 의해 결정된다. 이 정신적 계획에서 선택은 그저 후속 행동 실행에 불과하다"(Malafouris 2004: 60).

지어 시작되기도 전에 "정신에 구상되고 선과 각으로 만들어진 정확하고 올바른 윤곽"이 있어야 했을까?

대성당과 같은 중세의 복합 건물에 대한 도면이나 실시 설계도가 존재했는지에 대한 의문은 해결되지 않았으며 전문가의 의견도 극명하게 나뉜다. 건축 역사가 프랜시스 앤드루스(Francis Andrews)는 1925년에 쓴 에세이에서 단호하게 부정적인 입장을 보인다.

> 교회나 다른 어떤 건물도 자리에 앉아 의도적으로 이를 디자인하고 다 그린 후에는 그 실행을 감독하는 어떤 한 사람의 정신이 만든 결과물이 아니다. (…) 그러한 사람은 필요하지 않았다. (…) 필요했던 그리고 제공되었던 사람은 성실하고 명예롭게 일하며, 말하자면 디자인이 저절로 이루어지도록 두는 사람이었다. 이 때문에 디자인을 만드는 건축가는 없었다(Andrews 1974: 8-9).

하비는 정확히 반대의 관점을 취했는데, 그는 가장 단순한 건물조차도 처음에 디자인되지 않고는, 그리고 그 디자인이 어떤 종류의 표면에 그려지지 않고는 세워질 수 있다는 것을 상상조차 할 수 없다고 본다. 하비가 주장하기를, 중세 건축에서 드로잉은 복잡한 다성 음악 연주에 악보가 필수적인 것처럼 설계자가 일꾼에게 계획을 전달하는 데 필수적이었다(Harvey 1972:

101).[113] 한편 셸비는 시공도의 존재를 부정하지는 않지만 드로잉 그 자체보다는 주형이 수석 석공이 건축학적 형상을 일꾼에게 전달하는 주요한 수단이었다고 주장했으며, 일꾼은 이 형상을 구현했다(Shelby 1971: 142). 과학 기술 사학자 아놀드 페이시(Arnold Pacey)(2007: 161, 228)는 접근 가능한 증거를 포괄적으로 검토한 후 다음과 같이 결론 내린다. 석공은 13세기 초엽에 창문 트레이서리에 대한 상세도를 만들었지만 건물의 다른 부분에 대한 상세도는 훨씬 후대에 이르러서야 등장하며, 16세기 말엽이 되어서야 전체 구조에 대한 실물 크기보다 작은 드로잉을 그리기 시작했다.

중세의 건설가가 드로잉을 그렸다는 점에는 의심할 여지가 없다. 의문스러운 것은 그 드로잉 중 어떤 것이라도 도면으로 이해될 수 있는가다. 이 도면은 엄밀한 의미에서 의도된 작업의 완전히 기하학적이면서 미리 만들어진 상세설명이다. 드로잉은 중세의 건설가에게 선으로 엮는 공예였으며, 디제뇨에서 드로잉과 디자인의 동의성으로 암시되었듯 지성에서 이미 만들어진 관념의 시각적 투영이 아니었다. 건축학 디자인 이론가 라스 스파이브룩[114](Spuybroek 2011: 18)이 주장했듯, 이 점에서 드로잉

113 건축학적 드로잉과 음악 악보 사이의 유비는 비록 강력하고 생산적일지라도 사실 하비의 주장에 불리하게 작용할 수 있다. 왜냐하면 중세 시대에 음악 악보는 작품을 명시하기보다는 곡을 연주하는 데 음악가를 보조하는 연상 기호 신호를 제공한다(Parrish 1957: 21; Ingold 2007: 21-23 참조). 당시에 있던 드로잉은 그 시기의 건설가를 상당히 동일한 방식으로 보조했을 가능성이 높다.
114 [역주] 라스 스파이브룩(Lars Spuybroek, 1959~)은 네덜란드의 건축 이론가다.

은 규범적이라기보다는 기술적이었다. 오늘날 건축 드로잉은 다양한 규모로 그려진 정면도, 측면도, 단면도를 모두 갖추고 있으며 전체 구조의 최종 형상을 정확하게 명시한다. 그와 반대로 중세 건설가는 가령, 실제 돌을 조각하기에 앞서 특정 세부 사항을 계획하는 방법으로 석제 트레이싱 바닥에 창문 트레이서리를 실물 크기로 그려냈을 것이다. 여기에는 마치 그리기가 전적으로 추상적인 디자인의 차원에 있고 짓기가 물질적 실행의 차원에 있는 것처럼 그 둘 사이의 급진적인 분할이 없다. 오히려 둘 모두 공예 자체에 필수적이다. 즉 제도사가 "직조하듯이 그리는" 반면에 석공은 "그림 그리듯이 조각한다"(Spuybroek 2011: 40). 요컨대 하비의 주장처럼 디자인은 작업에 선행해 있지도, 앤드루스의 주장처럼 저절로 이루어지지도 않았다. 중세 건물은 바로 그 "돌보는" 과정, 즉 숙련된 공예술의 지성에서 디자인되었다. 우리는 건물을 지은 석공에 대해 그들이 그리면서 디자인했을 뿐만 아니라 디자인하면서 그렸다고 말할 수 있다. 하지만 그들의 디자인은 드로잉처럼 작업의 과정이었지 정신의 투영이 아니었다.

그는 네덜란드를 비롯한 여러 나라의 건축물과 예술 작품을 설계했다. 대표작으로 네덜란드 예술가들과 작업한 인터랙티브 사운드 조각품이 있다.

대성당과 실험실

최근에 과학 사회학자 데이비드 턴불[115](Turnbull 1993; 2000: 53-87 또한 참조)의 굉장히 독창적인 논문에서 중세 건물에 도면이 있었는지 혹은 어떤 의미에서 도면이 있었다고 할 수 있는지에 대한 쟁점 전체가 재검토되었다. 그는 웅장한 고딕 양식의 샤르트르 대성당 짓기에 주목한다. 대성당은 화재 이후 1194년에서 1230년 사이에 재건되었고, 345피트(대략 105미터)의 첨탑을 지니고 있으며 거의 8세기 동안 세워져 있었다. 그럼에도 이 건물에 건축 설계자가 존재했다면, 그의 신원은 미상일 것이며 그 어떤 도면도 남아 있지 않을 것이다. 물론 샤르트르를 위한 사전에 만들어진 디자인이나 도면이 존재하지 않았음을 확실히 증명하기란 불가능하며 턴불 또한 이를 시도하지 않는다. 도면이 만일 존재했다면 그것이 남아 있지 못한 이유에는 여러 가지가 있다. 즉, 페이시(Pacey 2007: 59)가 주목했듯이 실물 크기로 만들어진 도면은 "실제 건물만큼 지면의 공간을 차지할 것"이며 건설되면서 그저 사라져버렸을 것이다. 턴불의 비평은 오히려 하비(Harvey 1972: 101)와 같은 이들을 겨냥해 있다. 이들은 논리와 원칙을 이유로 도면이 존재해야만 한다고 추정하

---

115 [역주] 데이비드 턴불(David Turnbull)은 과학 기술학(STS)연구자다. 그는 지식과 공간이 공동 생산되는 방식에 관심을 두고 있으며, 이를 서구 지식 실천과 전통, 선사 시대 이야기와 정치적 조직체의 발전, 복잡성 이론과 커먼즈 이론을 통해 연구했다.

는데 도면 없이는 복합 구조가 절대 지어질 수 없기 때문이다.[116] 턴불(Turnbull 1993: 319-320)이 말하길, "근대적 정신에게 건축학 내 디자인 논증은 자명한 것으로 보인다." 그럼에도 그는 모든 형상을 사전에 만들어진 디자인 상술의 결과로 보는 것은 "너무나도 부족한 설명이면서 과도한 설명"이라고 주장한다.

한편 디자인은 그것이 명시하는 형상으로 마법처럼 변하지 않는다. 디자인이 실현되기 위해서는 장인 기술(workmanship)이 필요하며 샤르트르 대성당과 같은 건물의 경우는 분명 높은 수준의 장인 기술로 만들어진 것이다. 심지어 알베르티도 외형에 따라 구조를 만드는 데 "숙련된 일꾼의 손"이 필요하다고 인정했다. 디자인 논증은 이 장인 기술을 논하지 않는다는 점에서 부족한 설명이다. 하지만 디자인 논증은 이 부족함을 만회하기 위해 모든 숙련된 실천이 궁극적으로는 규칙과 알고리즘으로 성문화된 체계의 순차적 결과로 환원될 수 있다고 우긴다. 디자인 논증은 이 점에서 과도하게 설명하는데, 왜냐하면 턴불(Turnbull 1993: 320)이 논평하듯이 "법칙이 가질 수도 없는 힘을 부여하는 것"이기 때문이다. 우리가 이미 보았듯이 중세 대성당 건설가가 따랐던 법칙은 그들의 실천을 세부적으로 규정

---

[116] 건축 역사가 나이젤 히스콕은 중세 대성당 짓기에 대한 더 최근의 연구에서 동일한 추정을 한다. 즉, "그와 같은 건물은 현장에서 실행되기 위해 앞서 계획되고 아마 도면으로 그려졌어야 했을 것이다"(Hiscock 2000: 172). 추론된 도면의 극히 일부만 남아 있는 것은 그것이 비싼 양피지에 그려졌고 이 양피지가 반복적으로 재사용되었기 때문으로 여겨진다. 여기서 최초의 도면은 후속 도면을 위해 가장 먼저 지워졌을 것이다(ibid.: 174).

할 수도, 규정하지도 않았지만 대신 당면한 상황의 긴급함에 응하여 행동의 범위가 미세 조정되도록 했다.

턴불은 대담한 시도로 우리에게 중세 시대에 대성당을 짓는 작업을 오늘날 대규모 연구 실험실에서 일어나는 일과 비교해 보기를 요청한다. 연구팀은 실험실에서 과학의 특정 분야 내 지식을 발전시키는 과업에 부지런히 임한다. 각 팀은 연구 책임자의 지시 아래에서 어느 정도 자율적으로 일하는데, 이 연구 책임자는 자유롭게 오고 가지만 그럼에도 다른 모든 이와 꾸준히 소통하며 프로토콜과 절차, 방법과 기구, 연구 결과와 이로부터 나오는 새로운 발상 및 생각에 대한 정보를 교환한다. 이 모든 활동에서 일종의 체계물과 같은 것이 출현하는데, 이는 하나의 지식 체계로 인식될 수 있다. 하지만 이 지식 체계는 고독한 천재의 뛰어난 지성에서 완전하게 형성되어 탄생한 아이디어가 아니며, 실험실의 작업 또한 그 경험적 실증에만 전념하지도 않았다. 오히려 지식 체계는 완전하게 통합되지 않은 여러 부분의 복합체로, 각 부분은 그 발전에 기여한 각 팀의 고유한 수행 방식에 좌우되며 그들 간의 의사소통 교류 덕분에 짜맞춰지게 되었다.

마찬가지로 중세의 위대한 건물은 존 제임스[117](James 1985:

---

117 [역주] 존 제임스(John James, 1931~)는 영국 태생의 호주 건축가이자 역사가다. 그는 1969년에 샤르트르 대성당의 구축 역사를 살펴보기 위해 프랑스로 여행을 떠났으며, 이후 연구에서 대성당이 석공들의 작업으로 지어졌음을 보여주었다. 이 과정에서 그는 건물의 구축 역사를 재정의하고 중세의 짓기 실천에 대한 새로운 관점을 제공했다.

123)가 샤르트르 대성당에 대해 썼듯이 "여러 사람의 작업이 즉흥적으로 축적된 것이었다." 제임스에 따르면 샤르트르 대성당을 재건하는 작업은 30년이 넘는 기간 동안 약 30번의 개별적인 단기간 캠페인에서 최소한 아홉 명의 수석 석공의 지시 아래 팀을 이룬 노동자에 의해 수행되었다(ibid.: 25, 60). 그 결과, 대성당은 외관의 웅장함과 명백한 조화로움에도 불구하고 자세히 들여다보면 건축학적 요소가 불규칙적으로 배치되고 불완전하게 이어 붙여진 조각보로 드러나게 된다(그림 4.2). 과학 지식의 구조물을 구축하는 데 완벽한 도면이 없듯이, 마찬가지로 샤르트르 대성당을 짓는 것은 어떤 이름 모를 건축가의 사변적 비전을 장엄하게 완성한 것이 아니다. 작업이 진행되는 동안 어느 누구도 정확히 그 결과가 어떻게 될 것인지, 어떤 문제가 과정 중에 발생할 것인지, 혹은 이를 처리하기 위해 어떤 수단이 고안되어야 하는지에 대해 예측할 수 없었다. 그러나 작업의 단편적인 성격과 지도부의 빈번한 변화에도 불구하고, 어느 정도의 지속성이 의사소통 왕래로써 보장되었다. 이 의사소통은 수석 석공과 현장의 일꾼들 사이에서 뿐만 아니라 수석 석공과 다른 석공, 그리고 그들과 작업을 의뢰한 교회 후원자들 사이에서도 이루어졌다(Turnbull 1993: 320). 그리고 이 의사소통에서 가장 중요한 역할을 한 것은 주형이었다.

　샤르트르 대성당은 미완으로 남아 있다. 그 종류의 다른 모든 잔존 구조물과 마찬가지로 짓기와 다시 짓기의 작업은 오늘날까지 계속되고 있다. 다만 이 작업은 역사 속에서 완벽한 형상, 즉 원본 디자인의 완벽한 실현으로 상상되는 것을 영구히 보

그림 4.2 차이를 발견해보라! 샤르트르 대성당의 서쪽 정면. 『Die kirchliche Baukunst des Abendlandes: historisch und systematisch dargestellt』의 407번 도판을 다시 그림. 피츠버그 대학교 디지털 도서관 컬렉션에서 앨리슨 스톤즈 제공.

존하고자 하는 특유의 근대적 욕망에 추동되었다. 그렇다면 이 하나의 건물은 13세기의 기하학적 장인정신과 20세기의 건축학적 자만 모두를 구현한다. 그리고 이 건물은 하나의 가교를 마련해주는데, 우리는 이 가교를 건너 중세 시대의 짓기 실천에서 돌아와 이 장을 시작한 건물에 대한 현대적 이해로 되돌아갈 수 있다. 이 이해는 건물을 건축가의 비전을 시대를 초월한 표현으로 보는 것이다. 턴불의 목적은 어떠한 '거대한 분할'이 대성당 작업과 같은 과거의 기술과학적 활동의 현장과 실험실과 같은 현재의 현장을 분리한다는 관념을 불식시키는 데 있다. 그가 주장하기를, "과거와 오늘날의 기술과학은 현장 특수적이고 우발적이며 엉성한 실천으로부터 나온다"(Turnbull 1993: 332). 하지만 이것이 현대 실험실에 해당된다면, 분명 현대 건설 현장에도 마찬가지로 해당될 것이다. 그러나 과학이 사변적 이론과 실험적 실천 사이의 구분을 강화해온 것처럼, 건축 또한 디자인과 구축 사이의 구분을 강화했다. 이를테면 사이먼 언윈[118]은 최근의 권위 있는 서술에서 건축을 "정신이 하나의 건물에 지적 구조를 부여하는 방식"이라 정의하는 반면, 짓기는 "물리적 실현의 수행"이며 "하나의 건물"은 그 생산물이라고 정의했다 (Unwin 2007: 102). 그렇다면 건축가는 구조의 외형을 구상하는 반면에 건설자의 과업은 구조를 물질과 통합하는 것이다.

---

[118] [역주] 사이먼 언윈(Simon Unwin, 1952~)은 영국의 건축가다. 대표 저서로 『건축 분석하기(Analysing Architecture)』, 『건축학 노트: 벽(An Architecture Notebook: Wall)』 등이 있다.

그러나 이러한 정의는 실체 건물을 만드는 "엉성한 실천"의 창조성을 은폐한다. 스케치하기, 트레이싱하기, 모델 제작하기, 말뚝 박기, 땅 파기, 자르기, 깔기, 고정하기 혹은 잇기 등 무엇이든 간에 모두 세심한 주의, 판단, 사전 계획을 포함하며 이것들은 세속적 역장과 관계의 장 내에서 이루어진다. 그 어느 것도 지적 구상과 기계적 실행 같은 근본적으로 중요한 존재론적 구분의 어느 한쪽 편에 명확하게 놓일 수는 없다. 그렇다면 만약 가능하다면 어떤 근거로 건축을 짓기와, 더 일반적으로는 디자인을 만들기와 구별할 수 있을까? 이것이 다음 장에서 다룰 주제다.

제5장
눈뜬 시계공

디자인과 함정

아침 식사와 함께 하루를 시작하는 당신의 모습으로 이 장을 시작해보자. 당신은 식탁보가 덮인 식탁 앞 의자에 앉았다. 코 앞의 식탁보 위에는 그릇이 있고, 그릇 오른쪽에는 숟가락 하나가 놓여 있다. 조금 떨어진 곳에 우유가 담긴 단지와 당신이 가장 좋아하는 시리얼이 든 종이 상자가 있다. 당신은 시리얼을 그릇에 붓기 위해 상자를 든다. 곧 그 행동이 시작될 참이다.

하지만 이 얼마나 위험천만한 행동인가! 상자에서 적당량의 시리얼을 따르는 것조차 이미 어려운 일이다. 많은 사람들은 상자 안쪽의 종이를 점선을 따라잡고 일종의 깔때기로 만들어 문제를 해결하려고 시도한다. 이렇게 하면 시리얼을 흘리지 않고 그릇에 담을 수 있다. 비위생적이라고 생각하며 당황하는 사람도 있겠지만, 나는 상자에 맨손을 직접 넣어 한 움큼의 시리얼을 꺼내는 습관을 들였다. 그 정도가 딱 적당한 양이기 때문이다. 상자를 넘어뜨리거나 내용물을 바닥에 쏟지 않고 이것들을 해냈다고 하더라도, 당신의 임무는 이제 겨우 시작일 뿐이다. 다음으로 당신은 우유를 부어야 한다. 이때 우유 단지는 시리얼 상자보다 훨씬 사정이 나은 편이다. 안전하게 잡아서 들 수 있는 손잡이가 있으며, 기울여서 따를 때 우유의 흐름을 조절해주는 주둥이가 있기 때문이다. 하지만 우유를 따르고 나서 주둥이에 한 방울이라도 남았다면, 그것이 단지의 외벽을 따라 흘러 내려가 깨끗한 식탁보에 떨어지는 것을 막을 방법은 아무것도 없다. 식탁보가 더러워질 수밖에. 그러나 진정한 도전은 당신이 먹기 시작할 때 시작된다. 이제는 숟가락이 필요하다. 엄지와 검지, 중지 사이로 숟가락의 한쪽 끝을 잡고, 오목한 타원형의 다른 한쪽 끝을 그릇에 담갔다가 다시 들어올린다. 그러면 우유가 가득 찬 숟가락 위로 시리얼 조각들이 아슬아슬하게 쌓여 채워진다. 어떻게든 이 불안정한 덩이를 그릇에서부터 벌어진 입의 높이까지 흘리지 않고 들어올려야 한다. 다시 말해 숟가락의 오목한 부분이 전체의 경로에서 완벽하게 수평을 유지해야 한다는 것이다. 하지만 아무리 먹는 데 숙련된 사람이라도 완벽하게 해내는 경우는 드물며 식탁보에 조금이라도 흘리는 것을 피할 수 없다. 마지막으로 숟가락을 빼낼 때는 아무것도 흘러나오지 않게 입술을 꼭 다물고 숟가락을 깨끗이 핥은 뒤 다음 숟가락질을 준비한다.

간단히 말해, 아침의 식탁은 장애물 코스나 다름없다. 식탁 위의 모든 것들, 즉 상자, 우유 단지, 그릇, 숟가락, 식탁보는 한 번쯤 디자인된 물건이다. 식탁과 의자도 마찬가지다. 하지만 우리에게 익숙한 종류의 식탁조차 실은 어색한 존재다. 항상 매우 크거나 작고 혹은 너무 높거나 낮다. 그 주위를 다닐 때는 방해가 되고, 표면은 너무나 취약하고(식탁보로 그 위를 덮어 놓을 수밖에 없는 이유다), 방심하고 앉아 있거나 지나가던 사람은 식탁 다리에 정강이를 부딪치거나 발가락이 찍히곤 한다. 디자인 이론가이자 가구 제작자로 잘 알려진 데이비드 파이가 한때 약간의 절망을 담아 이렇게 말한 적이 있다. 목적에 완벽하게 맞는 식탁은 "크기와 높이 조절이 가능해야 하고, 완전히 분리도 되며, 긁힘에도 강하며, 스스로 깨끗해지고, 다리가 없어야 한다"(Pye 1978: 14). 의자의 경우, 앉는 자세가 본래 인간의 몸에 자연스럽지 않으므로, 사용자는 어느 정도 불편함을 스스로 감수하며 그에 적응해갈 수밖에 없다. 나는 종종 의자를 앞쪽으로 기울여 등을 곧게 펴고 균형을 더 잘 잡으려고 노력한다. 그러나 그 결과 의자의 뒷다리가 바닥에서 들리게 되어 그 뒤로 지나가는 사람을 걸려 넘어뜨리기에 딱 좋은 상태가 된다. 레스토랑 웨이터 분들은 조심하시길!

이 모든 것들은 우리에게 다음과 같은 종류의 난제를 남긴다. 분명히 우리는 개인으로서 성취하기를 바라는 특정한 필요와 욕구를 지닌다. 우리는 편안하고 건강한 삶을 살기를 바란다. 어렵지 않고 쉬운 것들을 원한다. 그렇다면, 디자인의 목적은 그것들을 가능하게 하는 것이 아니던가? 심리학자 도널드 노먼[119]은 그의 저서에 다음과 같이 썼다. "새로운 기술의 중요한 역할

---

119 [역주] 도널드 노먼(Donald Norman, 1935~)은 심리학자이며 디자이너다. 그는 '사용자 중심 디자인(user-centered design)'을 강조하며, 디자인 연구가 제품 혁신에 미치는 영향에 대해 비판적인 태도를 보이기도 했다.

은 과제를 더 간단하게 만드는 것이어야 한다"(Norman 1988: 191).[120] 이러한 목적이 성공했다고 생각하려면, 팽글로스 박사의 낙관주의[121]가 필요하다. 소설 『캉디드(Candide)』에서 볼테르의 유명한 풍자 대상인 이 허무맹랑한 철학의 대가는 몸을 뒤틀리게 하는 의자, 발가락이 걸리는 식탁 다리, 우유를 흘리는 주전자, 뒤집히는 시리얼 상자, 그리고 내용물이 흘러 넘치는 숟가락이 "가능한 세계 중 최선의 세계" 안에서 "모든 것이 최선"인 이유를 수도 없이 제시했을지도 모른다. 그러나 볼테르가 우리에게 보여주고 싶었던 것은 이러한 이유가 언제나 허구란 것이다. 만약 디자인이 모든 것을 최선으로 만드는 데 실패한 것이라면, 더욱이 그토록 처참하게 실패한 것이라면, 디자인의 실제 목적은 위와는 매우 반대되는 것이라고 결론을 내려야 하는 것일까? 우리의 길에 장애물을 설치하고 우리 스스로 기술과 독창성을 통해 극복해야 하는 것이란 말인가? 아마도 디자인은 해결책을 명시하는 것이 아니라 게임의 규칙을 설정하는 것일지도 모른다.

---

120 [역주] 도널드 노먼, 『도널드 노먼의 디자인과 인간 심리』(박창호 옮김), 학지사, 2016, 236쪽.
121 [역주] 팽글로스 박사의 낙관주의란 볼테르의 소설 『캉디드』에서 캉디드가 가정교사인 팽글로스 박사로부터 배운 낙관주의를 이른다. 팽글로스는 강의를 통해 "원인 없는 결과란 없으며, 우리의 세계는 가능한 모든 세계 중에서 최선의 세계"라 주장하며 다음과 같은 증명을 제시한다. "코는 안경을 얹기 위해 만들어졌고, 그래서 우리는 안경을 씁니다. 다리는 양말을 신기 위해 만들어졌고, 그래서 우리는 양말을 신습니다." [볼테르, 『캉디드 혹은 낙관주의』(이봉지 옮김), 열린책들, 2009, 10-11쪽]

디자인 철학자 빌렘 플루서[122](Flusser 1995)는 그의 독창적인 에세이에서 이 난제를 풀어낼 해답을 제공한다. 플루서는 '기계(machine)', '기술(technique)', '기만(artifice)'과 같은 연관 단어를 통해 '디자인(design)'이라는 단어의 어원학적 조사를 경유하면서 이것이 본질적으로 속임수와 사기에 대한 것이라고 결론 내린다. 그는 이렇게 쓴다. "디자이너는 교묘하거나 교활한 사람이며, 함정을 설계하는 모략가이다"(Flusser 1995: 50). 모든 디자인의 목적은 문제를 해결책과 같은 형태로 제시함으로써 함정을 놓는 것이다. 예를 들어 우리는 숟가락이 음식을 그릇에서 입으로 옮기는 문제에 대한 해결책이라고 생각하기 쉽지만, 실제로는 숟가락이 우리가 입술에 그릇을 바로 대지 않고 숟가락을 사용하도록 규정한다. 우리는 의자가 앉을 가능성을 제공한다고 믿지만, 사실 의자는 우리가 쪼그려 앉는 대신 의자에 앉도록 강요한다. 우리는 식탁이 시리얼 상자와 주전자, 그릇, 그리고 숟가락을 받치고 있는 해결책이라고 상상하지만, 단지 식탁 때문에 사물을 바닥 높이가 아닌 바로 그 식탁 높이에 놓는 것일 뿐이다. 숟가락을 쓰고 의자에 앉고 식탁에서 식사하는 것은 신체적 기술이며 익히는 데 몇 년이 걸린다. 이러한 것들이 우리를 더욱 편하게 해주는 것이 절대 아니다.

---

122 [역주] 빌렘 플루서(Vilém Flusser, 1920~1991)는 체코슬로바키아 태생의 브라질 철학자로, 하이데거와 현상학, 실존주의에서 영향을 받았다. 이후 현상학을 바탕으로 커뮤니케이션 철학과 예술 창작의 철학으로 연구 영역을 확장했다.

고안품과 결함

사물의 창작자이자 발명가로서 설계자(designer)는 트릭스터다. 완벽함을 실현하려고 노력하기는커녕, 설계자의 일은 결함을 관리하는 것이다. 신화의 디아달로스[123]처럼, 설계자의 길은 언제나 미로 같으며 절대 곧지 않다. 정말로 어찌 될 것인지 알기 어렵다. 완벽한 세상에서 어떻게 설계가 존재할 수 있는가? 모든 목적이 만족된다면, 무슨 수단이 필요하겠는가? 만약 아무 결함이 없다면, 왜 해결책을 찾겠는가? 기원에 대한 성서 속 이야기를 문자 그대로 읽으면, 신은 세상과 그 안에 사는 모든 피조물을 창조했다. 그러나 살아 있는 것들의 복잡다단한 복잡성을 생각하면, 당신은 왜 신이 그렇게까지 애써야만 했는지 의아할 것이다. 예를 들어, 몇 세기 동안 박물학자들은 눈의 구조와 작용에 대해 경이로워했다. 많은 사람들은 눈을 어느 초월적이거나 신성한 지성이 설계했음을 입증하는 살아 있는 증거로 여겨왔다. 그게 아니라면 어떻게 시각을 구현하는 데 이토록 잘 맞춰진 신체 기관이 자연히 생겨날 수 있었겠는가? 이러한 계보를 따르는 논쟁에서 유명한 것 중 하나는 1802년 신학자이자 철학자인 윌리엄 페일리[124]가 「자연 신학 또는 자연현상에서 수집된

---

123 [역주] 미노스 왕의 미궁(迷宮) 라비린토스를 만든 전설적인 장인. 날개를 달고 태양 가까이 날아올랐다가 떨어져 죽은 이카로스의 아버지이자 날개의 제작자이다.
124 [역주] 윌리엄 페일리(William Paley, 1743~1805)는 영국 국교회 성직자이자 기독교 철학자로, 「자연 신학 또는 자연현상에서 수집된 신의 존재와 속성에

신의 존재와 속성에 대한 증거」라는 논문에서 제시한 것이다. 그 역시 눈은 소유자가 볼 수 있도록 신이 창조한 것임이 틀림없다고 생각했다. 그러나 페일리는 이 설계자-신이 시각의 수수께끼를 해결했을 뿐만 아니라 그 수수께끼를 제기하기도 했다는 것을 알아차릴 만큼 영리했다(Paley 2006).

만약 전지전능한 창조주가 피조물에게 손길이 닿지 않는 거리에서 대상을 지각할 수 있는 능력을 부여하겠다고 결정했다면, 아마도 단지 그 능력만 직접 부여했을 것이다. 굳이 물체의 불투명한 표면에서 빛이 반사되고, 그것이 투명한 물질을 통해 굴절되어 뇌와 소통하는 내부 세포막을 자극하는 복잡한 과정을 거치지 않고도 말이다. 마찬가지로 창조주는 귀라는 복잡한 기관을 설계할 필요 없이 피조물에게 듣는 능력을 완벽하게 부여할 수 있었을 것이다. "왜 이 모든 것이 일어났을까?" 페일리는 궁금했고 말을 이어간다. "왜 단지 그것을 극복하기 위해 난관을 만드는 것일까? (…) 전지전능한 힘이 있는데 왜 고안품에 의지하는가? 고안품은 그 정의와 본질상 불완전함의 도피처일 뿐이다. 임시방편에 의지한다는 것은 어려움, 장애, 제약, 또는 힘의 결함을 의미한다"(Paley 2006: 26). 페일리의 대답은 다음과 같다. 신은 스스로 퍼즐을 만들고 풀어내며, 그 해결책을 생명체의 설계 속에서 드러냈다. 그 결과 우리가 해결책을 본받도

대한 증거(Natural Theology or Evidences of the Existence and Attributes of the Deity)」에서 시계공에 대한 비유(watchmaker analogy)를 통해 신 존재의 목적론적 논증을 전개한 것으로 잘 알려져 있다.

록 합리적인 지성의 힘을 우리에게 증언한 셈이다. 다르게 말하자면, 신은 자연을 창조해 우리에게 지성의 탁월함을 선보이는 무대로 삼았다. 실제로 자연을 관찰하는 행위는 이성 활용에 대한 마스터클래스에 참여하는 것이며, 이를 통해 우리는 자신을 신의 형상대로 이성적인 존재로 만들어간다.

1820년대 후반에 케임브리지 대학교 크라이스트 칼리지의 학생이었던 젊은 찰스 다윈[125]은 페일리의 작품을 읽었고, 자신이 인정했듯 깊이 감명을 받았다. 자신의 자서전(Darwin 2008: 14)에서 다윈은 페일리의 「자연 신학」이 유클리드를 읽었을 때만큼 많은 기쁨을 주었으며, 실제로 필독서 목록 중 조금이라도 유용했던 몇 안 되는 책 중 하나라고 썼다. 다윈이 회상하기를, "페일리의 전제 때문에 내가 골머리를 썩이는 일은 없었다. 이런 기본적인 신뢰 때문에 나는 그의 긴 논증에 매혹되어 확신을 갖기까지 했다."[126] 다윈은 페일리로부터 유기체가 삶의 조건에 적응하는 다양한 방식과 이를 위한 고안물에 대해 깊은 감명을 얻었다. 그러나 여기서 반복하기에는 너무나 잘 알려진 이야기지만, 다윈은 결국 처음 자신이 믿었던, 페일리의 모든 논증이

---

125 [역주] 찰스 다윈(Charles Darwin, 1809~1882)은 영국의 자연학자, 지질학자, 생물학자로 진화 생물학의 창시자다. 다윈은 1859년 『종의 기원(On the Origin of Species)』을 통해 진화 이론을 정립했으며, 이후 『인간의 유래와 성 선택(The Descent of Man, and Selection in Relation to Sex)』 등에서 인간 진화와 성 선택을 탐구했다.

126 [역주] 찰스 다윈, 『나의 삶은 서서히 진화해왔다: 찰스 다윈 자서전』(이한중 옮김), 갈라파고스, 2018, 56쪽.

기반하고 있던 바로 그 가정을 뒤엎게 된다. 즉 설계자 없이는 설계가 있을 수 없다는 가정 말이다. 다윈은 살아 있는 유기체는 우리가 인공적으로 제작된 물품에 부여할 수 있는 설계의 속성을 모두 가지고 있으며, 나아가 그 이상을 지니고 있다는 점은 인정했다. 하지만 그들에게 설계자는 없다. 그 어떤 필멸의 존재도, 어떤 신성한 지성도, 그들의 창조를 의도하지 않았다. 다만 유기체는 진화했다. 후에 유기체와 인공물의 구분에 관한 주장으로 돌아올 것이다. 하지만 그 전에 페일리 논증의 단계를 다시 요약해 보겠다. 생명체의 증거를 기반으로 한 신의 존재에 대한 그의 증명은 반박되었을지도 모르지만, 이를 뒷받침하는 설계의 본질에 대한 가정은 여전히 유효하기 때문이다.

페일리의 글은 이렇게 시작한다. 언덕을 걷다가 우연히 돌에 발이 걸렸다고 생각해보자. 그 돌이 어떻게 그곳에 왔는지를 궁금해하며, 당신은 그것이 항상 거기에 놓여 있었거나 끊임없는 침식 과정의 우연한 결과로 존재하는 것이라 대답할지도 모른다. 아마도 지나가는 발에 차여 땅 속에 있는 모체로부터 느슨해졌고, 앞서 지나간 보행자의 신발에 걷어차였을 수도 있다. 이제는 그 길 위에서 낡고 버려진 시계를 발견했다고 가정해보자. 당신은 누군가가 그것을 떨어뜨렸다고 생각할 것이다. 자연의 요소에 노출되고, 부주의한 행인에 의해 밟혀 수리도 할 수 없게 부서졌을 수도 있다. 당신 스스로는 시계 전문가가 아니기 때문에 모든 부분이 무엇을 위해 존재하는지, 또는 그것들이 어떻게 함께 작동되는지 잘 모를 것이다. 그러나 자세히 살펴보면 이 물체는 돌과 다르게 어떠한 목적으로 만들어졌으며, 그러므로 언젠가 또는 어디선가 그 목적을 염두에 두고 그것을 목적에 맞게 설계한 사람이 반드시 존재했다는 것을 의심하지 않을 것이다. "설계자가 없이는 설계도 없다"라고 페일리는 선언했다. "고안자가 없는 고안물은 있을 수 없고, 선택이 없는 질서가 있을 수 없고, 배열할 능력을 가진 존재 없이는 배열이 있을 수 없다. 목적에 부합하는 기능과 관계가 있으려면 반드시 그 목적을 의도한 존재가 있어야 하며, 어떤 목적을 이루기 위한 수단이 존재하고 그 기능을 수행한다면, 그것은 그 목적이 사전에 고려되었거나 그에 맞춰 수단이 마련되었음을 의미한다." 그리고 이 모든 것들에 대해 페일리가 생각하기를, "지성과 정신의 존재를 시사하는 것이다"(Paley 2006: 12). 시계는 우연히 분실되거나 파손될 수 있지만, 일련의 우연만으로 그것이 만들어졌을 가능성은 전혀 없다.

시계와 집게벌레

이제 비현실적인 가정이긴 하지만 더 자세히 조사한 결과 당신이 발견한 시계가 단순히 시계판 위에서 바늘이 돌아가는 것뿐만 아니라, 첫 번째 시계와 동일한 다른 시계를 만드는 메커니즘을 포함한다는 것이 밝혀졌다고 가정해보자. 두 번째 시계가 앞의 시계와 같은 모든 속성을 가지고 있다고 하더라도, 이것이 지적 설계의 산물이 아닌 순수한 기계적 작동의 산물이라고 말할 수 있지 않을까? 페일리는 즉시 이러한 주장을 반박한다. 우리가 조사하는 시계가 첫 번째 것이든 열 번째나 백 번째나 천 번째 것이든, 심지어 그 연속이 유한이든 무한이든 간에, 그 연속에 있는 각각의 대상은 궁극적으로 원본 디자인으로 결정되기 때문에 차이를 만들어내지 않는다고 그는 주장한다. 그 원본 디자인은 각각의 시계를 자신의 복제본으로 허용하는 추가적인 메커니즘을 포함하기에 더욱 더 주목할 만하다고 설명한다. 장인이 첫 번째 시계를 '만드는' 감각은 그러므로 첫 번째가 두 번째를, 두 번째가 세 번째를, 등등 연속으로 '만드는' 감각과는 완전히 다르다. 왜냐하면 전자는 지적 설계에 의한 것이지만, 후자는 기계적 수행에 의한 것이기 때문이다. 좀 더 공식적인 표현으로 말하자면, n번째 시계의 근접원인(proximate cause)은 시계(n-1)인 반면, 그것의 궁극원인(ultimate cause)은 시계 0, 즉 시계 1의 제작을 지배한 설계라고 할 수 있다. 따라서 작동 과정에서 시계가 자신과 닮은 모습을 만들어낸다는 발견은, 그것이 지적 설계의 산물일 것이라는 처음의 추론을 물리치기는커녕 더욱 강화한다. 페일리는 지적 설계에 대한 증명이 약화하기는커녕 오히려 강화될 뿐이라고 결론지었다(Paley 2006: 14-15).

페일리가 자기 복제 시계를 통해 어디로 가고 있는지는 분명하다! 왜냐하면 우리는 그와 동등한 예시를 우리 주변 곳곳에 살아 있는 생물체에서 볼 수 있기 때문이다. 그렇다면, 우리가 길에서 발견한 것이 시계가 아니라 집게벌레라고 가정해보자. 자세히 살펴보면, 집게벌레는 놀라운 정밀성을 지닌 존재로, 자기 복제를 하는 시계에 부여된 모든 속성뿐만 아니라 그 이상을 갖추었다는 것을 알 수 있다. 페일리가 증언했듯이(ibid.: 16),

"시계에 존재하는 고안물의 모든 표시이자 설계의 모든 표현은 자연의 작품 안에 존재한다. 단, 자연의 측면에서는 그 차이가 더 벌어지고, 모든 계산을 능가하는 정도로 존재한다." 그렇다면 살아 있는 존재 안에서 신의 지혜가 작동하고 있다는 증거로 무엇이 더 필요한가? 설령 특정한 집게벌레가 바로 이전 세대의 집게벌레에 설치된 복제 메커니즘으로 차례차례 동일하게 만들어진 산물이라고, 말하자면 "끝없이 내려오는 집게벌레"라고 인정한다 해도, 이 모든 연속체는 그것을 시작하게 한 최초의 개념이 없었다면 성립할 수 없었을 것이다.

바로 이 부분에서 다윈은 결국 페일리의 논증에서 벗어났다. 다윈이 보여준 것은, 살아 있는 자연에서 '고안' 과정이 페일리의 주장처럼 신이 자신의 권능을 드러내기 위해 우리를 시험하는 것이며, 피조물의 완벽한 자기 복제 대상의 연속체로 미리 완성된 것이 아니라, 실제로는 세대에서 세대로 이어지며 각 세대가 이전 세대와 아주 조금씩 달라지는 변화 과정에서 무한히 전개된다는 점이었다. 더구나 복제 메커니즘이 완벽하지 않기 때문에, 전승되는 설계 요소 안에서 변이와 재조합의 가능성이 생기고, 바로 그 점 때문에 진화가 일어날 수 있다. 이는 유한하고 따라서 경쟁적인 환경에서, 해당 요소를 지닌 유기체의 번식을 유리하게 하는 설계 요소가 그렇지 않은 요소보다도 미래의 세대에서 비교적 더 잘 나타나기 때문이다. 이것이 자연 선택의 의미이다.

오늘날의 과학계에서는 다윈의 진화론을 옹호하는 사람 중에 리처드 도킨스[127]만큼 열정적인 논객은 없다. 도킨스는 진화론의 설명력을 극찬하는 많은 책 중 한 권에서 다시 한 번 페일리의 시계 이미지를 소환한다. 그 책의 제목은 바로 『눈먼 시계공(The Blind Watchmaker)』(Dawkins 1986)이다. 도킨스는 다윈처럼 페일리의 「자연 신학」에 매료되었다고 밝히면서도, 시계와 살아 있는 유기체 사이의 비유는 잘못된 것이라고 주장한다. 이는 아직 스스로 복제를 만들어낼 수 있는 시계가 존재하지 않기 때문이 아니다. 결국 페일리는 순전히 사고 실험으로서 자기 복제가 가능한 시계를 상상하라고 우리에게 주문하기 때문이다. 만약 살아 있는 유기체가 번식할 수 있다면 페일리 시계도 그렇다. 또한 그 이유는 시계가 기계이기 때문이 아니다. 도킨스는 유기체도 기계라고 생각한다. 예를 들어 "박쥐도 하나의 기계이다. 아무런 의식도 없으면서 비행기를 추적하는 유도 미사일처럼, 그 내부의 전자 장치는 날개 근육을 움직여서 곤충을 추적하게 만든다"(ibid.: 37). 그러나 단 한 가지 이유로 그 비유는 틀렸다. 시계는 설계자가 있지만, 박쥐는 그렇지 않기 때문이다.

실제의 시계공은 앞을 내다볼 수 있다. 그는 마음의 눈으로 미래의 결과를 내다보면서 톱니바퀴와 용수철을 설계하고

---

[127] [역주] 리처드 도킨스(Richard Dawkins, 1941~)는 영국의 진화 생물학자이자 과학 저술가다. 그는 창조론과 지적 설계를 강하게 비판하는 무신론자로서의 활동으로 유명하다. 1986년 출간한 『눈먼 시계공』에서 복잡한 생명체의 존재를 신의 개입으로 설명하는 페일리의 시계공 비유를 반박하며, 자연선택이 '눈먼 시계공'처럼 작용한다고 주장했다.

그것들의 조립 방법을 생각한다. 다윈이 발견했고, 현재 우리가 알고 있는 맹목적이고 무의식적이며 자동적인 과정인 자연선택은 확실히 어떤 용도를 위해 만들어진 모든 생물의 형태와 그들의 존재에 대한 설명이며, 거기에는 미리 계획한 의도 따위는 들어 있지 않다. 자연선택은 마음도, 마음의 눈도 갖고 있지 않으며 미래를 내다보며 계획하지 않는다. 전망을 갖고 있지 않으며 통찰력도 없고 전혀 앞을 보지 못한다. 만약 자연선택이 자연의 시계공 노릇을 한다면, 그것은 '눈먼' 시계공이다(ibid.: 5).[128]

눈먼 시계공은 잠시 한쪽에 제쳐두고, 눈뜬 시계공에 초점을 맞춰보자. 도킨스의 설명에서 즉각적으로 분명해지는 한 가지는 눈뜬 시계공이 시계를 보거나 만들지 않는다는 점이다. 그는 비유적인 마음의 눈 안에서 시계 부품의 배열을 구성하며 단지 그것들을 설계할 뿐이다. 여기서 말하는 시각은 도킨스(ibid.: 15-17)가 자세히 설명한 실제 눈의 작동과는 아무런 관련이 없고, 광학적 원리와도 관련이 없다. 이는 예지, 즉 물질적 실현에 앞서 계획을 세우고 머릿속에 표현하는 능력으로 하는 것이다. 정말로 도킨스의 관점에서는 일단 시계가 설계되기만 하면, 그것은 이미 만들어진 것이나 다름없어 보인다. 이 점에서 도킨스는 페일리와 의견이 일치한다. 페일리 역시 단지 시계가 어떻게 설계되었는지만 묻고, 그것들이 어떻게 조립되었는지,

---

128 [역주] 리처드 도킨스, 『눈먼 시계공』(이용철 옮김), 사이언스북스, 2004, 28쪽.

또는 이를 수행하는 장인 정신이나 솜씨에 대해서는 아무런 언급이 없다. 그리고 이것은 살아 있는 자연의 측면에서도 마찬가지다. 페일리의 집게벌레는 이미 완성된 채로 등장하며, 모든 기관 또는 '고안물'이 사용할 준비가 된 채로 나타난다. 마찬가지로 도킨스에게는 박쥐를 위한 설계를 가진다면 곧 박쥐 자체를 가진 것과 다름없다. 비록 신성한 지성이 아니라 자연선택으로 유도된 것이지만, 생물과 그것의 설계는 하나이고 같은 것이기 때문에 생물에 대한 설계의 진화는 생물의 진화이다.

목적론적 증명[129]

설계는 정확히 어디에 있는가? 다시 페일리의 시나리오로 돌아가 보자. 당신이 돌부리에 발을 부딪쳤을 때, 당신이 만난 것은 돌 자체이지 돌을 위한 설계가 아니었다. 당신은 정말로 그러한 설계가 전혀 없을 것이라고 확신할 것이다. 왜냐하면 그 돌은 형태적 규칙성이 없고 목적성에도 부합하지 않는 것으로 보이기 때문이다. 버려진 시계의 경우에는 물론 전혀 다르다. 페일리

---

[129] [역주] 원제 'The argument from design'은 중세 신학자인 토마스 아퀴나스가 제시한 신의 존재에 대한 다섯 가지 논증(arguments) 중 하나로, 한국어로는 '목적론적 증명'이라 번역된다. 이는 자연계의 모든 것들이 목적성을 가지고 있으며, 이 목적들은 지성과 의도를 가진 존재에 의한 것이라 설명한다. 그 존재가 바로 신(지적 설계자)이다. 따라서 이는 지적 설계에 대한 증명을 의미한다.

(Paley 2006: 8)가 썼듯이, 당신은 "시계의 구조를 이해하고 그 것의 쓰임새를 설계한" 제작자가 한 번은 존재했을 것이라는 확신을 느낄 것이기 때문이다. 그러나 돌과 마찬가지로 당신이 찾은 것은 시계 그 자체이지 시계를 위한 설계가 아니다. 우리는 단지 그 설계가 한때 제작자의 머릿속에 존재했다고 추론할 뿐이다. 이러한 추론에 근거하여 시계를 돌과는 다르게 인공물로 판단한다. 하지만 이제 집게벌레나 박쥐를 고려해보자. 숲속 길에서 집게벌레를 만나거나 서까래에서 박쥐를 만난다면, 그것은 우리가 관찰하는 생물 그 자체이지 생물의 설계가 아니다. 다시 말해 그 생물이 설계를 가진다는 것은 우리가 만들어낸 추론이지 우리 앞에 놓인 살아 있는 존재에서 관찰할 수 있는 것이 아니다. 그렇다면 설계는 도대체 어디에 있단 말인가? 전능한 창조주의 머릿속이 아니라면 말이다.

이 질문에는 오직 한 가지 대답만 있을 수 있다. 설계는 관찰하는 과학자의 상상 속에 있다는 것이다. 예를 들어, 박쥐에 대한 설계는 도킨스와 같은 사람의 마음의 눈 속에 존재한다. 박쥐가 세상에 출현하기 전에 미리 구상된 것이 아니라, 사후에 그 생물의 행위에 대한 체계적인 관찰에서 도출된 것이다. 그 과정은 다음과 같이 이루어진다. 지역적 환경 조건의 특수성에서 기인한 차이를 설명할 수 있는 규칙성을 찾아보라. 그 규칙성을 바탕으로 박쥐가 마주칠 수 있다고 상상할 수 있는 모든 상황에서 어떻게 행동할지를 모형화하는 알고리즘을 구축해보라. 거기에 당신의 설계가 있다. 이제 이 설계가 마치 DNA에 암호화된 것처럼 유기체 그 자체의 심장 안에 삽입되어 있다고 가정해보자. 그 유기체가 특정한 환경에서 발달하면서 어떻게 행동하는지 관찰해 보라. 짠! 그 행동은 바로 그 설계에서 발생한 것처럼 보인다. 행동의 모델이 행동을 위한 설명이 된다. 이 과정의 순환 논리는 더 이상의 설명이 필요하지 않으며, 우리의 사고에 계속해서 영향력을 행사하는 주된 이유이다. 따라서 소위 신의 창조인 '지적 설계(intelligent design)'와 과학이 자연선택에 기인한다고 보는 것 사이에는 미세한 차이만 존재할 뿐이다. 왜냐하면 자연선택의 원리에서 과학은 자신의 이성적 합리성이 자연이라는 거울에 완벽하게 반영된 모습을 보기 때문이다. 우리가 신이 창조한 이미지에 따라 이성적 존재로 자신을 빚어내기보다는, 오히려 자연 자체가 과학적 이성의 이미지로 만들어진 것처럼 보인다.

물론 엔지니어가 전자 유도 미사일 시스템을 설계하는 것과 마찬가지의 의미에서 과학자가 박쥐를 설계한 적이 있다고 주장하려는 것은 아니다. 설계 엔지니어가 없다면 틀림없이 미사일도 존재할 수 없었을 것이다. 반면 박쥐는 과학자들이 그들을 관찰하지 않더라도 주변에 존재하며 진화해왔을 것이다. 하지만 박쥐에 대한 설계는 그렇지 않다. 그리고 도킨스와 같은 과학자가 동물의 DNA에 그러한 설계가 암호화되어 있다고 주장하며, 이미 연결된 전자 장치가 미사일을 유도하듯이 동물의 행동을 통제한다고 말할 때, 그는 페일리의 자연 신학에서 볼 수 있는 것만큼이나 강력한 목적론적 증명을 펼치고 있는 것이다. 사실 데이비드 턴불이 지적했듯이, 그리고 우리가 이미 앞 장에서 보았듯이, 근대인의 정신에는 이 주장이 너무나도 자명해서 거의 문제시되지 않는다. 턴불(Turnbull 1993: 319)은 이를 다음과 같이 요약한다. "세상은 눈과 같이 복잡한 메커니즘으로 가득 찬 매우 복잡한 장소이다. 그러므로 반드시 설계자가 존재한다고 할 수밖에 없다." 설계에 대한 궁극적인 책임을 신이 아니라 자연선택에 돌리는 것은 사전 설계가 없이는 기능적 복잡성도 있을 수 없다는 논리 자체에 조금도 영향을 미치지 않는다.[130] 하지만 턴불의 관심은 생명체의 설계가 아니라 건축 설계에 있었다. 건축 이론가들 사이에서도 진화 생물학자들과 마찬가지로 목적론적 증명은 대부분 암묵적으로 남아 있으며, 그들 자신의 탐구 전제 속에 깊이 내재해 있다.

일부 이론가들이 건축학적 설계의 분석에서 생물학의 다윈주의적 접근과 비슷한 움직임을 제안해온 것은 사실이다. 예를 들면, 버내큘러(vernacular) 건축의 형식이 세대를 거쳐 전승되고 재조합된 요소의 변이와 선택의 결과라고 이해한다면 어떨까? 설계 이론가인 필립 스테드먼[131]은 그러한 접근법이 초래하는 명백히 잘못된 결과에 주목한 바 있다. 그 결과는 전통적인 장인이 스스로 만들어낸 형태에 이바지한 창의적인 공헌을 완전히 지우는 것이 될 것이다. 그들은 단지 중개자로 전락하여,

---

130 그러므로 지적 설계자로서 신의 창조적 행위성을 반증할 때, 진화론이 목적론적 증명을 반증했다는 턴불(Turnbull 1993: 319)의 생각은 실수이다. 그렇지 않다. 오히려 진화론은, 적어도 오늘날의 신·다윈주의적 화신에서는 목적론적 증명에 의존한다.

131 [역주] 필립 스테드먼(Philip Steadman, 1942~)은 건축과 도시 형태에 관한 연구를 수행했으며, 저서 『왜 대부분의 건물은 직사각형인가?(Why Are Most Buildings Rectangular?)』에서 건축 디자인의 형식적 특징을 탐구했다.

머릿속에 자신도 모르게 담긴 설계를 시행할 운명에 처한 존재가 될 뿐이다. 스테드먼(Steadman 1979: 188-189)은 전통적인 장인들의 유일한 목적이 마치 조산사처럼 상속되는 설계의 재탄생을 돕는 것에 불과하며, 그 과정에서 작고 우연적인 오류, 즉 유사 돌연변이가 도입되는 것을 돕는 데 지나지 않게 된다고 주장한다. 그러나 다윈주의의 유비를 건축 예술에 문자 그대로 적용한 결과가 인간 건설가의 창조적 주체성을 제거한다고 할지라도, 이는 여전히 목적론적 증명을 우리에게 제시한다. 즉 여전히 형태는 설계로부터 나온다는 전제는 유지된다. 비록 건설가는 그 설계를 직접 형성한 것이 아니며, 이에 대해 의식적인 자각도 가지고 있지 않고, 이를 설명할 수 있는 사람은 오직 분석적으로 훈련받은 설계 이론가들뿐이라고 여길지라도 말이다.

우리는 이미 앞 장(152-153쪽)에서, 턴불이 제시한 샤르트르 대성당 건축의 예시를 통해 이 논쟁이 기술을 설명하거나 규칙에 존재할 수 없는 힘을 부여하는 것 모두에 어떻게 실패하는지를 보았다. 그러나 같은 반론이 기념비적인 규모가 아닌 미니어처 규모로 시계공의 사례에 적용될 수 있다. 잠시 실제 시계공이 작업하는 모습을 상상해보라(그림 5.1). 그는 작업실에서 작은 톱니바퀴와 스프링을 다른 부품과 함께 주의 깊고 관찰력 있는 눈으로 섬세하게 맞추고 있다. 그는 자신이 하는 일을 충분히 잘 보기 위해 돋보기를 사용해야만 할 것이다. 그 전에는 개별 부품을 만들어야만 했을 것이다. 이는 금속과 보석에 대해서와 마찬가지로 세밀함이 요구된다. 진정으로 눈먼 시계공이라도 지적 능력이 온전하다면 원칙적으로는 시계를 설계할 수 있을

그림 5.1 시계공이 작업 중이다. 이 사진은 엘진(Elgin) 국립 시계 회사의 사내 출판물인 『Watch Word』의 1949년 9월 호에 실린 것으로, 임직원인 레스 린더(Les Linder)가 철도 시계의 작동을 마지막으로 조정하는 것을 보여준다. 사진을 찾아 사본을 제공해준, 게일 보든 공공 도서관의 사서 베시 베라와 컬렉션 서비스 관리자 윌리엄 R. 블롬에게 감사를 표한다.

것이다. 도킨스가 시사한 것처럼, 그는 톱니바퀴와 스프링을 설계하고 그것들의 상호연결을 계획할 수 있다. 그러나 도킨스가 시계공에게 부여한 예지만으로는 실제 시계를 만들 수 없다. 이를 위해서는 숙련된 시각과 손재주가 필요하다. 그리고 중세 시대의 성당 건축가가 사전에 정확하게 계획된 절차가 아니라 유연한 경험적 규칙을 따라 진행하면서 잘 해내야만 했던 것과 마찬가지로, 페일리의 시대의 시계공 또한 그렇게 작업해야 했다. 그렇지 않았다면, 그들은 자신이 하는 일에 세심한 주의를 기울일 필요가 없었을 것이다.

일상생활의 디자인

이러한 점에서 시계공에게 요구되는 예지는 목적론적 증명이 설계자에게 부여하는 예지와 매우 다른 종류이다. 이것은 문자 그대로 시각 이전에 오는 사고에 자리한 것이 아니라, 앞을 내다 보는 바로 그 행동에 있다. 이는 예상(preconception)이 아니라 사회학자 리처드 세넷[132]이 장인의 작업에 관한 그의 연구에서 "항상 물질보다 한 발짝 앞에 있는" 기대(anticipation)라 부른 것에 있다(Sennett 2009: 175).[133] 철학자 자크 데리다[134]도 같은

---

132 [역주] 리처드 세넷(Richard Sennett, 1943~)은 미국의 사회학자다. 그는 '호모 파베르(Homo Faber)' 프로젝트를 진행하며 문화를 형성하는 물질적 방식을 탐구했다. 대표 저서로 『장인(The Craftman)』, 『투게더(Together)』, 『짓기와 거주하기(Building and Dwelling)』 등이 있다.
133 [역주] 리처드 세넷, 『장인: 현대문명이 잃어버린 생각하는 손』(김홍식 옮김), 북이십일, 2021.
134 [역주] 자크 데리다(Jacques Derrida, 1930~2004)는 프랑스-알제리 출신의 철학자로 해체주의(deconstruction) 철학을 발전시킨 사상가다. 데리다의 『눈먼 자들의 회고록(Memoirs of the Blind)』은 시각, 맹목성, 자기 재현, 그리고 이것들이 드로잉과 맺는 관계를 탐구하는 철학적 에세이다. 이 책에서 데리다는 드로잉 자체가 본질적으로 맹목이라고 주장한다. 드로잉은 기억과 예측에 기반한 행위로서, 직접적인 시각(direct seeing)을 중개된 시각(mediated seeing)

아이디어를 그리기 예술에 대해 언급하며 사용한 바 있다. 그는 그리기에서 그리는 손이 지속해서 머리의 사고를 앞지른다고 주장한다. 데리다에 따르면, 기대란 "주도권을 잡고, 앞서는 것이며, 미리(ante) 취하는 것(capere)"이다(Derrida 1993: 4). 디자인 이론가인 라스 스파이브룩은 "만일 정신이 만들기 과정에 참여하려면 단지 열린 상태일 뿐 아니라 앞을 내다봐야 하는데, 그 방향은 아직 알 수 없는 창조를 향한다"고 말한다(Spuybroek 2011: 160). 이것은 사물의 최종 형태와 그곳에 닿기 위해 필요한 모든 단계를 미리 결정하는 것의 문제가 아니라 길을 열고 그 과정을 즉흥적으로 만들어가는 것에 관한 문제이다. 이러한 의미에서 예지는 현재에 미래의 상황을 투영하는 것이 아니라 미래를 들여다보는 것이며, 종착점을 고정하는 것이 아니라 어디로 가고 있는지를 보는 것이다. 이러한 예지는 예언과 관련된 것이지 예측과는 다르다. 그리고 바로 이러한 능력이 실천자를 계속 나아갈 수 있도록 한다.

시계를 만드는 데는 시간이 든다. 이 시간은 부수적인 것이 아니며, 한순간 혹은 일련의 순간으로 압축될 수 있는 것도 아니다. 오히려 성장 혹은 형성의 시간, 개체 발생(ontogenesis)의 시간이다. 따라서 시계의 설계는 그것의 제작, 즉 조립된 부품이 서로에게 응답하며 내재적인 일관성을 형성해가는 방식에서 계

으로 대체하는 과정이기 때문이다. 또한 드로잉을 구성하는 선(line)이 완전히 명확한 상태로 존재할 수 없으며, 단순히 종이 위의 흔적이자 윤곽을 나타내는 표식으로써 다층적인 정체성을 갖는다고 본다.

속된다. 제작자가 처음 손에 쥐고 작업을 시작하는 것은 다른 부분 중에서도 작은 톱니바퀴와 스프링 같은 미세한 부품이다. 이 부품은 어떤 외부적인 필요성에 의해 미리 정해진 위치에 놓여 서로 연결된 것이 아니다. 그것들은 숲 바닥의 잔가지가 새 둥지의 부분이 아닌 것과 마찬가지로 시계의 부분이 아니다. 오히려 둥지에서처럼 부품은 단지 조립이 진행되는 과정에서 부분이 되며, 점점 더 응집되는 경향이 있다. 부품은 점점 서로에 대한 감각을 익히며, 작업이 점진적으로 마무리를 향해 진행됨에 따라 더욱 단단히 서로를 붙잡으며 정착하지만 절대적으로 완결에 도달하지는 않는다. 제작자의 과제는 부품을 서로 공감적 연결 상태로 이끌어내는 것이다. 그러므로 그것들은 나의 용어로 말하건대, 조응하기 시작할 수 있다. 시계 제작공은 자신의 외눈안경을 통해 응시하면서(그림 5.1) 부품 사이의 관계를 조정하고 그들의 조응 안에서 일종의 중개자와 같은 역할을 하고, 부품의 위 또는 너머에서가 아닌 그들 사이의 영역에 거주한다. 작업이 완성에 가까워질 때가 돼서야 부품은 합리적인 자신감과 함께 전체의 부분이라고 판단된다.

이러한 관점에서 스파이브룩(Spuybroek 2011: 67)은 들판에서 우연히 발견된 시계가 그것의 제작 이전에 존재하는 지적 설계를 증명한다는 페일리의 추론이 완전히 틀렸다고 주장한다. 이는 "마치 사물이 미리 정의된 부품으로 이루어진 전체와 닮았고, 각각의 부품이 단일한 역할에만 국한된 것처럼" 추론하는 것이다. 잘려지고 조각된 돌은 더 이상 건물의 미리 정의된 부분이 아니며, 이미 보았듯이 우리는 대성당의 복잡한 구조물에서부터 건축 설계가 선행되었다고 추론하면서 똑같은 실수를 저지를 수 있다. 건설가가 돌 사이에서 그것들을 조응으로 이끌면서 설계는 만들기로 확장된다. 스파이브룩은 예술과 설계의 모델을 시계 공학이나 건축이 아니라 원예와 요리에서 영감을 받는 것이 이상적이라고 제안한다(ibid.: 243). 그가 보기에 "위대한 정원가나 요리사는 사물의 현재 상태만 보는 것이 아니라 그것들이 어디로 향하고 있는지를 감각한다"(ibid.: 240). 나는 이 감각을 기대적 예지(anticipatory foresight)라고 불러왔다. 즉 중개자로서 사전에 형성된 아이디어를 최종 대상과 연결하는 것이 아닌, 그 연결과 교차하는 방향으로 나아가며, 번갈아 드러나는 유연하고 다루기 힘든 물질의 성향을 따르고 이를 조화시키는 예지이다. 하지만 당신은 이러한 의미의 설계를 하기 위해 뛰어난 정원사나 요리사가 될 필요가 없다. 왜냐하면 이것은 우리의 일상의 경험과도 연결되기 때문이다. 예를 들면 내가 이 장을 시작하며 언급한, 우리가 매일 아침을 시작하는 식탁에서처럼 말이다. 다음으로 넘어가기 전에 잠시 그 아침 식탁으로 다시 돌아가보자.

앞서 나는 아침 식탁을 장애물 코스에 비유하며, 그 위와 주변의 모든 설계된 물체가 극복해야 할 장애물이라 제안했다. 그러나 극복이 실제로는 그리 어려운 것은 아니다. 숟가락을 다루는 것을 익혀야 하고 신체 크기가 성인 비율의 가구에 맞지 않는 유아를 제외하고는 말이다. 이것이 어렵지 않은 이유는, 숙련된 사용에 통합되면서 식탁과 의자는 물론이고 시리얼 상자, 우유 단지, 그릇, 숟가락, 그리고 식탁보가 제조에 선행하고 밑받침이 된 설계에 일치하는 완성된 물체(object)로서 만나지는 것이 아니기 때문이다. 사실 다음 장에서 명확히 알게 되겠지만, 그것들은 대상(object)이 아니라 사물로서 만나진다. 이 사물들은 완성된 것이 아니라 당신이 앉아서 먹는 것과 같이 당신의 삶을 이어가는 동안 사용 안에서 계속 이어진다. 그렇다면 노먼(Norman 1988)이 '일상 사물들의 디자인'이라고 부른 것은 제조 과정에서 그 목적을 달성한 것이 아니다. 그것들이 물체가 아닌 사물이 되기 위해서는, 다른 것들과의 관계, 즉 조응으로 들어와야 한다. 이 조응은 예상되는 사용의 서사에 의해 스스로 정의된다. 일상 디자인은 서사를 붙잡아 고정하고, 당신이 식사하기 위해 앉는 순간부터 이어지는 움직임을 위한 일종의 안무를 정립한다. 예를 들어 식탁을 차리는 일만큼이나 간단한 작업에서, 그릇과 숟가락, 우유 단지와 시리얼 상자를 당신과의 관계에 통합시키면서 당신은 아침을 디자인하는 것이다. 가구와 식탁보 사이에서 당신의 역할은 중개자처럼 행동하는 것이다. 이미 식탁이 완전히 차려지기 전까지는 특정 물건이 무엇을 위한 것인지 확실히 말할 수 없다. 이는 '사용자 중심(user-centered)' 디자인이라는 만트라의 허구를 드러낸다. 이 만트라는 미리 결정된 필요(needs)를 충족시키기 위해 실천자를 그들에 의한 것이 아닌 그들을 위해 디자인된 물체의 단순한 소비자로 전락시킨다.

길을 개척하고 꿈을 포착하기

디자인이란 무엇을 의미할 수 있을까? 만약 그것이 실행 이전에 계획을 세우는 것이 아니면 말이다. 만약 사물이 절대 완성되지 않는다면, 즉 세상이 그곳에 사는 거주민에 의해 끊임없이 건설 중인 상태로 남아 있으며, 그 거주민의 과제는 처음부터 명시된 프로젝트를 완성으로 가져가는 것이 아니라 삶을 계속 유지해야 하는 것이라면, 디자인은 더 이상 만들기와 구분될 수 없는 것일까? 디자인과 만들기는 단지 같은 것을 나타내는 두 단어일 뿐일까? 우리는 이미 유럽의 몇몇 언어에서 디자인을 위한 단어가 그리기(drawing)를 의미하는 것과 같음을 언급한 바 있다(제4장 137-138쪽). 하지만 두 단어가 본래 같은 의미라는 점은 그리기가 정신적 이미지의 윤곽선을 평면에 기하학적으로 투영한 것이라는 개념에 기반한다. 예를 들어 르네상스의 알베르티나 바사리와 같은 인물의 글에서 이탈리아어 *disegno*는 아이디어와 그것의 시각적 표현 모두를 의미한다. 여기서 디자인과 그리기는 한 동전의 양면처럼, 한쪽은 정신에, 다른 한쪽은 종이 위에 존재하는 것으로 나타난다. 그러나 우리가 그리기를 다른 방식으로 생각하면 어떨까? 이미 만들어진 이미지를 투영하는 것이 아니라, 실을 엮거나 돌을 조각하는 것에 필적하는 움직임 또는 몸짓의 흔적으로서 본다면 말이다.

화가 파울 클레[135]가 그리기를 선의 산책으로 묘사한 것은 유명하다(Klee 1961: 105). 산책하는 선은 어느 것도 재현하거

---

135 [역주] 파울 클레(Paul Klee, 1879~1940)는 스위스 태생의 독일 화가로, 표현주의, 입체주의, 초현실주의 등의 다양한 예술 운동에서 영향을 받은 독창적인 화풍을 확립했다. 클레는 뛰어난 소묘가로서 색채 이론을 깊이 연구했으며 이를 폭넓은 저술로 남겼다.

나 예시하지 않는다. 유클리드 기하학의 직선과는 전혀 달리, 이 선은 미리 정해진 점을 연결하지 않는다. 종이 위에서 선은 의도를 표현한 것이 아니라 움직임의 흔적이다(Maynard 2005: 66-67). 숙련된 실천자의 기대적 예지에 대해 우리가 앞서 논의했듯이, 이 선은 길을 개척하며 그 끝에서부터 끊임없이 새롭게 출발하고 나아가면서 경로를 그린다. 만약 이러한 의미에서 디자인이 그리기의 반대라고 한다면, 디자인은 미래를 기대하는 것이어야만 한다. 디자인은 완결성이나 종결을 추구하기보다는, 계획이나 예측이 아닌 희망이나 꿈을 다루며 열린 결말을 지향하는 것이다. 핀란드의 건축가 유하니 팔라스마[136](Pallasmaa 2009: 110-111)가 썼듯이, "디자인은 언제나 사전에 알려지지 않은 것을 찾는 과정이다." 팔라스마에 따르면, 그의 드로잉에 나타난 망설임 속에서 표현되는 바로 그 내적 불확실성이 창의적 과정을 이끄는 것이다. 그러나 물질적 신체와 달리 희망과 꿈은 날아오를 수 있다. 그것들은 지상의 삶이 지닌 시공간적 한계에 얽매이지 않는다. 문제는 이들이 비상할 때, 너무 쉽게 잃어버릴 수 있다는 것이다. 디자인의 과제는 이 희망과 꿈을 뒤쫓아 되돌리는 것이다. 무거운 물질의 무게에 짓눌리지 않은 채 가볍게 여행하며, 디자이너의 선은 도망치는 상상력의 환영을 뒤쫓고 그것들이 도망가기 전에 고삐를 죄어, 제작자와 건설가가 자

---

136 [역주] 유하니 팔라스마(Juhani Pallasmaa, 1936~)는 핀란드 출신의 건축가이자 건축 이론가다. 그의 연구는 건축 이론, 문화 철학, 환경 심리학을 아우른다. 대표 저서로 『피부의 눈(The Eyes of the Skin)』, 『생각하는 손(The Thinking Hand)』 등이 있다.

신들의 보다 느리고 무게감 있는 속도로 따라갈 수 있도록 실천 현장에 이정표처럼 흔적을 남긴다. 예를 들어 교향곡을 작업 중인 작곡가를 상상해보라. 그의 상상 속에서 음악은 날아가는 새처럼 그의 앞을 날아다닌다. 그가 할 수 있는 모든 것은 기억의 지평선 너머로 사라지기 전에 그것을 붙잡고 적어두는 것이다. 오케스트라 악기 각각으로 된 수많은 오선보와 함께 기보해야 하므로 연주에서는 단 일 분도 채 되지 않는 구절이더라도 많은 시간이 걸리는 고통스러운 작업이 필요할 수 있다. 음악이 물질적 채보를 앞서가는 경향만 아니었다면 작곡은 훨씬 쉬웠을 것이다. 그러나 이것은 음악 작곡에 국한된 문제만은 아니다. 철학자 모리스 메를로퐁티[137](Merleau-Ponty 1968: 151)는 음악이 "그의 안에서 노래한다"고 느끼는 연주자가 "그 음악을 따라가기 위해 '활을 휘둘러야' 한다"고 묘사한다. 건축가 알바루 시자는 건물을 설계하는 작업을 마치 끊임없이 그의 손아귀를 벗어나는 캐릭터, 아니 여러 캐릭터의 행적을 추적하는 것에 비유한다. 그는 자신의 곤경이 캐릭터들이 글로 써내려가는 능력을 앞질러 가버릴 때의 소설가의 곤경과 다르지 않다고 말한다. 그들을 놓치지 않는 것이 매우 중요하다(Siza 1997: 51). 세르주 티

---

137 [역주] 모리스 메를로퐁티(Maurice Merleau-Ponty, 1908~1961)는 프랑스의 현상학 철학자다. 메를로퐁티의 철학의 핵심은 인간 경험에서 지각의 본질적 역할을 강조하는 것이다. 그는 지각을 '살아 있는 신체(lived body)'와 그것이 지각하는 세계 사이의 지속적인 상호작용으로 이해하며 인간이 수동적이면서도 능동적으로 세계를 경험하고 이를 타인과 공유하며 표현한다고 보았다.

세롱[138]이 쓰기를, 드로잉에서와 마찬가지로 글쓰기에서도 "제멋대로 날뛰는 말처럼 뛰쳐나가는 사고는 이후에 이끌어지고 길들어서 손이 종이 위에 고정한 선에 묶인다"(Tisseron 1994: 36). 또 다른 비유로, 글쓰기 작가나 제도사는 배에서 파도에 휩쓸려 가는 사람과 같으며, 선은 그가 매달려 있는 밧줄이라 표현한다(Tisseron 1994: 37). 심지어 화가는 덧없이 사라지는 세상의 빠른 환상이 탈출하기 전에 그것을 통제하려는 도전에 직면한다. 샤를 보들레르[139]는 이렇게 썼다. "그것은 충분히 빨리 갈 수 없다는 두려움, 종합이 추출되고 설명되기 전에 유령이 도망칠지도 모른다는 두려움 때문이다. 모든 위대한 예술가가 이 끔찍한 두려움에 사로잡히고, 그래서 그들은 모든 표현 수단을 쓰기를 열렬히 원하는 것이다. 그래야 머릿속의 질서가 손의 서투름 때문에 방해받지 않는다"(Baudelaire 1986: 17).[140] 보들레르가 환기한 이 창조의 광란은 마치 파도의 물결에 휩쓸린 듯 매

---

138 [역주] 세르주 티세롱(Serge Tisseron, 1948~)은 프랑스 정신의학자이자 정신분석학자이며 일러스트레이터이자 사진작가로서 예술적 활동도 병행하고 있다. 그는 논문 「대학 교육에서 만화의 도입에 대한 기여(Contribution à l'introduction de la bande dessinée dans la pédagogie universitaire)」를 통해 이미지가 글과 말과 마찬가지로 세계의 상징 체계에서 중요한 역할을 한다는 점을 강조했다.
139 [역주] 샤를 보들레르(Charles Baudelaire, 1821~1867)는 프랑스의 시인, 수필가, 번역가, 미술평론가로 19세기 문학과 예술에 지대한 영향을 미쳤다. 보들레르의 시는 운율과 리듬의 정교한 사용, 낭만주의에서 물려받은 이국적 정서, 그리고 현실 세계에 대한 예리한 관찰이 특징이다.
140 [역주] 샤를 보들레르, 『보들레르의 현대 생활의 화가』(박기현 옮김), 인문서재, 2013. 45-46쪽.

우 선명하게 실천자를 앞으로 나아가게 하지만 신체의 망설임과 물질의 무게는 끊임없이 그들을 다시 붙잡는다. 작곡가, 연주자, 건축가, 작가, 제도사, 화가 할 것 없이 계속해서 상상적 예지의 기대적 도달과, 종이 위의 펜이나 현 위의 활, 또는 캔버스 위의 붓과 같은 물질적 마찰이 만들어내는 인장력 혹은 저항력 사이에서 끊임없이 포착된 것처럼 보인다.

그러므로 관건은 화살처럼 거리를 꿰뚫는 예지를, 물질과 작업하는 데 필수적인 근시안적 관여와 같은 근접성과 함께 균형을 잡을 수 있는가에 있다. 최근에 인류학자 라네 빌레르슬레우[141](Wilersllev 2006)는 시각이 다른 감각적 양상(청각과 촉각을 포함하여)과 구별되는 속성 중 하나는 예지가 근접성의 조건이 될 정도로 예지와 근접성을 결합하는 점이라고 주장했다. 이 움직임의 영감은 "보는 것은 거리를 갖는 것이다"라는 메를로퐁티의 주장에서부터 온 것이다(Merleau-Ponty 1964: 166). 청각과 촉각의 경우, 무언가에 가까이 다가간다면 당신과 그 사물 사이의 경계는 흐릿해지기 시작하고 결국에는 완전히 사라진다. 당신은 그것과 하나가 된다. 반대로 시각에서는 당신이 무언가에 너무 가까워지면 그것을 볼 수 없다. 적어도 양안(兩眼) 시각에서는 특정한 거리를 두어야만 볼 수 있다. 바로 이 거리 두기에서 반성적 자기 인식과 같은 종류의 가능성이 놓인다. 당신

---

141 [역주] 라네 빌레르슬레우(Rane Wilersllev, 1971~)는 덴마크의 인류학자로, 시각 인류학 및 북극 연구를 중심으로 활동해왔다. 그의 연구는 자연과 인간, 영적 세계 사이의 관계를 강조하며, 기존 인류학 이론에 대한 도전적이고 실험적인 접근 방식을 취한다.

은 단순히 보는 것이 아니라 보고 있는 자신을 본다. 이러한 자아 인식이야말로 다른 사물이나 존재에 가까이 가는 것을 가능하게 하며, 그러므로 그것과 실제로 하나 되지 않고도 물질적으로 관여할 수 있다. 이를테면 이는 사냥을 위한 전제조건이다. 사냥꾼이 성공하기 위해서는 먹잇감과 자신을 동일시해야 하지만, 먹잇감과 완전히 하나가 된다면 치명적인 결과를 초래할 것이다. 마찬가지로 경관을 그리는 화가는 감각적 환경에 스스로 몰입해야 하지만 동시에 그것으로부터 일정 거리를 유지해야 한다. 빌레르슬레우(Willerslev 2006: 41)는 이 모든 과정은 시각 없이는 가능하다고 보기 어렵다고 결론지었다.

하지만 나는 이에 대해 확신할 수 없다. 우선 시각이 자기 인식의 조건이라면, 어떻게 눈이 보이지 않는 사람도 그들 자신을 인식할 수 있는지 의문이 생긴다. 그들은 분명히 자기 인식을 하는 것처럼 보이기 때문이다. 또한 왜 비인간 동물(양안 시력을 부여받은 동물이라 할지라도)은 명백히 그렇지 않은지도 의문이다. 게다가 칠흑 같은 어둠 속에서 촉각과 청각에만 의지하면서 길을 나아가 본 경험이 있는 사람이라면, 촉각과 청각도 시각과 마찬가지로 거리의 감각을 유도한다는 것을 알고 있을 것이다. 아마도 소리에 놀라고, 만져지는 것으로부터 움찔할 수는 있다. 그러함에도 불구하고, 만들기의 디자인적 과정에서의 근접한 관여가 예지에 의해 유도된다는 이 일반적인 주장은 강력하다. 화가는 자신이 그리는 것에 너무 가까이 있으므로 그것을 볼 수 없다. 마찬가지로 작곡가는 듣지 못하고, 작가는 자신이 쓴 것에 대해 기억하지 못한다는 말이 있다(Deleuze and Guattari

2004: 544). 그러나 더 정확한 표현은 화가, 작곡가, 작가의 특별한 능력은 근접 노동이 한창일 때에도 자신의 거리를 유지하는 숙련된 능력에 있다고 말하는 것이다. 빌레르슬레우가 암시한 것처럼, 사냥과의 유비는 정확히 들어맞는다. 사냥꾼은 종종 동물을 실제로 만나기 전에 꿈속에서 동물을 본다고 한다. 화가, 건축가, 작곡가, 작가도 마찬가지로 항상 먼 곳으로 날아가려는 상상의 통찰력을 포착하고, 그것들을 물질적 관여의 즉시성으로 도로 가져오는 데 열중한다. 사냥꾼과 마찬가지로 그들 또한 꿈을 포착하는 사람들(dream catchers)이다. 인간의 노력은 늘 꿈을 붙잡는 것과 물질을 다루는 것 사이에서 균형을 잡는다. 희망과 꿈의 끌어당김과 물질적 제약의 끌림 사이에서 형성되는 이러한 긴장 속에서, 그러나 인지적 사고와 기계적 실행이 서로 대립하지 않는 곳에서, 디자인과 만들기 사이의 관계가 형성된다. 상상력의 손길이 물질의 마찰과 만나는 곳 또는 야망의 힘이 세계의 거친 경계에 부딪히는 곳에서 정확히 인간의 삶이 살아진다.

제6장
둥근 둔덕과 대지 하늘

대지가 되어가는 과정

만약 어떤 물질을 오랫동안 더미의 맨 위에 계속 쌓아 올리고 그것이 자연스럽게 자리를 잡도록 내버려둔다면, 일반적으로 그 물질은 원형 평면과 원뿔형 또는 종 모양의 단면을 가진 둔덕(mound)을 형성하게 된다. 이 둔덕 형성의 과정을 축소된 규모에서는 모래시계의 모래에서 볼 수 있고, 거대한 규모로는 화산 원뿔의 형성에서 볼 수 있다. 둔덕은 두더지가 파놓은 둑에서부터 개미집까지 자연에서 흔한 형태 중 하나다. 이러한 둔덕은 인간 활동에 의해서도 자주 발생한다. 패총(貝塚), 돌무덤, 모래성과 퇴비, 쓰레기, 슬래그 더미 등을 생각해보라. 모든 경우에 둥근 형태는 자연스럽게 나타나며, 이는 위에서 추가된 물질의 압력이 이미 놓여 있던 물질을 전부 같은 방향으로 고르게 밀어내는 방식 때문이다. 둔덕은 그것이 만들어진 물질이 끊임없이 무너짐으로써 쌓인다고 말할 수 있다. 어느 입자든 떨어지는 과정에서 결국에 보다 안정적인 자신의 휴식처를 찾게 된다. 브라질

그림 6.1 예술가 로라 빈치의 설치 작품인 〈세계의 기계〉. 데니스 아담스 사진, 로라 빈치 제공.

의 예술가 로라 빈치[142]는 둔덕 형성의 역동성을 보여주는 작품에서 이 과정을 생생하게 살려냈다. 컨베이어 벨트가 곱게 갈린 대리석을 한 더미에서 다른 더미로 끊임없이 옮기면서, 동시에 미나스제라이스주[143]에서 산업 채굴이 환경에 미치는 영향을 언급한다. 〈세계의 기계(Máquina do Mundo)〉라는 제목의 이 작품을 작가는 '반-기계(anti-machine)'라고 설명하는데, 고전 건

142 [역주] 로라 빈치(Laura Vinci, 1962~)는 브라질의 예술가다. 그는 신체, 덧없음(ephemerality), 공간과의 관계를 탐구하는 데 중점을 둔다.
143 [역주] 미나스제라이스(Minas Gerais)는 브라질 남동부에 있는 주로 다양한 광물이 많은 것으로 유명하다.

그림 6.2 대지가 되어가는 과정: 핀란드 동부의 피엘리넨 호수 기슭에서 촬영된 숲 개미집. 수재나 잉골드 제공.

축 및 조각상의 가치를 전형적으로 보여주는 하얀 대리석과 같은 물질을 사용하여 이와 관련된 영속성, 견고함, 영원성을 전복하고, 그와 반대되는 원리인 지속성, 변형, 시간의 흐름을 구현한다(그림 6.1).

멀리서 보면 그 성장하는 둔덕은 완벽하게 형성된 원뿔처럼 보인다. 하지만 그 표면을 가까이서 보면, 모든 입자가 서로 영향을 받아 밀쳐지며 각자의 길을 찾아가는 움직임으로 넘쳐난다. 성장 중인 개미집 표면을 자세히 관찰하면 마찬가지로 활동의 북새통이라는 것이 드러난다(그림 6.2). 이러한 점에서 둔덕은 체계물과 완전히 반대된다. 만약 로라 빈치의 〈세계의 기계〉

가 현실에서 반-기계라면, 둔덕은 진정한 반-건축물이라 할 수 있다. 제4장에서 건축가를 다른 사람이 쌓아 올릴 토대를 마련하는 사람으로 묘사한 고전적인 개념을 소개했다(134-135쪽). 건축적 체계물을 건설할 때 각각의 연속적인 조각은 조심스럽게 이전 조각 위에 놓여 정적인 균형이 유지되도록 한다. 구조의 영속성과 완전성은 추가되는 물질이 이미 자리잡은 부분과 정확히 접합되면서 추가적인 움직임이나 이동을 일으키지 않는 방식에 달려 있다. 예를 들어 돌 블록으로 탑을 쌓을 때, 각 블록의 층은 추가되면서 그 이전 층에 정확히 무게를 실어야 한다. 각 층은 차례차례 이전 층을 누르고, 이는 기초까지 내려간다. 기초가 고정되고 견고하지 않으면, 전체 건설의 과정은 시작조차 할 수 없다. 그러므로 결국 모든 체계물은 대지 위에 세워진 기초 위에 놓여 있어야 한다. 그러나 기초가 침하 또는 진동으로 인해 무너지면, 전체 구조는 무너질 수밖에 없다. 만약 그렇게 될 때, 그 결과물은 아마도 돌의 둔덕처럼 될 것이다!

그러나 둔덕에는 기초가 없다. 또한 절대 완성되지도 않는다. 언제나 새로운 물질을 추가할 수 있다. 빈치의 〈세계의 기계〉가 보여준 것처럼, 둔덕의 성장에는 영원히 끝이 없다. 둔덕의 높이가 올라갈수록 밑부분도 확장된다. 그러나 둔덕의 모든 입자가 다른 입자 위에 놓이게 되더라도, 전체로서 둔덕은 대지 위에 놓이는 것은 아니다. 이런 점에서, 빈치의 설치 작업은 약간 어폐가 있다. 둔덕은 전시 목적으로 미리 준비된 실내 갤러리 바닥 위에 놓이기 때문이다. 그러므로 평평하고 단단하며 균질한 표면의 바닥 물질과 그 위에 계속해서 형성 중인 둔덕의 물질을 구별하는 데 거의 어려움이 없다. 하지만 이러한 다소 인위적인 상황을 벗어나면, 어디서 둔덕이 끝나고 그것이 놓인 대지가 어디서 시작하는지 확신을 가지고 말할 수 없다. 둔덕은 대지 위에 있는 것만큼 대지의 일부이기 때문이다. 정말로 둔덕의 형성 과정은 물질의 축적이 퇴적에서 매장으로 전환하는 끊임없는 과정을 목격하게 한다. 오늘의 퇴적물은 내일의 지반이 되면서 이후의 퇴적물 아래 묻히게 된다. 퇴비 더미나 개미집처럼, 둔덕도 대지가 되어간다고 말할 수 있다(그림 6.2). 사실 둔덕은 우리로 하여금 건축가가 전제하는 것처럼 대지가 견고하고 사전에 존재하는 기반이 아니라는 것을 인정하게 만든다. 대지는 오히려 모든 생명과 성장의 원천이다. 식물은 대지 위가 아닌 그 속에서 자라며 인간을 포함한 동물은 그로부터 생존 자원을 얻는다. 대지에서 얻어진 물질은 생명의 과정에 의해 대사되고 분해되며, 결국 대지로 돌아가 더 많은 성장을 촉진한다. 이러한 의미에서 대지는 끊임없이 성장한다. 그 때문에 고고학자는 과거 삶의 증거를 찾기 위해 땅을 파야 한다(Ingold 2008a: 31). 생명이 대지가 되어가는 과정에서 형성된 둔덕은 지표면의 돌출부로 나타난 성장 또는 융기로 간주될 수 있다. 그러나 그것은 땅 위에 세워진 체계물이 아니다.

이제 세계의 많은 지역의 대지에는 작은 융기가 가득하며, 그 규모, 위치, 그리고 구성은 선사학자들이 과거 인간 활동의 결과라고 그럴듯하게 믿게 한다. 비록 그 활동이 정확히 어떤 것이었으며, 그 활동의 목적이 무엇이었는지는 종종 미스터리로 남아 있지만 말이다(Leary, Darvill and Field 2010). 그러나 대부분의 선사학자들은 어떤 형태의 만들기나 건설이든 물질세계 위에 형태를 투영하는 과정을 포함한다고 믿기 때문에, 둔덕을 사전에 형성된 디자인의 설계 구조에 따라 조각된 토공작업물로 생각하는 경향이 있다. 마치 둔덕을 지은 사람이 흙과 돌을 쌓아 올리면서 최종적으로 작업이 어떻게 보일지에 대한 아이디어를 가지고 있었다는 듯이, 그리고 쌓인 물질의 높이, 지름, 윤곽이 예상과 일치할 때까지 계속 쌓아 올렸다는 듯이 말이다. 하나의 사고 실험으로서, 우리가 타임머신을 가지고 먼 과거로 돌아가 지금은 둥근 둔덕이 된 장소와 그 근처에서 사는 사람들을 다시 만나볼 수 있다고 상상해보자.[144] 그리고 그들이 무엇을 하고 있는지 물어보자. 그들은 아마도 죽은 사람을 땅에 묻고 있거나 문제를 해결하기 위해 모여 있다고 대답할지 모른다. 땅의 비옥함을 되찾기 위한 의식을 거행하고 있다고 말할지도 모른다. 심지어 이전에도 수많은 세대가 해온 것처럼 쓰레기를 쌓아둔다거나 또는 단순히 같은 장소에 짓고 또 짓기를 한다고 주장할지도 모른다.

    하지만 그들이 가장 내놓을 것 같지 않은 대답은 아마도 '둔덕을 짓고 있다'일 것이다. 오히려 우리가 오늘날 마주한 둔덕은 오랜 시간 동안 이어져온, 인간뿐이 아닌 다양한 활동의 산물에 의해 축적된 것이다. 지렁이에서 토끼에 이르는 굴을 파는 동물

---

[144] 타임머신을 가지고 있다고 해도 모든 대답을 즉각 얻을 수는 없을 것이다. 개빈 루카스(Gavin Lucas)가 적기를, 그것은 한 세트의 문제를 다른 세트의 것으로 대체하는 것에 불과하기 때문이다(Lucas 2005: 118-119).

도 둔덕의 진화에서 역할을 해왔다. 나무, 덤불, 풀의 뿌리는 둔덕 내부를 관통하면서 그것을 고정하는 데 이바지했다. 날씨, 특히 그 무엇보다도 비는 배수와 흐르는 빗물의 패턴을 창조하면서 내부와 외부의 둔덕 모양을 형성해왔다. 중요한 점은 이러한 유기적이고 수문학적인 과정은 과거에 항상 그랬던 것처럼 현재에도 지속된다는 점이다. 오늘날 둔덕을 관찰한다는 것은 이러한 과정이 계속되는 현장을 목격하는 것이다. 둔덕은 둔덕 되기 과정에 존재한다고 말할 수 있다. 이는 둔덕을 기초 위에 놓인 완성된 물체나 주변 환경과 구별된 존재로 보는 것이 아니라, 대지에서 차오른 물질들이 날씨의 흐름과 어우러지며 끊임없이 생명을 생산하는, 성장과 재생의 장소로 생각하자는 것이다. 둔덕은 우리가 흔히 생각하듯 그 터널을 파야지만 발견할 수 있는 밀폐된 내부의 어둠 속에 비밀을 숨기며 우리에게 등을 돌리고 있지 않았다. 반대로 둔덕은 세계를 향해 열려 있다. 우주의 힘과 활력이 넘치는 물질의 상호작용으로 끊임없이 생겨나는 결과물로서 둔덕은 지어진 것이 아니라 성장한다(그림 6.3).

둔덕과 기념물

선사학의 전통에서 둥근 둔덕은 일반적으로 고대 기념물로 분류되고 보존된다. 이는 다음 두 가지 가정을 전제한다. 첫째로 그것을 짓거나 의뢰한 사람이 노력한 증거로서 영원히 지속되도록 설계되고 지어졌다는 것이고, 둘째로는 특정 역사적 순간

그림 6.3 둔덕의 둔덕 되기. 남쪽에서 본 퍼스셔의 핏나크리의 둥근 둔덕. ⓒ 스코틀랜드 왕립 고대 역사 기념물 위원회 제공 (J.M. Coles와 D. D. A. Simpson). 사용 허락은 www.rcahms.gov.uk.

에 지어졌기 때문에 그것은 특정한 고대성(古代性)을 보증한다는 것이다. 다시 말해, 원칙적으로 우리는 그것이 얼마나 오래되었는지를 말할 수 있다. 내게는 이 두 가정 모두 틀렸다. 각각을 순서대로 다뤄보겠다. 첫 번째 가정은 이 절에서, 두 번째 가정은 다음 절에서 논의해보겠다.

역사학을 보면 역사를 끝내고자 했던 기념비적 시도의 산물들이 가득하다. 건축가들이 불멸성을 봉인하려 의도했던 수많은 체계물들은 땅에 묻히고 잊혔으며 시간의 안개 속으로 사라졌다. 국가 건설의 근대적 프로젝트에 복무한 고고학자에 의해 발견되고 발굴된 것들은 과거를 비록 영웅적이긴 하지만 지나간 시대로 귀속시키는 방식 속에서 다시 생명을 부여받았다. 사실 기념물의 역설은 권력자가 본래 그것을 건설하려고 의도한 목적에 실패했다는 이유 때문에 오히려 기념비의 역할을 할 수 있다는 것이다. 만약 그들이 성공했다면, 즉 인류학자 빈센트 크라판자노[145](Crapanzano 2004: 169)의 표현대로, 건축가가 "기억을 그 너머로부터 닫아버리고", 그들 자신을 영원히 존재하도록 만들었다면, 미래 세대는 그것들을 돌아보고 그것들이 어떻게 지어졌는지 경이로워할 수 없었을 것이다.[146] 제작자가 영원한 생명을 부여할 의도로 세운 영속성과 견고함이 인상적인 기념물적 구조물은, 나중에 그것을 우연히 마주친 이들에게 과거가 이미 죽고 쓰러졌으며 끝났음을 반박할 수 없는 증거를 제공한다. 마치 해변에 좌초된 고래처럼 그 기념물은 시간이 흐르는 동안에도 역사의 해변에 발이 묶여 있던 것처럼 보인다. 그럴수록 잃어버린 과거와 생생한 현재 사이의 간극은 더욱 넓어진다. 기념물은 그것이 기념하는 이들의 이름을 부르거나 그들을 닮은 모습을 보존하고, 자신을 위해 이야기한다. 동시에, 그것

---

145 [역주] 빈센트 크라판자노(Vincent Crapanzano, 1939~)는 미국의 인류학자이자 철학자다. 나바호족, 하마드샤, 아파르트헤이트 시대의 백인 남아프리카인 등 다양한 문화적·사회적 환경에서 심리 인류학과 문화적 인식을 연구했다.
146 「*Exegi monumentum aere perennius*」라는 시에서 로마의 시인 퀸투스 호라티우스 플라쿠스(Quintus Horatius Flaccus)는 완벽한 기념비를 다음과 같이 묘사했다. 그것은 "갉아먹는 비에도 거친 북풍에도, 시간의 흐름과 수년의 셀 수 없는 행렬에도 파괴될 수 없다. 나는 완전히 죽지 않을 것이다"(West 2002: 259).

은 시대적 표현 방식과 언어로 스스로에게 이야기한다. 기념물을 방문하는 것은 우리가 완전히 이해할 수 없거나 골동품 전문가만이 이해할 수 있는 과거의 대화를 엿듣는 것과 같다. 그들은 그 시간 속에 존재하고, 우리는 지금 이 순간에 존재한다.

    기념물이 우리를 위해 기억을 간직한다는 것을 부정하는 것은 아니다. 아마도 기념물은 우리가 종종 방문하는 장소에 세워져 있고, 우리 가족 중 여러 세대가 이전에 그곳을 방문했을 수 있다. 우리는 그것을 증명할 오래된 사진을 가지고 있으며, 사진 속 사람들을 그립게 바라보며 "그들이 우리다!"라고 감탄할 것이다. 이러한 종류의 기억-작업은 우리의 삶처럼 과거에서 현재로 매끄럽게 이어지는 이야기를 하도록 허락한다. 기념물은 이러한 과정에서 하나의 중심점 역할을 한다. 그러나 기념물이 기록하는 것은 그게 무엇이든 우리가 하는 이야기의 부차적인 것일 뿐이다. 우리는 우리 이전에 사람들이 그랬던 것처럼 우리가 방문한다는 것을 기억한다. 우리가 대화에 끌어들이는 것은 그 방문한 사람들이지 기념물에 불멸하는 사람들이 아니다. 역사학자 메리 캐루더스[147](Carruthers 1998: 40)가 썼듯이, "사람들이 기억하는 행위와 기억을 찾고 단서를 얻는 '사물'을 혼동하는 것은 흔한 실수이다." 캐루더스는 초기 중세 순례자들이 장소에서 장소로 이동하며 수행했던 의례적 행렬에 주목했다. 이러한

---

[147] [역주] 메리 J. 캐루더스 (Mary J. Carruthers, 1941~)는 중세 문학과 기억론(memory studies)에 대한 연구로 잘 알려진 영문학자 겸 역사학자이다. 중세 문화에서 기억술(ars memoria)과 인지 과정이 문학과 철학, 예술에 미친 영향을 탐구하는 저서들을 집필했다.

순례자에게는 각 장소에 연관된 인물이나 사건에 대한 물리적 기록이 남아 있는지는 중요하지 않았다. 그들에게 있어서 각 장소의 진실성과 진정성은 그곳에서 찾을 수 있는 물체에 있지 않고 "기억-작업, 즉 그것들이 단서를 제공한 사고"에 있다(ibid.: 42). 순례의 장소란 기억의 작업이 이루어지는 곳이지 더 영속적인 유물을 보존하는 캡슐이 아니다. 반대로, 수많은 기념물의 숙명이 보여주듯, 과거를 그러한 유적에 담아둔다고 해서 그것이 반드시 기억되리라는 보장은 없다.

이제 의심할 여지 없이 둥근 둔덕은 오랫동안 기억의 장소로 존재해왔다. 그리고 기억하기는 선조들이 그랬던 것처럼 둔덕 주변에서 걷고, 경작하고, 발굴하는 등 우리가 지속해온 바로 그 활동 속에서 계속된다. 순례지처럼 많은 둔덕은 성지로 알려져왔으며, 종종 태곳적부터 오랜 여행경로를 따라 자리잡고 있다. 그러나 대부분은 너무나 눈에 잘 띄지 않아서 오늘날 거의 포착되지 않고, 훈련되거나 현지에 대한 박식한 안목이 있어야만 볼 수 있는 경우가 많다. 역사 지리학자 케네스 올위그[148]는 지금은 덴마크인 유틀란트 시골 전역에 불쑥 나와 있는 둔덕에 대해 관찰했는데, 그것들의 가장 특별한 성질은 "표식 없는 익명성과 기념물적 표지판의 부재"에 있다고 지적한다(Olwig

---

148 [역주] 케네스 올위그(Kenneth Olwig, 1946~)는 미국 출신의 경관 지리학자다. 올위그는 경관을 단순히 미학적 요소로 보는 것이 아니라, 법적·사회적·경험적 의미를 포함하는 "실질적(substantive)" 개념으로 이해해야 한다고 주장하며, 경관이 공간적 개념을 넘어 정치·문화적 정체성과 연관되는 방식을 탐구한다.

2008). 하지만 둔덕이 기념물이고 따라서 과거를 위한 캡슐이라 확신한 고고학자들은 여러 세대에 걸쳐 내부의 비밀 즉, 최초의 둔덕 건설자가 자기 삶과 행적에 대한 끊임없는 기록으로서 내부에 남긴 의미의 핵심을 끊임없이 탐구해야만 했다. 만약 둔덕의 심장에서 놀라운 무언가를 발견할 수만 있다면, 우리는 마침내 누가 둔덕을 지었으며 왜 지었는지를 알 수 있을 것이다! 그러나 대개의 경우 발굴은 별다른 성과를 거두지 못했다. 둔덕은 그 자체로 발굴 장소로 주목을 받을 수 있지만 많은 경우 그곳에서 발견되는 것은 다른 곳을 팠을 때 나오는 것과 별반 다를 바 없었다. 오늘날 고고학자에게 기억의 작업은 발견 자체에 있는 것이지, 발견된 것(설령 있다면)을 통해 존재하는 것은 아니다. 이것은 과거 사람들에게도 마찬가지였음이 틀림없다. 어쩌면 수천 년에 걸쳐 둔덕이 형성된 것은 무언가를 찾으려는 과정, 혹은 반대로 무언가를 없애려는 과정에 있을지도 모른다.

사물의 고대성

건축적 기념물은 본래 영원히 지속되도록 설계되고 지어졌지만 결국 시간의 모래 속으로 가라앉는다. 반면 둥근 둔덕은 조용히 그리고 눈에 띄지 않게 단지 둔덕 되기를 계속한다. 말하자면 둔덕은 지속한다. 이는 우리를 두 번째 가정으로 이끈다. 기념물에 대해 그것이 얼마나 오래되었는지를 묻는 것은 확실히 간단하다. 우리는 단지 아이디어로만 제시돼왔던 형태가 무형의 원재료와 결합하여 완성된 건축물로 창조되는 그 결정적인 순간부터 기념물의 나이를 계산할 수 있다고 대답할 것이다. 그 순간이 언제인지 알아내기 위해 고고학적 탐정 작업이 요구되겠지만, 우리는 그 순간이 존재했다는 것을 의심하지 않는다. 하지만 하나의 산에 대해 같은 질문을 한다면 어떨까? 산의 연대를 추정한다는 것은 이론상으로라도 어떻게 가능할까? 산은 만들어지거나 건설된 것이 아니다. 오히려 산은 지질학적 시간의 엄청난 억겁 동안 언제나 그랬던 것처럼 지금도 여전히 퇴적, 압축, 융기, 침식의 과정을 통해 점진적으로 그리고 평범한 인간에게는 눈에 띄지 않게 형태를 갖추어왔다. 이러한 과정은 어떠한 특정한 시점에 시작된 것이 아니며 끝나지도 않는다. 산은 완성된 적이 없으며 앞으로도 완성되지 않을 것이다. 그러므로 지질학자의 수많은 탐정 작업으로도 이것의 나이나 고대성을 결정하기에 충분하지 않을 것이다. 산의 나이를 묻는 것은 적절하지 않으며 대답은 말할 것도 없다. 기념물은 고대의 것일 수 있지만 산은 그럴 수 없다.

그렇다면 둔덕은 어떠한가? 우리는 이것이 얼마나 오래되었는지 말할 수 있는가? 둔덕은 산보다는 인공적이지만 기념물보다는 자연적으로 보이며, 그 둘 사이 중간에 놓인 것처럼 보인다. 그러나 이러한 자연과 인공 사이의 바로 그 구분, 그리고 그와 함께 고대성의 문제는 만들기의 질료형상적 모델의 이치 위에 놓여 있다. 즉 순수한 형태를 부과함으로써 자연적으로 주어진 원재료를 인공적인 상태로 끌어올리는 이치 말이다. 하지만 둔덕의 현상은 우리가 이 이치를 거부하도록 돕는다. 둔덕은 더욱 인간적인 규모라는 점에서 산과 다르며 둔덕의 형성은 산의 형성에 비해 인간과 다른 생명체의 노동에 더 많은 빚을 지고 있다. 그러나 산과 마찬가지로 둔덕의 형태는 힘과 물질의 작용을 통해 끊임없이 새롭게 나타나는 것이다. 더 나아가 이 논의를 기념물에 돌려보면, 기념물의 고대성에 관한 질문은 처음에는 단순해 보였지만 이제는 훨씬 더 복잡해 보이기 시작한다. 기념물이 지어진 순간으로부터 나이를 측정해야 하는 이유는 무엇인가? 그것은 사물의 삶과 그것을 구성하는 물질의 삶 속에서 상대적으로 자의적인 한 시점일 뿐이지 않을까? 예를 들어 기념물이 돌로 만들어졌다고 가정해보자. 그 돌이 쌓이기 전에 먼저 채석되고 다듬어져야 했으며 석공의 작업이 끝난 뒤에도 그 구조는 풍화와 침식 그리고 마모의 대상으로 남겨져 있어 주기적인 복원 작업을 요구한다. 건설에서 끝맺음은 절대 완결되지 않는다고 제4장에서 이미 살펴보았다. 그렇다면 그 기원하기란 역시 정확한 기원을 가질 수 없는 것이 아닐까? 결국 사물이 만들어지고 지어지는 것이 성장하는 것과 마찬가지로 계속해서 기원하고 있다고 결론지을 수밖에 없는 것 아닐까?

왜 이러한 질문 앞에서, 고고학은 여전히 사물의 고대성을 명백히 규정하는 일에 왜 그토록 전념하는 것일까? 그 답은 오랜 과거의 기록을 구성하는 것으로서 그러한 사물을 취급하려는 관심에서 비롯된다고 생각한다. 어떤 종류의 개체가 고고학적 기록의 일부가 되려면, 과거를 하나의 기원에 단단히 고정해야 하는데, 이 기원은 세계의 나머지가 움직임으로써 현재의 지평선으로부터 점점 멀어진다. 반대로 지속되는 세대를 겪거나 한마디로 성장하는 사물은 기록의 일부가 될 수 없다. 그렇다면 그것들은 더 이상 고고학적 흥미가 되지 않는 것일까? 물론 그렇지 않다. 그러나 이러한 사물은 고대성이라기보다는 코넬리어스 홀토르프(Holtorf 2009: 37)가 말한 사물의 "과거성(pastness)"에 관심을 두는 고고학, 혹은 우리가 지속성이라 부르는 것의 주된 관심사가 된다. 지속성의 고고학에서 중요한 것은 날짜를 결정하는 것이 아니라 사물의 과거로부터 현재까지 이어지는 시간적 궤적을 따라가는 능력이다. 지리학자 토르스텐 해거스트란트[149](Hägerstrand 1976: 332)에 따르면, 살아 있는 유기체에서부터 도구, 돌에 이르기까지 모든 존재는 각각의 궤적을 지니며 그 각각은 "역사가 직조하고 있는 자연의 거대한 태피스트리에서" 하나의 실타래이다. 따라서 손도끼는 그 자체의 궤적을 지니며 시계와 성당과 둥근 둔덕도 마찬가지다. 각각의 사물은 각자의 방식으로 계속 이어지며 각 사물은 각자의 기록을 갖거나 더 정확히 말하자면 그 기록이다. 그 기록은 그 사물을 형성한 과정과 발생에 대한 것이다.

실제로 '기록(record)'이라는 그 단어 자체는 끈(cord; 가닥strand, 줄string)을 다시 덮거나(re-covered) 다시 감는(re-wound) 것을 의미한다. 사물을 복구하거나 되감는다는 것은 해거스트란트의 "거대한 태피스트리"에서 한 줄을 잡아, 그것을

---

149 [역주] 토르스텐 해거스트란트(Torsten Hägerstand, 1938~2004)는 스웨덴의 지리학자로, 이주(migration), 문화 확산(cultural diffusion), 시간 지리학(time geography) 연구로 널리 알려져 있다. 특히 해거스트란트는 시간 지리학의 창시자로서, 시간과 공간의 관계를 인간 활동과 연결하는 개념을 창안했다.

현재로 끌어오는 것을 의미한다. 그러나 이러한 사물, 이 다시-가닥(re-cords)을 기록 안에서 대상으로 전환하는 것은, 지속하는 바로 그 가닥을 끊어버리는 것과 같다. 그리고 그것을 바닥에 떨어진 잘린 조각처럼 내버리는 것이다. 기록은 이렇게 잘린 것들의 모음이며 역사의 스크랩북이다. 실물 크기의 3차원으로 된 이 스크랩북이 바로 우리의 박물관이다. 박물관 내부에서 사물은 연대가 추정되고 보존되며 날이 갈수록 점점 낡아지만, 그것들의 노화 과정은 인위적으로 멈춰 있다. 그러나 개방된 야외에서 둔덕은 둔덕 되기 중이며 노화는 계속 진행되지만 결코 더 낡지는 않는다.

토지의 형상

우리는 끈 만들기 실험과 관련된 기록(record)에 대해 다시 돌아갈 것이다(제8장, 296-298쪽). 지금은 둥근 둔덕에 대해 다시 살펴보자. 여행자를 상상해보라. 그는 그 둔덕을 향해 이끄는 수많은 낡은 길 중 하나를 따라 길을 만들어간다. 아래로는 대지가 위로는 하늘이 지평선을 따라 나누어진 하나의 풍경이 그의 앞과 주변에 펼쳐져 있다. 그의 시야에서 둔덕은 지평선 위 눈에 잘 띄지 않는 작은 융기로 나타난다. 이미 설명했듯이 이제 그 둔덕은 체계물이 아니다. 그것은 견고한 기초 위에 똑바로 서 있지 않다. 오히려 그것은 누워 있다. 마치 쓰러져 잠이 든 모습처럼 둔덕은 대지 위에 있으며 동시에 부분이다. 이제 여행자가 둔덕에 도착했다고 가정하자. 이어서 그는 둔덕과 함께 눕는다. 이 순간 지평선은 그의 시각적 인식의 주변부 너머로 사라지고, 그 시각적 인식은 하늘의 반짝이는 광채와 합쳐지며 그의 몸은 축축한 대지의 품속으로 감싸인다. 이처럼 대지와 하늘은 머나먼 지평선을 따라 나뉘기는커녕 여행자가 놓인 존재의 중심에서 하나로 통합된다. 저 멀리 작은 점이었던 둔덕은 안쪽에서부터 펼쳐져 내가 앞으로 대지-하늘 세계라 부를 무한한 광활함을 드러낸다. 만약 둔덕이 감각적 인식을 부여받았다면 실제로 그 아래에 묻힌 어떤 신체에게도 마찬가지이듯 그러한 경험이 바로 둔덕 스스로의 것이다. 비록 전부는 아닐지라도 많은 원형 둔덕은 매장을 포함하고 있으며, 그 망자들의 관점에서 그들은 분명히 대지-하늘 세계 속에서 영면했다. 적어도 고고학자들에 의해 발굴되기 전까지 그들은 대지에 묻혀 있으면서도 하늘을 향해 바라보고 있을 것이다.

그러므로 지평선 위의 비어 있는 장소로 향해가는 관점에서 대지와 하늘의 세계 안에서 그 장소와 합쳐지는 관점으로의 전환은, 삶에서 죽음으로의 전이와 연결된다. 그러나 또 다른 의미에서 둥근 둔덕은 인도-유럽의 우주론에서 모든 것이 유래하며 알 수 없는 무를 의미하는 숫자 0과 맞먹는 삶의 신비 그 자체를 상징한다. 마찬가지로 올위그의 관찰에 따르면(Olwig 2008: 33), 둔덕의 "자궁처럼 텅빈 공간"으로부터 전체 우주가 펼쳐진다. 하지만 둔덕의 중요성은 우주적일 뿐만 아니라 정치적이다. 적어도 과거에는 그랬다. 남부 스칸디나비아의 전역에서와 마찬가지로 유틀란트에서도 많은 둔덕이 '팅호이(Tinghøj; 사물

언덕)'라는 이름을 가졌다. 중세 시대까지도, 팅(*ting*)은 란드스카프(*landskap*) 주변의 거주자들이 자신들의 문제를 해결하기 위해 오는 집회의 장소로 남아 있었다. 형태를 갖추다(to shape)의 뜻을 가진 고대 영어 sceppan 또는 skyppan에서 유래한 란드스카프는 문자 그대로는 '형성된 땅(land shaped)'이라는 뜻이며, 당시 사용에서는 동일한 팅에 모였던 사람들의 관습적 실천과 불문율에 따라 묶여 있는, 명확하게 구분되지 않는 넓은 토지를 가리켰다. 그러므로 초기부터 경관(landscape)과 만물(thing) 사이에는 본질적인 연관성이 있었다. 한편으로는 삶의 과정과 활동 경로를 하나로 묶는 모음으로서, 만물은 경관을 감싼다. 다른 한편으로는 규범의 원천으로서, 사물에 의해 안내되는 주거와 거주 그리고 토양 경작의 행위 속에서 만물은 경관 속에 펼쳐진다.

이러한 감싸기와 펼쳐짐의 관계에서, 둔덕은 기념물과 다시 한 번 차이를 드러낸다. 올위그가 쓰기를, "팅에서는 법이 살아 있는 기억에 의지했지만, 기념물은 문자 그대로 죽은 돌에 기억을 새긴다"(ibid.: 33). 둔덕에서 과거는 삶의 지속적인 연속성을 위한 토대로서 모여든다. 반면 기념물에서 과거는 뒤로 밀려나고 오직 유물로서만 살아남는다. 둔덕-사물이 우리를 초대하여 둔덕 형성 과정에 참여하게 하지만, 기념물은 우리를 밖으로 차단한다. 그것은 닫히고 완결되었다. 마치 당연한 것처럼 우리 앞에서 서 있는 기념물은 오직 굳어진 겉면만을 우리의 시야에 내보인다. 물론 지금까지의 많은 사물-장소가 고대 기념물로 지정되어 그것들의 완성된 형태라 상상된 대로 철저히 보존되고 있다. 이러한 장소에서 방문객이 자신 존재의 표시나 흔적을 남기는 것은 이제 더 이상 그 형성에 기여하는 것으로 여겨지지 않으며 보존에 위협을 가하는 행위로 간주된다. 예를 들어 돌무덤은 단순한 돌무더기로, 그 장소를 지나는 모든 여행자가 여행의 순간을 기념하고자 길에서 주운 돌을 추가함으로써 자라난다. 하지만 보존을 위해 기념비로 지정된 돌무덤의 경우 건드리지 않은 채 남아 있어야 한다. 돌을 하나라도 더하거나 제거하는 것은 파괴의 행위로 간주된다.

계속 진화하는 둔덕-사물로부터 이미 완성된 기념물로 전환은, 현대적인 의미에서 토지의 형성하기를 그것의 중세 선조와 구별하는 핵심적인 차이다. 중세 시대에 란드스카프는 팅의 규범에 따른 평야와 숲에서의 노동을 통해 형성되었다. 반대로 현대적 의미에서 토지의 형성하기는 농업적 실천이 아니라 건축에 그 뿌리를 둔다. 우리는 이미 건축가와 목수를 어떻게 구분하는지를 보았다(제4장, 131-137쪽). 레온 바티스타 알베르티는 건축이라는 개념을 방랑 장인의 실용적인 장인 정신으로부터 분리했고, 대신 지적 능력이 건설 작업에 선행하여 독립적으로 부여한 형상으로 생각했다. 그 후 경관의 개념은 이와 상응하는 변화를 겪는다. 농부와 나무꾼이 토지를 형성하는 노동에서 예술가와 건축가의 연출적 투영으로 전환된 것이다. 르네상스 이후 미학의 어휘에서 경관은 기념물을 세울 단단한 기반뿐만 아니라 그것이 전시되고 가장 잘 드러나거나 '부각'될 수 있는 장식적 배경을 제공하면서 무대와 배경의 역할을 모두 수행했다. 기념물과 그것의 경관은 완성되고 완전하게 형성된 전체를 구성하는 것으로 함께 이해되었다. 여기서 질료형상 모델을 적용하자면, 땅(land)과 경치(scape)와의 관계는 마치 물질이 형상에 대응하는 것과 같으며, 토지(the land)는 이 둘이 통합된 결과로 형성된다.

문을 드나들며

이러한 교훈과 함께 역사학자 사이먼 샤마[150]는 자신의 역작인 『경관과 기억(Landscape and Memory)』을 연다. 그는 우리에게 이렇게 말한다. 풍경은 "암석의 층으로만 이루어진 것이 아니라 기억의 지층으로도 구축된다 (…) 날것의 물질과 경관 사이의 차이를 만드는 것은 우리의 형성하고 있는 지각이다"(Schama 1995: 7, 10). 아마 당신도 〈네 개의 A〉 수업을 듣는 학생들과 나랑 같이 교실을 떠나 야외를 산책하는 것에 관심을 가질 것이다. 우리는 샤마가 현대에 맞게 명확히 제시한 그 아이디어, 즉 우리 주변 세계에 형태와 구조를 부여하는 것은 우리의 지각이라는 생각을 스스로 검증해보고자 했다. 우리의 산책은 스코틀랜드의 애버딘 시내의 근교에 있는 베나히(Bennachie) 언덕의 기슭에서 시작되었다. 가파른 측면과 울퉁불퉁한 봉우리가 있는 이

---

150 [역주] 사이먼 샤마(Simon Schama, 1945~)는 영국의 역사학자로, 미술사, 네덜란드사, 유대인사, 프랑스사를 전문으로 연구한다. 대표 저서로 『경관과 기억』이 있다.

언덕은 비교적 평평한 농지에서부터 솟아난 형태로, 에버딘셔(aberdeenshire) 스카이라인에서 눈에 띄는 지형이다. 이곳은 산책하기에 인기 있는 장소로, 산책자는 낮은 높이의 숲길을 따라 걷거나 헤더 꽃으로 뒤덮이고 탁 트인 정상까지 이어진 길을 오른다. 정상은 인상적인 선사 시대의 토루 또는 '언덕 요새'에 둘러싸여 있다.

우리는 출발하기 전에 고고학자 크리스토퍼 틸리와 수 해밀턴[151], 그리고 바바라 벤더[152]의 글을 읽었다. 그들은 콘월 카운티의 보드민 무어를 구성하는 많은 언덕 중 하나인 레스커닉 언덕에서 연구를 해왔다. 언덕의 한쪽 경사면에는 약 2,500년 전까지 분명 사람이 거주했지만 버려진 이후로 폐허가 돼버린 마을의 흔적이 흩어져 있다. 오늘날 이 황무지를 걷는 방문자는 여러 모양과 크기의 많은 돌을 만나게 되는데, 이 돌들은 수천 년의 풍화 작용으로 인해 표면이 닳았고 독특한 질감을 갖고 있다. 현대인의 눈에는 이 돌들이 이미 형성된 토지에 고정된 마지막 안식처를 찾은 듯이 보일 것이다. 하지만 이는 많은 돌을 집의 구조와 마당을 둘러싼 담의 일부로 사용한 옛 거주민이 경험한 풍

---

151 [역주] 수 해밀턴(Sue Hamilton)은 선사 시대 고고학을 전문으로 연구하고 있다. 그는 선사 시대 인간과 환경의 상호작용에 관한 연구를 확장하는 데 중점을 두고 있다.

152 [역주] 바바라 벤더(Barbara Bender)는 인류학자이자 고고학자다. 그는 경관(landscape), 물질문화(material culture), 선사 시대 농업(prehistoric farming)을 연구하며, 현상학적 접근법을 적용한 경관 연구로 널리 알려져 있다. 벤더의 연구는 고고학적 유적과 문화유산을 정적이지 않은, 지속해서 변화하는 사회적 공간으로 분석하는 현대적 연구 흐름에 큰 영향을 미쳤다.

경과는 다르다. 그들에게 돌은 집을 짓고 경작하는 고된 육체노동을 통해 능동적으로 형성하고 있던 토지에서 필수적인 재료였다. 틸리와 그의 동료들은 이 선사 시대 토지를 형성하던 사람들에게 이 풍경이 어떻게 느껴졌을지에 대한 감각을 얻고자 했다. 그들의 목표는 "레스커닉 언덕을 그림처럼 바라보는 것이 아닌 내면에서 인식하는 것"이라 말한다(Tilley, Hamilton and Bender 2000: 60).

그들의 실험 중 하나는 원래 집의 문 터로 남아 있는 장소에서 밖을 바라보며 시간을 보내는 것이었다. 그들은 주민이 자신의 현관에서부터 경관을 어떻게 보았을지를 알고 싶었다. 그러나 집의 기초만이 1미터 남짓 높이로 남아 있었기 때문에 이를 기록하는 것은 어려웠다. 좀 더 쉽게 하려고 가벼운 직사각형 나무 '문틀'을 지었다. 그 틀을 집집마다 가지고 다니면서 각 위치에서 그 프레임을 통해 가시화되는 경관을 기록했다. 하지만 그들의 보고서에 따르면, 이 과정은 그들이 보는 방식에 극적이고 예상치 못한 효과를 가져왔다. 시야의 범위를 제한하고 통제하고 규정하면서 프레임은 경관을 그림으로 바꾸어버린 것이다. 처음 의도와는 정반대로, 그들은 전통적인 풍경화의 방식으로 바라보고 있었음을 발견했다(ibid.: 53-55).

우리의 베나히 언덕 산책으로 돌아와서, 우리는 이 실험을 직접 해보고 싶었다. 언덕의 경사면을 조금 오르자 작은 소작 집단 거주지의 흔적이 남아 있었다. 19세기 후반 수십 년에 걸친 토지 소유권의 변화로 인해 소작농의 삶은 점점 더 어려워졌고 정착촌은 점차 쇠퇴했다. 언덕 위에 거주하고 있던 마지막 주민은 1939년에 세상을 떠났고 인근 채석장에서 가져온 현지 돌로 지은 그들의 작은 오두막집은 이제 폐허로 남아 있다(Vergunst 2012). 우리는 한 폐허에 멈춰 서서 가져온 가벼운 나무 각목으로 엉성하게 틀을 만들고, 이제는 돌무더기로 전락했지만 한때 문이 서 있던 것을 보여주는 벽의 틈새 공간에 그 틀을 설치했다. 그런데 우리가 설치한 틀은 경관을 그림으로 바꾸지 않았다. 오히려 그 폐허를 오두막으로 되돌리는 놀라운 효과를 가져왔다. 어느 지점에서든 단순히 돌을 넘어서 건물의 벽을 가로지르기는 쉬웠다. 그러나 틀은 우리를 들어오도록 초대했다. 지날 때마다 어깨를 구부리고 머리를 약간 숙임으로써 마치 오두막이 본래 가지고 있던 종류의 낮고 좁은 문을 통과하는 듯한 느낌을 받았고, 우리는 말 그대로 '내부'에 있는 우리 자신을 발견했다. 비록 지금의 폐허는 자연에 노출되어 있지만, 들어가는 움직임 자체가 이 공간을 예전에 그 거주자에게 존재했던 내부 공간으로 느끼게 만드는 감각을 자아냈다. 반대로 우리의 즉흥적인 틀을 통해 발걸음을 되돌리자 우리는 다시 바깥으로 돌아왔다.

이 작은 실험이 증명하듯, 내부와 외부가 존재하려면 단순히 한쪽에서 다른 쪽으로 건너기보다는 반드시 들어가고 나와야 한다. 거주 공간은 건물의 배치에 이미 주어진 것이 아니라 움직임 속에서 창조된다. 말하자면 수행되는 것이다. 데이비드 턴불은 다음과 같이 설명한다. "일종의 이중적 움직임 속에서 사람들은 모든 종류의 대상(object), 특히 건물을 통하거나 그 주변을 이동함으로써 수행한다. 그러나 건물 또한 사람을 움직이게 하고, 사람 사이의 만남을 유도하면서 사람을 수행한다"(Turnbull

2002: 135). 그러므로 우리의 궁극적인 건축 경험은 명사적 형태가 아닌 동사적 형태라는 결론이 따라오게 된다. 유하니 팔라스마에 따르면 이러한 경험은 외관, 문틀, 창문, 벽난로 등의 대상과의 조우가 아니라 접근하고 들어가서 안과 밖을 살피고, 벽난로의 온기를 흡수하는 행동을 구성한다. 팔라스마가 단언하기를, "문손잡이는 건물이 건네는 악수다"(Pallasmaa 1996: 40, 45). 그것은 우리에게 환영을 표한다. 마찬가지로 우리는 둔덕되기에서 둔덕이 그 자신을 드러내는 것은 둔덕과 함께 눕고 땅의 습기를 흡수하며 광활한 하늘과 어우러지는 움직임을 통해 서임을 발견했다. 건물과 마찬가지로 둔덕은 더 이상 대상으로 만나지는 것이 아니라 사물로서 경험된다.

철학자 마르틴 하이데거[153]는 그의 유명한 에세이 「사물(The Thing)」에서 무엇이 대상(object)과 사물(thing)의 차이를 만드는지 설명하려고 애썼다(Harman 2005). 그는 대상이 그 자체로 완결된 존재이며, 그것이 놓인 환경과의 관계 속에서 얼굴을 마주하거나 표면을 맞대는 대립적 '맞섬(over-againstness)'을 통해 정의된다고 주장했다(Heidegger 1971: 167). 우리는 대상을 보거나 만질 수도 있지만, 그것의 형성 과정에 함께 참여할 수 없다. 그 대상과 아무리 가깝게 상호작용을 하더라도 그것은 감정적으로 거리를 유지한다. 반면에 대상이 우리에 맞선다면

---

[153] [역주] 마르틴 하이데거(Martin Heidegger, 1889~1976)는 독일의 철학자다. 하이데거의 철학은 존재론(ontology), 기술(technology), 예술, 형이상학, 인간주의, 언어, 철학사 등 다양한 주제를 아우른다. 「사물」은 제2차 세계대전 직후 바이에른 예술 아카데미에서 강연으로 발표되었다.

사물은 우리와 함께한다. 하이데거에게 있어 모든 사물은 움직임 속 물질의 집합체다. 그것을 만지고 관찰하는 행위는 우리의 존재가 가진 움직임을 물질의 구성요소가 지닌 움직임과 가깝고 정서적으로 조응하게 한다. 둔덕과 함께 눕거나 길을 가다 주운 돌을 돌무덤에 추가할 때, 문손잡이를 돌리고 나무 틀을 통과해 들어가면서 어깨를 움츠릴 때, 우리는 둔덕과 돌무덤 그리고 오두막을 사물로 경험한다. 이 점을 강조하기 위해 하이데거는 '사물(thing)'의 어원적 유래를 팅(ting, 또는 이것의 게르만어에 상응하는 것)에서 찾았다. 특히, 그는 그 단어가 초기 사용 당시 모임(gathering)이라는 의미를 함축한다고 보았다(ibid.: 177). 사물을 목격하는 것은 문밖에 갇히는 것이 아니라 모임에 초대되는 것이다. 앞서 보았듯이 둥근 둔덕은 사물이면서 사물로 이루어진 경관 속의 모임 장소다. 오두막과 돌무덤도 마찬가지다. 그리고 하이데거는 나무, 연못, 시냇물, 언덕도 모두 마찬가지라고 썼다. 둔덕이 그 자체로 둔덕 되기(mounding)를 지속하듯이, 오두막, 돌무덤, 나무, 연못, 시냇물, 언덕도 각자의 방식으로 '사물 되기(thinging)'를 이어간다. 그리고 그렇게 함으로써 스스로 '세계 짓기'를 하는 세계로부터 흘러나온다. 하이데거의 독특한 표현을 빌리자면, 이 모임에 참여한다는 것은 "세계 짓기를 하는 세계로부터의 사물 되기"를 하는 사물에 조응하는 것이다(ibid.: 181-182). 하지만 이러한 사물을 기념물이나 경관 속 특정 요소로 전환하는 것은 조응을 갑작스레 중단하는 것이다. 한때 우리를 초대했던 사물은 길을 가로막는 대상으로 변모한다(Flusser 1999: 58).

바람의 눈

우리는 폐허가 된 오두막에서 실험한 결과에 스스로 만족하면서 나무 각목을 들고 언덕의 정상으로 향했다. 이 정상은 현지에서는 미더 탭(Mither Tap)이라 알려져 있으며 주변 시골 풍경의 전경을 볼 수 있다. 아래를 내려다보면 들판과 숲을 짜깁기한 보자기처럼 보였다. 만약 이 장면을 프레임을 통해 보면 어떤 일이 벌어질까? 우리는 궁금했다. 이번에는 경관이 그림으로 변할까? 다시 한 번 각목을 직사각형으로 배열했는데 이번에는 세로보다 가로를 길게 함으로써 현관문보다는 창문처럼 만들었다. 두 명의 자원자가 직사각형의 구조물을 들고 있는 동안, 나머지는 차례대로 그 안을 들여다보았다. 우리는 프레임이 시야를 조금 방해한다는 것 외에 어떠한 차이도 만들어내지 않는다는 데 모두 동의했다! 프레임의 내부에서 볼 수 있는 것은 더 이상 외부에서 볼 수 있는 것보다 그림 같지 않았다. 그러나 실험을 찍은 사진을 후에 출력해 보니, 차이가 매우 뚜렷하다는 것을 발견하고 놀랐다(그림 6.4). 직사각형 외부의 사진은 경관 사진이었지만, 직사각형 내부는 그 자체로 경관 사진을 찍어놓은 사진 같았다. 풍경을 그림으로 만든 것은 프레임이 아니라 오히려 사진 인화지 평면 위에서 이루어진 경관의 회화화가 우리의 프레임을 사진 프레임으로 전환했다. 그리고 프레임이 담고 있는 것을 그 경계 너머의 현실과 달리 표상(representation)으로 인식하도록 우리를 이끌었다.

삶의 사소한 부분에 매몰되어 전체적인 그림을 이해하지 못

그림 6.4 풍경 위의 창. 에버딘셔 미더 탭의 정상에서 직사각형을 통해 바라본 모습. 전경에 고대 언덕 요새의 재건된 성벽이 보인다.

하는 사람을 두고 흔히 나무와 숲을 구분하지 못한다고 이야기한다. 숲을 보기 위해서는 나무 사이에서 나와 언덕 위 혹은 공중에서 멀리 보는 시야를 가져야 한다. 이렇게 멀리서 보면 숲은 토지의 윤곽 지어진 표면 위에 모자이크처럼 펼쳐진 듯이 보인다. 이것이 미더 탭의 정상에서 보는 숲의 모습이었다. 그러나 우리가 당신과 함께 높은 곳에서 내려와 숲으로 다시 들어간다고 가정해보자. 우리는 다시 한 번 사소한 것에 압도당했을까? 우리는 전체로서 숲이 아니라 오직 각각의 나무를 보고 있는 것일까? 조금도 그렇지 않다! 숲으로 들어가서 사방이 나무 몸통과 가지로 둘러싸인 자신을 발견하는 것은 단지 원거리에서 근접으로 초점의 변화를 겪는 것이 아니라 근본적으로 차이가 나는 세계에 대한 인식을 경험하는 것이다. 이 인식에서 숲은 개별적 나무의 집합체로 보이는 것을 그만둔다. 아마도 옥스퍼드 영어 사전에서 숲을 '모여서 함께 자라나는 나무'로 정의한 것이 가장 근접한 표현일 것이다(그림 6.5). 뿌리, 몸통, 그리고 가지가 뒤틀리고 구부러지고 옹이가 생기고 묶이고 갈라지는 과정에서 각각의 나무는 비, 바람, 햇빛 그리고 계절의 흐름은 물론 그 주변 나무의 성장에 반응하면서 끊임없이 성장의 과정을 증명한다. 내부에서 숲을 인식한다는 것은 이러한 지속적인 삶의 얽힘에 몰입하게 된다는 것이다. 이것은 모든 나무를 고립되고 경계 지어진 개체로 보는 것이 아니라, 나무 몸통에서는 단단히 감겨 있지만 지면 위로는 나뭇가지, 아래로는 뿌리로 퍼져나가는 섬유질 실타래의 다발에 더 가까운 무언가로 바라보는 것이다. 그리고 숲을 더 이상 개별 조각이 모여 있는 모자이크가 아니라 실타래가 얽힌 미로로 보는 것이다.

    이 선들은 너무도 얽혀 있어서, 어떤 특정한 나무가 어디서 끝나고 나머지 세계가 어디서 시작하는지 확실하게 말하기 어려울 정도이다. 나무껍질은 나무의 일부인가? 그렇다면 그 속을

그림 6.5 함께 자라는 나무: 숲을 바라보는 바람의 시선. 에버딘셔의 시골에서 크리스티나 사에즈(Christina Saez)가 찍은 사진. 예술가 제공.

파고드는 곤충이나 그 위에 매달려 있는 이끼는 어떠한가? 그리고 만약 곤충이 나무의 일부라면 그곳에 둥지를 튼 새는 왜 포함하면 안 되는가? 또는 나뭇가지를 흔들리게 하고 특정한 방식으로 나뭇잎을 바스락거리게 하는 바람은? 씨앗과 나뭇잎이 땅으로 떨어지면 그것들은 떨어져나온 나무의 삶 이야기를 계속 이어가는 것이 아닐까? 따라서 땅은 나무가 행진하는 군대처럼 줄지어 서 있는 단순한 표면이 아니다. 숲 속을 걷는 것은 걸음마다 덤불과 잎사귀, 떨어진 나뭇가지와 낙엽, 흙과 돌이 뒤엉킨 늪에서 발을 내딛는 것과 같다. 당신은 항상 자라나는 초목이나 바람, 빗물의 작용, 또는 나무에서부터 단순하게 떨어져 침식된 것들 위에서 직조 중인 것처럼 보인다. 요컨대 발 밑의 바로 그 땅은 성장하고 침식하고 분해하는 선들의 조직이다. 아래의 대지와 위의 하늘을 분리하는 것이 아니라, 땅은 끊임없이 생명이 생성되는 곳이고 대지와 하늘이 섞이는 영역이다.

역설적으로 숲속 깊은 곳에서 세계는 우리의 인식을 향해 가장 완전하게 열린다. 이는 우리가 살고 있는 세계가 발 밑에 모자이크처럼 펼쳐져 있고 그 형상과 패턴이 이미 자연의 물리적 기질 위에 각인되어 있다는, 높은 곳에 있는 사람들이 하기 쉬운 착각을 버리게 하기 때문이다. 철학자 앙리 르페브르[154]가 쓴 대로, 이것은 우리가 한 번에 주어진 장면을 광활한 풍경으로서 바라보고 있다는 가식을 버리는 것을 의미한다. 르페브르는 "더 깊게 들어가보라"고 조언한다. "저 나무들을 흔드는 바람처럼 하면 된다"(Lefebvre 2004: 80).[155] 이것은 숲을 바람의 눈으로 보는 것이다. 바람의 눈은 나무를 바라보지 않고, 그들 사이를 떠돌며 약간 움직이게 하고, 나무의 표면을 간지럽히고, 시각적 접촉으로 나무가 살아나는 모습을 지켜본다(그림 6.5). 이는 팔라스마가 '피부의 눈'이라 부른 것과 같은 눈이며, 사물의 표

---

154 앙리 르페브르(Henri Lefebvre, 1901~1991)는 프랑스의 마르크스주의 철학자이자 사회학자다. 대표 저서로 『리듬 분석: 공간, 시간, 그리고 일상생활』이 있다. 르페브르는 이 책을 통해 도시 공간이 단순한 물리적 구조가 아니라, 사회적 리듬을 통해 살아 숨 쉬는 유기체임을 보여준다.
155 앙리 르페브르, 『리듬 분석: 공간, 시간, 그리고 일상생활』(정기헌 옮김), 갈무리, 2013, 216쪽.

면, 윤곽선, 가장자리를 쓰다듬는 눈이다(Pallasmaa 1996: 29). 이 눈은 개별 대상을 구별하고 식별하는 것이 아니라 빛과 음영과 그것이 드러내는 표면 질감의 미묘한 차이를 기록하는 데 맞춰져 있다. 실제로 그들이 드러내는 환경은 대상의 환경이 결코 아니다. 오히려 둔덕처럼 부풀어오름, 나무와 같은 성장, 보드민 무어 바위산과 미더 탭의 바위 봉우리와 같은 노두(露頭), 그리고 베나히의 주거지나 레스커닉 언덕 위의 정착촌에 있는 건물 등을 포함한 사물의 환경이다. 비록 우리가 대상의 세계를 점유(occupy)한다고 할지라도 그 점유자에게 세계의 내용물은 마치 그것들이 우리에게 등을 돌린 것처럼 보이며, 마치 최종 형태에 고정된 것처럼 느껴진다. 반면에 세계에 주거(inhabit)한다는 것은 형성의 과정에 동참한다는 것이다. 이는 에너지와 힘 그리고 흐름의 역동적인 세계에 참여하는 것이다. 이것이 바로 내가 주장하는 대지와 하늘의 세계다.

제7장
도주하는 신체들

살아 있다는 것

1953년에 영국의 조각가 헨리 무어[156]는 〈방패를 든 전사(Warrior with Shield)〉라는 제목의 조각상(그림 7.1) 제작에 착수했다. 그는 이 조각상의 아이디어를 해변에서 발견한 조약돌에서 얻었다고 한다. 그 조약돌은 엉덩이에서 떨어져나간 허벅지를 연상케 했다. 먼저 그는 몸통과 다리와 팔 한쪽을 이어 붙여 비스듬한 자세의 부상당한 전사를 만들었다. 그다음 전사의 팔에 방패를 붙이고 앉은 자세를 잡아준 다음 몸통에 머리를 얹었다. 이 조각상의 모습은 무어의 표현에 의하면 "투박하고 황소 같은 힘이 있으면서도 말 못 하는 짐승처럼 그저 고통을 받아들이며 참고 있다"(James 1966: 250에서 인용). 그로부터 일 년 후 〈방패를 든 전사〉는 약간의 잡음에도 불구하고 토론토 현대미술관[현

---

156 [역주] 헨리 무어(Henry Spencer Moore, 1898~1986)는 영국의 현대 조각 개척자로 알려진 조각가다. 그의 초기 작품은 20세기 초 프랑스에서 일어난 입체주의의 영향을 받았으며 인간상의 추상적인 형태를 표현하는 데 그 특징이 있다.

그림 7.1 〈방패를 든 전사〉 헨리 무어 작(1953~1954년, 동, 높이 155cm).

온타리오 현대미술관]에 매입되었다. 그 후 1980년대 중반에 〈방패를 든 전사〉와는 표면상 아무 상관이 없는 어떤 사건이 일어났다. 얼룩말 홍합 신종이 우연찮게 미국과 캐나다 국경에 있는 세인트클레어호수에 유입된 것이다. 얼룩말 홍합은 흑해 연안의 어느 항구에 정박한 한 척 이상의 대양 횡단 무역선의 배

그림 7.2 사이먼 스탈링 〈침입당한 작품: 조개로 뒤덮인 무어〉, 2007년 8월 촬영(강철, 조개, 가변차원).

밑바닥에 고이는 오염수에 섞여 들었고, 플랑크톤이 풍부한 세인트클레어호수와 그와 인접한 이리호수가 맞아서인지 이 호수들에서 순식간에 번식했다. 이 종은 몇 년 만에 이리호수 바닥의 거의 모든 표면을 점령했고, 밀도는 제곱미터당 최대 7만 개에 달했다. 1992년에는 이미 미시간호수를 거쳐 미시시피유역에까지 퍼져나갔다. 그리고 2006년에 예술가 사이먼 스탈링[157]의 개입으로 무관한 듯한 두 사건이 드디어 연결된다. 스탈링은 무어의 '전사'와 똑같은 크기의 복제품을 강철로 제작해서 온타리오호수에 빠뜨렸다. 복제품은 2008년 초에 들어 올려질 때까지 호수 밑바닥에 잠겨 있었고 인양됐을 때는 표면이 조개로 뒤덮여 있었다. 이 작품은 이후 〈침입당한 작품: 조개로 뒤덮인 무어(Infestation Piece: Musselled Moore)〉라는 제목으로 토론토의 발전소 현대미술관(Power Plant Contemporary Art Gallery)에 전시되었다(그림 7.2).[158]

내게 〈침입당한 작품〉은 몸이 살아 있다는 것이란 무엇을 의미하는지에 대한 강력한 진술서와 같다. 원작인 무어의 '전사'는 문자 그대로 기념비적인 불후의 명작이다. 그 자체로 완결적인 부동의 존재인데, 우리 눈에는 청동의 단단한 그 겉면만이 보인다. '전사'는 방패를 앞으로 내밀며 우리에게 물러서라고 단호히 말한다. 무어 자신도 인정했듯이 이 형상은 자신만이 겪는 고통의 황량함과 무력함에 빠져 주변 환경을 완강히 거부한다. 그것은 마치 수천 년 전 옛 전투에 휘말린 듯이, 아니면 화산 폭발에 맞닥뜨린 듯이 어딘가 다른 장소와 다른 시간에 속해 있다. 알지

---

157 [역주] 사이먼 스탈링(Simon Starling, 1967~)은 영국의 개념미술가다. 그는 2005년에 나무 헛간을 가져다 보트로 바꿔서 라인강을 따라 항해한 후 다시 헛간으로 되돌려놓는 작품으로 2005년 시각예술가에게 수여하는 영국의 권위 있는 상인 터너상을 수상했다.
158 내가 이 작품을 주목하게 된 것은 제니스 추이(Janice Tsui) 덕분이다. 그녀에게 감사의 말을 전한다.

도 못하고 인식되지도 않는 세계를 움푹 팬 눈으로 응시하는 그것은 우리에게 반응하지 않을뿐더러 우리 또한 그것에 반응할 수 없다. 그런데 호수 바닥에서 이 형상의 안과 밖이 실질적으로 뒤집혔다. 물속에 한동안 잠겨 있던 형상의 표면이 생명과 성장의 기질로 변한 것이다. 이것이 가능한 것은 영양이 풍부한 매질과 물질의 끊임없는 교환 덕분이다. 이 형상은 표면에 달라붙은 조개를 통해 자신을 주변 환경으로 밀어낸 것처럼 보인다. 문자 그대로 모든 구멍에서 내부가 흘러나와 그 자체로 열린 것처럼. 그것은 만신창이지만 진짜 살아 있는 유기체로 변모했다. 급성 감염일지도 모를 원인으로 온몸이 딱지, 피멍, 종기투성이인 병자인 듯한 조개로 뒤덮인 이 형상을 쳐다보는 것은 소름 끼치는 일일 수 있다. 그러나 적어도 우리는 그것과 함께 볼 수 있고 그 비참한 상태에 동정심을 느낄 수 있다. 그것은 우리의 시간과 장소에 속해 있다. 정말로 그것은 여러 면에서 기념물보다 둔덕에 가깝다. 물에서 다시 나오기 직전까지 끊임없이 진행된 외피 형성의 과정에서 그러한 존재가 된 것이다.

모든 살아 있는 유기체는 '조개로 뒤덮인 무어'처럼 그 자체로 [다른 유기체의] 침입의 현장이다. 다시 말해 생동하며 실랑이를 벌이는 물질들의 들끓는 군집(colony)이다. 그 속에서 물질들은 덩이로 압축되었다가 다시 섬유와 같은 긴 줄을 뻗어 서로 꼬이고 휘감겨 비범한 복잡성의 형상을 만들어낸다. 유기체는 외견상 구성이 완료된 듯이 보일 수 있다. 그러나 한 꺼풀을 들어 올리면 해부학자나 심리학자가 즐겨 상상하는 일정한 양식의 건축물이 아닌 퇴비 더미와 같은 무언가를 보게 될 것이다.

정말로 이 유기체는 움직임 속에서 물질들이 한데 모인 것인 만큼 앞 장에서 대략 설명한 의미에서의 사물로서 충분한 자격을 갖추었다. 그러나 그것은 움직이는 사물이 아니고, 움직임 속에서 구성된(정확하게는 퇴비화된) 사물이다. 이는 그것이 근본적으로 활성화되었음(animate)을 말해준다. 그렇다고 이 이유만으로 그것이 신체를 가지고 있는 듯이 묘사하는 것은 잘못이다. 예를 들어 '조개로 뒤덮인 무어'가 신체를 가지고 있다고 하면 무어의 '전사' 또한 신체를 가지고 있지만, 무어의 '전사'는 그 자체로 완전히 싸매어서 실낱같이 살아가는 어떤 생명도 그 위에 붙어 있을 수 없다. 반대로 스탈링의 〈침입당한 작품〉은 그 표면이 주변 매질에 열려 있는 만큼 살아 있다. 두 작품을 비교해보면 '활성화(animacy)'와 '신체화(embodiment)'가 얼마나 반대 방향으로 서로를 밀어내는지가 선명하게 드러난다. 활성화가 열림의 움직임이라면, 신체화는 닫힘에 기울어 있다. 무용철학자 맥신 시즈존스톤(Maxine Sheets-Johnstone)은 생동하며 활성화된 존재인 우리에게는 '신체화'라는 용어가 경험적으로 전혀 적합하지 않다고 주장한다. 그녀는 우리가 우리 자신과 서로를 '포장된' 것으로서 경험하는 것이 아니라 지속적인 반응 속에서, 즉 조응 속에서 우리 주변의 사물들과 함께 움직이고 움직여지는 존재로서 경험한다고 말한다(Sheets-Johnstone 1998: 359; Ingold 2011b: 10). 물론 우리는 신체를 가지고 있다. 정말로 우리는 우리의 신체로 존재한다. 그렇지만 우리는 신체에 싸매어 있지 않다. 신체는 포장지가 아닐뿐더러 또 다른 일반적인 비유를 들자면 배구수의 침전물처럼 흐르지 않고 고이는 세면대도 아니다.[159] 그보다 신체란 활동이 격정적으로 펼쳐지는 소란 그 자체다. 그래서 무용인류학자 브렌다 파넬(Brenda Farnell)은 신체란 신체에 관한 사고가 아니라 신체로부터 사고하는 것이라고 말한 것이다(Farnell 2000: 413).

여기서 수반되는 관점의 변화는 앞서 제2장(73쪽)에서 질 들뢰즈와 펠릭스 과타리에게서 가져온 "물질을 따르라"라는 우리의 주문과 정확히 일치한다. 그들은 물질로부터 사고하는 것이란 "물질-흐름의 의식 또는 사고"(Deleuze and Guattari 2004: 454)를 찾아내는 것이라고 말한다. 장인이 물질로부터 사고하듯이, 무용수는 신체로부터 사고한다. 생동하며 역동적으로 구성되는 신체 속에서 인격과 유기체는 하나다. 신체는 유기체-인격(organism-person)이다. 그러나 앞서 언급했듯이 신체 또한 사물이다. 그렇다면 우리는 이제 사람들과 사물들의 관계를 논할 필요가 없다. 사람들이 또한 사물들이기 때문이다. 제인 베넷이 이해한 바와 같이, 인격성(personhood)과 사물성(thinghood)의 겹침을 부각하려는 것은 "[인격성의] 우리와 [사물성의] 그것이 서로에게 빨려 들어가는 정도"(Bennet 2010: 4)를 인식하려는 것이다. 또는 고고학자 티모시 웹무어(Timothy Webmoor)와 크리스토퍼 위트모어(Christopher Witmore)의 최근 논문 제목의 선언처럼 "사물은 곧 우리다!"(Webmoor and Witmore 2008).

---

159 예를 들어 폴 코너턴(Paul Connerton)은 그가 "습관 기억(habit-memory)"이라고 말하는 것의 형성에서 자세와 몸짓이 "신체상의 형태로 침전된다"(Connerton 1989: 94)라고 주장한다.

이것은 사람을 있는 그대로의 사람보다 못한 존재로 취급하려는 것도 아니고, 당연히 사람을 주체가 아닌 객체에 빗대는 것도 아니다. 오히려 이 성가신 이분법을 넘어서는 방법을 찾아보자는 것이다. 주체와 객체는 고정된 최종형태로 미리 던져지고 이미 주조된 세계에서만 존재할 수 있다. 이와 대조적으로 사물은 던져지는 와중에 있다. 사물은 존재한다기보다 계속해서 나아간다. 그리고 사람들이 사물들이듯이, 사람들 또한 "과정이다. 생산을 통해 나타나고 지속적인 사회적 프로젝트에 휘말리며 세심한 참여를 요구하는 과정이다"(Pollard 2004: 60).

이 점에서 사람은 항아리와 흡사하다(그림 7.3). 제1천년기 때로 거슬러 올라가는 아르헨티나 북서부에서 발견된 도기류에 관한 연구에서 벤저민 알베르티(Benjamin Alberti)는 항아리가 고정되고 안정적인 물체이며 물리 세계의 '완고한' 물질에 문화 형태를 각인한 것이라고 가정하는 것은 틀렸다고 주장한다(Alberti 2007: 211, 또한 다음을 보라 Alberti and Marshall 2009: 354). 반대로 남아 있는 물증은 항아리가 신체처럼 다뤄졌고 신체와 똑같은 관심을 받았음을 시사한다. 즉, 만성적인 불안정성을 중화하고, 그릇의 기능장애와 변형의 우려가 있는 배출의 항시적 취약성에 맞서 그릇의 생명력을 강화하고자 했다. 이와 마찬가지로 살아 있는 신체는 호흡과 신진대사를 통해 주변 환경의 물질을 계속해서 섭취하고 다시 주변 환경으로 배출한 덕분에 유지된다. 그러나 항아리에서처럼 신체를 살아가게 하는 바로 그 과정으로 인해 신체는 늘 기능장애의 위험을 안고 있다. 그래서 우리는 항상 조심해야 한다. 또 이것은 신체와 기

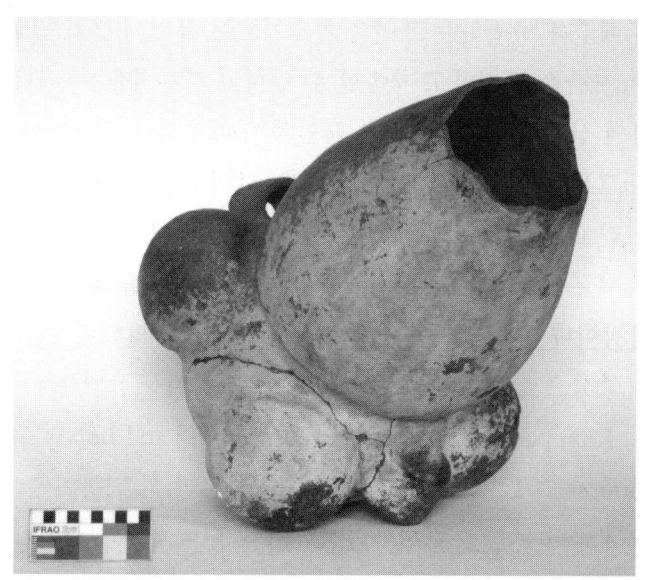

그림 7.3 라칸델라리아 양식의 도기. 제1천년기 아르헨티나 북서부 라유니버시다드 나시오날 데 투쿠만 박물관 소장품 중 바이오모픽 '돌출물'. 벤자민 알베르티 촬영. 그의 허락을 얻어 게재.

타 사물이 부실한 용기인 이유이기도 하다. 내버려두면 물질은 폭주할 수 있다. 항아리는 부스러지고 신체는 와해한다. 항아리든 사람이든 그것을 온전하게 하려면 부단한 노력과 세심한 주의가 필요하다.

행위성을 둘러싼 소동

그래서 우리는 사물이 배출되기 때문에, 다시 말해 사물과 그 주변 매질을 구별하는 표면을 가로지르는 물질의 상호 교환 때문에, 사물은 존재하고 지속할 수 있다고 결론지을 수 있다. 유기체의 신체와 그 외 사물은 끊임없이 배출되며, 정말로 그것들은 그로 인해 살아갈 수 있다. 그렇다면 이제 사물의 배출 성향 그리고 사물의 표면을 뒤덮거나 그로부터 스며 나오는 물질의 흐름은 물질의 행위성(agency)에 관한 질문을 풀어가는 데 결정적이다. 이 문제는 지금까지 지겹도록 논의해왔고, 이 문제를 중심으로 축적된 깊이 있는 문헌(광범위한 논의는 다음을 참조. Knappett and Malafouris 2008; Jones and Boivin 2010; Johannsen 2012)을 검토하는 것은 이 장의 범위를 벗어난 것일 뿐더러 굳이 논점을 비껴가면서까지 다룰 이유는 없다. 여기서 다룰 것은 질료형상론 모델의 적용 결과 사물이 객체로 격하되는 것에서 생기는 의문이다. 필수 물질의 흐름을 만드는 생명 유지 시스템에서 떨어져나온 사물은 무어의 '전사'와 같은 운명을 겪는다. 그것은 질식해서 죽는다. 이론가들이 사물을 소생시키려고 헛된 노력을 들여 부득불 객체 행위성 개념을 발동한 것은 당연하다! 행위성에 대한 호소는 달리 말해 신체화(embodiment)의 논리, 곧 사물을 그 자체로 바꾸려는 논리의 당연한 귀결이다. 이 신체화의 논리를 무력화하기 위해서는 한 번에 힘을 몰아 신체화된 행위성의 망령을 쫓아내고 사물에 활성화된 생명을 다시 불어넣어 주어야 한다. 힘과 에너지의 끝없이 펼쳐지는 장 내의 잠재력의 다발로서 [다시 살아난 사물의] 몸은 움직이고 움직여진다. 이는 그것이 포장지에 싸인 채 어떤 내적인 행위성에 의해 작동되기 때문이 아니라, 있는 힘껏 스스로를 모으고 감아올리는 만큼 영원히 풀리거나 펴지지 않으며 쉼 없이 숨을 들이쉬고 내쉬기 때문이다.

알프레드 겔의 『예술과 행위성(Art and Agency)』(1998)만큼 객체화의 압력이 매우 분명하게 행사되는 논고는 없다. 이 책은 현재 벌어지는 대다수 논쟁의 발단이 되고 있는데, 이 책에서 명시적으로 제기하는 질문은 겔이 주저 없이 "아트오브제(art object)"라고 부르는 것에 행위성이 귀속되냐는 것이다. 전제는 다음과 같다. 아트오브제 제작에서 예술가의 마음속에 최초로 떠오른 의도가 물질(material)에 투영된다. 그러므로 의도는 원인이며, 예술작품은 그 결과다. 그다음 결과로서 작품을 관람하는 자는 작품을 통해 그 내부와 배후에 있는 행위성을 꿰뚫어 볼 것이다(Knappett 2005: 128). 그러나 제2장(70-72쪽)에서 소개한 벽돌 제작에 관한 질베르 시몽동의 사례에서 살펴봤듯이, 이 시나리오는 임의의 시작점(예술가의 마음속 이미지)과 그와 마찬가지로 임의의 최종점(이른바 완성된 작품)에 초점을 맞추고 그 사이에 일어나는 모든 일을 누락시킨다. 그런데 예술의 생동하는 작품은 객체(object)가 아니라 사물(thing)이다. 또 예술가의 역할은 사전에 떠오른 착상을 실행하는 것이 아니라 작품을 존재하게 하는 물질의 힘과 흐름을 따르는 것이다. 작품을 바라보는 것은 여행의 동반자로서 예술가와 합류하는 것이며, 작품이 세계에서 펼쳐지는 그대로 작품과 함께 보는 것이지 최종 산물인 작품의 최초 의도를 그 배후에서 찾아내는 것이 아니다(Ingold 2011a: 216). 그리하여 예술작품의 생명력은 물질[작품의 소재]에 있고, 이는 정확히 어떤 작품도 진정으로 '완성되지'

않고 (작품의 완성도를 요구하는 큐레이터와 구매자의 눈에는 '완성된' 것으로 보고 싶겠지만) 계속해서 살아가기에 그렇다.

정말로 행위성에 관한 질문 전부가 잘못된 전제에 기반한다. 이 질문은 사람에 행동 능력이 있는 것은 사람이 행위성을 가지고 있기 때문이라는 가정하에, 어떻게 이러한 사람들 주변의 객체가 좌우지간 '대응의 행동'을 할 수 있으며 그것이 아니라면 또 어떻게 객체가 할 것 같지 않은 일을 하게 됐느냐는 질문이었다. 이 질문의 손쉬운 대답은 객체 또한 행위성을 가진다고 말하는 것이었다. 예를 들어 과속방지턱은 운전사의 운전 속도를 늦추게 하는 행위성이 인정된다(Latour 1999: 186-190). 그러나 행동의 원인을 '행위성'에 두고 행동을 그 결과라고 하는 것은 인간에게조차 사실을 왜곡한다. 제인 베넷과 같은 사상가를 예로 들어보자. 그녀는 물질은 우리[인간]와 마찬가지로 애초부터 생기에 넘친다고 확신하면서도, 행위성의 문법에 지나치게 사로잡힌 나머지 행위성을 포기할 수 없었다. "왜 아상블라주[집합체]의 행위성을 이야기하는가?"라고 그녀는 자문한다. 대체 왜일까? 그리고 다음을 시인한다. "사실은 아무도 모른다. 인간의 행위성이 무엇이며, 인간이 행위자로서 수행한다고 할 때 그 인간이 무엇을 행하는지를 누가 알겠는가?" 그것은 "무언가의 미스터리"(Bennett 2010: 34)로 남는다. 하지만 그녀는 기묘하리만치 에두른 논의 속에서 행위성이 무엇이며 그것이 어떻게 인간에게 작용하는지를 우리가 전혀 모르기 때문에 비인간의 행위성을 거부할 선험적 이유가 없다고 단언한다. 그런데 우리의 목표가 베넷의 목표와 마찬가지로 인간-예외주의에 대항하는 것이라면, 애당초 인간의 행위성을 인정할 이유는 전혀 없다고 거꾸로 주장해보는 것은 어떨까? 하늘을 가린 손바닥을 치우는 것이 온 세상을 손바닥으로 뒤덮는 것보다 낫지 않을까?

언젠가 철학자 알프레드 노스 화이트헤드[160]가 말한 것처럼, 인간은 물론이거니와 살아 있는 모든 존재는 태어나기 전이 아니더라도 태어난 순간부터 영원히 "행동에 파묻혀" 있다는 것은 확실하다(Whitehead 1938: 217). 모두 격동의 바다를 헤쳐간다. 그러나 이러한 행동을 행위성의 결과로 추정해서 행위성에 귀속시키는 것은 앞뒤를 거꾸로 돌려세우는 것과 같다. 이미 실행된 행동의 회고적 재구성을 통해서만, 즉 기원으로 짐작되는 지점까지 되돌아가야만 행동을 발생시킨 것으로 추정되는 행위성을 도출할 수 있기 때문이다. 그것이 아니라면, 이렇게 말해야 한다. 인간은 행위성을 소유하지 않으며, 그 문제라면 비인간도 마찬가지라고. 인간은 오히려 행동에 사로잡혀 있다. 캐런 버라드는 행위성을 "상연이며, 누군가 또는 무언가가 가지고 있는 어떤 것이 아니다"(Barad 2003: 826-827)라고 주장하고, 그렇다면 그 또한 이에 동의하는 것이다. 앤드루 존스와 니콜 부아뱅

---

160 [역주] 알프레드 노스 화이트헤드(Alfred North Whitehead, 1861~1947)는 영국의 수학자이자 철학자다. 화이트헤드는 자연에 대한 기계론적 관점을 비판하고 유기체의 철학을 체계적으로 제기했다. 그의 철학은 세계를 일련의 사건, 즉 과정으로 보는 관점을 취하며, 이에 따라 과정 철학이라고도 불린다. 이후 그의 철학은 신학의 관점에서 과정 신학으로 발전했으며, 현대 사상에도 많은 영향을 끼치고 있다.

도 같은 주제를 다루면서 다음과 같이 말한다. "인과성은 인간 행위자의 소관이 아니다. (…) 그보다 수행의 반복적인 성질이야말로 행위성과 인과성을 산출한다"(Jones and Boivin 2010: 351). 그러나 우리가 귀납적으로 행동에서 파악한 것을 가지고 그 행동을 선험적으로 읽어낸다는 것은 명백한 도돌이표다. 행위성이 그 자체의 원인이자 결과가 된다(Alberti and Marshall 2009: 346). 여기서 베넷을 다시 불러오면, 그녀는 자신이 중요하게 여기는 비인간에 대해 '행위자(agent)'와 '행위성(agency)' 중 어느 용어를 사용할지를 두고 필사적으로 고민한다. 그리고 그녀는 "어느 것이 맞는지를 고심하면서 원인이 어디에 있고 결과는 또 어디에 있는지를 정하려다 두 용어의 심오한 모호성에 직면하게 됐다"(Bennett 2010: 108, 151 fn. 37)고 고백한다. 그러나 이러한 모호성과 그로부터 생겨난 복잡다단함은 성장과 생성의 과정을 그와는 전혀 맞지 않는 인과관계의 어법으로 표현하고자 노력한 (그러나 실패로 끝난) 결과에 불과하다. 앞서 살펴봤듯이, 행동의 생성성(generativity)은 활성화된 생명 그 자체의 것이며 물질의 활력에 있다. 우리에게 필요한 것은 행위성의 이론이 아니라 생명의 이론이다. 이 이론은 버라드가 표현하듯이 "세계 생성의 능동적인 참여자로서 그 권리를 물질에 허하는 것"(Barad 2003: 803)이어야 한다.

달리며 날아가며 사고하다

물론 전통적으로 저 권리를 누려온 쪽은 물질이 아니라 마음이다. 그렇다면 물질의 흐름에 대한 우리의 강조는 어디서 마음과 결별해야 할까? 고고학자 크리스 고스덴(Chris Gosden)이 역설하듯이, 마음의 개념까지 전부 폐기해야 할까?(Gosden 2010) 아니면 그레고리 베이트슨이 『마음의 생태학(Steps to an Ecology of Mind)』[161]에서 [관념의 집합체로서 '마음'에 관한 새로운 사고를] 고안해냈듯이, 마음의 생태학을 견지해야 할까? 베이트슨에 따르면, 마음의 생태학은 물질(substance)의 생태학을 지키고 보완하는데, 전자는 정보를 관장하고 후자는 에너지와 물질의 교환 및 순환을 관장한다(Bateson 1972). 베이트슨에서 영감을 얻은 인지 이론가 앤디 클락[162]은 그것을 더욱 발전시켜서 "확장된 마음(extended mind)"이라는 이론을 정식화한다(Clark 1997, 2002; Clark and Chalmers 1998). 간단히 말해 이 이론은 마음은 뇌의 시공간을 뛰어넘을뿐더러 일상의 환경으로 쏟아져 나와 모든 종류의 체외 물체와 인공물의 협조를 얻어 그 자신의 작업을 수행한다고 가정한다. 이때 인공 세계는 일종의 "와이드웨어(wideware)"(Clark 1998) 혹은 "확장된 마음"(Jones 2007:

---

161 [역주] 그레고리 베이트슨, 『마음의 생태학』(박대식 옮김), 책세상, 2006.
162 [역주] 앤디 클락(Andy Clark, 1957~)은 영국의 철학자다. 그는 '확장된 마음'이라는 인지 모델을 통해 감각 정보의 일방향을 상정하는 전통적인 인지 모델에 반해 지각, 행동, 학습 등의 기저에 양방향의 예측 처리 방식이 작동되고 있음을 주장한다. 『내추럴-본 사이보그』(신상규 옮김, 아카넷, 2016) 참조.

225)이 된다. 이 이론은 많은 고고학자에게 뜻밖의 희소식을 전해 주었는데, 이 이론으로 인해 고고학자들은 물질문화 연구가 과거를 살았던 사람들의 인지 과정을 이해하는 데 직접적인 도움이 된다고 주장할 수 있게 되었기 때문이다(Malafouris and Renfrew 2010). 람브로스 말라푸리스[163]가 주장하듯이, 인지가 근본적으로 세계에 참여하는 방식임을 인정한다면(with Clark 1997: 98), 그리고 그 의미에서 인지가 행동과 분리될 수 없는 것이라면, "물질문화는 마음과 실질적으로 같다"(Malafouris 2004: 58).

말라푸리스에게 마음은 세계를 비추는 거울이 아니다. 마음은 '저 밖에' 있거나 있을 수 있는 무언가를 표상하기 위해 있는 것이 아니라 뇌, 신체, 사물의 효과적인 결합에서부터 실천적으로 나타난다. 그러나 이 주장에는 허점이 있다. 이를테면 말리푸리스는 사물을 '물질문화'와 동일시함에 따라 마음과 세계 간의 구분, 그가 지우려 한 바로 그 구분을 의도치 않게 재생산한다. 물질적인 것이 인지 과정에 등록되려면, 반드시 그것이 문화 형식을 미리 갖추고 있어야 할까? 왜 사람들은 인위적인 산물만을 사고해야 할까? 공기, 지면, 산과 개울, 그 외 생물은 사고하면 안 되는 이유는 무엇일까? 물질은 왜 사고하지 않을까? 그리고 말라푸리스가 주장한 대로(ibid.: 59), 인지가 실제로 실행되는

---

[163] [역주] 람브로스 말라푸리스(Lambros Malafouris)는 영국의 고고학자다. 그는 고고학적 유물이 고대 인간 정신의 일부를 이룬다는 물질참여이론(Material Engagement Theory)을 주장하며, 신경 고고학 분야를 확립했다.

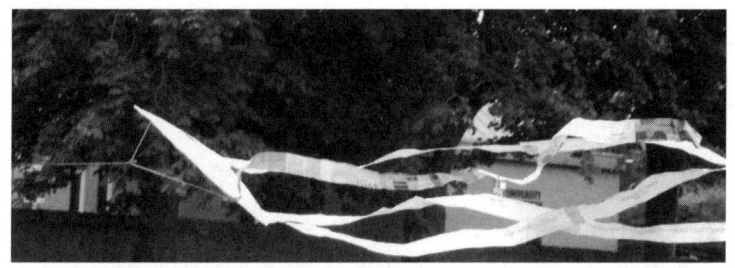

그림 7.4 비행하는 연. 사진의 좌측에 보이는 줄이 연의 몸통을 묶어 고정해주고 있으며, 그 연에 신문지를 잘게 잘라 붙여 만든 기드림이 사진 우측을 향해 펄럭이고 있다. 수재나 잉골드 제공.

것이라면 그때 그것은 생명 그 자체와 어떻게 다를까? 사고는 뇌들, 신체들, 이 세계의 물체들 사이의 상호작용에 있는 것일까? 아니면 물질의 흐름과 감각적 인식 사이의 조응에 있는 것일까? 들뢰즈와 과타리의 표현을 상기하면, 그 속의 의식은 "물질-흐름의 사고"이며 물질은 "이 의식의 상관물"이다(Deleuze and Guattari 2004: 454).

이러한 의문을 풀기 위해 나와 학생들은 〈네 개의 A〉 수업의 탐구 활동에서 또 다른 실험에 착수했다. 이번 실험은 연을 만들어 날리는 것이었다. 신속하고 간단하게 준비한 얇은 카드, 대나무 살(버팀살용), 가늘게 찢은 신문지(펄럭이는 띠용), 꼰 실(연줄용) 등을 풀과 접착테이프로 붙여서 연을 만들었다. 우리는 우리가 만든 연이 인공물의 기존 정의를 충족한다고 생각했다. 물질문화 목록에 관한 카탈로그가 있었다면, 분명 그 안에 들어 있었을 것이다. 그런데 우리가 연을 들고 문밖을 나서자마자 이상한 일들이 벌어졌다. 연이 날뛰기 시작한 것이다(그림 7.4).

제7장 도주하는 신체들

그리고 우리는 달렸다! 우리가 달릴수록 연은 점점 더 하늘 높이 날아올랐다. 우리는 손에 쥔 나일론 실을 팽팽하게 잡아당기며 최대한 빨리 연줄을 풀어주었다. 물론 연의 활동은 공기역학적으로 쉽게 설명된다. 연이 상승하는 것은 연의 이마가 수평보다 약간 위로 들춰진 상태로 공중으로 끌려가면서 평면의 연 몸통에 의해 나뉘는 위 공기와 아래 공기 사이에 기압 차이가 발생하여 중력을 상쇄하기에 충분했기 때문이다. 하지만 이런 종류의 순전한 기계적인 설명은 여기까지다. 연의 공중제비는 마치 탄환의 궤도처럼 원리적으로 측정되거나 예상 가능한 물체 변위의 선형 궤적으로 보이지 않는다. 그것은 겉으로 드러나기보다 안에서 느껴진다. 우리는 우리가 달린다는 것을 운동에 대한 신체적 감각, 한마디로 근감각(kinaesthesia)을 통해 자각하듯이 연의 비행을 알아간다.

우리가 무엇을 하고 있는지를 염두에 두면서, 그리고 우리 행동의 즉흥성이 고조되면서 연날리기는 시츠존스톤이 "움직임 속의 사고"라고 말한 것의 한 사례로 볼 수 있게 되었다. 이것은 움직임을 통해 사고한다거나 사고를 움직임으로 옮긴다거나 하는 것을 뜻하지 않는다. 그보다 사고는 움직임이다. "사고하는 것은 역동적인 흐름에 휘말리는 것이다. 사고란 바로 그 본질상 운동적이다"(Sheets-Johnstone 1998: 486). 내가 방금 언급한 맥락에서 시츠존스톤은 춤의 즉흥성을 이야기한다. 그렇다면 연날리기 또한 일종의 춤이라고 말할 수 있지 않을까? 과학철학자이자 과학사회학자인 앤드루 피커링(Andrew Pickering)은 분명 이에 동의할 것이다. 그는 과학적 조사의 수행에서뿐만 아니라 일반적으로 인간과 비인간이 번갈아 우위를 점하는 물질세계와의 일진일퇴하는 관여 양상을 묘사하기 위해 "행위성의 춤"이라는 표현을 사용했다(Pickering 2010: 194-195, 다음을 참조 Pickering 1995). 이제 우리는 피커링이 제안하는 경로에서 발생하는 상황을 시험 삼아 분석해보기로 한다.

여기 한 사람이 달린다. 그리고 저기 연이 날아간다. 이 둘은 실로 연결되어 있다. 이처럼 인간 존재와 물체 사이에 상호작용이 있다. 어느 때는 연을 날리는 자가 달리고 연이 그에 이끌려 뒤를 따른다. 그러나 다른 때는 연이 마치 도망가려는 듯이 그의 손을 잡아당긴다. 이것은 확실히 "양쪽의 능동성과 수동성이 맞물려 엮이는"(Pickering 2010: 195) 것으로 춤을 서술한 피커링의 묘사와 거의 일치한다. 하지만 이것만으로 전모가 드러나지 않는다. 이를테면, 연 날리는 자가 연에 작용하듯이 연이 연 날리는 인간에게 작용한다면, 즉 연-물체가 춤에 합류하는 것이라면, 연은 모종의 행위성을 가지고 있어야 한다. 그래서 이 일이 어디서 비롯됐는가? 연은 실내에 남아 있었을 때는 축 늘어지고 무기력했다. 그런데 어떤 마법이길래 연이 문밖으로 실려 나온 순간 행위성의 힘이 연 속으로 뛰어들 수 있었을까? 물론 해답은 상공에 있다. 공기는 눈에 보이지 않기 때문에 우리는 잠시 공기의 존재를 잊게 된다. 그러나 지금 모든 것이 명백해졌다. 연의 비행은 연 날리는 자와 연과 공기의 상승효과 덕분이다. 행위성의 춤은 삼인조로 밝혀졌다. 삼인조의 구성원은 서로서로 작용하고 각각은 나머지 둘의 작용을 받는다(그림 7.5). 구성원이 하나라도 빠지면 수행은 실패할 것이다. 연은 연 날리는 자가 없으면 상공에라도 날지 않는다. 연 날리는 자가 있어도 연은 공기가 있어야만 난다. 연 날리는 자와 공기가 있어도 연이 없으면 연날리기는 없다. 그렇다면 공기는 연을 활성화하는 데에서 빠진 고리였으며, 연의 바로 그 구성에 이미 내재해 있는 행동 잠재력이 공기 덕분에 움직이는 동작으로 표현될 수 있었다.

말리푸리스는 실천가들이 물질세계의 사물들에 관여하면서 어떻게 마음이 나타나는지를 보여주기 위해 행위성의 춤이라는 아이디어를 만지작거린다. 그 주요한 사례가 도자기 공예다. 그는 도공의 물레 위에서 "뇌, 신체, 물레, 점토가 도예의 단계마다 서로 관여하며 상호작용한다"(Malafouris 2008: 19)라고 쓰고 있다. 하지만 도공은 물레와 춤추는가, 점토와 춤추는가? 아니면 물레와 점토와 동시에 춤추는가? 흥미로운 것은 말라푸리스가 처음 이 아이디어를 내놨을 때 도공은 물레와 춤을 추는 것이었는데, 물레는 어느 때는 "도공의 계획을 포섭해서 활동의 윤곽을 명확히 하지만" 다른 때는 "도공의 제작 목적을 위한 수동적인 도구로 제공된다"(Malafouris 2004: 59). 달리 표현하면, 물레는 도공의 일을 주관하다가도 그 일에 의해 통제된다. 그러나 보다 정교해진 후속 논의에서 도공은 물레가 아닌 점토와 춤춘다. 어쨌거나 말라푸리스는 언제든지 도공과 점토 중 어느 한쪽이 주도할 수 있다는 점에 주목하면서 춤은 "동등한 파트너 사이에 있다"라고 주장한다(Malafouris 2008: 25). 예를 들어 도공의 손이 점토 덩어리를 물레의 한가운데에 놓는 첫 작업에서 점토를 움켜쥐고 손가락으로 만지는 움직임 속에서 춤이 상연된다. 이 손의 움직임은 정말로 춤에 비유될 수 있

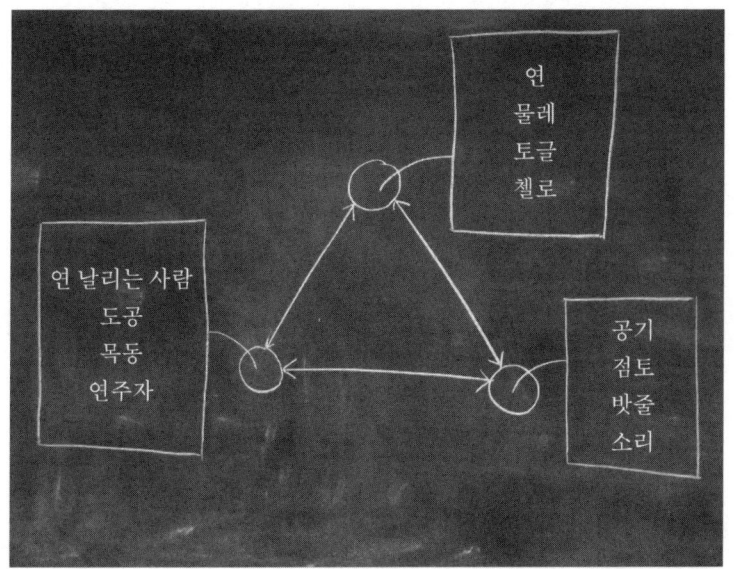

그림 7.5 삼자 관계로 나타낸 활성의 춤. 구성원은 각각 연을 날리는 사람−연−공기, 도공−물레−점토, 연주자−첼로−소리. 칠판 위에 분필로 그린 것. 수재나 잉골드 제공.

다. 그것은 어떤 정해진 안무를 보여준다. 그리고 제2장(74-75쪽)에서 논한 야금술의 비교 사례에서 살펴봤듯이 이 손동작의 춤은 물질의 변성(modulation)과 짝을 이룬다. 하지만 이것이 행위성의 춤일까? 그림 7.5에 나오듯이 도공, 물레, 점토는 연 날리는 자, 연, 공기로 구성된 것과 유사한 삼인조를 구성할까?

활성의 춤

여기서 잠시 연날리기의 예로 돌아가보자.[164] 피커링에 따르면 우리가 목격한 것은 사람(연 날리는 자)과 인공물(연)의 상호작용으로 추정된다. 이때 질문은 연이 어떻게 행위성이라는 것을 발휘할 수 있느냐는 것이었다. 이를 설명하기 위해 우리는 공기를 끌어들여야 했다. 그래서 결론은 '제삼자'로서 공기를 도입하지 않고서는 연과 춤출 수 없다는 것이었다. 그런데 이 논의에는 예상치 못한 난관이 숨어 있다. 공기를 어떻게 행위자로 간주할 수 있을까? 앞서 살펴봤듯이 행위성이라는 관념 자체는 사물이 스스로 닫히는 신체화의 논리에서 나오는 당연한 귀결이다. 그러나 공기는 닫힐 수 없다. 철학자 뤼스 이리가레(Luce Irigaray)가 가르쳐주듯이 공기는 "스스로 열려 있다"(Irigaray 1999: 8). 공기의 흐름, 즉 바람(아네모스[165])이자 생명의 숨결은 신체화된 행위성과 완전히 반대된다. 그러나 공기가 스스로 닫히지 않는다면, 우리가 살펴본 대로 활성화된 유기체-인격 또한 닫히지 않는다. 따라서 연날리기에서 연 날리는 자가 공기와 춤추고 있다고 해도 그것이 행위성의 춤일 수 없다. 그것은 활성의 춤일 수밖에 없다. 그리고 이 춤에서 연 날리는 자와 공기는 상호작용

---

164 연날리기에서 어떤 일이 일어나는지를 이해하려 한 시도는 이번이 처음이 아니다(예를 들어, Ingold 2011a: 214-215 참조). 나는 오랫동안 연이 참 기이하다고 생각했다. 그런데 이번 실험을 통해 이전의 시도는 경신되었고, 이제 새로운 관점에서 이해할 수 있게 되었다.

165 [역주] 아네모스(anemos)는 그리스어로 바람이라는 뜻이다.

한다기보다 조응한다. 연은 실제로 연 날리는 자의 활성화된 움직임과 그를 에워싼 공기라는 매질의 흐름 사이에 조응을 만들어낸다. 연과 상호작용하기 위해 공기가 필요한 것이 아니라, 오히려 공기와 조응하기 위해 연이 필요하다.

또한 도예의 경우를 다시 살펴보면 도공의 물레에서 위와 같은 일이 일어난다는 것을 알 수 있다. 제2장(70-71쪽)에서 이와 유사한 벽돌 제작의 사례를 살펴봤듯이 도예는 물질에 형상을 부과하는 것이 아니다. 도예에서는 손동작과 젖은 점토 각각에 내재하는 동등한 힘이 정반대로 대치되는데, 이는 물레의 회전으로 인한 것이다. 그렇다면 도공은 물레와 상호작용하기 위해 점토가 필요한 것이 아니라, 점토와 조응하기 위해 물레가 필요하다. 도예와 연날리기의 두 경우에서 한쪽의 실천자[도공, 연 날리는 자]의 신중하고 세심한 신체 움직임과 다른 한쪽의 물질[점토, 연]의 흐름과 저항이 서로 대립적으로 응답한다. 이것은 그 외 모든 춤과 마찬가지로 가로 방향, 즉 좌우로 읽혀서는 안 되고, 파트너가 번갈아 이끌고 이끌리는 움직임으로서, 음악 용어로 표현하면 앙상블에서 연주자들이 주선율과 그 후렴을 번갈아 연주하는 것으로서 세로 방향으로 읽혀야 한다. 활성의 춤에서 신체의 근감각은 포괄적인 형태발생의 역장 안에서 물질의 흐름과 대위법적으로 상호 직조된다.

연에서 연상되는 또 하나의 사례가 있는데, 그것은 내가 핀란드 라플란드의 순록 유목에 관한 현장 연구에서 자주 접한 올가미 밧줄이다(Ingold 1993). 올가미 밧줄의 가장 중요한 작동 요소는 토글이다. 전문적으로 제작되고 때로는 아름답게 꾸며진 토글은 사미족(Saami)의 물질문화를 다루는 박물관에서 종종 전시되는 소장품이다. 토글은 전통적으로는 숫순록의 가지 뿔을 깎아 만드는데 구멍이 두 개 있다. 하나는 작고 다른 하나는 좀 더 크다. 작은 구멍에서 긴 밧줄의 끝을 고정하고, 좀 더 큰 구멍에 그 밧줄을 끼어 고리를 만든다(그림 7.6). 토글은 물론 밧줄이 없으면 소용이 없고 밧줄이 있어도 목동이 없으면 쓸모가 없다. 올가미 밧줄을 던져 순록을 잡아채는 목동의 손기술은 몇 년간의 연습이 필요할뿐더러 순록 유목에 필요한 가장 영예로운 항목 중 하나로서 고도의 집중력을 요한다. 그런데 올가미 밧줄에 마음을 실어 던짐으로써 우리는 사람(목동)과 밧줄 덕분에 행위성을 부여받은 인공물(토글) 사이의 상호작용을 눈으로 확인할 수 있을까? 물론 그렇지 않다! 이런 식으로 논하는 것은 마치 도예가 도공과 물레의 상호작용을 수반하고 이 상호작용은 점토의 개입으로 가능하다고 주장하는 것만큼이나 터무니없다. 오히려 이렇게 말해야 한다. 도공의 동작이 점토의 도기로 진화해가는 윤곽으로 옮겨가듯이, 토글 덕분에 목동의 숙련된 동작은 날아가는 올가미의 창발하는 형태에 내던져진다고.

    논점을 명확히 하기 위해 또 다른 예를 들어보자. 나는 올가미를 던지는 서투른 기술을 가진 것 외에도 첼로를 취미로 연주한다. 이 둘 사이에는 비슷한 데가 많다(Ingold 2000: 413-414). 둘 다 정교하게 연마된 손동작 기술을 요구하며 그 위에 마음을 싣고자 한다. 마음은 행동 그 자체에 내재해 있으며, 주변의 움직임(지휘자와 다른 악기 연주자의 움직임, 울타리 안으로 몰려든 동물 무리의 움직임)에 대한 세심한 주의에 실린다. 그리고

그림 7.6 올가미와 토글. 수재나 잉골드 제공.

둘 다 음악의 악절로든 날아가는 올가미로든 물결 모양을 만들어내는데, 이 물결은 현재 진행 중인 활동 가운데 부유한다. 그리고 또 목동의 토글과 마찬가지로 첼로 또한 인공물, 즉 엄청난 장인 정신이 필요한 훌륭한 예술품이다. 그러나 음악을 공연하는 것은 첼로와 상호작용하는 것(뿐만)이 아니다. 그것은 소리와 조응한다. 음악 공연에서 연주자의 동작은 선율을 묘사한다. 여기서 첼로는 어떤 부분을 맡고 있는가? 첼로는 무엇을 하고 있는가? 그리고 이 점에서 토글은 무엇을 하고 있는가? 연은 어떻고, 도공의 물레는 또 어떠한가?

전환과 지속

어느 경우든 답은 똑같다. 활성의 춤에서 첼로, 토글, 연, 물레는 모두 우리가 전환장치(transducer)라고 부를 수 있는 것의 예시다.[166] 바꿔 말하면, 그것들은 맥관(ductus) – 신체 동작의 근감각적 성질, 그 흐름이나 움직임 – 을 신체적 근감각의 기록에서 물질적 흐름의 기록으로 옮겨놓는다. 첼로의 활과 접촉한 현의 진동은 울림통을 거쳐 증폭하고 이 속에서 첼리스트의 손동작은 선율로 전환되어 들려온다. 토글의 슬라이딩 속에서 목동의 던지기는 밧줄의 고리 형태를 자아낸다. 물레의 회전 속에서 도공의 손과 손가락의 움직임은 부드러운 점토의 윤곽에 기록된다. 마지막으로 나무를 쪼개는 도끼처럼(제3장 121쪽 참조) 공기를 가르는 연의 비행 속에서 그 굽이침과 비틀림을 좇는 연 날리는 자의 달리기는 비행의 선이 되어간다. 각각에서 전환장치는 사물이 모습을 드러내는 초입에 언제나 존재하는 이를테면

---

[166] 전환(transduction) 개념은 최근 스테판 헬름리히(Stefan Helmreich)의 연구를 통해 인류학에 도입되었다. 헬름리히는 음향학 분야에 이 개념을 가져왔다. "음향학에서 전환이란 소리 신호를 한 매체에서 다른 매체로 바꾸는 것을 뜻한다"(Helmreich 2009: 214). 이 개념은 또한 질베르 시몽동의 철학에서 중심적인 역할을 맡고 있다. 시몽동에게 전환이 의미하는 것은 "하나의 과정이다. 그것이 물리적이든 생물학적이든 정신적이든 사회적이든, 한 활동이 스스로 발동하여 그것이 작용하는 영역 전체를 다른 구획으로 구조화하면서 소여의 영역에 전파해가는 과정이다"(Simonond 1992: 313). 한 예로 용액에서 모든 방향으로 확장되는 결정의 성장을 들 수 있다. 주의 깊게 접근해도 시몽동의 용법은 매우 특수해서 이 글에서는 그에 논리에 따르지 않기로 한다.

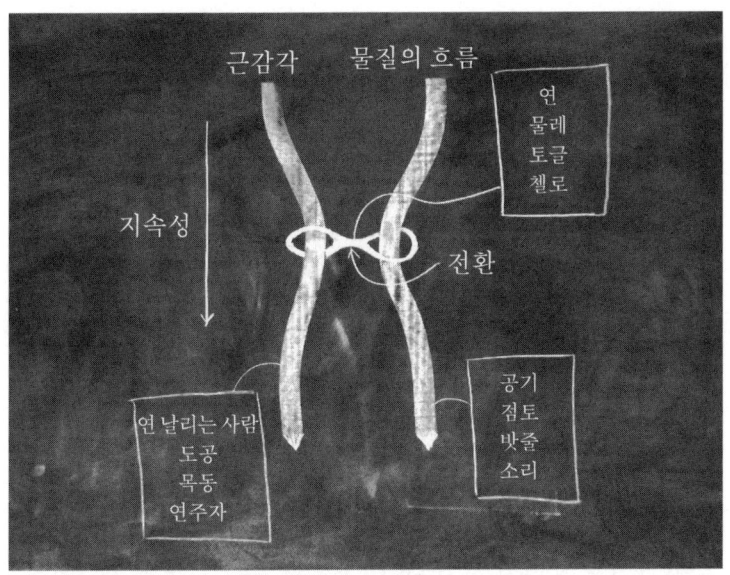

그림 7.7 전환과 지속. 근감각의 움직임(각각 연 날리는 자, 도공, 목동, 연주자)은 전환장치(각각 연, 물레, 토글, 첼로)에 의해 그것에 응답하는 물질의 흐름(각각 공기, 점토, 밧줄, 소리)으로 전환된다. 이 표를 조금 더 설명하면, 의식과 물질의 지속성 – 혹은 '지속하는 것' – 은 아래 방향으로 나아가며 전환이 이 둘을 연결한다. 칠판 위에 분필로 그린 것. 수재나 잉골드 제공.

밧줄의 토글처럼 시간의 실을 따라 미끄러진다. 이 언제나-존재함이 전환장치에 불변성의 아우라를 덧씌운다(그림 7.7).

뵈르나르 올센이 발언한 다음의 진술을 생각해보자. 그는 너무나 분명한 것을 간단명료하게 말한다. "사물은 사고보다 끈질기다. 사물은 확실히 말이나 동작보다 오래간다. 사물은 견고하며 안정적이다"(Olsen 2010: 158). 전환장치의 경우 이 세 가지 진술은 대체로 참이다. 전환장치는 자신이 중재한 퍼포먼스가 끝난 후에도 거의 변함없이 여전히 그 자리에 있다. 예를 들어 토글은 올가미 던지기보다 오래가며, 첼로는 콘서트보다 오래간다. 그러나 예술작품은 전환장치에 있지 않고 전환장치에서 나온 것에 있으며, 그러한 작품에서 지속 시간에 관해서는 그렇게 쉽게 답할 수 없다. 이제 다시 물레를 돌리는 도공으로 돌아가보자. 항아리를 빚은 동작보다 항아리가 더 오래가는 것은 단지 항아리가 점토라는 물질 성분으로 이뤄졌기 때문이 아니다. 항아리가 모양을 유지하는 것은 빚어진 후에 건조와 소성(燒成)의 과정을 거쳐 굳혀졌기 때문이다(Ingold 2000: 418). 예술가 클레어 투미(Clare Twomey)의 한 설치 작품을 보면, 물레 위에서 그 형태는 만들어졌지만 아직 소성 과정을 거치지 않은 점토 항아리들이 여러 개의 탁자 위에 몇 줄로 늘어서 있었다. 항아리들은 주전자의 물로 채워졌다. 관람객의 눈앞에서 항아리들은 천천히 움직이듯이 휘고 금이 가고 무너져갔으며, 적막을 깨는 똑똑 물방울 떨어지는 소리에 맞춰 탁자 표면과 마룻바닥에 내용물을 배출했다. 이 사이 탁자 위에는 새로운 항아리가 차례차례 추가되었다(그림 7.8). 이 퍼포먼스에서 모든 항아리는 살아 있는 존재가 되었다. 그것들은 주어진 디자인의 고정적이고 완결적인 실현이 아니라, 계속해서 충원되지만 최종적으로 버려지는 희망의 사절단과 같다.

이 사례에서 알 수 있듯이, 항아리는 단지 '물질성'이라는 측면 때문에 안정적이라고 볼 수는 없다. 이미 선사시대의 아르헨티나 북서부의 도기류에 관한 알베르티의 연구는―올센(Olsen 2003: 88)과 그 외 많은 논자의 의견과는 다르지만―물질세계에

그림 7.8 〈광기인가, 아름다움인가〉 작가 클레어 투미의 설치미술 클로즈업. 작가의 설명에 따르면, 이 작품의 퍼포먼스에서 "굽지 않은 도자기 그릇에 물을 계속 채우는 행동을 반복하면 그 그릇은 허물어진다. 이는 인간의 조건에서 행동과 꺾이지 않는 희망이라는 관념을 고립시킨다." 사진은 작가 제공.

는 애당초 견고한 것 따위는 존재하지 않는다는 것을 우리에게 가르쳐주었다. 실제로 예로부터 도기류를 만들고 사용했던 사람들에게 도기류는 "심지어 담론과 같은 다른 형태보다 덜 안정적이고 더 취약한 것으로 여겨졌을 수 있다"(Alberti 2007: 219)라고 알베르티는 말한다. 그렇다면 다른 담론 양식 – 회화, 몸짓, 구어 등 – 과 비교할 때 항아리는 얼마나 오래갈까? 신체는 또 얼마나 오래갈까? 무어의 '전사'와 조개로 뒤덮인 '전사' 중에서 어느 쪽이 오래갈까? 가령 수명이 형태의 보존에서 판정되는 것이라면, 무어의 '전사'가 이기는 것은 당연하다. 그러나 우리의 관심사가 과정의 연속성 – 즉, 사물의 지속성이나 기대수명 또는 얼마나 오래갈 수 있는지 – 에 있다면, 〈침입당한 작품〉이 쉽게 우위에 설 것이다. 왜냐하면, 〈침입당한 작품〉이 물속 깊이 체류한 덕분에 수명을 연장한 것에 비해 무어의 '전사'는 조각상이 완성된 순간 이미 수명이 끝났기 때문이다. 그래서 투미의 항아리는 비록 잠깐이지만 물이 주입됐을 때 다시 살아날 수 있었다.[167]

조슈아 폴라드는 현대의 환경 예술가들이 일시적이고 덧없는 작품을 제작해 보임으로써 사물의 내구성에 관한 우리의 가정을 어떻게 뒤흔드는지를 묘사한다(Pollard 2004: 51-53). 예를 들어, 앤디 골드워시(Andy Goldsworthy)는 한 움큼의 막대기를 공중에 던져서 그 결과를 작품화한다. 이 작품은 작품에 숨을 불어넣는 동작보다 더 오래가지 않으며 사진기록에서만 고정될 수 있다. 그러나 막대기나 공기와 같은 움직이는 물질의 집합체로서 그 작품은 의심의 여지 없이 사물이다(그림 7.9). 골드워시에게 작품의 힘은 물질이 운동하고 성장하고 부패하고 또 모여서 하나가 되는 그 짧은 순간에 물질에서 발산되는 바로 그 '에너지'에 있다(Friedman 1996: 10에서 인용). 여기서 지속하는 것은 물질이며, 물질에서 내던져진 그저 덧없는 형태가 아니다. 골드워시가 우리에게 보여주었고 또 연날리기 실험이 증명하듯이, 던지기는 체현된 행위성의 외적인 효과라기보다 세계

---

[167] 제6장(196-198쪽)에서 논한 로라 빈치의 〈세계의 기계〉 또한 마찬가지다. 이 기계는 적어도 원리적으로는 영원히 작동할 수 있지만, 기계가 만들어내는 갈린 대리석 더미는 끊임없이 변형된다. 반면에 단단한 대리석으로 조각된 조각상은 영원히 형태를 유지할 수는 있지만, 사실상 죽은 것과 다름없다.

그림 7.9 공중에 던져진 한 뭉치의 나뭇가지. 핀란드 동부 피에리넨 호숫가에서. 수재나 잉골드 제공.

속으로 쏟아져 나오는 살아 숨 쉬는 존재의 추진력이다. 이것은 정말로 생명 그 자체의 추진력이다.

상호작용과 조응

글을 쓰는 손의 모든 흔적을 키보드가 지우기 전에, 종이 위의 손글씨를 이메일이 들어내기 전에, 사람들은 손편지를 주고받곤 했다. 사람들은 자신의 신변과 근황을 편지로 전하고, 또 그와 동시에 가장 최근에 받은 편지에 적힌 회상과 감상에 답장했다. 이렇듯 건너고 건너서 길게 이어지는 편지 교환을 서신(correspondence)이라고 부르는 것이 당시 관례였다. 이것은 또한 내가 논의를 전개하면서 ['조응'의 의미로도] 많은 논점을 담아낸 말이기도 하다. 내가 이 말에서 무엇을 말하고자 했는지를 더욱 상세하게 설명하는 것으로 이 장을 마무리하고자 한다. 손편지의 경우는 내가 서신에서 중심적으로 다루는 두 가지 측면을 밝혀준다. 첫째로 그것은 실시간으로 움직이는 운동이라는 것이며, 둘째로 이 운동이 감응적(sentient)이라는 것이다. 첫 번째 점에서 편지를 손으로 쓰는 것은 편지가 오기를 기다리고 편지가 오면 읽어야 하는 만큼 시간이 걸린다. 서신은 이어달리기와 매우 유사하다. 이어달리기의 각 주자는 자기 차례가 오면 바통을 이어받아 다음 주자에게 전달해주는데, 그동안 다른 주자들은 잠시 멈춰 서서 자기 차례가 오기만을 기다린다. 물론 영원히 기다리기도 하겠고 그러면서 점차 희망을 포기할 수도 있겠지만 도중에 끊긴 서신이 언제 또다시 이어질지는 아무도 모를 일이다. 이렇듯 손편지는 오고 갈 수 있지만, 서신은 출발점도 없고 종착점도 없다. 그것은 이어갈 뿐이다. 두 번째 점에서 서신의 선(線)은 느낌의 선이자 감응의 선이다. 이 선들은 단어의 선택(뿐만)이 아니라 글을 쓰는 손동작과 그것이 지면에 남은 흔적에서 나타난다. 편지를 읽는 것은 응답자에 대해 읽는 것이 아니라 응답자와 함께 읽는 것이다. 마치 편지를 쓴 자가 종이에 숨어서 말을 걸어오듯이, 편지를 읽는 자, 바로 당신은 그 옆에서 그의 말을 경청한다.

예전에 사회세계의 현상학자인 알프레드 슈츠(Alfred Schutz)는 사회생활의 성격을 "함께 나이 들기"로 규정했는데 이때 그는 앞서와 거의 같은 아이디어를 구상했다. 슈츠의 생각은 이랬다. 어느 한 시간대의 공동체를 공유하며 함께 사회를 이루는 자들은 모두 다른 이들이 꾸려가는 삶에 참여한다(Schutz 1962: 16-17). 그는 이 유명한 논문에서 이 참여의 양상을 음악 작업에 비유했다. 이를테면 현악 사중주의 연주자들은 서로의 음악적 견해를 주고받지 않는다. 그런 의미에서 그들은 상호작용하지 않는다. 그렇지만 그들은 한 몸을 이루어 함께 움직인다. 연주하면서 듣고, 들으면서 연주하며 매 순간 서로의 '생생한 현재'를 공유한다(Schutz 1951). 나와 내 동료 조 리 베르군스트(Jo Lee Vergunst)는 일상적인 걷기에 관한 우리 연구에서 이와 매우 유사한 결론에 이르렀다(Lee and Ingold 2006). 우리가 이해한 바로 나란히 걷는 것은 일반적으로 다정다감한 활동 형태로 경험된다. 단짝 친구들은 걸으면서 이야기를 나누는 동안에도 다른 때와 마찬가지로 눈 맞춤을 거의 하지 않는다. 기껏해야 고개를 상대방 쪽으로 약간 기울이는 정도이고, 움직임에 특히 민감한 주변 시야를 확보해서 상대방의 걸음걸이와 속도를 맞춰간다. 이와 달리 서로를 정면으로 응시하는 상호작용은 훨씬 덜 사교적인 것으로 나타났다. 주요한 차이는 단짝 친구들은 함께 걸을 때 사실상 같은 시야를 공유하는 반면, 얼굴을 마주 보는 상호작용에서는 각자 상대방의 등 뒤를 볼 수 있어서 기만과 협잡의 가능성을 열어놓는다는 데 있다. 서로의 얼굴을 마주 보려면 갈 길을 멈추고 상대방의 앞길을 막아서야 하는데, 그것은 시야가 공유되기는커녕 이리저리 재보려는 경쟁심에 갇히는 듯하다.

그런데 사회학자 게오르크 짐멜(Georg Simmel)은 이제는 고전이 된 1921년 논문 「장면의 사회학: 시각적 상호작용 (Sociology of the Scenes: Visual Interaction)」에서 다음을 주장했다. 눈 맞춤은 "인간관계의 모든 영역에서 가장 완벽한 호혜성을 표상하며" 그러한 관계의 사람들에게 일종의 통합을 유도한다. 이 통합은 "눈과 눈 사이의 가장 짧고 곧은 선"(Simmel 1969: 146)이라고 짐멜은 보았다. 그렇다면 연인은 서로를 똑바로 볼까? 존 던(John Donne)이라면 연인은 똑바로 보지 않는다고 말했을 것이다. 그는 지금으로부터 4세기 전에 「황홀(The Exstasie)」이라는 시에서 연인의 시선을 이렇게 표현했다.

우리 손 굳게 맞잡고
거기서 솟은 향유 우리 손 맺어주고
우리 시선 얽혀 눈과 눈, 두 겹 실 한 가닥으로
한데 꿰매 붙였네[168]

이 시의 서두에 등장하는 두 연인은 서로의 손을 맞잡고 있으나 아직은 완전히 분리돼 있다. 서로를 밀거나 당기면서 "마

---

168 [역주] 원문은 다음과 같다. Our hands were firmly cimented / With a fast balme, which thence did spring, / Our eye-beames twisted, and did thred / Our eyes, upon one double string;

치 묘지의 조각상처럼" 몸을 가만히 누이고 있다. 그들의 몸은 연결돼 있지만 하나가 되기에는 충분치 않다. 서로를 애태우는 통합을 이루기 위해서 둘의 혼은 신체의 닻을 떨쳐내고 눈에서 흘러나와야 한다. 그렇게 해서 둘의 혼은 서로의 사이 공간에서 마치 전장에서 대치하듯이 "그녀와 나의 중간에서 옴짝달싹 못한 채" 서로 얽혀든다. 서로의 시선이 협상하듯이 교차하는 동안, 그들이 빠져나간 몸은 움직이지 않는다. 그리고 그들은 마침내 화합을 이루고 그 속에서 각자의 혼은 상대방의 목소리로 이야기한다. 이런 식으로 그들이 결합을 이뤘을 때만 두 혼은 몸으로 다시 내려앉을 수 있다. 몸으로 되돌아온 그들은 바랐듯이 사랑의 초야를 보내고 행복감에 취하는 가운데 몸과 혼의 결합을 이뤄낸다.

복잡하고 다소 오묘한 던의 형이상학에 동의하지는 않지만, 방부 처리된 굳은 몸들의 '맞섬(overagainstness)'(던은 '접붙이기(entergraft)'라는 말을 사용했다)과 덧없고 공허한 혼들의 휘감기기를 구분한 그의 구별 능력은 인정할 만하다. 우리의 용어로 바꿔 말하면 이것은 상호작용과 조응 사이, 즉 행위성의 춤과 활성의 춤 사이를 구별 짓는다(그림 7.10). 두 점 사이에 그어진 직선은 눈 맞춤에 관한 짐멜의 이야기처럼 두 점을 미동도 없고 느낌도 없는 것들로 남겨둔다. 이 눈 맞춤은 합리적일 수는 있으나 감응적이지 않다. 의견이 맞지 않아 서로 다투기 직전인 보행자들 또는 사륜차의 마주 보는 좌석에 앉아 가는 승객들처럼, 아니면 정말로 두 손을 맞잡은 던의 연인이나 나아가 무어의 '전사'처럼 앞으로 나아갈 길이 없다. '상호작용(interaction)'

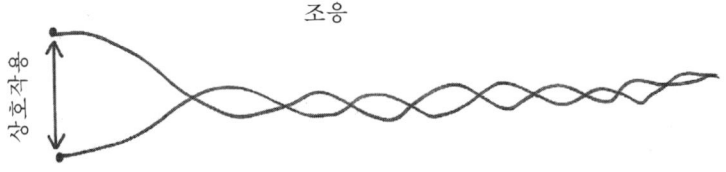

그림 7.10 상호작용과 조응.

에서 접두어 '상호(inter-)'가 함의하는 것은 상호작용하는 당사자들이 마치 일종의 가교 작용을 통해서만 연결될 수 있는 듯이 서로에게 닫혀 있다는 것이다. 그러한 작용은 어떤 것도 애당초 시간의 흐름에서 벗어나 있고, 움직임의 경로를 가로막으며 서로가 서로와 합류한다기보다 각자가 되어간다. 이와 달리 조응(correspondence)에서 그들은 끊임없이 움직이고 그 움직임은 대위법의 선율처럼 서로를 감싸는 선을 묘사한다. 예를 들어 현악 사중주의 얽히고설키는 선율을 생각해보라. 연주자들은 서로 반대편에 앉아 있고 몸은 한자리에 고정돼 있지만, 그들의 움직임과 그 속에서 흘러나오는 소리는 여기도 저기도 아닌 사이-안(in-between)에서 황홀경에 빠진 던의 혼들처럼 화합을 추구한다.

조응이라는 개념에 어느 정도 신학적인 지분이 있다는 것을 인정한다. 예를 들어 18세기 신비주의 학자인 에마누엘 스베덴보리[169]의 사상에서 조응은 자연적인 것과 영적인 것, 지상의 것

---

169 [역주] 에마누엘 스베덴보리(Emanuel Swedenborg, 1688~1722)는 스웨덴의

과 천상의 것을 아우르는 만물 사이의 상호성과 조화의 관계를 설명하는 데에서 핵심 개념이었다. 그다음에 조응이라는 말은 샤를 보들레르의 작품에서 자기 궤도에 들어섰다. 보들레르의 유명한 시 「만물 조응(Correspondences)」에 등장하는 인물은 자연 세계에 들어가 "향과 색과 음이 조응하는" 다성의 목소리와 시선의 숲에 둘러싸인다. 이것은 아마도 요한 볼프강 폰 괴테가 태양광과 시각의 관계에 대해 "눈이 태양과 같지 않다면 우리의 눈이 어떻게 태양을 볼 수 있겠는가!"(Luke 1964: 282)라고 했을 때 그의 마음과 같을 것이다. 괴테는 눈이 태양과 닮았다고 말하는 것이 아니다. 눈이 빛에 반응할 수 있게 만들어졌다는 것이다. 에스토니아 태생의 생물학자 야콥 폰 윅스퀼[170]은 1940년의 논문 「의미의 이론(Bedeutungslehre)」에서 괴테의 말을 뒤집어서 다음과 같이 주장했다. "태양이 눈과 같지 않다면 어떻게 태양이 하늘에서 빛날 수 있겠는가!" 그의 요점은 하늘과 하늘을 빛내는 천상의 빛으로서 태양이 존재할 수 있는 것은 눈 달린 생명체의 현상세계 – 그가 환경세계(Umwelt)라고 부른 것 –

    과학자이자 신학자다. 그는 수학, 물리학, 지질학, 해부학 등에 정통한 한편 자신의 영적인 체험을 바탕으로 신학서를 여러 권 출간한다. 그의 신학은 신비주의적 색채가 강하며 이단으로 몰리기까지 했으나 왕실의 후원으로 파국을 모면하였다.
170 [역주] 야콥 폰 윅스퀼(Jakob von Uexküll, 1864~1944)은 독일의 생물학자이자 철학자이다. 그는 각 동물이 인지하고 행동하는 세계의 총체가 그 동물의 환경을 이룬다는 '환경세계(Umwelt) 이론'을 주장했다. 그의 이 이론은 동물학보다 현상학이나 해석학과 같은 철학에 더욱 영향을 주었으며 이후 생물기호학(Biosemiotics) 분야를 확립하며 사이버기호학 이론으로 진화해갔다.

에 존재할 때뿐이라는 것이다. 이것과 완전히 똑같은 방식으로 꿀벌은 꽃가루를 머금은 꽃과 조응하고 거미는 파리와 조응한다. 폰 윅스퀼에 따르면 생명체의 삶은 대위법적으로 나아간다. 각각의 생명체는 자신의 존재를 다른 생명체의 몇 가지 특징으로서 받아들이고, 이로써 다른 생명체에 응답할 수 있다(von Uexküll 2010: 190).

라스 스파이브룩은 최근 같은 주제로 명상을 하고서 다음의 광경을 떠올린다. 그는 들판을 걷다가 작은 돌무더기를 발견한다. 돌들 사이에는 초목이 자라고 있다. 그는 이 모습이 좋다.

돌은 어떤 조응 속에서 조화를 이루고 있다고는 말할 수 없다 해도 여기에 누워 있다. 그것은 바람과 물이 돌을 움직이고 땅 위를 굴러다니게 한 까닭이다. 그리고 돌은 마음에 드는 곳을 찾아서 작은 무리를 만들고 식물이 안전하게 성장할 수 있는 작은 보금자리를 만들어주었다. 그런데 이것이 어떻게 내 마음을 사로잡았을까? 나만의 생각으로 이 광경을 즐기는 것일까? 아니면 이것은 (…) 확장된 조응일까? 나는 돌과 식물의 바로 옆에 있고, 이것들과 어울리고 (…) 무엇이 (…) 흘러들어오고 흘러나가는 것일까? 이 돌의 기쁨처럼? 느낌이 그렇다. 모든 관계는 느껴진 관계다(Spuybroek 2011: 152).

이 장에서 내가 논한 것도 위와 같다. 도공의 느낌은 점토와 조응하는 가운데 흘러들어오고 흘러나간다. 목동은 공중에서 춤추는 밧줄과 조응한다. 연 날리는 자는 바람과 조응하고, 첼리스트의 활은 음악적 소리와 조응한다.[171] '침입당한 무어'조차 온타리오 호수의 물에 대한 감정을 키웠다. 요컨대 세계와 조응하는 것은 세계를 설명하거나 재현하는 것이 아니라 세계에 응답하는 것이다. 조응은 전환장치의 중재 작업에 힘입어 우리의 감응적 앎과 살아 숨 쉬는 생명의 흐름을 혼합한다. 연인들의 다정한 시선처럼 서로가 구별되지 않을 때까지 감응과 물질이 씨줄과 날줄로 서로를 휘감는 혼합이야말로 만들기의 본질이다.

---

171 세자르 히랄도 에레라(César Giraldo Herrera)(퍼스널커뮤니케이션 전공)는 라틴어에서 코기토(cogito)라는 말이 co-(공동성과 상호성을 뜻함)와 -agito(자극하다, 안내하다, 이끌리다, 관심을 주다)의 합성어라는 것을 알려주었다. 그에 따라 cogito를 문자 그대로 이해하면, co-agitate, 즉 이끌면서 이끌리고, 자극하면서 자극되고, 관심을 주면서 받는다는 뜻이 된다. 그리고 오래된 데카르트의 격언 'cogito ergo sum'이라는 구절은 이제 또 다르게 번역될 수도 있다. "나는 조응한다. 고로 나는 존재한다"라고.

제8장
손으로 말하다

인격적 지식

마이클 폴라니는 암묵적 차원에 관한 연속강좌의 도입부에서 사실 "우리는 우리가 말할 수 있는 것보다 더 많이 안다"(Polanyi 1966: 4)[172]라고 단언했다. 여기서 폴라니가 언급한 것은 [도제식으로 전수되는] 장인의 기술처럼 경험과 실천을 통해 성장하는 지식과 행동 방식에 관해서였다. 그런데 그것은 실천자의 인격과 너무나 밀착되어서 해설이나 분석의 범위를 넘어선다. 그의 주장은 이렇다. 형식이 명확하고 자의식적으로 명시할 수 있는 부류의 지식은 그 표면 밑에 감춰진 엄청난 비법의 저장고에 비하면 빙산의 일각일 뿐이고 더군다나 그 비법 없이는 아무것도 실질적으로 성취할 수 없다는 것이다. 여하간 폴라니의 주된 관심은 아는 것이 무엇을 의미하는지에 있었다. 그에 비해 지금 나의 관심은 말하는 것이 무엇을 의미하는지에 있다. 인격적 지식(personal knowledge)의 본질을 고찰하는 데에서 폴

---

172 [역주] 마이클 폴라니, 『암묵적 영역』(김정래 옮김), 박영스토리, 2015, 23쪽.

라니는 다음을 가정한 것 같다. 말하기란 아는 것을 언어로, 즉 말이나 글로 표현하는 것과 같고, 이는 상술(詳述, specification)과 분절(分節, articulation)의 두 가지를 수반한다. 이에 따라 그는 지식의 상술할 수 없는 부분은 "불완전한 분절로 인해 말로 표현되지 못하고 남은 잔여물"로 본다(Polanyi 1958: 88).[173] 이 장에서는 그와 반대로 우리는 실천과 경험을 통해 우리가 안 것을 모두 말할 수 있고, 이는 바로 말하기가 그 자체로 분절과 상술을 회피하는 수행 양식이기 때문이라고 주장하고자 한다. 그렇다면 인격적 지식은 폴라니가 생각한 만큼 그렇게 암묵적이지 않다. 문제는 '암묵적(tacit)'이라는 용어가 조용한 침묵, 무언의 표시, 드러나지 않은 암시 등등 미묘하게 다른 여러 의미를 담고 있다는 것이다. 말해지지 않았다 해서 목소리가 입히지 말아야 하는 것이 아니고, 쓰이지 않았다 해서 새겨진 흔적마저 없어야 하는 것이 아니다. 더구나 아직 밝혀지지 않은 것도 구어나 문어에서 그 표현을 찾을 수 있다. 숙련된 실천가와 일해본 인류학자라면 누구나 잘 알 것이다. 인류학자가 현장에서 만난 장인은 대체로 자신의 기술을 감추거나 하지 않고 큰 목소리로 하나하나 풀어가며 자세하고 길게 설명해준다는 것을. 자신이 무엇을 하며 또 어떻게 하는지를 말해달라고 요청하면 묵묵부답으로 일관하는 소위 과묵한 장인의 이미지는 대부분 구어 및 문어에 대한 학계의 독점적 권한을 확보하는 데에서 기득권을 가진

---

173 [역주] 마이클 폴라니, 『개인적 지식』(표재명, 김봉미 옮김), 아카넷, 2001, 106쪽.

자들 덕분에 유지돼온 허상에 불과하다.

　영어에서 '말하다'의 뜻을 갖는 동사 'tell'은 상호연관된 두 가지 의미가 있다. 한편으로 말할 수 있는 사람이란 세계에 관해 이야기를 풀어낼 수 있는 자다. 다른 한편으로 말한다는 것은 각자에게 주어진 환경의 미세한 신호를 감지할 수 있고 판단력과 정밀함을 가지고 그 신호에 응답할 수 있다는 뜻이다. 예를 들어 사냥꾼은 강박적인 이야기꾼이면서도 야생동물의 발자국을 보고 그 동물의 소재와 최근 움직임을 말할 수 있다. 고고학자는 옛 정착지의 주민들에 관해 이야기하면서도 집터의 미묘하게 다른 흙빛을 알아보고 나무 기둥이 어디 세워져 있었는지를 말할 수 있다. 편지를 주고받는 사람들은 편지에 신변을 이야기하면서도 글씨체에 담긴 상대의 감정을 말할 수 있다. 이런 예는 그 외에도 수없이 많다. 말한다는 것의 이 두 가지 의미는 매우 밀접한데, 그 이유는 경청하고 주시하고 읽어내는 사람들 ― 이 안에는 물론 참여 관찰의 방법론을 실천하는 인류학자가 포함돼 있다(제1장 16-18쪽 참조) ― 에게는 이야기한다는 것이 [그 자체로] 주의의 교육이기 때문이다. 이야기하기는 초심자의 눈에 하나둘 사물을 보이게 만들고, 그렇게 초심자는 자신이 지금 당면한 상황에서 이야기가 포착한 의미를 스스로 찾아낼 수 있다. 자신보다 식견이 높은 사람들과 여정을 함께하면서, 그 와중에 그들의 이야기를 들으면서, 초심자는 전임자의 지식을 체득하며 성장한다. 이 과정은 '이끌린 재발견(guided rediscovery)'이라는 말로 가장 잘 표현되는데, 정말로 복제와 전송의 몇몇 메커니즘을 통해 미리 만들어진 기성품을 전달받는 따위가 아니다(Ingold 2011a: 162). 요컨대, 말한다는 것은 장래의 실천자에게 스스로 탐구할 기회를 뺏으면서까지 세계를 해명하는 것도 아니고 완벽한 설명이라고 할 만한 정보를 제공하는 것도 아니다. 그보다 말한다는 것은 다른 사람들이 따라갈 수 있는 길을 찾아주는 것이다. 그래서 동물 추격을 이야기로 교육받은 사냥꾼은 동물의 자취를 밟을 수 있고, 학문적 훈련을 받은 고고학자는 발굴현장에서 단면을 발견할 수 있으며, 독서력이 뛰어난 자는 행간의 숨은 전개를 알아차릴 수 있다.

이야기에서 중요한 것은 이야기는 실천자의 아는 바를 명시하지 않고도 그에 관해 말할 수 있는 수단을 실천자에게 제공한다는 것이다. 이야기는 암호화된 정보를 전달하는 것이 아니라 어디로 가야 하고 무엇을 살펴봐야 하는지의 지침을 제공한다.[174] 이것이 교육의 매체로서 이야기가 효율적인 이유이다. 완벽한 설명이 길잡이가 돼주지는 않는다. 정말로 초심자는 아무리 설명해줘도 어떻게 나아가야 할지를 몰라 난처해하는데, 이는 보통 기계장치나 전자 기기와 함께 제공되는 기술 설명서가 그 조작에 이미 통달한 자가 아니라면 이해하기 어려울뿐더러 오히려 사람들을 당황하게 만드는 것과 같다. 이야기는 길잡이 없는 설명서 대신에 설명서 없는 길잡이를 제공한다. 이 구분은 우리가 앞서 제5장(181-184쪽)에서 소개한 예언적 예지

---

174 이야기는 흔히 사람을 일부러 곤혹스럽게 하는 수수께끼의 형식을 취한다. 이야기의 수수께끼를 푸는 유일한 방법은—물질의 경우(제2장 참조)에서 다뤘듯이—그 안의 것들을 잘 관찰하는 것이다. Ingold 2011a: 172-4 참조.

(predictive foresight)와 기대적 예지(anticipatory foresight) 사이의 구분과 정확히 일치한다. 전자는 계획을 도출하지만, 후자는 실천자가 계속해서 나아가게 하며 과제를 완수하는 데에서 폴라니의 표현을 빌리면 "앞으로 나아갈 길을 느끼게"(Polanyi 1958: 62) 해준다. 설명서는 [명시적으로] 특정한 것에 관한 정보, 즉 사용할 재료, 부품과 그 치수, 조작적 동작에 관한 정보를 제공한다. 그것은 계획 전반을 규정한다. 그러나 이야기는 이야기할 때의 움직이는 몸과 활성화된 물질에서 나온다. 그것은 유랑의 길을 떠난다. 이야기의 지식과 실천 모두가 같은 유랑의 특성이 있다는 바로 그 이유에서 실천자는 이야기를 풀어내면서 그 둘을 서로 조응하게 만들 수 있다. 제3장의 주먹도끼 제작의 사례에서 살펴봤듯이 돌을 깨뜨려 떼는 과정은 부품을 조립해서 미리 정해진 전체를 만드는 것이 아니라 마치 길을 나서는 발걸음과 같다. 또 제4장에서는 중세의 대성당이 완성된 직소 퍼즐이라기보다 조각보 퀼트에 더 가깝다는 것을 살펴보았다. 주먹도끼의 형태가 개별의 작업을 이어붙인 것에서 도출되지 않듯이, 대성당의 구조는 미리 잘라놓은 조각들의 조립도가 아니다. 이 의미에서 주먹도끼와 대성당 모두 '접합돼(joined up)' 있지 않다.

여기서 분절(articulation)의 문제가 불거진다. 강체 요소들을 볼트로 서로 이어붙여서 더 큰 전체를 조립하는 것이 바로 분절이 의미하는 것이기 때문이다. 예를 들어 언어학자가 말하는 '명료한 화법(articulate speech)'이란 화자의 마음에서 그 음성적 표현 이전에 음소들이 결합해서 형태소가 나오고, 형태소에서 단어가, 단어에서 구가, 구에서 문장 전체나 구문론적 연쇄가 나와서 미리 조립돼 있어야 한다. 그러나 모든 발화가 이와 같다면, 우리에게는 이야기도, 신화도, 시도, 정말로 그 어떤 언어예술도 없었을 것이다. 모든 만들기가 이와 같다면, 주먹도끼도 대성당도 없었을 것이다. 또 모든 사고가 이와 같다면, 우리는 공감을 알지 못했을 것이다. 분절 – 혹은 오늘날 '통합되고 일관된 사고(joined up thinking)'라는 이름으로 행사되는 것들 – 은 이성의 아군일 수 있으나 감응(sentience)에는 적군이다. 그것은 감정을 포박한다. 따라서 폴라니가 정확하게 인식한 분절적 지식(articulate knowledge)과 인격적 지식 간의 부조화는 더 근본적으로는 상호 연결된 명제들의 횡적인 통합과 뒤엉킨 움직임의 종적인 조응 간의 부조화를 가리킨다. 분절적 지식이 이미 알려진 것에 관한 진술의 형식을 취하는 반면, 인격적 지식은 실천자의 의식과 그가 작업하는 물질 간의 조응에서 이뤄지는 감응(sentience)의 장에서부터 성장하고 또 그 안에서 전개된다. 인격적 지식은 분절적 지식에 비하면 상대적으로 마음 깊은 곳에 파묻혀 있지 않고 의식의 최전방에서 차출된다. 인격적 지식은 빙산의 일각이라는 비유와 달리 물속에 전혀 잠겨 있지 않고 오히려 분절적 지식이 접합하는 섬들 사이와 그 주변에서 소용돌이친다. 노련한 실천자는 그 사이를 빠져나가는 방법을 잘 알고 있다. 그 비법이 수면 아래의 빙산처럼 의식에 잠재돼 있다고 보는 것은 큰 오산이다. 사실 실천자는 고도로 집중해서 작업하고 있는데, 이 모습을 '생각 없이 일한다'고 보는 꼴이다. 제5장에서 다룬 톱니바퀴와 용수철이 놓인 탁자 위에서 작업하는 시계장인을 떠올려보라! 그는 눈과 손가락을 가지고 사고한다. 다른 모든 장인처럼, 그도 섬들 사이를 이리저리 비껴간다.

그래서 나는 폴라니가 인격적 지식과 분절적 지식을 구분하는 것 자체를 논박할 생각이 없다. 유일한 반대의견은 말하는 것을 분절과 동일시하는 것 그리고 분절되지 않은 것은 말해지지 않아서 결국 암묵적인 것으로 남는다는 그의 추론에 관해서다. 말하는 것은 분절과 사실상 정반대다. 말한다는 것은 이야기의 언어적 관련성의 의미에서나 감각적 인식과 물질적 변형의 의미에서 둘 다 조응의 실천이다. 인격적 수준에서는 아는 것과 말하는 것이 동일하다. 이것은 우리가 제1장에서 살펴본 인류학, 고고학, 예술, 건축의 네 가지 A를 하나로 통합하는 내면에서부터 안다는 것의 수준을 가리킨다. 그리고 나는 네 가지 학문을 함께 가르치고 배우고 연구할 수 있는 것은 바로 존재의 내면에서부터 성장하는 앎의 방식이 실천자에게 침묵을 강요하지 않기 때문이라고 주장하며, 바로 이 주장은 네 개의 학문을 하나로 합치는 내 모든 노력의 원천이 된다. 제작자와 마찬가지로 일반적으로 네 가지 A의 학자들은 자신들이 아는 것을 말할 수 있다. 그들은 모든 것을 말할 수 있다. 그러나 그들이 할 수 없는 단 한 가지, 하려 들면 큰 어려움과 잠재적 의미 상실에 직면할 수밖에 없는 그것은 아는 것을 분절하는 것이다.

손의 인간성

우리에게는 보는 눈이 있고 듣는 귀가 있고 공기를 빨아들이는 코가 있다. 이 지각의 기관들은 모두 머리에 위치한다. 이것들 덕분에 우리는 그 감각작용으로서 말할 수 있고 세상만사를 이야기할 수 있다. 그러나 말하는 것이 [감각기관을 거치지 않는] 또 다른 의미에서라면, 이 기관들은 말하는 데는 쓸모가 없다. 코와 귀는 이야기할 수 없다. 그리고 눈의 적절한 기능이 보는 것이 아니라 우는 것임을 알려준 자크 데리다의 가르침(Derrida 1993: 126-128)을 우리가 알지 못한다면, 눈 또한 이야기할 수 없다. 데리다가 말하기를, 시야를 흐리게 하는 눈물의 베일이 드리워진 눈은 비통함, 상실, 괴로움뿐만 아니라 사랑, 환희, 등의 양양을 말할 수 있다. 맹인도 눈물을 흘리지 않는가! 그렇다면 눈은 때로 감각기관이 아닌 또 다른 의미에서 더 많은 것을 말해 줄 수 있다. 눈물로 앞이 보이지 않을 수 있지만, 그 눈물 고인 눈에서 이야기가 샘솟지 않는가! 초상화가들은 진작에 이 사실을 알고 있었다. 그렇지만 이야기하기에 가장 완벽한 기관을 찾아보자면, 머리에서 더 아래로 내려가야 한다. 인간의 성대는 기능적인 측면에서 지각의 기관으로 거의 취급되지 않았고, 주변적이며 배후적이었다. 귀와 공조하여 작용하는 성대는 반향정위(反響定位, echolocation) 시스템을 구성하고, 우리는 그 시스템 안에서 우리 자신이 어디에 있는지, 예를 들어 캄캄한 어둠 가운데 탁 트인 공간에 있는지 밀폐된 공간에 있는지를 식별할 수 있다. 그뿐이랴. 우리는 목소리 덕분에 소리 내어 말할 수 있고 노래할 수 있다. 옛날에는 목소리가 있어서 읽을 수 있었다. 중세의 독자들은 우리 현대인들처럼 책 속의 미리 만들어진 문장의 단어들을 본 것이 아니다. 당시 사람들은 종이에 적힌 활자를 마치 음악가가 악보를 보고 연주하듯이 풀어냈다. 목소리의 바로 그 표출 과정에서 단어들이 '떨어져 나와' 나타났고 그렇게 귀로 식별할 수 있었다(Saenger 1982: 384). 이 활자를 새긴 것은 그러나 독자의 목소리가 아니었다. 그것은 필경사의 손이었다.

손을 한편으로 눈, 귀, 코와 비교하고 다른 한편으로 후두와 비교하면, 손은 말하기의 양 측면을 겸비했다는 점에서 참으로 독특하다.[175] 눈에 표정이 있으면 그만큼 눈의 시야는 흐려진다. 더 잘 보고자 하면, 그만큼 눈에 표정이 담기지 않는다. 그러나 손은 이러한 시소게임을 하지 않는다. 손은 탁월한 촉각 기관일 뿐더러 손동작으로, 손끝에서 나온 쓰이거나 그려진 흔적으로, 또 직물, 레이스 편물, 자수와 같은 수예를 통해서 세상에 관해 이야기할 수 있다. 실제로 손동작이 다채로울수록 그리고 고도의 손기술을 익힐수록 손의 감지 능력은 한층 더 향상된다. 해부학적으로 보면, 손은 고동치는 맥박의 손목동맥으로부터 피가 흐르고, 피부, 뼈, 근육조직, 신경으로 이뤄진 놀랍도록 복잡한 조직이다. 그러나 손과 머리를 지나치게 대조해서는 안 된다. 손은 뇌의 명령에 복종하는, 말하자면 대뇌의 지휘본부에 원격조정되는 도구가 아니다. 해부학자 프랭크 윌슨(Frank Wilson)이 설명하듯이 "두뇌의 형질은 머릿속에 있지만, 두뇌는 그 안에 살지 않는다. 두뇌는 몸으로 퍼져나가 몸과 함께 세계로 뻗어간다"(Wilson 1998: 307). 이처럼 손끝까지 세세하게 작동하며 정

---

175 내가 혀에 대해 다루지 않은 것은 불공평한 처사다. 혀는 미각 기관임과 동시에 발화와 밀접한 관계가 있다. 혀는 그 공로를 좀 더 마땅히 인정받아야 한다.

말로 그 너머를 향하는 손은 뇌가 통제하는 별도의 장치가 아니라 뇌의 연장선에 있다. 그러나 윌슨이 뒤이어 "뇌는 손이고 손은 뇌다"라고 선언하듯이, 철학자들과 심리학자들이 골몰한 질문 — 마음과 뇌는 같은가 다른가? 다르다면 한쪽이 어떻게 다른 한쪽을 능가하는가? — 을 이제 손에 대해서도 물어야 한다. 우리는 윌슨의 선언을 차용해서 '마음은 손이고 손은 마음이다'라고 말할 수 있을까? 인간의 손은 뇌의 연장선에 있을 수 있지만, 손의 인간성은 마음의 현상이 아닐까?

인간의 손은 어떻게 진화했을까? 이 이야기는 종종 화제에 오르곤 한다. 손은 이족보행의 발달과 더불어 도구의 사용 증가, 최종적으로는 대뇌피질의 확장과 함께 진화해왔다(Napier 1993). 나는 그 이야기를 여기서 반복하지는 않겠다. 다른 영장류의 손뿐만 아니라 포유류의 발과 갈고리발톱, 맹금류의 발톱과 이에 상응하는 동물계의 '손발'과 비교해서 인간의 손에 버금가는 것은 정말로 존재하지 않는다는 것은 분명하다. 특히 세 가지 이유에서 그러한데 첫째, 인간의 손에는 자유자재로 움직여지는 다섯 손가락이 있다. 둘째, 갈고리발톱이 아닌 손톱이 있어서 손가락 끝의 손바닥 쪽 섬세한 부분을 더 자유로이 움직이게 할 수 있다. 셋째, 그리고 가장 중요한 것은 모든 손은 손바닥 쪽의 안장 관절 덕분에 엄지가 회전할 수 있다. 그래서 엄지는 구부린 검지의 손가락 끝과 완벽하게 마주할뿐더러 길이도 검지를 받아내기에 충분하다. 이 세 번째 성질로 인해 인간의 손은 물건을 정밀하게 쥘 수 있는데, 이 성질은 인간 손의 고유한 능력이며 기술을 요하는 거의 모든 제작 활동에 관여한다(Tallis

2003: 267). 다음은 에든버러 대학교의 외과 교수인 찰스 벨 경(Sir Charles Bell)이 1833년 브리지워터 총서에 수록한 논문에서 발췌한 것이다.

> 인간의 손은 (…) 도구로서 모든 완벽함의 극치에 이르렀다. 우리가 인정하는 손의 이 위대함은 다양하고 광범위한 동작과 결합하는 힘의 조합에 있다. 우리는 손의 능력을 엄지와 나머지 네 손가락의 생김새, 관련성, 감지력에서, 그리고 잡고 당기고 돌리고 엮고 조립하는 손의 기능에서 발견한다. 이러한 특성은 다른 동물에서 부분부분 발견되지만, [인간의 손은] 이 모든 특성이 결합해서 더욱 완벽한 도구가 되었다(Bell 1833: 209).

[인간의] 손에 대해 극찬을 아끼지 않은 벨은 그럼에도 불구하고 인간성의 본질이 손이 아닌 마음에 있으며 손은 단순한 도구로서 모든 바람과 명령에 복종하는 것이라고 끝까지 확신했다.

그러나 마르틴 하이데거는 1942년부터 1943년까지 프라이부르크 대학교에서 열린 〈파르메니데스(Parmenides)〉 연속 강좌 중 '손에 관한 고찰'에서 위의 견해를 완전히 뒤집는다. 하이데거에게 손은 단순한 도구가 아니라, 이를테면 언제든 물건을 '손에 닿을 수' 있게 하는 도구성의 바로 그 가능성을 확립하는 데 핵심적이다. 인간의 손은 정밀하게 쥔다는 고유한 특징이 있다. 그러나 손의 인간성은 하이데거가 주장했듯이 말씀에 그

소유권이 있다. "사람은 손을 '가지고' 있지 않지만, 손은 사람의 본질을 쥐고 있다. 손의 본질적 영역으로서의 말씀이 사람의 본질을 이루는 근거이기 때문이다"(Heidegger 1992: 80). 언어는 손을 쥐고 있고 손은 사람을 쥐고 있다는 것이다. 언어 덕분에 그리고 손을 매개로 세계는 동물에게는 하지 않고 할 수 없는 방식으로 인간에게 열려 있다. 하이데거가 인간의 독특성에 대한 그 자신의 입장을 명확히 밝힌 것은 『형이상학의 근본 개념』에 관한 연속강좌의 서두에서였다. 이 강좌는 프라이부르크에서 1929년부터 1930년에 열린 것인데, 1983년이 되어서야 강의록이 출간되었다. 그는 "동물은 세계빈곤적(poor in world)인 반면 인간만이 세계형성적(world-forming)"(Heidegger 1995: 177)이라고 말했다. 전혀 모르는 세계에 "사로잡혀서"(ibid.: 239) 갇혀 있는 동물은 몸이 가는 대로 행동할 수밖에 없다. 동물은 본능적인 욕구에 종속되어 있고, 세계는 동물의 탈출을 자극하는 "억제제"(ibid.: 255)의 환경으로만 존재한다. 이와 달리 인간은 동물을 사로잡고 있는 포위망을 벗어나 있다. 인간 역시 동물과 마찬가지로 세계 속에 던져져 있지만, 인간에게 이 세계는 그저 주어진 것이 아니고 드러나고 밝혀져야 한다. 이 열림의 징조가 바로 손이다. 손은 하이데거가 세계를 향한 행동거지(comportment)(ibid.: 237)라고 부르는 것을 세계 안의 행동과는 구별되는 방식으로 행사한다. 손의 인간성 덕분에, 또 손에 대한 말씀의 소유권으로 인해 인간은 '손쉽게' 쓸 수 있고 세계형성적일 수 있다. 요컨대 인간은 세계를 드러내거나 밝힌다는 의미에서 말할 수 있다. 그러나 그 이상으로 인간은 또 다른 의미에서, 즉 회상으로서 말할 수 있다. 한마디로 인간은 쓸 수 있다. 이에 따라 하이데거에게 글쓰기는 손으로 쓰일 때만을 말한다. 말하는 쓰기는 필기체의 활자 형태로 우리 눈에 나타나지 않는가! 그래서 "새겨진 말씀은 손으로 쓴 것이다"(Heidegger 1992: 80). 이 점은 매우 중요해서 이 장의 끝부분에서 다시 논할 것이다. 여기서는 다만 손의 인간성에 대해 깊이 사색한 또 다른 사상가이자 선사학자인 앙드레 르루아구랑에 귀 기울이고자 한다.

몸짓의 지성

앞서 제3장(102-103쪽)에서 우리는 르루아구랑을 만났다. 우리가 그와 만난 것은 다음의 질문에서였다. 그가 발견한 호모에렉투스, 즉 '아르칸트로피엔(Archanthropien)'의 주먹도끼를 만든 손은 지적인 설계 능력이 있었을까? 아니면 그들의 기술적 활동은 단지 신체가 빚어낸 것일까? 결국에 르루아구랑은 호모사피엔스인 자신의 뇌의 한계를 인정하며 이 문제를 풀지 못한 실패를 변명했다. 우리가 내린 결론은 사실상 그 한계는 자연과 문화, 신체와 혼, 물질과 형식 등과 같은 고전적인 이율배반 내에서 질문의 틀을 설정한 데에서 나온다는 것이다. 이 틀은 자연의 세계를 인류가 어쩌면 유일한 특권(또는 불행)으로서 넘나들었던 경계 안에 가둔다. 기술은 경계의 한쪽에서 종의 유전적 명령의 대상으로 여겨지고 다른 한쪽에서는 사회집단의 전통적 명령의 대상이 된다. 르루아구랑이 『행위와 말』[176]에서 설명한 것은 표면적으로는 다음과 같다. 진화를 거듭해온 인류는 어느 순간 순수한 동물적 존재의 한계를 돌파하고 사회생활과 상징문화의 영역에 진입했다. 그 결과 손과 얼굴 간의 관계가 재설정되며, 해방된 손은 기술적 운영을 향해서 나아가고 해방된 얼굴은 언어와 발화를 향해서 나아갔다. 르루아구랑은 "종의 특질로서 도구의 출현은 동물과 인간 사이의 경계를 표시하며, 사회학이 서서히 동물학을 접수하는 기나긴 과도기의 시작을 알렸다"(Leroi-Gourhan 1993: 90)고 말한다. 그렇다면 우리는 우리 자신의 조상인 저 생명체들, 과도기에 삶이 휘말린 그들의 기술을 어떻게 이해해야 할까? 당연히 이 관점에서 보면 과도기를 살아간 자들은 이례적일 수밖에 없는 동물-사회학적 혼종의 형상을 띠며, 이도 저도 아닌 모순덩어리로 나타난다. 그들은 지적이지만 그들의 기술은 창의적인 사고가 결여된 듯하다. 도구의 형태는 신체 양식에 제약되면서도 마음속 이미지로서 재현된다.

    이러한 모순은 말하려 들면 한도 끝도 없다. 그리고 이 모순은 우리에게 아직 답하지 못한 한 가지 근본적인 의문을 남긴다. 우리는 경험적으로는 물론이거니와 원리적으로 르루아구랑이 말하는 "동물학상의 종으로서 생물학적 진화에서 결정적인 전환점"(ibid.: 137)이라고 부르는 것을 인식할 수 있을까? 어떻게 기술의 역사는 문자 그대로 선천적인 능력의 토대를 떠날 수 있

---

[176] 이 연구를 더욱 상세히 검토한 것에 대해서는 졸저(Ingold 1999)를 참조할 것.

었을까? 르루아구랑은 이 의문에 답할 수 있다고 생각했고, 두개골 진화에서 일어난 한 사건, 다시 말해 대뇌피질의 확대와 그에 수반되는 안와상융기(眼窩上陸起)의 소멸에 '전환점'이 있음을 거듭 강조한다. 안와상융기란 눈구멍 위의 이마뼈에서 형성되는 뼈 능선을 가리키는데, 인간 이전의 호미닌에서는 이를 기준으로 두개골의 볼록면과 얼굴 블록이 구분된다. 정말로 안와상융기는 르루아구랑의 논의에서 매우 특별하고 돌이켜보면 터무니없을 정도로 중요하게 다뤄진다. 그의 논의에서 안와상융기는 단순히 두개골의 돌출부가 아니다. 그것은 소멸함으로써 상징적 상상력의 수문이 열리고 완전한 사회생활의 물결에 인류가 몸을 맡기게 되는 장애물로 형상화된다. 이것이 바로 '전두엽 사건'이며 최후의 해방이었다. 그러나 르루아구랑의 가설은 모순적이지 않은 것이 없다. 그는 "우리 인간이 동물학과 사회학이라는 양쪽 세계에 속해 있다는 본질적 사실"을 선언하자마자 '제3의 궤도'라고 부르는 것을 설정한다. '제3의 궤도'에서 우리는 인간과 비인간 동물 모두의 삶이 "일련의 '전통' 안에서 유지되며 이 전통의 기본은 본능적이지도 않고 지적이지도 않으며 정도의 차가 있을지언정 동물학적이며 그와 동시에 사회학적이다"라는 것을 깨닫게 된다. 그리고 그는 비로소 우리가 지난 두 세기 동안 과학적 사고를 지배해온 "자연적인 것과 문화적인 것 사이의 경계선 찾기"의 집념을 버리고 정녕 그 너머로 나아가 동물심리학과 민족학(ethnology) 사이의 학문적 장벽을 허물고 "동물이 무엇이고 인간이 무엇인지"(ibid.: 220)를 진정으로 이해할 수 있다고 주장한다.

『행위와 말』 2부의 제목은 「기억과 리듬」이다. 이처럼 르루아구랑이 우선 주목하는 것은 '제3의 궤도' 가설에서 나타나는 유전적 프로그래밍이나 지적인 설계의 기술적 기초가 아니라 기술 활동의 리듬성과 기억술이다. 르루아구랑에 의하면, 특정 손동작의 규칙적인 반복은 너무나 많은 기술 운영에 수반되는 조작이다. 망치질, 바느질, 무두질 등을 흔한 예로 들 수 있다. 그리고 장인의 마음속에 그가 만들고자 하는 제작물의 최종형태가 있든 없든, 실물의 형태는 율동적인 동작 패턴에서 나오는 것이지 관념에서 나오는 것이 아니다. 사실 이러한 견해는 이미 민족학자 프란츠 보아스[177]가 1927년에 출간한 그의 고전적인 연구서인 『원시 예술(Primitive Art)』에서 이미 개략적으로 논한 바 있다. 보아스는 숙련된 기능공이 완벽하게 제어된 리듬 동작으로 같은 형태의 물건들을 얼마나 착오 없이 만들어내는지를 보여주고자 했다. "쪼개기, 깎기, 망치질, 도자기를 빚는 과정에서 요구되는 규칙적인 회전과 압착, 뜨개질 등에서 제작물의 일정한 형태를 유지하는 것 등과 동일한 동작의 율동적인 반복은 반드시 연관되어 있다"(Boas 1955: 40). 르루아구랑 또한 보

---

[177] [역주] 프란츠 보아스(Franz Boas, 1858~1942)는 미국의 문화인류학자다. 유대계 독일인이며 독일의 키엘 대학교에서 물리학 박사학위를 취득한 후 자연환경의 지리학적 연구를 목적으로 이누이트족을 현지 조사했다. 이 조사에서 보아스는 에스키모의 환경적응력과 독창적인 생활 양식에 깊은 감명을 받고 물리학자에서 인류학자로 전향한다. 이후 그는 미국 컬럼비아 대학교에서 인류학을 가르치며 아메리카 인디언에 관한 민족지적 연구를 진행했다. 그는 지구상의 다양한 삶의 양식을 전파, 교역, 환경 등의 요인에 따른 역사적 과정의 결과로 설명하는 문화상대주의를 주창했다.

아스와 같은 결론에 이른 듯하다.[178] 앞서 제3장(123쪽)에서 언급했듯이, 그는 "리듬은 형상의 창조자"(Leroi-Gourhan 1993: 309)라고 단언했다. 그러나 도구와 재료를 다룰 때 그에 수반되는 신체 동작의 율동적인 반복은 진자나 메트로놈의 진동과 같은 기계적인 것과 다르다. 실천자의 율동적인 움직임은 자신이 종사하는 작업장 환경의 구성적 요소들의 고유한 리듬성에 따라 지속적이며 감각적으로 조율되는 과정을 거친 것이기 때문이다. 르루아구랑 자신이 인공물의 미적 가치에서 기능과 스타일의 관계를 논할 때 언급했듯이, "무엇이든 만든다는 것은 제작자와 사용된 재료 사이의 대화다"(ibid.: 306). 이 대화는 질의 응답처럼 주고받는다. 모든 신체 동작의 목적은 기능공이 목표에 이르도록 도와주는 재료에게서 응답을 이끄는 것이다. 한마디로 조응이다. 제작물의 최종형태는 제작자의 마음속에 오래전부터 있어온 것을 재료에 찍어누르는 것이 전혀 아니며, 작품이 완성된 후에야 비로소 전모를 드러낸다.

그렇다면 기술적인 지성은 뇌에서도 손에서도 심지어 손안의 도구에서도 찾을 수 없다. 도구로 쓰일 수 있는 사물 그 자체는 특정 모양의 돌, 나무, 금속의 불활성 덩어리에 불과하다. 이와 마찬가지로 손은 앞서 살펴본 것처럼 해부학적으로 말하면 피부, 뼈, 근육조직의 배열일 뿐이며 뇌는 무수히 얽힌 신경세포

---

[178] 르루아구랑이 보아스에 의거하지 않고 독자적으로 이 결론에 도달했는지는 판단하기 어렵다. 『행위와 말』의 참고문헌에는 보아스의 저작이 전혀 보이지 않지만, 르루아구랑은 박사 논문에서 아메리카 북서부해안 원주민의 예술과 디자인을 다루고 있으며 보아스의 연구를 익히 잘 알고 있은 듯하다.

다발에 불과하다. 이것들을 각각 떼어놓고 보면, 지성은 그 어느 것에도 속하지 않는다. 오히려 지성은 기술적인 행위와 동작, 다시 말해 저 모든 것들을 하나로 결합하는 신체의 움직임에 깃들어 있다. 르루아구랑은 "사람의 손은 인간적이다. 손 자체가 인간적이기 때문이 아니라 손이 만드는 것이 인간적이기 때문이다"(ibid.: 240)라고 역설한다. 바꿔 말하면 인간의 손은 인체의 해부학적 기관이지만 손의 인간성은 다양한 능력의 개요서다. 개요서의 능력들은 제각기 손이 쓰이는 수많은 과제와 그에 수반되는 몸짓에 개별적으로 특화되어 있다. 숙련된 손에는 실천가의 삶을 통해 갈고닦은 운동과 감각의 능력이 응축되어 있다. 바로 여기에 기술성(technicity)의 기억술이 담겨 있다. 가령 손에 톱이 있으면 손은 톱을 어떻게 할지를 안다(Ingold 2011a: 58). 나이프와 포크를 쥐는 순간 내 손은 어떻게 음식을 잘게 썰어 입에 넣을지를 안다. 펜을 켠 손은 펜으로 쓰는 방법을 이미 알고 있다. 손은 한 글자 한 글자 문자를 어떻게 쓰는지, 또 문자를 이어붙여서 어떻게 단어와 문장을 만드는지를 안다. 기술적으로 효과적이고 감각적으로 세심한 지성적인 동작에서 손과 도구는 단지 쓰이는 것이 아니다. 율동적이며 비범한 동작의 규칙적인 패턴에 통합됨으로써 쓰임에 끌려들어 온다. 이렇듯 손과 도구를 사용하는 지성은 홀로 떨어진 개별 마음의 능력으로서의 기술적 행위보다 앞서 있지 않다. 그것은 인간, 도구, 재료의 동작적 연계를 구성하는 전체 "형태-창조 시스템(form-creating system)"(Leroi-Gourhan 1993: 310)의 조직적 창발성으로서 발생한다. 한마디로 손은 말할 수 있다. 손은 과제를 수행하는 데에서 그 진행조건에 대한 세심한 주의력으로도 말할 수 있으며, 또 손이 만들어내는 동작과 [재료에 흔적을 남기는] 기술적 행위로도 말할 수 있다. 르루아구랑은 손의 이러한 기술적 행위, 즉 새김의 기술을 언급하는데, 그것은 바로 능숙한 손놀림으로 고형물에 어느 정도 영속적인 흔적을 남기는, 우리가 보통 그래피즘(graphism)이라고 부르는 것이다. 이에 대해서는 다음 장에서 다시 다룬다.

쥐기와 만지기

그래서 손은 무엇을 할 수 있을까? 내 생각에 이 질문의 정답은 '거의 모든 것'이다. 철학자이자 내과 의사인 레이먼드 탈리스(Raymond Tallis)는 다음과 같이 말한다. "손은 무한한 가능성이 있다. 그러므로 이로운 쪽이라면 어느 방향으로든 발전할 수 있다"(Tallis 2003: 267). 학자들은 간혹 손이 할 수 있는 것, 이를테면 쥐기, 움켜잡기, 부여잡기 등 손의 다양한 사용방법을 목록화해왔다. 그러나 목록은 다 제각각이다. 예를 들어 르루아구랑은 손톱으로 상처 내기, 손가락과 손바닥으로 움켜쥐기, 손가락으로 집기 등의 목록을 만들었다(Leroi-Gourhan 1993: 328). 그리고 그는 창던지기와 같이 손과 팔뚝이 함께 움직여서 지렛대의 원리로 작용하는 것을 목록에 추가했다. 이 목록은 성별 편향적임을 바로 알 수 있는데, 긁기, 붙잡기, 상처 내기, 꿰뚫기를 포함하여 목록의 모든 항목은 그리스 고전문학에서 방금 튀어나온 듯한 이상적인 남성상을 구현하고 있다! 그렇다면 암소 젖 짜기부터 빨래 짜기까지 골고루 나타나는 짜기는 어떠한가? 또 반죽이나 점토를 치댈 때의 두드리기는 어떠한가? 아니면 뿌리채소를 밑동째 뽑아낼 때의 파내기는 어떠한가? 이것들은 수많은 사회에서 여성들이 하는 일들이다. 최근에는 리처드 세넷이 장인 정신에 관한 연구에서 손을 인간적인 것으로 만드는 핵심 능력으로서 쥐기와 만지기를 중점적으로 다루었다(Sennett 2008: 151). 세넷은 체질 인류학자인 메리 마즈케(Mary Marzke)의 연구(1997)를 언급하면서 물건을 쥐는 방법은 기본적으로 세 가지가 있다고 지적한다. 하나는 엄지 끝과 검지 옆구리로 물건을 집는 것이다. 여기에는 바늘구멍에 실을 꿰는 것처럼 정밀한 쥐기가 포함된다. 또 하나는 물건을 손바닥에 올려놓고 엄지와 다른 네 개의 손가락으로 이리저리 만져보고 눌러보면서 손안에서 굴리는 것이다. 마지막 하나는 엄지와 검지를 마주 보게 해서 둥글게 만 손으로 물건을 잡는 것, 즉 엄지와 검지를 찻잔 손잡이와 같은 형태로 만드는 것이다.

    그러나 이 분류 또한 완벽하지 않다. 예를 들어 바로 위에서 나열한 세 가지 방법 중 어느 것도 펜 잡는 방법을 충분히 설명하지 못한다. 내가 펜 잡는 방법을 묘사해보겠다. 먼저 펜의 하부 축을 중지와 약지의 손가락 끝 사이에 놓고 펜의 상부 축을 엄지와 검지 사이의 움푹 들어간 연결 부위에 놓는다. 그런 다음 엄지와 검지의 손가락 끝 사이에 펜을 끼워 넣는다. 그러나 이 자세만으로는 펜을 쥐지 못하고, 손가락이 위에서 펜을 누르게 해야 한다. 물론 이 지침은 일반적인 수준에서 작동한다. 지침이란 가야 할 방향을 가리킬 뿐 미리 정해진 최종 목적지를 지시하지 않는다. 실제로 펜을 쥐는 손동작은 현실에서 무한히 변형된다. 우리는 그림을 그리거나 글씨를 쓰는 실천에서 각자 자신만의 펜 잡는 방식이 있고 그 모든 방식은 조금씩 다르다. 그래서 사람마다 고유한 자신의 필체가 있고 우리는 그 필체를 구분할 수 있다. 이와 마찬가지로 사람은 자기 목소리가 있다. 음성학자와 언어치료사는 특정 모음이나 자음을 발음하기 위한 혀와 입술의 동작과 위치를 알려주지만, 그러한 안내를 받아 발음하는 화자의 목소리는 천차만별이다. 목소리는 얼굴, 품행, 특히 손글씨처럼 누구의 것인지 바로 알아낼 수 있고 타인의 것과 구별된다.

다음으로 쥐기에서 만지기로, 나아가 손이 무엇을 하는지에서 어떻게 느끼는지로 옮겨가보자. 언뜻 보기에 손의 촉감은 다른 무엇보다도 손끝에 있는 것 같다. 보통 물건을 만질 때 가장 먼저 손가락이 앞서나가고 손가락 끝에서 최초의 접촉이 이뤄지기 때문이다. 나처럼 첼로 연주자인 세넷은 손끝 터치의 "정직함(truthfulness)"이라고 그 자신이 부르는 것에 대해 많은 것을 이야기한다(Sennet 2008: 157). 이에 대한 세넷의 관찰은 직관에 반하는 것처럼 보이지만 내 경험과는 확실히 부합한다. 실천자는 도구나 재료에 끊임없이 문지르는 손가락 및 손바닥 곳곳의 피부가 두꺼워지고 굳은살이 생기곤 한다. 마찬가지로 맨발로 다니는 사람들은 주로 엄지발가락 첫 번째 마디 안쪽과 발뒤꿈치에 굳은살이 생기는데, 이 부위가 지면에 가장 많이 접촉하기 때문이다. 사람들은 보통 굳은살은 촉감을 둔하게 하거나 적어도 민감도를 떨어뜨리므로 맨발 걷기가 익숙한 사람에게 발바닥은 신발 신은 사람의 신발 밑창과 비슷한 작용을 할 것으로 생각한다. 그러나 실은 세넷이 주장하듯이(ibid.: 153), 정확히 그 반대다. 굳은살 박인 발은 굳은살 덕분에 과감히 앞을 탐색하거나 밟아가기 때문에, 굳은살은 민감도를 더 높일 수 있다. 첼리스트가 자신 있게 첼로 지판 위에 손가락을 얹어 현에 전심전력할 수 있는 것은 손가락의 쓸리는 고통을 이미 넘어섰기 때문이다. 그뿐만 아니라, 첼리스트는 손가락을 같은 자세로 들어올릴 수 있어서 다른 음과 섞이지 않은 정확하고 맑은 음을 낼 수 있다(ibid.: 151). 마찬가지로 잘 걸어 다녀서 발에 굳은살이 박인 사람들은 그렇지 않은 사람들이 맨발로는 조심히 걷는 장소에 신발을 신지 않아도 겁내지 않고 발을 내디딜 수 있고, 그렇게 땅과 완전한 신체적 유대감을 형성할 수 있다. 뱃사공도 이와 같다. 그가 노를 저으면서 물집이 맨 처음 잡히는 곳은 노를 쥔 손가락 마디 부분이다. 두꺼운 헝겊을 말아놓아도 생기는 손가락의 굳은살 덕분에 뱃사공은 능숙하게 노를 저어 배를 몰고 갈 수 있다.

    그러나 노를 저을 때뿐만 아니라 젖을 짜거나 빨래를 할 때나 목공이나 석공 등 수없이 많은 여타 작업에서 손의 감촉 부위는 손끝에 국한되지 않고 손바닥과 손등의 손 전체로 확장된다. 마치 나무 몸통과 줄기가 비바람을 맞아 휘어지고 풍화되듯이, 숙련된 실천자의 손은 엄격한 작업 방식을 연마한 수년간의 뼈를 깎는 노력을 증명한다. 그러므로 손은 촉감과 동작으로만 말하지 않는다. 손은 울퉁불퉁한 모양과 주름에서 지난 수행의 역사를 말해줄 수 있고 또 길흉을 점칠 때는 미래를 예언할 수 있다. 손의 주름은 손을 폈을 때 손이 접히면 포개지는 선을 드러낸다. 천리안의 눈을 가진 점술가는 마치 미궁 속 아리아드네의 실을 쫓아가듯이 손 주름의 선들을 따라 들어갈 수 있고, 손의 주인이 지금까지 어디에 있었으며 그 사람이 이제 어디로 갈 것인지를 모두 말할 수 있다(Hallam 2002).

줄 만들기

우리, 곧 나와 〈네 개의 A〉 수강생들은 손의 능력에 대해 더 잘 알고자 줄 만드는 방법을 배워보기로 했다. 줄은 아마도 인간의 기술이 이룩한 성과 가운데 가장 널리 쓰이면서도 그 가치를 인정받지 못한 것 중 하나일 것이다. 우리의 조상이 언제부터 줄을 만들기 시작했는지는 아무도 모른다. 왜냐하면 줄을 만드는 데 쓰이는 유기 섬유는 보존하기에 적합하지 않기 때문이다. 그러나 주먹도끼를 만들 수 있는 생명체들이 줄을 엮지 못했을 리가 없다. 오늘날의 고등 유인원과 마찬가지로 인류의 먼 조상들은 도구 사용에 능숙해지기 전까지 섬유를 사용했을 가능성이 크다. 그리고 줄로 매듭을 만드는 정도의 기술은 그들에게는 그리 어렵지 않았을 것이다. 이와 똑같은 기술이 유인원에게서, 물론 인간과 가까이 사는 유인원에 한해서지만, 발견되기 때문이다(Herzfeld and Lestel 2005). 빌레케 벤드리히(Willeke Wendrich)는 파라오시대 이후로 거의 변하지 않은 기술인 이집트 전통의 바구니 공예에 관한 민족-고고학적 연구에서 바구니 공예가가 바구니를 둥글게 말아 올리면서 인접한 것들을 꿸 때 쓰는 줄을 어떻게 만드는지를 자세히 묘사한다(Wendrich 1999: 298-300). 줄은 대추야자 잎에서 발라낸 잎맥을 물에 담가 만드는데, 그 줄은 단지 두 가닥으로 꼬여 있지만 강도는 무척 세다. 각 가닥은 두 가닥이 서로 꼬여 있는 방향과 반대 방향으로 꼬인 섬유 다발로 구성되어 있다. 가닥 자체의 꼬인 방향과 가닥끼리의 꼬인 방향이 정반대인 덕분에 줄은 하나로 묶여 풀리지 않을 수 있다. 가닥은 줄을 더욱 꽉 조일 때만 풀릴 수 있고, 줄 또한 가닥을 더욱 꽉 조일 때만 풀릴 수 있다. 줄과 가닥은 풀리고 싶지만, 그럴수록 한쪽이 다른 한쪽을 더욱 강하게 감는다.

    나는 야자수 잎을 따왔다. 맞다, 야자수는 춥고 바람 부는 애버딘에서도 자란다. 게다가 우리 정원에 야자수가 한 그루 있었다. 2009년에서 2010년 사이에, 2010년에서 2011년 사이에 혹독한 겨울이 연이어 두 번이나 찾아오는 바람에 말라 죽었지만. 나는 야자수 잎을 왼손 엄지와 검지 사이에 끼고 그 끝을 오른손 엄지손톱과 중지 바닥으로 집어 들었다. 손톱을 사용해서 잎사귀 끝을 잘게 찢은 다음 폭 1mm 정도의 긴 띠 모양으로 얇게 벗겨냈다. 이렇게 해서 가늘고 긴 띠가 충분히 많이 만들어졌고, 나는 그것들을 양동이 물에 하룻밤 담가서 그다음 날 〈네 개의 A〉 수업에 가지고 갔다. 우리는 이집트의 줄 만드는 방법을 설명한 벤드리히의 글을 함께 읽었고 바구니 공예가의 작업 모습이 담긴 첨부된 동영상도 함께 보았다. 이것들을 가이드 삼아 우리는 야자수 잎으로 만든 섬유로 작업을 시작했다. 먼저 두 가닥

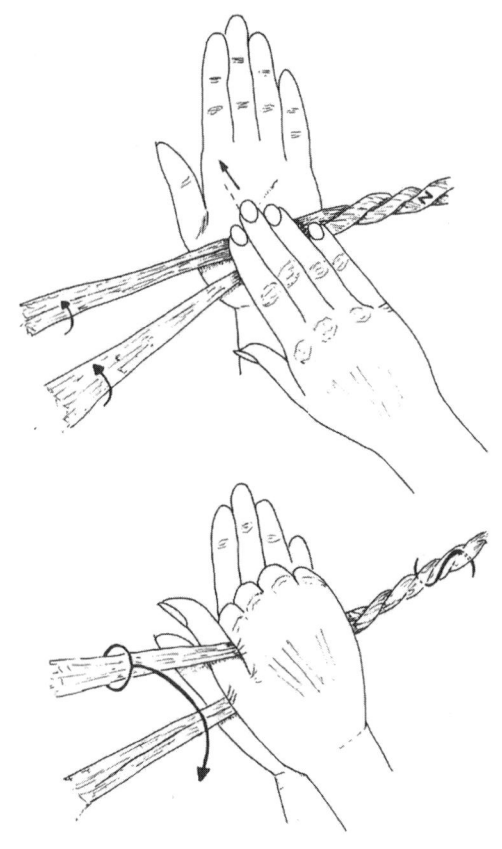

그림 8.1 줄을 만들 때의 손동작. 저자의 허락을 받아 Wendrich(1999: 299)에서 재인용.

을 각기 구성하는 두 개의 섬유 다발을 쫙 편 왼손 손바닥 위에 가로질러 눕히고, 그다음 오른손 손바닥을 펴서 그 위에 얹고 두 가닥을 왼손 손바닥 밑에서부터 손가락 끝까지 밀대 밀 듯이 민다. 이렇게 하면 두 가닥이 서로 말리며 꼬아진다. 그런데 오른손이 깔판인 왼손의 손끝에 왔을 때 오른손의 엄지와 검지로 가닥의 아직 꼬아지지 않은 한쪽을 잡고 그것을 손바닥 밑으로 손목에 가장 가깝게 끌어당긴다. 그러면 오른손이 잡지 않은 나머지 가닥이 오른손이 잡은 가닥 위로 미끄러지며 올라간다. 이러한 방식은 두 가닥을 반대 방향으로 반쯤 비틀어주는 효과가 있다(그림 8.1). 오른손으로 왼손 손바닥 위의 두 가닥을 굴린 다음 한 가닥을 집어서 왼손 손바닥 밑으로 끌어당기며 다른 한 가닥을 말아 올린다는 두 가지 기본 동작을 반복하면서 필요에 따라 섬유 다발의 끈을 계속 추가한다. 두말할 것도 없이 우리의 줄 만들기는 힘은 힘대로 들고 잘 안 되었다. 그래서 우리는 영상 속 바구니 공예가의 줄 만드는 모습을 선망의 눈길로 바라볼 수밖에 없었다. 바구니 공예가는 줄을 굴리고 당기기를 반복하며 힘들이지 않고 그의 손에서 줄을 뽑아내는 듯이 보였다. 그 꾸준한 움직임은 반수면 상태에서 리듬을 타는 것 같았다. 여하간 우리 줄은 완성됐고(그림 8.2), 완성된 줄의 강도와 유연성은 놀라웠다.

우리는 무엇을 배웠을까? 네 가지를 말할 수 있다. 하나는 손이 재료를 알게 되는 방법, 달리 말해 손이 물질에 대한 '느낌'을 얻는 방법에 관해서다. 또 하나는 손이 그 자체의 반복적인 움직임 가운데 어떻게 물질에 리듬을 부과하는지, 달리 말해 물질이 어떻게 손의 조작을 물질 자신에 기억하게 하는지에 관해서다. 그리고 또 하나는 이러한 손의 움직임을 통해 물질에 달라붙는 힘과 에너지가 어떻게 물질을 하나로 모으는지, 즉 반대 방

그림 8.2 야자수 잎의 섬유를 서로 꼬아서 만든 줄 하나. 수재나 잉골드 제공.

향의 비틀림이 일으키는 마찰이 어떻게 물질을 고정하는지에 관해서다. 우리가 배운 마지막 하나는 제작 과정에서 일어나는 물질의 조응이다. 이 절은 이 네 가지 교훈에 대해 간략하게 설명하는 것으로 마무리하고자 한다.

첫째, 우리의 실험은 물체나 인공물에 대한 소위 블라인드 테스트와는 전혀 다른 촉감의 경험을 제공했다. 블라인드 테스트에서 대상을 탐색하는 손끝의 과제는 그 형태를 가늠하고 마음속에 이미지를 그려내는 것이다. 반면에 이 실험은 손바닥을 포함한 손 전체(한 손이 아니라 양손)가 기능하고, 또 그렇게 해서 받는 인상은 형태보다 질감에 가까우며 무한히 수행되는 신체적 감각과 물질적 굴곡의 상호 보조에서 주어진다. 블라인드 테스트와 우리 실험의 차이는 이미 제2장(57-59쪽)에서 설명한 물체와 물질에 관한 실험에서 언급했으며, 줄 만드는 실습은 앞선 언급에 더 큰 힘을 실어주는 듯했다. 왜 우리에게 줄 만들기는 이다지도 어려운 과제였을까? 우리가 찾아낸 이유 중 하나는 학자나 학생의 손이 험한 농작업에 길들지 않고 너무 고와서 손바닥에 섬유 다발이 잘 굴러가지 않고 곧바로 미끄러져 버리기 때문이다. 이처럼 마찰은 기술적으로 효과적인 촉감에 반드시 필요하다(Wendrich 1999: 300). 둘째, 우리의 경험은 보아스와 르루아구랑이 제각기 도달한 결론, 즉 율동적인 움직임과 그로부터 나타나는 형태 사이의 관계를 생생하게 확인시켜주었다. 이 속에는 세넷이 관찰한 대로 "집중에 수반하는 리듬"이 있는데(Sennett 2008: 176), 이것은 기계적으로 습관화된 단조로운 일상과는 거리가 멀다. 집중력이 흐트러지지 않고 리듬이 깨지지 않는다면, 줄은 일정한 모양을 유지할 것이다. 그러나 잠시 정신이 팔려 리듬이 어긋나서 박자를 삐끗하거나 놓치면 줄은 비틀리고 늘어진다. 이렇듯 줄은 성향과 기질, 규칙성과 불완전성의 측면에서 자신의 형태를 만든 몸짓을 완전하고 확고하게 기록한다. 한 치의 오차도 있을 수 없다. 기록한다는 뜻의 영단어 'record'에서 'cord'가 상기시켜주듯이, 또 이미 제6장(209-210쪽)에서 살펴봤듯이, 줄 하나하나에는 기억이 있다(그림

8.2). 기억한다는 것은 줄을 되감는다는 것이다.

    셋째, 바구니 제작 실험에서처럼(제2장 65-69쪽 참조), 줄의 꼬임은 일종의 역장에서 생성된다. 역장은 우리의 손동작에서 부여된 힘과 물질 자체에 내재하는 힘의 두 가지를 모두 포함한다. 섬유는 본래 꼬임의 성질을 가지고 있지 않다. 줄이 꽈지는 것은 줄 재료의 관성 때문이 아니라 손이 재료에 부여하는 비트는 회전과 마찰 사이의 반대되는 힘 때문이다. 줄을 만든다는 것은 차라리 두 개의 나선을 한 번에 감는 것과 같은데, 이 두 개의 나선은 자기들과는 반대 방향으로 동시에 감기는 더 큰 나선의 부분이다. 서로 반대되는 힘이 작용한 결과 역학적인 균형이 유지된다. 신체 또한 이 방식으로 감기고 하나로 합친다. 염색체의 DNA에서부터 돌돌 말려 있는 소화기관까지, 성대에서 심금에 이르기까지 신체는 해상도의 모든 수준에서 꼬인 섬유로 이뤄진 조직이다. 라틴어로 심장을 의미하는 'cor'와 코드 또는 끈을 의미하는 'chorda' 사이에는 고대 어원학적 연관성이 있으며, 둘 다 이를테면 암기란 마음(심장)을 되감는 것이듯이 기억의 형성과 관련돼 있다(Carruthers 1990: 172). 위상기하학적으로 말하면 심장은 매듭으로 꼬여 있는 하나의 관이다. 그러나 그와 동시에 심장은 감정의 원천으로서 바로 앞 장의 마지막에 나오는 던의 연인이 나누는 뒤얽힌 시선을 상기시킨다. 그리고 이것이 우리의 네 번째 교훈이었다. 연인의 시선은 지각이란 대상을 이미지로 투영하는 데 있지 않고 물질과 의식의 뒤얽힘에 내재한다고 말해준다. 여기서 질 들뢰즈와 펠릭스 과타리의 다음과 같은 구절이 상기된다. "눈 자체가 시각적인 기능 이외의 기능을 수행할 수 있다"(Deleuze and Guarttari 2004: 543-544). 물론 반대로 블라인드 테스트에서 손이 물체를 더듬을 때처럼 손은 시각적인 기능을 맡을 수 있다. 손에 의해서든 눈에 의해서든 투영은 시각적이지만 말하기는 촉각적이다. 이때 말하기는 느낌으로 충만해 있다. 우리 줄의 가닥들은 서로 얽힐 때 시선이나 심금에 못지않게 조응 속에서 서로의 존재를 느꼈다. 이것들은 다 같은 현상의 동료다. 느낌의 언어는 연인의 뒤얽힌 시선과 마찬가지로 줄의 뒤얽힌 가닥들을 적절히 문자 그대로 표현할 수 있다.

손의 퇴행

오늘날 사람들 대부분은 기성품의 줄을 구매한다. 그리고 그 줄은 수작업이 아닌 기계에서 뽑아냈을 것이며 그 재료 또한 합성됐을 것이다. 게다가 줄 자체를 점점 사용하지 않고 있다. 여타 물건들이 기성품으로 제공되고 있고 또 그것이 다른 부품과 정확히 맞물리도록 미리 설계돼 있기 때문이다. 전체의 부분으로 미리 만들어지지 않고 단단히 묶여야 비로소 하나로 합칠 수 있는 사물을 위한 것, 그것이 바로 줄이다. 줄은 부품 없는 세계에서 사물을 하나로 모으는 일을 한다. 즉 조응을 위해 일한다. 그러나 모든 것이 이미 조립된 부품의 세계에서 줄 뭉치는 시대에 뒤떨어진 것으로 비친다(원리적으로 그럴 수 있지만 실제로는 시대에 뒤떨어지지 않았다). 줄 뭉치는 여느 가정집 어딘가에 고이 잠자고 있을 것이다. 옛날 석공이나 목수가 기초 도면을 만들기 위해, 또 다림추를 매달거나 벽돌이나 목재를 정렬하는 데 사용한 줄은(제4장 145-149쪽 참조) 이미 오래전에 기계식 투영장치로 교체되었다. 요즘은 소포에 줄을 사용하지 못한다. 줄로 소포를 묶으면 그 줄이 짐을 분류하는 우체국 기계에 걸릴 수 있기 때문이다! 직접 줄을 만들지 않아도 될뿐더러 줄 자체가 필요 없어져 확실히 시간을 절약할 수 있고 그 시간에 다른 일을 할 수 있다. 그러나 우리는 무언가를 잃은 것이 아닐까? 과거엔 "손으로 쓴 기사"는 그 내용이 명백한 것임을 의미했다고 한다. 기사를 손이 아니면 다른 무엇으로 쓴단 말인가? 발로? 그런데 현대에 이르러서 '수제'는 우수한 품질을 나타내는 증표다. 그것이 내포하는 일종의 진정성과 헌신은 사람들이 점차 능동적인 시민이기보다 수동적인 소비자로 여겨지면서 그들 자신의 삶에서 놓치고 있다고 느끼는 것들이다. 시민권은 도덕적인 책임을 수반한다. 그래서 우리는 기성품으로 나타나는 세계를 어떻게 책임진다는 말인가? 온 세상을 이미 우리 손아귀에 넣은 바로 이 순간에도 우리는 그것을 전혀 감당할 수 없는 듯하다.

바로 여기서 우리는 "손은 인간성의 요람"이라는 하이데거의 신조로 되돌아갈 수 있다. 하이데거는 손이 펜을 잡듯이 우리 인간성을 잡고 있다고 생각했다. 펜이 쓸 때 손은 말한다. 펜은 감응의 존재 방식을 드러낸다. 그런데도 "근대인은 타자기와 '함께' 쓴다"라며 하이데거는 혐오감을 노골적으로 드러낸다(Heidegger 1992: 80). 그가 '함께'에 인용 부호를 붙인 것은 타자기를 사용해서 쓰는 것이 진정으로 타자기와 함께 쓰는 것이 아님을 나타낸다. 타자기는 글자를 기계적으로 종이 위에 전사하는 것에 불과하다. 이러한 전사에 의해 잃어버린 것은 손이라는 맥관 그 자체다. 손이 펜을 쥘 때 손은 말한다. 그러나 손이 말을 하는 그 움직임은 타자기의 키보드를 두드리는 순간 소멸한다. 키보드를 두드리는 손은 종이 위에 자신의 흔적을 일절 남기지 않기 때문이다. 몸짓과 새김의 조응, 손과 선의 조응은 깨진다. 타자기로 친 원고의 글자는 물론 당신에게 행동하는 방법과 심지어 느끼는 방법까지 말해줄 수 있고, 마치 수학의 도표처럼 지시할 수 있다. 그러나 그것은 자판을 칠 때의 타악기를 두드리는 듯한 인상적인 동작과는 아무 관련이 없는 그저 종이에 찍히는 활자의 집합체로서 멈춰 있고 움직이지 않는다. 종이 위에 찍힌 글자는 손의 움직임과 느낌을 담고 있지 않기에 그러한 원고는 인간미가 없다. 혹은 하이데거가 표현하듯이 "타자기는 손의 본질적 영역에서 글쓰기를 발라낸다"(ibid.: 81). 타자한 글과 손으로 쓴 글은 다르지 않다는 의견은 글의 본질을 호도하는 것이라고 하이데거는 말한다. 글의 본질이란 우리를 세계 속에 존재하게 하는 것이며, 존재함으로써 느끼게 하는 것이며, 느낌으로써 말하게 하는 것이다. 펜은 인간이 존재하고 느끼고 말하는 일련의 흐름을 집어 들어 글씨체의 유려한 선으로 변환한다. 그러나 타자한 글은 그 흐름을 전달하기보다 타자기의 작동 속에서 코드화된 정보를 전송하는 단순한 '통신수단'으로 격하된다.

물론 하이데거는 기술이 인류의 근간을 얼마나 좀먹는지를 한탄할 기회를 놓치지 않은 구제 불능의 비관주의자였다. 반면에 르루아구랑은 기술의 진보를 전망한 낙관주의자였다. 르루아구랑은 인간이 자신을 오랫동안 포박해온 느리게 진화하는 생리적 신체를 제치고 그 존재를 자신의 창조물인 기계적, 계산적 보철물로 '외주화'하려고 할 때 인간은 어떤 존재가 될 것인지에 관해 골몰해 있었다. 그때쯤이면 인간은 동물학적 종의 계보에 종지부를 찍게 되겠지만, 인간 존재의 무게중심이 체내에서 체외 장치로 옮겨진 상황에서 그 존재는 대체 무슨 일을 할 수 있을지를 상상해보라면서! 그렇지만 르루아구랑은 하이데거와 마찬가지로 인간의 장인 정신에 깊은 존경심을 품고 있었다. 이 존경심은 그가 일본에서의 초기 민족학적 연구 과정에서 일본도 장인과 도공의 작업을 관찰한 데서 비롯되었다. 그는 이 연구를 통해 인류 문명의 여명에 관한 주류의 논의를 뒷받침해온 사고방식, 즉 머리는 손보다 우월하다는 가정에 의문을 품게 되었고 결국 '제3의 궤도'의 접근법을 채택했다. '제3의 궤도'의 접근법은 인공물의 형상을 결정하는 데에서 기계적 실행에 대해 지적 개념화를 우위에 두는 것이 아니다. 그보다 그것은 율동적인 손동작에서 생성되는 잠재력을 우선 고려한다. 하이데거의 인간들은 글의 소박한 품에 안겨 있는 것에 반해, 르루아구랑의 인간들은 언제나 무언가를 기획하고 실행한다. 도구를 사용할 때도, 대화를 나눌 때도, 몸짓으로 표현할 때도, 글을 쓸 때도, 이리저리 걸을 때조차. 그러나 무엇보다 장인들의 수작업에서 인간성의 본질이 발견될 것이라고 르루아구랑은 생각했다.

여하간 얻는 것이 있으면 잃는 것도 있다. 맨손으로 조작하는 것에서부터 (손에 든 도구처럼) 손이 직접 움직일 수 있는 것과 (도르래나 크랭크처럼) 도구를 통해 간접적으로 움직이게 하는 것을 거쳐서 (수력, 풍력 또는 동물의 힘으로 움직이는) 발전기 가동에 착수하게 되고, 마침내 (전자동 기계에서처럼) 프로그램화된 프로세스를 착수하는 버튼을 누르기까지, 르루아구랑은 기술의 진보를 상세히 설명하면서 다음의 결론에 이른다. 기술의 진보 끝에는 실제로 무언가를 얻지만 그만큼 잃는 것도 있다고. 가령 마루 바닥재를 생산하는 기계를 떠올려보자. 나뭇결이나 마디를 고려하지 않고 기계에 목재를 넣어도 완벽한 모양의 나무 블록이 나올 수 있다. 르루아구랑은 이 기계가 "매우 중요한 사회적 진보를 나타낸다는 데에는 의심의 여지가 없다"(Leroi-Gourhan 1993: 254)라고 말한다. 하지만 그는 이어서 우리 인간에게 "사피엔스 되기를 멈추고 다른 무엇이 되는 것, 어쩌면 더 나은 존재일 수 있지만, 어쨌든 분명히 달라질 수 있는 것" 외에는 다른 선택의 여지가 없다고 말한다. 포스트휴먼을 말하는 것일까? 정말로 그런 것 같다. 그는 "'열 개의 손가락으로 생각할' 필요가 없다는 것은 정상적이고 계통 발생학적인 의미에서 인간 정신의 일부가 떨어져 나간 것"이라고 결론짓는다. 요컨대, 버튼을 눌러 전자동 기계를 작동시키는 손가락은 손의 일부인데, 그 손은 해부학적으로는 여전히 인간이지만 인간성의 무언가를 상실했다. 여기에 손의 퇴행 문제가 있다. 기술성은 "손에서 분리되었다(demanualized)"(ibid.: 255).

필기하는 자와 타자 치는 자, 선사시대의 주먹도끼 제작자와 마루 바닥재 생산 기계의 버튼 조작자를 비교하면, 기술적 진보의 전반적인 추세는 손에서 손끝으로 향했을 것으로 추정할 수 있다. 하이데거는 1951년의 논문 「사고를 촉구하는 것(What Calls for Thinking)」에서 이렇게 쓴다. "손은 잡는다." 그리고 "손은 운반한다"(Heidegger 1993: 381). 양손 덕분에 우리는 물건을 빠르게 유통시킬 수 있고 가지고 다닐 수 있다. 무엇보다 우리는 타자(他者)의 손을 잡을 수 있고, 이런 식으로 인생의 행로를 안내하고 안내받을 수 있다. 이것이 중세의 수사학에서 "손으로 이끌기; 안내서(manuduction)"라고 알려진 것이다(Candler 2006: 5). 물건을 잡고 운반하는 손은 인내하며 배려하는 손이다. 반면 손끝은 물건을 만질 수는 있어도 물건을 잡을 수도 없고 운반할 수도 없다. 적어도 엄지의 도움이 없다면 불가능하다. 그러나 이 대비는 충분히 명확하지 않다. 핵심 질문은 손이, 손가락 끝이 느낄 수 있는지에 있다. 첼리스트가 손가락으로 현을 누를 때, 피아니스트가 손가락으로 건반을 누르거나 두드려 칠 때 느끼는 감정을 우리는 부정할 수 없다. 기술적으로 효과적인 신체 동작에서부터 그로부터 흘러나오는 소리에서까지 끊김 없는 연속성이 있다.[179] 그렇지만 지게차 운전사는 지게차가 들어 올리는 짐의 무게를 느낄까? 마루 바닥재 기계 조작자는 기계가 나무를 자를 때 톱니에 물리는 느낌을 받을까? 타자 치는 자는 타자기가 찍는 활자의 다양한 모양 차이를 느낄까? 이 모든 경우에 대답이 '아니오'라고 한다면, 손가락의 터치는 아무리 그것이 민감하고 정밀할지라도 느낌이 없는 것이다.

---

[179] 비브라토는 대부분의 현악 연주자가 거의 모든 연주에서 사용하는 테크닉으로 현을 누르는 한 점을 넘어서서 손가락 끝을 계속해서 움직이게 함으로써 청중이 감정을 풍부하게 느끼게 되는 소리를 표현하는 수법이다. 대조적으로 비브라토를 걸지 않고 연주하면, 어쩐지 섬뜩한 무기질의 소리가 된다. 마치 조응이 전연 존재하지 않는, 죽은 혼의 세계에 발을 들여놓은 것처럼.

손끝은 버튼이나 건반과의 '접촉면'을 통해 기계와 상호작용한다. 하지만 손끝의 동작은 물질의 움직임이나 그와 수반해서 생기는 흔적과 조응하지 않는다. 손가락은 '봉'일 뿐이고 손가락이 접촉면에 접촉하는 것은 '치기'다. 눈 맞춤에서처럼 치기의 관계성은 촉각적이기보다 시각적이며 감응적이기보다 합리적이다.

 기술의 향상은 손으로 말하는 감응적 조응을 손끝의 촉감적 섬세함으로 대체하는 방향으로 움직여왔다. 손이 손끝으로 대체되면서 손이 하는 다루기, 뻗기, 쥐기는 그 자체로 활성화된 움직임이라기보다 신체의 경험을 모델화한 이해의 메타포가 되고 있다(Johnson 2007: 166; Brinkmann and Tanggard 2010: 249). 우리는 아이디어를 '다루고' 개념을 '쥐어서' 어느 수준의 지식으로 '뻗어' 간다고 말하지만, 이때 우리 손을 직접 사용한다는 것은 아니다. 마찬가지로 우리와 같은 대학교수나 대학생들은 아이디어를 논의하기 위해 이른바 '워크숍(작업장)'을 즐겨 소집하는데, 열심히 키보드를 두드리고 자료 화면을 프로젝터에 띄우는 이외에는 손으로 '작업'하는 일이 거의 없다는 것은 잘 아는 바와 같다. 대학 경영진은 눈앞의 이익에 사로잡혀 학문의 현장을 파괴하는 행동을 서슴지 않고 있다. 강의실에서 칠판과 분필을 제거하고 그 자리에 매끈매끈한 하얀 스크린을 설치하라고 명하고 있다. 그리하여 손으로 말하는 것의 마지막 가능성조차 남김없이 제거되고 말았다. 우리는 우리가 원한다 해도 손을 물질과 섞어서 더럽히는 것이 허용되지 않는다! 그러나 민감성과 감응, 다시 말해 촉감과 느낌이 반비례할 필요는 없다. 예를 들어 터치 감지 키보드가 있으므로 펜을 사용하지 않는 것이 아니라 민감한 감촉의 터치펜으로 써 내려가는 것이 가능하며, 이렇듯 두 세계의 장점을 동시에 누릴 수 있다. 기술적으로 향상된 민감성은 제작 과정에서 물질과 교류하는 손의 역할을 강화함으로써 인류의 범위를 침범하기보다 진정으로 확장할 수 있다.

제9장
선을 그리다

그리기와 말하기

지금까지 살펴본 대로, 말하는 손은 또한 느끼는 손이자 그리는 손이다. 그렇다면 모든 그리기는 손으로 말하는 방식의 하나일까? 그럴 수도 있고 아닐 수도 있다. 이 물음의 답은 그리기가 무엇을 의미하는지에 달려 있다. 그리고 그리기를 결국 무엇과 비교하고 싶은지, 즉 그리기가 무엇이 아니라고 말하고 싶은지에 달려 있다. 예를 들어 그리기를 글쓰기와 비교하고 싶다면, 아마도 언어나 구문의 한계 혹은 언어적인 표현과 비언어적인 표현의 확고한 구별 가능성에 관심을 둘 것이다. 그리기를 조각과 비교한다면, 선으로 표현하는 것과 면이나 양감으로 표현하는 것의 차이 아니면 새기는 것과 깎는 것의 차이에 관심을 둘 것이다. 그리기와 칠하기의 비교에서는 표면에 표시하는 것과 표면을 덮는 것의 차이 아니면 선과 색의 차이를 생각하게 될 수도 있다. 그에 반해 그리기를 사진과 비교하면, 이미지를 만드는 데 필요한 것이 무엇인지에 대해 그리고 사진의 상대적인 즉시성과 그와 대조되는 그리기의 시간성을 분명 생각하게 될 것이다.

그리기와 음악을 비교하면, 표현하는 몸짓과 그 지속성에 초점을 두겠지만, 동시에 그 몸짓이 지속적인 흔적을 전혀 남기지 않을 때 둘 사이에 어떤 차이가 있는지에 대한 의문이 들 수 있다. 각각의 비교는 그리기의 특징을 제각기 부여한다. 그 특징들은 같은 부류의 유사성을 공유할 수 있지만, 그리기에 대한 최종적으로 단 하나의 본질적인 정의에 수렴하기를 바라는 것은 현실적으로 불가능하다.

나는 말하는 방식의 하나로서 그리기에 관심이 있는데, 이 관심에서 처음부터 배제되는 것은 말하지 않고 말하려 하지 않는 그리기의 부류 전체이며, 이 부류는 말하기보다 상술하고 분절한다. 건축가와 엔지니어의 기술도면(technical drawing)이 이에 해당한다(Henderson 1999). 그것은 짓거나 세우려는 건축물의 상세를 치수 및 각도와 함께 전달한다. 레온 바티스타 알베르티가 건축도면(architectural drawing)의 개념을 '윤곽'의 집합체로서 건설 작업에 앞서 머릿속에 떠올린 건물의 형태와 외관에 대한 완벽한 설명서라고 정의했을 때 그가 말하고자 한 것은 이러한 부류의 그리기였다. 그리고 그것은 또한 조르조 바사리(제4장 137쪽 참조)와 같은 르네상스 시대 작가의 글에서 보이는 디제뇨(disegno)[180]로서의 드로잉이라는 사고방식을 공유한다. 이러한 부류의 그리기의 중요성은 아무리 높이 평가해도

---

180 [역주] 디제뇨는 이탈리아어로 드로잉 또는 디자인을 뜻하며, 드로잉이나 디자인을 만들어내는 지적능력까지 포괄한다. 르네상스 시대에 드로잉이나 디자인의 창조 능력은 신과 함께하는 것이었고, 이에 따라 회화는 예술로 격상되었다.

지나치지 않다. 패트릭 메이너드(Patrick Maynard)가 말한 것처럼, 그것 없이 "근대세계가 어떻게 존재할 수 있을지 상상조차 할 수 없다." 근대세계의 만들어진 모든 것, 기계로 대량생산된 모든 물품은 처음에는 드로잉으로 표현되었다(Maynard 2005: 7). 메이너드는 나아가 드로잉을 다음과 같이 정의한다. 그것은 "손끝, 분필, 연필, 침, 펜, 붓 등등 촉 같은 것을 가지고 있고 그래서 우리가 '뾰족한 끝'이라고 말하는 물체가 어느 정도 연속적인 표면 위 궤적을 의도적으로 이동할(그릴) 때 일어나는 일이다. 이 행위는 촉이 지나간 흔적으로서 어떤 표시를 남긴다. 이것이 이 행위의 목적이다"(ibid.: 62).

그렇다면 손으로 그린 모든 선은 신체 동작의 흔적이 되며, 이는 점과 점 사이의 경로를 조정하는 도구로서 자, 컴퍼스, 스텐실을 사용하더라도 그러하다. 그러나 모든 선이 그러한 신체 동작의 표현을 목적으로 하는 것은 아니다. 예술가 파트리시아 카인(Patricia Cain)은 다른 사람의 작품을 모사해보면서 자신의 그림 연습을 탐구하는 중에 '신체동작적인' 선과 '비-신체동작적인' 선으로 그녀 자신이 이름 붙인 것을 구별할 필요가 있음을 깨닫는다. 이것은 실천상에서라기보다 의도상에서의 구별이었다. 신체동작적인 선은 선을 생성하는 움직임의 표현으로 생각되지만, 비-신체동작적인 선에서 그러한 표현은 부수적인 효과일 뿐이며 주된 목적인 상술에 부차적이다(Cain 2010: 126). 비-신체동작적인 선으로 구성된 드로잉은 사실상 명제다. 그것은 지금부터 무엇이 만들어져야 하며 지금까지 무엇이 만들어졌는지에 대해 진술한다. 같은 이유로 신체동작적인 선으로 구성된 드로잉은 비-명제적이다. 그것은 (신체를 포함한) 사물에 대해 진술하기보다 사물로부터 나온다. 스케치라고 흔히 알려진 그것은 두 가지 의미에서 말하는 그리기다. 즉 그것은 주도면밀한 관찰이 필요하며 다른 사람이 따라갈 수 있는 경로를 추적한다. 유하니 팔라스마가 지적하듯이, 스케치하는 것은 촉각적인 실습이다. "정물, 인물, 풍경의 외관을 스케치할 때 나는 정말로 그 표면을 만지고 느낀다"(Pallasmaa 2009: 89).

건축가와 엔지니어는 보통 아이디어를 다듬는 과정에서 종종 협업해서 스케치를 그린다. 그들에게 스케치는 설계 과정에서 필요불가결한 부분이다(Henderson 2007: 8). 스케치는 명제에 이르는 도정에 있다고 말할 수 있는데, 스케치가 기술도면으로 넘어가는 단계에서 모든 움직임은 정지된다. 기술도면의 선은 어떻게 움직여야 하는지를 부호로 지시하지만, 그 자체는 움직임을 전달하지 않는다. 그리고 같은 이유에서 그러한 그리기는 감정이라는 것이 없다. 그것은 촉각적이기보다 시각적인 세계와의 관계를 확립한다. 서로 다른 두 종류의 그리기가 뒤섞일 때, 즉 스케치가 상세설명서(specification)로 이해될 때 무슨 일이 일어날까? 이에 대한 생생한 묘사는 건축가 아돌프 로스[181]의 불만에서 볼 수 있다. 로스는 건축이 그래픽 아트에 너무나 가까워진 바람에 "사소한 그래픽에 불과한 것을 벽돌공과 석공은 각

---

181 [역주] 아돌프 로스(Adolf Loos, 1870~1933)는 체코슬로바키아의 건축가이며, 현대건축의 주요한 이론가 중 한 명이다. 합리적이고 기능적인 현대건축 및 디자인 양식을 구축했다. 대표 저서로 『장식과 범죄』 등이 있다.

고의 노력으로 긁어내고 수정해야 한다"(Loos 1985: 105-106)라고 한탄한다. 그가 말하려 한 것은 한편에서 건축가는 자신의 도면에 집착한 나머지 그 자체가 목적이 되었고, 다른 한편에서 건설자는 건축가의 스케치를 상세설명서로 이해해서 연필심의 강도에서 비롯된 음영과 크로스 해칭[182]의 질감까지 건축가가 그린 선의 모든 뉘앙스를 건축재료에 빠짐없이 표현해야 했고, 이는 얼토당토않은 결과로 이어졌다는 것이다.

드로잉은 이미지가 아니다

조각가이자 제도사(draughtsman)인 리차드 탤벗(Richard Talbot)은 파트리시아 카인과의 인터뷰에서 다음과 같이 논평했다. "나는 내가 이미지로 사고한다고 생각하지 않습니다. (…) 내가 드로잉을 그리고자 할 때 그보다 먼저 이미지가 떠오르는 것은 아닙니다. (…) 그저 직감이 작용하는 것이죠"(Cain 2010: 89에서 인용). 탤벗은 이 외에도 드로잉에 대한 자신의 접근법을 중세 대성당 건물에 비유하는데, 우리가 앞서 제4장(155-157쪽)에서 논한 것처럼 건물의 형태가 지면에 배치된 후 어떻게 "의도, 실용주의, 우연, 야망 등에서 비롯된 결과로서 (…) 유기적으로 발전했는지"를 언급한다. 탤벗은 자신의 드로잉 또한

---

182 [역주] 크로스 해칭(cross-hatching)은 판화나 소묘에서 평행선과 교차선을 여러 번 반복해서 대상의 음영, 양감, 명암 등을 나타내는 기법을 말한다.

그와 같다고 말한다. "드로잉의 의미, 뭐 그런 것이 있다면, 그것은 내가 통제할 수 있는 것이 아닙니다"(Talbot 2008: 56). 이 의견은 많은 그래픽 예술가가 자신의 작품에 대해 하는 말들이지만, 비실천가들, 특히 예술을 다루는 역사학자와 인류학자 사이에서 통용되는 일반 상식, 즉 그리기의 본질이 내면의 정신적 심상을 지면에 투영하는 데 있다는 믿음을 정면으로 거스른다. 학자들의 일반 상식이란 이런 식이다. 제도사는 어느 한 대상을 그릴 때 우선 눈을 통해 들어오는 빛에 따라 마음속에 이미지를 얻어 시각적인 기억으로 고정해놓는다. 그다음 이번에는 거꾸로 마음 밖으로 빛을 방출하여 이미지를 지면에 비춰서 그 윤곽을 따라 그림을 그린다. 예를 들어 필립 로슨(Philip Rawson)은 아이들이 그림을 그릴 때 "그들은 항상 기억에서 생겨난 그들 내면의 이미지를 표면에 투영한다"(Rawson 1979: 7)라고 확신한다. 그는 성인 예술가에 대해서도 이미지의 밀도에서 정도의 차이가 있을 뿐 원칙적으로 크게 다르지 않다고 생각한다. 훌륭한 예술가의 그림은 여러 겹의 의미를 보여주지만, 아이들의 그림은 "단 하나의 두툼한 개념"(ibid.: 8)을 가진다는 것이다. 이에 따라 이를테면 단 한 번의 행위로 표현을 완성하는 아이들과 달리 예술가는 이미지의 구성요소인 부호들로 이미지를 구축해서 모든 부호가 전체화의 관계에서 의미를 가지는 집합체를 창조해야 한다. 궁극적으로 중요한 것은 "전반적인 이미지"라고 로슨은 말한다. 왜냐하면 그것이야말로 예술가가 "[작품을] 관람하는 자의 마음에 심고 싶은 것"(ibid.: 22, 29)이기 때문이다.

이보다 더 큰 오류가 있을까! 우선 첫째로 미술사가 노먼 브라이슨(Norman Bryson)이 강조했듯이 드로잉은 전반을 망라하려 하지 않는다. 그것은 회화와 달리 "전반의 법칙"(Bryson 2003: 151)을 따르지 않으며, 그 선 자국은 완성된 총체와 관련해서만 의미를 띠는 것이 아니다. 반대로 그것은 애당초 반-총체적이며 어떻게든 계속 나아가고자 한다. 드로잉에서 완성은 절대로 가닿을 수 없는 점근선과 같은 것이다. 예술가 이브 버저(Yves Berger)는 그의 아버지 존 버저와의 대화에서 "우리가 내뱉는 '다 됐다!'라는 말은 드로잉 자체의 고유성에 가능한 한 가장 가까워졌음을 가리킬 뿐입니다"(Berger 2005: 130에서 인용)라고 말한다.[183] 둘째로는 예술가가 관람자의 마음에 의도적으로 무언가를 심는 일이 있을 수 있느냐는 것이다. 설령 예술가가 작품 속에 작품으로 성장한 종자를 심고 관람자는 작품을 그저 보는 것이 아니라 작품과 함께 보면서 작품의 성장을 따라간다고 해도, 성장 과정의 어느 순간에 관람자는 실제로 따라온 길이 아닌 다른 길을 인식할 수 있다(Rosenberg 2008: 123). 그림을 그릴 때 손이 머릿속에 채워진 것을 차츰차츰 비워내지 않듯이, 전체 구성은 마음에서 종이로 미끄러져 옮겨가지 않는다. 오히려 손과 머리는 작품이 연달아 생성되는 동안 내내 공범 관

---

[183] 삽화가 존 버논 로드(John Vernon Lord)는 이와 매우 비슷한 경험을 보고한다. 로드는 언제 어떻게 그리기가 끝났다는 것을 알 수 있는지에 대해 이렇게 답한다. 드로잉 자체가 연필을 놓을 때를 그에게 가르쳐주며, 그때는 가장 예기치 못한 순간에 찾아온다고. 그 단계에 이르면, "나는 그림에 너무 가까이 다가가서 더 이상 볼 수 없다. (…) 내가 지금 그림을 보면, 그림 자체가 내 마음속에 존재하고 있다기보다 그 마음을 내게 말해줍니다"(Lord 2005: 36).

계에 있다(Roque 1994: 46; Badmington 2007). 로슨 자신도 시각예술에서 드로잉의 바로 그 독특성은 시간과 운동의 표현에 있음을 지적한 만큼 이를 인정한 것이다. "우리가 예술가의 움직이는 손이 남긴 흔적을 시간의 흐름에 맞춰 따라가지 않는다면 우리는 중요한 점을 놓치게 될 것이다"(Rawson 1979: 24). 이 점에서 시각예술 분야의 관습적인 분류법을 차치하고서, 드로잉은 말하자면 회화나 사진보다 음악과 춤에 가깝다. 작가이자 비평가인 존 버저는 사진은 시간을 붙잡아두고 드로잉은 시간과 함께 흐른다고 말한다. 그는 또한 "우리는 드로잉을 시간의 흐름의 표면에서 생기는 소용돌이로 생각할 수 있지 않을까?"(Berger 2005: 124)라고 되묻는다. 말하는 그리기는 이미지가 아니며, 이미지의 표현도 아니다. 그것은 몸짓의 흔적이다.

말하는 그리기가 음악과 같다면, 연필이나 그 외 마크를 표시하기 위한 도구는 악기와 유사하다고 말할 수 있다. 현대추상예술의 위대한 개척자 바실리 칸딘스키(Wassily Kandinsky)는 자신의 저서 『점·선·면』[184]에서 이 비교를 명쾌하게 설명했다(Kandinsky 1982: 612). 첼로와 같은 현악기를 연주할 때 활을 휘두르는 팔의 움직임이 활 털과 현의 접촉을 통해 선율을 자아내듯이, 연필 선의 흐름 속에서 손이라는 맥관은 지면으로 향한다. 이와 마찬가지로 활에 가해지는 압력이 소리의 진폭에 반영되듯이 제도사의 필압(筆壓)은 선의 굵기에 반영된다(Ingold 2011a: 188). 이처럼 제도사 손안의 연필은 내 손안

---

[184] [역주] 바실리 칸딘스키, 『점·선·면』(차봉희 옮김), 열화당, 2019.

의 첼로와 마찬가지로 전환장치로서 복무한다.[185] 제7장(254쪽)에서 정의한 전환장치를 떠올려보면, 전환장치는 신체 동작의 운동적인 성질 – 즉, 그 맥관 – 을 신체적인 움직임과 의식의 기록에서부터 물질적인 흐름의 기록으로 변환한다. 그렇다면 연필은 투영의 벡터도 아니고, 팔라스마가 건축가로서 주장한 "상상하는 마음과 종이 위에 나타나는 이미지 사이의 가교"도 아니다(Pallasmaa 2009: 17).[186] 이와 똑같은 주장을 고고학자의 모종삽에 대해서도 말할 수 있다. 숙련된 고고학자의 손에 든 모종삽은 단지 마음속 현장을 발굴현장으로 혹은 그 반대

---

185 덧붙이면 당연히 연필은 축적된 물질을, 흑연의 중심 내지는 '연필의 심'에 내장하고 있다. 헨리 페트로스키(Henry Petroski 1986: 6)는 연필의 역사와 공학에 대한 상세한 설명에서 흑연이 잉크와 비교했을 때 드로잉에 특유한 적합성이 드러난다고 언급한다. 흑연은 액체에 비해 단단하며 표시를 낼 정도로 부드럽고 지워지지 않는 얼룩이나 이염이 그렇게 크게 남지 않는다. 흑연이 제작 도중의 작품에 딱 좋은 것은 그 때문이다. 제작 도중의 작품은 완성한 후 잉크로 덧칠하면 된다. 페트로스키는 "잉크는 관념이 공적으로 모습을 드러낼 때 감기는 화장품이며 흑연은 그 오염된 진실이다"라고 썼다. 포레 워커(Faure Walker 2008) 또한 참조할 수 있다.

186 팔라스마와 관련해 조금 더 공정하게 말하면, 그의 지나가는 발언을 그 맥락을 무시한 채로 받아들여서는 안 된다고 생각한다. 왜냐하면 그의 주장 전체는 이와 반대 방향을 지향하고 있기 때문이다. 실제로 그는 같은 문단에서 자신이 바로 전에 발언한 것을 정당화하고자 다음을 암시한다. 손, 연필을 쥐는 손이야말로 정말로 상상하는 손이라고. 이어서 팔라스마는 드로잉이란 마음의 이미지를 비춰준다는 사고를 젊음의 오만함 탓으로 돌린다. "젊고 편협한 자는 텍스트와 그림이 미리 마음에 생각해놓은 것을 구상화하고 그 관념에 즉각적이고 적확한 형태를 부여하고자 한다"(Pallasmaa 2009: 111). 이제 팔라스마는 나이를 먹고 현명해져서 더 잘 알게 됐다!

로 옮겨놓는 것이 아니라 도리어 발굴 단면을 따라간다. 제도사의 선과 마찬가지로(ibid.: 111), 단면은 때로 예상한 그대로 전개되지만, "그렇지 않을 때는 전혀 예상치 못한 방향으로 전개된다"(Edgeworth 2012: 78). 건물에 대해서도 완전히 똑같이 말할 수 있다. 사이먼 언윈이 지적하기를 "모든 건물은 드로잉이다. 그것은 드로잉을 현실에서 구현해 지었다는 뜻이 아니라 건물이 그 자체로 드로잉이라는 것이다"(Unwin 2007: 108). 즉 건물의 벽과 통로는 건축과 이축의 과정을 통해 그려진 것이다. 그렇다면 고고학자의 경우와 마찬가지로 건설자 손안의 모종삽은 전환장치로서 복무한다. 건축가의 시선에서만 모종삽은 최초 설계와 최종 구조물 사이의 다리 역할을 한다. 건설자에게 모종삽은 발밑에 흐르는 격동하는 물살을 헤쳐가는 키와 같다.

이제 결론에 거의 다 왔다. 말하는 그리기는 근감각적 의식과 탈주선의 조응이다. 브라이슨이 말하듯이, 이 조응에서 "종이에 찍힌 자국은 이끌리는 만큼 이끈다"(Bryson 2003: 154). 마음에 선을 수놓고 마음을 선에 수놓기를 교대로 반복하면서 그림이 점차 완성됨에 따라 서로 수놓는 봉합 작용은 점점 팽팽해진다. 이처럼 그리기는 마음에 떠오른 사건을 시각적으로 옮겨놓은 그림자가 아니다. 그것은 사고의 과정이지 사고의 투영이 아니다.[187] 투영은 앞으로 던지는 것, 즉 미래에 내던지는 것

---

[187] 이 대비는 선과 색의 관계에 관한 몇 가지 사고를 촉구한다. 미술사학자 조르주 로케(Georges Roque)(1994)는 서양 미술 작가들에게는 다음과 같은 경향이 있다고 적고 있다. 그들은 색을 단순한 장식이나 '화장'으로 간주하며, 그들에게 색은 유혹 혹은 매혹적인 힘이 있지만 그리기나 쓰기처럼 사고의 과정을

을 함의하는 반면, 그리기는 모으는 것, 다시 말해 가깝게 끌어당기는 것이다(Phipps 2006: 4). 팔라스마는 다음과 같이 쓴다. "사고 과정은 생각을 받아쓰는 것이 아니다. 그것은 기다리기, 듣기, 협업, 대화의 행위로 바뀌는 것이다. [이 행위를 통해] 사람은 점차 자신의 작품과 협업하는 기술을 익힌다"(Pallasmaa 2009: 111). 자신의 작품과 협업하는 것, 이것이야말로 조응에 딱 맞는 정의가 아닐까! 이러한 사고, 이러한 상상은 머릿속에서와 같이 손과 손가락에서도 이뤄진다. 그것은 실천의 선들로 펼쳐진다. 세르주 티세롱에 따르면, "창조적인 인간은 아리아드네의 실처럼 자기 앞에 풀려 있고 거미줄처럼 자기 뒤에서 나오는 이 실을 확실치 않아도 따르기로 정하고 모험을 감행하는 자다"(Tisseron 1994: 37). 사고란 진정 거미줄이 아닐까? 혹은 존 버저가 말했듯이 "죄다 엉킨 가닥"(Berger 2005: 133)이 아닐까? 버저는 그뿐만 아니라 이 그리기-사고를 통해 당신은 용모가 아닌 정동의 의미로 당신 자신이 그린 것이 된다고 말한다(ibid.: 126). 당신은 이를 내면에서 알고, 당신의 몸짓에서 그 움직임을 되살려낸다. 그리기는 변환적이다(Cain 2010: 76).

이 생각을 염두에 두고 지금 잠시 이 책의 서두에서 소개한 인류학과 민족지의 구분으로 되돌아가보자(제1장 19-24쪽). 나

> 가르쳐주지는 않는다. 그렇지만 내게는 색이 그 이상이라고 생각된다. 내 생각에 색은 의식을 충만하게 하며 선은 의식을 선도한다. 선이 사고의 과정을 추적한다면, 색은 사고의 기질을 나타낸다. 선과 색 둘 다 감정의 양식이지만, 선이 촉각적인 한편으로 색은 분위기적(대기적)이다. 이 사고를 발전시키면 또 다른 연구 주제가 되어야 할 것이다.

는 민족지의 목표는 기술(description)이고 인류학의 목표는 변환(transformation)이라고 주장했다. 그리하여 말하는 그리기는 그래픽 작용으로서 선을 묘사하지만, 그 선은 무엇을 묘사하는 것이 아닌 선 그 자체라고 말할 수 있다. 여하간 선은 변환적이다. 선은 작품을 만드는 가운데 제도사를 변환하고, 선과 함께 보는 가운데 선을 따라가는 자들을 변환한다. 그러므로 그리기를 통해 세계와 함께 조응하는 것은 민족지가 아닌 그래픽 인류학, 용어를 만들어 붙이면 앤트로그래피(anthrography)를 실천하는 것이다.

그리기와 필기

제8장에서 나는 앙드레 르루아구랑이 온갖 종류의 손동작에서 생기는 지속적인 흔적을 지칭하기 위해 그래피즘이라는 단어를 어떻게 선택하게 됐는지를 논했다. 그의 선택은 현명했다. 그는 동시대 사람 중 누구보다 먼저 그래픽 비문[고대문자]의 기원에서 그리기와 쓰기의 구분을 설정하는 것의 오류를 인식했다. 이 구분은 그래픽 비문 발전의 나중 단계(문자의 음성화와 그러한 표상의 알파벳화)에서야 출현했으며 그 근대적인 의미는 인쇄기술에 근거한다. 이것은 우리의 현재 관심사에서 벗어난 복잡한 이야기이므로 여기서는 반복하지 않겠다.[188] 다만 제8장의

---

188 조금 더 상세한 논의는 Ingold(2004)를 참조할 것.

서두에서 제기한 암묵적이라는 것의 의미를 둘러싼 문제에 대해 다시금 논하고자 한다. 나는 앞서 말해지지 않은 것이라도 언제든 목소리로 나올 수 있고, 그와 마찬가지로 쓰이지 않은 것이라도 언제든 그려질 수 있다고 했다. 노래하기와 발화하기가 목소리로 말하는 방식이듯이, 그리기와 쓰기는 모두 손으로 말하는 방식이다. 머나먼 선사시대에는 발화가 목소리의 억양으로부터, 문자가 선의 굴곡으로부터 아직 명확하게 드러나지 않았을 것이다. 그 당시에는 입과 손을 각각 움직여서 표현하는 발성과 그래피즘이 있었을 것이며, 이 둘은 서로를 평하거나 증폭시켰을 것이다. 그러나 그러한 시대는 끝났고, 지금은 발화와 노래가 제각기 있듯이 쓰기와 그리기가 제각기 있다. 그렇다면 쓰기와 그리기는 어떻게 구별될까? 같은 그래피즘으로서 쓰기와 그리기는 어떻게 다를까?

이렇게 주장해볼 수 있다. 읽을 수 없는 그림이 있을 수 없고, 볼 수 없는 글이 있을 수 없다. 그러나 읽기와 보기를 동시에 하는 것은 불가능하지 않더라도 어렵다. 이 주장은 문학가 장제라르 라파셰리(Jean-Gérard Lapacherie)가 텍스트에 관해 언급하면서 한 말이다. 그는 "텍스트를 물 흐르듯 읽어가면서 그와 동시에 인쇄된 문자를 하나하나 뜯어보는 것은 불가능하다"라고 쓴다(Lapacherie 1994: 65). 이때 문자는 한편으로 언어 단위(음소)를 나타내는 기호로, 다른 한편으로는 그래프, 즉 고유하고 자율적인 의미가 있는 활자로 간주할 수 있다. 그런데 활자의 조판 모양, 다시 말해 그 다양한 형상과 서예체 등을 집중해서 보는 순간 독서는 중단될 것이고 그 흐름을 놓칠 것이다. 반대로 독서에 집중하면 조판이 눈에 들어오지 않을 수 있다. 그림에 관해 제임스 엘킨스는 이와 유사한 주장을 한다(Elkins 1999: 91). 비언어적 의미에 오염되지 않은 '순수한 글쓰기'가 있을 수 없듯이 '순수한 시각적 그림' 또한 환상이라고 그는 주장한다. 그림은 항상 읽을 수 있는 기호들로 구성돼 있다. 이 기호들은 무질서하거나 심지어 서로서로 겹쳐서 거의 식별되지 않을 수 있으나, 그것들은 반드시 거기에 있고 그렇지 않으면 그림의 이미지는 아무 의미가 없다. 로슨 또한 그리기를 구체적으로 언급하면서 그리기라는 예술은 언어처럼 문법과 구문이 있으며, 이러한 지식을 갖춘 정통한 관람자는 그림이 동시에 전달하는 여러 다양한 메시지를 읽을 수 있다고 주장한다(Rawson 1979: 11). 따라서 우리가 마주치는 새겨진 모든 것은 그림적인 것(the pictorial)과 텍스트적인 것(the textual)의 혼합물이며, 그 비율은 순수한 그림과 순수한 텍스트라는 실질적으로 실현 불가능한 양극 사이의 연속체 어딘가에 있다. 엘킨스는 "시각적인 인공물을 충분히 잘 살펴보면 읽기와 보기의 혼합물을 발견하게 될 것이다"(Elkins 1999: 84)라고 결론짓는다.

그런데 이 연속체에서 보기란 그저 본다는 것이고, 읽기란 전체를 부분으로 분해해서 적절한 구문 순서대로 배열한다는 것이다. 이러한 작용은 각각 투영(projection)과 분절(articulation)의 정확한 반전이다. 전자는 마음에서 세계로 투영된 것을 세계에서 마음으로 되돌려 투영하고, 후자는 접합된 것을 해체하고 다시금 연결한다. 제8장에서 논했듯이 투영과 분절 모두 말하기에 반한다. 그렇다면 이렇게 질문해보자. 보기를 말하기에서의 함께 보는(또는 주시하는) 것으로 대체하고 읽기를 쓰기의 선을 따라가는 감수성으로 대체하면(부분부분 해체해서 그 조각들로 재조립하는 것이 아니라), 연속체에 무슨 일이 일어날까? 해답의 단서를 얻기 위해 이와 매우 유사한 발화와 노래의 사례를 살펴보자. 노래를 들을 때 그 노래에 가사가 있다 하더라도 듣는 것은 노래이지 가사와 멜로디라는 두 개의 평행선이 아니다(현대 서양의 관례에 따라 가사와 멜로디가 각각 표기되지만). 가사를 귀담아듣는다고 해서 선율의 흐름을 놓치는 것은 아니며, 그 반대도 마찬가지다. 그럴 수밖에 없는 이유는 무엇일까? 어째서 읽을 때 까다로운 문제가 들을 때에는 사라져 버릴까? 답은 물론 듣는다는 것이 소리의 흐름에 우리의 의식을 집중시킨다는 데 있다. 이것은 청각적 차원에서 그저 보기만 하는 것이 아니라 함께 보는 (또는 주시하는) 것임을 뜻한다. 그리고 노래의 가사는 이 흐름을 타고 발성하는 신체 동작이다. 노래를 듣는다는 것은 가사를 듣는다는 것이다. 가사 또한 소리이고 특정한 변성과 억양을 가지고 있기 때문이다. 마찬가지로 필체나 서예체는 글쓴이의 능숙한 손이 뒤쫓듯이 써내려간 문자-선의 특정한 변성과 억양이다. 읽는다는 것은 그 선을 되짚어보는 것이다. 다시 한 번 그 형성의 움직임을 '살펴보는' 것이다.[189]

---

[189] 신경심리학 연구는 이 논쟁을 뒷받침한다. 실험 대상자들이 '유사문자'로 구성된 가상의 알파벳을 사용해서 실험한 결과, 손으로 글자를 쓰는 경험은 글자 인식에 크게 기여한다는 것이 밝혀졌다. 실험 대상자 중 '유사문자'를 손으로 쓴 사람은 해당 문자를 키보드로 타자한 사람과 비교해서 인식실험에서 더 우수한 결과를 보여주었다. 글자의 시각적인 이해와 글자 형성의 움직임이 관

그런데 선 그리고 선이 꼬이고 고리를 이루는 문자와 글은 마치 흥얼거림에서 노래 가사가 생겨나듯이 그리기에서 만들어진다. 그러므로 말하는 그리기는 손글씨로 쉽게 미끄러지고 손글씨에서 쉽게 빠져나온다. 그사이에 넘어야 할 높은 장벽 따위는 없다(Tisseron 1994). 또한 그것은 결합이 실행 불가능한 두 가지(보기와 읽기)를 동시에 해야 하는 혼합물로 나타나지 않는다. 우리는 오직 하나, 손이 그린 선을 따라가기만 하면 된다. 그리고 그 선이 쓰기의 문자-선이라면 거기서 글이 '떨어져나올' 것이다.

그러나 많은 분석가는 시각에 대해서는 이상하리만치 취약하다. 그들은 보는 것이 그저 본다는 한 종류뿐이라고 가정하는 듯하다. 이는 시각은 시각적일 뿐 촉각적일 수 없음을 전제한다. 눈 앞에 펼쳐지는 경관 외에 시각은 없다는 것이다. 이것이 마틴 레이드(Martine Reid)가 쓰기와 그리기라는 주제에 관한 논문집의 편집자 서문에서 가독성과 가시성이 대립한다고 주장하게 된 이유이다. 마치 "항로를 벗어나"(Reid 1994: 7) 그리기로 퇴보한 쓰기(낙서, 갈겨쓰기, 여백에 하는 스케치, 과도한 장식문자 등등)가 느닷없이 가시성의 영역에 들어왔다가 글이 다시 읽히는 순간 비가시적인 영역으로 가라앉듯이. 평범하게 쓰인 글조차 읽을 때 비가시적으로 된다면, 투명잉크로 쓰인 글은 얼마련이 없었다면, 손으로 쓴 사람과 타자로 친 사람이 문자 인식 실험에서 같은 결과를 내야 했을 것이다(Longcamp, Zerbato-Poudou and Velay 2005; James and Atwood 2009).

나 비가시적일까! 앞서 언급했듯이, 라파셰리 또한 레이드의 논문집에 기고한 글에서 같은 가정을 전제한다. 라파셰리는 마치 책을 읽는 데 시력의 행사가 불필요하다는 듯이 보는 것과 읽는 것을 동시에 할 수 없다고 주장한다(Lapacherie 1994: 65). 그러나 종이에 쓰인 단어를 보기 위해 읽기를 멈춰야 한다면, 농인의 수어란 무엇이란 말인가? 수어를 응시하기 위해 수어를 멈출 수는 없다. 이때 수어는 비가시적인가? 그렇다면 농인은 어떤 불가사의한 감각으로 소통한다는 것인가? 엘킨스에 따르면, 모든 이미지에는 보이기와 말하기, 즉 '순수한 가시성'과 '읽히는 기호 시스템' 사이의 동요가 내장되어 있으며 이 둘은 서로 반대 방향으로 끌어당긴다(Elkins 1999: 81). 마치 눈은 이미지를 주시하는 데만 사용되고 기호를 읽는 데는 사용되지 않는 것 같다. 실제로 엘킨스는 우리가 눈떠 있더라도 우리 눈에 보이는 수많은 것들이 의식에서 빠져나가 그가 '최종 이미지'라고 부르는 형태로 기억에 고정되지 않기 때문에 우리는 모두 어느 정도 눈이 멀어 있다고 확신한다(Elkins 1996: 222). 이와 다소 비슷한 맥락에서 자크 데리다는 독자의 눈뿐만 아니라 작가의 손 또한 눈이 멀어 있다고 주장한다(Derrida 1993: 3). "손은 찾고 더듬고 어루만지고 새긴다. (…) 마치 눈꺼풀 없는 눈이 손가락 끝 (…) 손톱 바로 옆에서 눈을 부라리듯이"(ibid.). 그리기에서조차 필기구를 쥔 손이 지면 위로 모험을 떠나는 그 순간은 반드시 컴컴한 밤이어야 한다. 이제 막 나타나려 할 때 그 선구적이며 개척적인 측면에서 그리기는 "시야를 벗어난다"(ibid.: 45)라고 데리다는 말한다. 우리 눈은 이미 그려진 선들이나 그중에 남은 선들을 되짚어보고 되돌아볼 때만 열리는 듯하다. 그때야 비로소 그 선들이 데리다가 말하는 "광활한 객관성"의 영역에 들어가기 때문이다(ibid.: 45).

그렇다면 손으로 그리는 작업에서 글의 안팎을 넘나드는 탈주가 그림에서 텍스트로 이어지는 연속체로 변모해온 까닭은 무엇일까? 그 연속체에서 점차적인 모든 단계는 부조화의 혼종, 즉 부분적으로는 그림이고 부분적으로는 텍스트이며 그 비율은 다양한 혼종의 형태로 나타난다. 그리고 이에 대한 이해는 근본적으로 양립 불가능한 대립 쌍의 작용, 즉 보기와 읽기, 보여주기와 읽어주기에 따라 달라진다. 이 문제의 답은 그림을 사진에 통합하고 텍스트를 타자 치거나 인쇄한 글에 통합하는 근대사회의 경향에 있다고 나는 생각한다. 키보드와 카메라가 손과 눈을 대체해왔다. 이미 살펴봤듯이, 드로잉에서 연필은 전환장치로 복무하면서 제도사의 근감각적 의식을 선의 흐름과 굴곡으로 변환한다. 나는 앞서 존 버저의 말을 빌려 드로잉과 사진의 차이를 언급했다. 반복하자면, 스틸 카메라는 촬영자의 의식과 그의 주의를 잡아끄는 사물의 순간을 잡아내고, 전자가 후자를 순간적으로 포착할 수 있도록 한다. 그리고 앞서 제8장(301-302쪽)에서 타자기에 대한 하이데거의 통렬한 비난에서 살펴봤듯이 타자기 또한 마찬가지로 손동작의 흐름과 그에 조응하는 문자-선을 개별의 순간적인 '치기'로 분해한다. 시인 빌리 콜린스(Billy Collins)는 "내게 키보드는 만사를 맥빠지게 만든다. (…) 지면에 손으로 쓰는 글은 몽글몽글하다"(Pallasmaa 2009: 111에서 인용)라고 말한다. 이 때문에 콜린스는 언제나 펜이나 연필로 글을 쓴다. 나로 말하자면, 나는 〈네 개의 A〉 수강생에게 관찰 기록을 손으로 직접 쓰기를 권했고, 키보드 사용의 경험과 비교할 것을 주문했다. 그들은 손으로 직접 쓰게 되면 관찰 대상에 더 가까워지고 더 큰 공감이 일어난다는 것을 놀랍게도 만장일치로 보고했다. 나 자신의 경험도 이와 거의 같다(Ingold 연도 미상).

요컨대, 손이라는 맥관에서 글쓰기를 떼어내어 부품을 조립하듯 다시 접합한다면, 그것이 바로 타자기다. 그리고 손이라는 맥관에서 그리기를 떼어내어 다시 투영된 이미지로 재구성한다면, 그것이 바로 카메라다. 따라서 그리기로 되돌아가는 것은 육필(肉筆)로 되돌아가는 것이며, 이러한 회귀는 투영과 분절의 모순 대립, 이미지와 텍스트의 모순 대립을 손글씨에서부터 캘리그래피를 거쳐 드로잉과 스케치에 이르기까지 명확한 경계선이 없는 새김의 실천 연속체 또는 선-만들기의 과정으로 대체한다(Ingold 2011a: 225). 이제 다음으로 우리는 선 자체의 본성과 특질에 주목한다.

그물망

아침이 되면 우리 집 밖 판석에 복잡한 장식 모양의 흔적이 종종 나타난다. 비가 내린 후에는 특히 눈에 더 띄는데, 누군가가 가는 펜으로 여기저기 낙서한 것처럼 보인다(그림 9.1). 민달팽이 짓이다. 실제로 민달팽이는 밤에 나타나 식물을 습격하고 새벽녘에 다시 신비로 가득한 저 깊은 곳으로 숨어든다. 판석 위 민달팽이가 지나간 미끌미끌한 흔적은 그물망의 격자무늬를 자아낸다. 나는 그물망이라는 말을 선들의 뒤얽힘이라는 의미에서 사용한다(Ingold 2011a: 63-65). 이 선들은 고리를 만들고 서로 얽히며 굽이굽이 누벼간다. 그러나 중요한 것은 이 선들이 절대 연결되지 않는다는 점이다. 이 점에서 그물망과 연결망은 구별된다. 연결망의 선은 모두 연결자다. 각각의 선은 한 점에서 다른 점으로 이동하는 움직임에 앞서 그와 독립적으로 점과 점의 관계로서 주어진다. 이에 따라 이 선들은 계속해서 이어지지 않는다. 연결망은 순수하게 공간적인 구조물이다. 이와 대조적으로 그물망을 이루는 선은 운동이자 성장의 선이다. 이 선은 시간적인 "되기의 선(lines of becoming)"(Deleuze and Guartari 2004: 224-225)이다. 모든 생명체는 다른 생명체 사이를 누비며 나아가고, 어쩔 수 없이 그때그때 길을 만들어야 하고, 그렇게 하면서 또 다른 선을 긋는다. 우리도 똑같이 할 수 있다. 멀리서 보면 그물망은 선이 뒤엉켜 있는 표면처럼 보일 수 있다. 그러나 거기에 손톱 끝에 달린 눈을 가까이 가져다 대면(데리다의 '눈먼' 그리기의 우화를 상기해보라), 우리 자신이 "점은 없고 선만 있고 그 선은 모두 곡선인, (땋은 끈, 모든 유형의 매듭, 고리, 씨줄과 날줄의 상호교차 등 온갖 섬유예술로 구성된) 매듭에서 모이고 갈라지는 공감과 열망의 시스템"(Spuybroek 2011: 321)에 얽혀 있음을 발견한다.

    연결망에 마디가 있다면 라스 스파이브룩이 시사하듯이 그물망에는 그 자리에 매듭이 있다. 매듭은 수많은 되기의 선들이 한데 단단히 묶인 곳이다. 그러나 모든 선은 자신이 묶인 매듭을

그림 9.1 이른 아침에 애버딘 포장도로에 찍힌 민달팽이 흔적.

통과해 앞지른다. 선의 끝은 언제나 매듭의 너머 어딘가에서 느슨하게 풀려 있으며, 다른 선이나 다른 매듭과 서로 얽히고자 여기저기 기웃거린다. 정말로 삶이란 느슨한 끝의 무한한 증식이 아니면 무엇이란 말인가! 충분히 결합해 있지 않고 완전히 접합해 있지 않은 세계라야만 그러한 삶이 지속할 수 있다. 따라서 삶의 연속성, 지금의 전문 용어로 말하자면 삶의 지속 가능성은 아무것도 들어맞지 않는다는 사실에 달려 있다. 제4장에서 중세 유럽의 대성당 건설이라는 특정 사례에서 살펴봤듯이, 세계는 모든 '빌딩 블록'이 미리 정해진 전체 내에서 완벽하게 제자리에 들어맞는 직소 퍼즐처럼 조립되지 않는다. 물론 요즘 우리가 사는 세계는 블록으로 지어졌다고들 한다. 그래서 생물학자는 세포조직의 빌딩 블록에 관해 이야기하고, 심리학자는 사고의 빌딩 블록을 논하고, 물리학자는 우주 자체의 빌딩 블록을 찾는다.[190] 그러나 완벽하게 들어맞는 블록으로 조립된 세계는 전혀 생명을 품을 수 없다. 현실은 대성당의 경우에서와 같이 고르지 않는 가장자리를 따라 잘 맞지 않는 임시로 천을 덧대어 만드는 퀼트에 좀 더 가깝다. 퀼트의 천이 임시적인 것은 언제든지 그것을 추가하거나 제거할 수 있다는 것이다.

질 들뢰즈와 펠릭스 과타리는 퀼트의 역사를 거론하며 홈 파인 것이 아닌 매끈한 위상기하학의 관념을 전개한다(Deleuze and Guattari 2004: 526). 그들은 초기 자수 직물이 어떻게 해서 남은 자투리 천이나 낡은 의복에서 떼어낸 천 조각들을 함께 꿰매는 조각보 기법으로 바뀌었는지를 보여준다. 그들에게 씨줄과 날줄이 규칙적으로 직교하는 직물은 홈 파인 것의 전형이다. "짜깁기한 천 조각들의 무정형의 집합체로서 그 접합 방법이 무수한"(ibid.: 526) 조각보에서 홈 파인 것의 원리는 매끈한 것의

---

190 이 빌딩 블록의 비유는 쉽게 접하기 때문에 최근에 생긴 것임을 잊고는 한다. 건축사가 위톨드 리브진스키(Witold Rybczynski 1989: 29-36)에 의하면, 이러한 표현은 19세기 중반까지 일반적이지 않았다. 당시 유복한 가정의 주택에서는 아이 방을 따로 두었고 나무토막이 아이용 장난감이 되었다. 그 이전은 아이들 놀이의 대부분은 야외에서 행해졌다. 또한, 가령 아이들이 실내에서 논다고 해도 마루에는 요철이 있어 어수선했기 때문에 그 위에서 무언가 쌓기 놀이를 하기는 쉽지 않았다. 그러나 1850년대 이후부터 오늘날에 이르기까지 건축에 종사하는 사람들은 아이용 나무토막 세트의 발전과 발매촉진의 보급에 힘써왔다. 어린 시절부터 그렇게 들어온 탓에 세계는 블록(나무토막)을 조립해서 만들어진 것이라는 전제는 오늘날의 사고에 항상 깔려 있다.

원리에 종속된다. 매끈한 것의 원리를 가장 잘 보여주는 재료는 펠트다. 뒤얽힌 모직 섬유의 혼합물로 구성돼 있고 일관된 방향이 없을뿐더러 모든 방향으로 끝없이 확장하는 펠트는 들뢰즈와 과타리가 말했듯이 직물이 아닌 모든 것이다. 펠트는 반-직물(anti-fabric)이다(ibid.: 525). 그렇다면 그물망에 대해서도 똑같이 말할 수 있지 않을까? 야행성의 민달팽이가 지난밤 이리저리 나다닌 흔적은 펠트의 섬유에 견줄 수 있지 않을까? 민달팽이의 흔적은 펠트의 털실을 만들어낸 바로 그 양이 목동과 함께 이리저리 돌아다니며 지면에 남긴 궤적을 연상시키지 않는가? 이것은 정말로 들뢰즈와 과타리가 우리에게 말하고자 한 것이다. 그러나 매끄러운 것의 구성적 선은 그들에 의하면 추상적이며, 추상적인 선은 기하학적이거나 유기적인 선과 구별된다. 그들이 터득한 것을 이해하려면, 이 세 종류의 선을 조금 더 자세히 살펴봐야 한다.

추상적 선

먼저 기하학적 선(유클리드의 선)에서 시작해보자. 기하학적 선은 차원 좌표의 규칙적인 교차로서 정의되는 수학적 공간에 위치한다. 알베르티의 윤곽과 그 현대적 대응인 컴퓨터-생성 선(Pallasmaa 2009: 100)과 마찬가지로 기하학적 선은 두 점 사이의 연결로서 정의된다. 기하학(geometry)이라는 말이 함의하듯이 이 선은 고대 이집트의 측량기사가 매년 나일강의 범람 후의 토지를 측량한 관행에서 유래한다. 측량기사는 지면에 박아 놓은 말뚝과 말뚝 사이에 끈을 매달아 측량했다(Ingold 2007: 159). 그리고 여기서 철학자 미셸 세르가 되짚어주듯이 법적 차원에서의 계약(contract) 개념이 나온다. 즉 계약이란 "우리를 끌어오거나 잡아당기는 끈(cord)"(Serres 1995: 59)이다. 그런데 팽팽하게 당겨진 끈, 줄, 실은 특유의 감촉이 있다. 그 당김은 느낄 수 있고, 튕기면 진동한다. 섬유예술가 빅토리아 미첼(Victoria Mitchell)이 말했듯이, 팽팽한 실은 느낌과 형태 사이에, 신체적 운동성과 사변적 이성 사이에 있는 일종의 '경첩'이다(Mitchell 2006: 345). 그러나 기하학이 광학의 예술 및 과학으로 빨려 들어가고 토지측량기사의 끈이 선원의 광학 기구와 결합하면서 예전에는 만질 수 있었던 팽팽한 실이 만질 수 없고 감지할 수 없는 빛 띠, 즉 광선으로 변모했다. 오랫동안 실과 광선, 물질적인 선과 그 이중적 빛 띠는 사물과 그 그림자처럼 함께 나타났다. 알베르티조차 시선은 실이며 이 실은 눈과 눈에 보이는 사물 사이에 드리워진 베일의 올 같으면서도 너무 가늘어서 가를 수 없다고 생각했다(Alberti 1972: 38). 그러나 투영의 벡터로서 기하학적 선은 결국에 촉감의 모든 잔여를 빼앗겼다. 오늘날 우리는 눈 맞춤에 대한 게오르크 짐멜의 정의, 즉 "눈과 눈 사이의 가장 짧고 곧은 선"(Simmel 1969: 146, 제7장 262쪽 참조)에서 이를 알아챌 수 있다.

연결을 만들고 한계를 설정하는 데에서 기하학적 선은 법, 이성, 분석적 사고의 근원에 있다. 기하학적 선은 간결하고 언제나 적확하다. 반면 유기적 선은 마치 사물이 외피 또는 외형에 담겨 있는 듯이 사물의 외피나 외형을 추적한다. 즉 유기적 선은 윤곽이다. 그것은 또한 분리하는 선이며, 그어진 선의 이쪽과 저쪽으로 표면을 가른다. 이 의미에서 유기적 선은 재단과 유사하다(Rawson 1979: 34; Maynard 2005: 63-64). 그러나 이러한 선은 그 자체로는 사물의 존재감이 없다. 나는 달걀의 윤곽을 타원형으로, 나뭇가지를 두 개의 평행선으로, 하늘을 부채꼴로 그릴 수 있지만, 달걀과 나뭇가지와 하늘이 바로 내가 그린 선의 실물임을 인정하자마자 그 선은 공허해질 것이다. 아니면 나는 사과의 윤곽이나 목초지와 경작지 사이의 경계가 그리고 싶을 수 있으나, 모리스 메를로퐁티가 자신의 저서 『눈과 마음』[191]에서 말한 것과 같이 사과의 바깥 윤곽이나 땅의 경계가 실제로 있다고 착각해서 "그것은 말하자면 실제 세계에서 가져온 점들을 따라 연필이나 붓이 그 위를 지나가기만 하면 된다."(Merleau-Ponty 1964: 182)라고 생각할 것이다. 그렇지만 뚫어져라 쳐다보아도 보이는 선 따위는 존재하지 않는다. "선? 내게는 선이 보이지 않아." 이 말은 위대한 예술가이자 탁월한 데생 화가인 프란시스코 고야[192]가 단언한 것으로 알려져 있다(Laning 1971: 32에서

---

191 [역주] 모리스 메를로퐁티, 『눈과 마음』(김정아 옮김), 마음산책, 2008.
192 [역주] 프란시스코 고야(Francisco José de Goya y Lucientes, 1746~1828)는 스페인의 대표적인 낭만주의 화가이자 판화가다. 고야는 궁정화가이자 기록화가로서 많은 작품을 남겼다. 18세기 스페인 회화의 대표자로 특히 고전적인 경향에서 떠나 인상파의 시초를 보인 스페인 근세의 천재 화가로 알려져 있다. 파괴적이고 지극히 주관적인 느낌과 대담한 붓 터치 등은 후세의 화가들, 특히 에두아르 마네와 파블로 피카소에게 많은 영향을 주었다.

재인용). 이 관찰 그리고 이와 유사한 관찰을 통해 수많은 저명한 작가들은 자연계에 선은 존재하지 않는다는 결론에 이르렀다(Maynard 2005: 99를 검토). 그러므로 그리기의 선들은 현상학적 경험이라기보다 인위적이며 관습적인 방식에 따라 그 지시 대상과 상징적 연결만 할 뿐이라고 그들은 말한다. 예술가이자 큐레이터인 디에나 페더브리지(Deanna Petherbridge)는 그리기 연습의 역사와 이론에 관한 수준 높은 조사연구에서 "선 자체는 관찰 가능한 세계에 존재하지 않는다. 선은 표상적 관습일 뿐이다"(Petherbridge 2010: 90)라고 주장했다.

요컨대 기하학적 선이 이성의 표식이라면, 윤곽은 문화적 구성물에 좀 더 가까워 보인다. 다시 말해 윤곽은 케케묵은 인류학적 패러다임(Leach 1964)에 따라 자연의 연속체를 식별될 수 있고 명명될 수 있는 개별의 대상으로 다소 자의적으로 분리하는 마음의 과정에 대한 가시적 표현이다. 어린이를 위해 고안된, 우리에게 친숙한 '점 잇기 놀이'에서 선은 기하학적이면서도 유기적이며, 점과 점을 연결함과 동시에 대상의 윤곽을 그린다. 토지측량기사는 어린이가 점을 잇듯이 강둑과 해안 등의 지형의 윤곽을 그려가며 지도를 만든다(Ingold 2007: 86). 그러나 민달팽이의 점액 흔적(그림 9.1)과 같은 그물망의 선은 윤곽선이 아닐뿐더러 점과 점의 연결선도 아니다. 내 눈에는 물론 그물망의 선은 완전히 실재하고 정말로 자연스럽게 보인다. 관찰 가능한 세계에 선은 분명 존재한다. 왜냐하면 그 선은 틀림없이 거기에 있기 때문이다. 그렇다면 대체 어떤 의미에서 선이 추상적이라고 말할 수 있을까?

우리는 칸딘스키로 되돌아가 이 물음의 답을 얻을 수 있다. 칸딘스키는 그의 저서 『예술에서의 정신적인 것에 대하여』[193]에서 추상화(abstraction)는 공허한 윤곽과 순수한 기하학적 형태만을 남기기 위해 작품의 내용을 비우는 것이 아니라고 주장한다. 반대로 그것은 그가 말하는 "내적 필연성(inner necessity)"(Kandinsky 1982: 160)을 밝히기 위해 사물의 외부성, 즉 외형만을 가리키는 조형적 요소를 모두 제거한다는 것을 의미한다. 여기서 '내적 필연성'이란 작품을 활성화하는 생명력을 뜻한다. 그리고 그 생명력은 또한 우리를 활성화하기 때문에 우리는 작품과 함께하며 그 정동과 고동을 내면에서부터 느낄 수 있다. 1935년에 그린 매혹적인 스케치에서 칸딘스키는 우리에게 선과 물고기 사이의 유사성과 차이를 생각해보라고 말하는 듯하다(ibid.: 774-775). 선과 물고기는 어떤 공통점이 있다. 둘 다 내부의 힘으로 활성화되며, 그 힘은 운동의 선형적인 성질로 표현된다. 물속을 전속력으로 헤엄치는 물고기는 선이 될 수 있다. 그러나 물고기는 여전히 외부세계, 즉 유기체와 그 환경의 세계에 존재하는 생물이며 존재하기 위해 이 세계에 의존한다. 그에 반해서 선은 그렇지 않다. 선은 생명 자체이며 그 이상도 이하도 아니다. 칸딘스키는 바로 이 때문에 적어도 자신의 그림에서 물고기보다 선이 좋다고 말한다(Ingold 2011a: 208). 그리고 이것이 들뢰즈와 과타리가 칸딘스키를 좇아 "아무것도 제한하지

---

[193] [역주] 바실리 칸딘스키, 『예술에서의 정신적인 것에 대하여』(권영필 옮김), 열화당, 2019.

않는 선, 어떤 외관도 묘사하지 않는 선, 더는 점에서 점으로 옮겨가지 않고 점 사이를 통과하는 선 (…) 외부나 내부, 형태나 배경, 시작도 끝도 없고 부단한 변화 속에서 생동하는 선이야말로 바로 추상적 선이다"(Deleuze and Guattari 2004: 549, 550-551 fn. 38)라고 말할 수 있는 이유다. 이를테면 이것은 강이 흐르는 선 또는 썰물과 밀물의 선이며, 지도제작자의 도면에 표시된 강둑이나 해안선과는 완전히 다른 선이다.

메를로퐁티는 레오나르도 다빈치의 말을 빌려 무엇을 그리든지 간에 그리기의 비법은 "하나의 구불구불한 선, 말하자면 그 생성 축이 대상의 전 범위를 관통해 나아가는 특수한 방식"을 찾아내는 데 있다고 쓴다.[194] 메를로퐁티는 이어서 그 선은 여기에도 저기에도 없고 이 장소에도 저 장소에도 없으며 "언제나 우리의 두 눈이 응시하는 것 사이에 혹은 그 배후에 있다"(Merleau-Ponty 1964: 183)라고 말한다. 선은 거의 동사로 다뤄질 수 있고, 사물이 성장할 때—파울 클레의 표현을 빌리면 선의 분출 속에서 선이 스스로 가시화할 때(Klee 1961: 76)—그것이 선이라고 말할 수 있다. 이것은 분명 19세기의 제도사이자 비평가인 존 러스킨(John Ruskin)의 견해와 일치한다. 러스

---

194 실제로 이 대목은 M. L. 앤더슨의 번역에 의한 앙리 베르그손의 『사유와 운동(The Creative Mind)』(Bergson 1946: 229)[이광래 옮김, 문예출판사, 2012]에서 가져온 것이다. 그런데 베르그손 또한 19세기의 철학자이자 고고학자였던 펠릭스 라베송(Félix Ravaisson)의 작품을 참조했다. 이 인용이 실제로는 다빈치의 것인지, 라베송의 것인지, 아니면 베르그손의 것인지는 논란의 여지가 있다.

킨은 세 권의 방대한 개설서인 『베네치아의 돌』(1851~1853)[195]에서 그가 '추상적인 선'이라고 부르는 것들을 모아 한 편의 그림으로 형상화했다. 이 안에는 빙하와 산등성이에서부터 가문비나무 가지를 거쳐 버드나무 잎과 앵무조개 껍데기까지 그가 관찰한 크고 작은 사물이 녹아들어 있다(그림 9.2). 이 모든 것의 선은 "어떤 종류의 행동이나 힘을 표현하는 것"이라고 그는 주장했다(Ruskin 1903: 268). 이 행동과 힘의 선은 그의 1857년 논고 「드로잉의 요소」[196]에서 계속해서 설명했듯이, "움직이는 동물, 성장하는 나무, 흘러가는 구름, 침식되는 산"에서 확인할 수 있다. 그리하여 그는 초보자에게 이렇게 조언한다. "어느 한 형상을 볼 때마다 항상 과거의 운명을 지배했고 미래에도 힘을 발휘할 선을 찾아보라. 그것이 경외의 선이다. 다른 것은 놓치더라도 그 선만은 꼭 붙잡도록 하자"(Ruskin 1904: 91). 러스킨에게 지혜란 사물의 존재 방식뿐만 아니라 사물의 변화 양상, 즉 예상되는 바를 파악하는 데 있으며, 이것은 형상의 윤곽이 아닌 힘의 중심선에 집중하는 것을 의미했다. 바로 이것이 경외의 선이다. 또 스파이브룩이 지적하듯이, 이 선이 실물에서 추상화된 것이라면, 그것은 실물의 축소에 의한 것이 아니라 그 변이의 엄밀한 기록에 의한 것이다(Spuybroek 2011: 115). 이러한 선의 놀라운 힘은 바로 사물을 외피 안에 가두는 경계를 부수고 그에 따라 온전히 사물의 존재를 드러내는 능력에 있다.

---

195 [역주] 존 러스킨, 『베네치아의 돌』(박언곤 옮김), 예경출판사, 2006.
196 [역주] 존 러스킨, 『존 러스킨의 드로잉』(전용희 옮김), 오브제, 2011.

그림 9.2 추상적 선. Ruskin(1903)에서 인용. 도판 Ⅶ, 268쪽 전면.

이 선은 그물망을 형성하고, 들뢰즈와 과타리에게는 매끈한 것의 위상기하학을 구성한다. 시각적이기보다 촉각적인 이 위상기하학이 의거하는 것은 기하학적으로 연결되는 점도 아니고 유기적으로 윤곽이 그려지는 물체도 아니며, 바람과 날씨의 감촉 및 음향적인 특질이다. 이곳에는 대지와 하늘을 가르는 지평선도 없고 가깝고 먼 거리도 없고 시각도 외형도 없다(Deleuze and Guartari 2004: 421). 우리는 제6장에서 이 세계와 이미 만났다. 그것은 우리가 경관의 반대말로 대지-하늘로 부른 것이다. 경관에서 기하학적 선은 요소의 배치를 규정하고 유기적 선은 투영된 형상의 범위를 한정한다. 그러나 추상적 선은 대지-하늘 세계에서 사물의 생성을 예기한다. 이러한 세계에서 선은 표상적 관습에 의해 부과되지 않으며 점과 점 사이를 잇지 않는다. 도리어 그것은 성장과 움직임에 규정된다. 고야가 말했듯이, 자연을 그저 경관으로 보면 보이는 선이 없다. 선은 그래픽의 표상으로만 존재할 뿐이다. 그러나 자연을 대지와 하늘의 다양체로서 그 형성의 움직임에 동참하며 자연과 함께 보면, 선은 어디에나 있다. 왜냐하면 바로 그러한 선을 따라서 우리와 다른 생물이 살아가기 때문이다.

선과 짐승

르 코르뷔지에[197]는 건축학적 모더니즘의 개막을 선포한 것과 다름없는 도시계획 선언문인 「내일의 도시」에서 다음의 진술로 시작한다. "인간이 일직선으로 걷는 것은 목표가 있고 자신이 어디로 향하는지를 알기 때문이다. 인간은 어느 한 장소를 가기로 마음먹으면 곧바로 그곳을 향한다"(Le Corbusier 1947: 11). 그렇지 않은 사람은? 르 코르뷔지에는 그런 사람의 길은 짐을 지고 가는 당나귀의 길과 다를 바 없다고 말한다. 주의가 산만한 데다 아무런 생각도 하지 않고 어디를 가든 편한 길만 찾는 당나귀의 걸음은 항상 꾸불꾸불하고 절대로 곧지 않으며 이성이 아닌 감정에 휘둘린다고 그는 강조한다. 거의 모든 대륙 도시의 지

---

[197] [역주] 르 코르뷔지에(Le Corbusier, Charles-Edouard Jeanneret-Gris, 1887~1965)는 스위스 태생의 프랑스 건축가다. 국제적 합리주의 건축사상의 대표 주자로 '집은 살기 위한 기계'라는 신조를 견지했다. 마르세유의 거대 주거단지인 '유니테'를 설계했다.

형도를 보면, 길이 구불구불하다. 그 길을 맨 먼저 밟은 것이 바로 당나귀다. 당나귀는 목적도 없이 산만하게 무거운 다리를 이끌며 길을 만들었고, 사람들은 당나귀의 여정과 함께하며 그 길을 따라 정착해왔다. 그러나 자동차 시대와 어울리는 근대도시에는 이리저리 꿈틀거리는 이 선들이 있을 자리가 없다. 그런 선은 불편하고 위험할뿐더러 차량 정체를 일으킨다. 르 코르뷔지에의 주장에 따르면, 근대도시는 직선으로만 살아갈 수 있다 (ibid.: 16).

잠시 후에 르 코르뷔지에로 돌아가는 것으로 하고, 지금은 그에 앞서 한 인물을 소개하고자 한다. 그는 르 코르뷔지에와 같은 시대를 살았으며, 르 코르뷔지에의 영향력이 건축 분야를 넘어선 만큼이나 그의 영향력 또한 인류학 분야를 넘어서 있다. 그 인물은 여러분이 짐작한 대로 클로드 레비스트로스다. 레비스트로스는 자신의 회고록인 『슬픈 열대』에서 브라질 아마존의 원주민인 남비콰라족을 방문한 여행담을 들려준다. 「문자의 교훈」이라는 제목의 절은 동시에 일어난 서로 다른 두 이야기를 겹쳐놓은 것으로, 둘 다 선에 관한 것이다(Lévi-Strauss 1955: 294-300). 첫 번째 이야기는 종이에 쓰인 뜻 모를 문자에 관해서고, 두 번째 이야기는 동물의 숲길에 관해서다. 각각을 짧게 요약하면 다음과 같다.

이야기 1: 레비스트로스는 자신과 동행한 족장을 설득해서 원주민 마을에 들어간다. 레비스트로스는 마을에서 친족 및 혼인으로 연결된 여러 집단을 만나고자 했다. 친척들에게 나뉘줄 선물을 네 마리 소의 등에 잔뜩 싣고 레비스트로스 일행은 고원을 횡단하는 여행에 나선다. 고원을 곧바로 가로지르는 이 길은 이번 여행을 위해 특별히 생각해낸 것이다. 왜냐하면, 깊은 계곡의 구불구불한 길은 동물조차 지나가기 힘들 정도로 식물이 밀생해 있기 때문이다. 여행 도중에 길을 안내한 원주민이 헤매기도 했지만, 일행은 무사히 약속 장소에 도착했고, 인류학자의 부추김대로 족장은 선물을 나눠주기 시작했다. 족장은 물결무늬의 선이 그어진 종이 한 장을 바구니에서 꺼낸 다음, 마치 그것이 선물의 수신자와 그 대가 등에 관한 대조표인 것처럼 그것을 소리 내어 '읽었다'. 레비스트로스가 대놓고 '익살극'이라고 표현한 이 연행은 두 시간 넘게 이어졌다.

이야기 2: 마을로 들어가는 길에 원주민이 길을 헤맨 일을 기억해보라. 이번에는 마을에서 나와 되돌아가는 도중에 레비스트로스 자신이 길을 잃었다. 그의 노새가 구내염에 걸려 걸음걸이가 이상해졌다. 노새는 갑자기 멈춰 서는가 하면 다음 순간에는 맹렬한 기세로 내달렸다. 레비스트로스는 홀로 수풀에 둘러싸인 후에야 완전히 길을 잃었음을 알았다. 누군가의 주의를 끌기 위해 총을 발포했지만, 노새가 놀라서 빠른 발로 뛰쳐나갈 뿐이었다. 레비스트로스는 노새를 붙잡으려 했지만 고삐를 잡으려 할 때마다 노새는 달아났다. 겨우 꼬리를 붙잡아 다시 노새 등에 올라탔으나 그도 노새도 방향 감각을 잃고 일행과 언제 어떻게 합류할 수 있을지 불투명했다. 레비스트로스와 노새는 서로 이끌고 이끌리며 나아갔으나 해가 저물 무렵까지 결국 같은 자리를 맴돌 뿐이었다. 그때 남비콰라족 동료 두 명이 낮부터 이어진 레비스트로스와 노새의 흔적을 손쉽게 찾아내었고 그들을 안전한 장소로 데리고 갔다.

레비스트로스는 그날 밤 마음을 가라앉힐 수 없어 잠을 잘 수 없었고 전날 일어난 일들(특히 선물교환에 관한 에피소드)이 머리에서 떠나지 않았다고 회상한다. 그는 이 사건 전에 있은 일이 생각났다. 그가 예전에 연필과 종이 몇 장을 남비콰라족 사람에게 건넸고 그 사람이 종이에 수평의 물결선을 채운 일이다. 물론 그들은 글쓰기나 그 목적에 대한 이해가 없었고, 레비스트로스가 연필을 사용하는 것을 보고 자신들의 연필을 그렇게 사용해봤을 뿐이다. 그러나 족장은 이 선들이 그 자체로는 의미가 없을지언정 종이에 그것들을 쓴 후에 하는 말들에 어떤 권위를 부여한다는 사실을 알아챘다. 그래서 족장은 필기장을 달라고 해서 인류학자의 질문에 응하여 정보를 제공하기 전에 항상 필기장에 여러 개의 선을 끄적거렸다. 이렇게 보면 족장이 선물교환의 공식 절차를 행하는 동안 종이를 읽은 것은 당연한 일이다. 하지만 족장이 단어와 그 의미를 모르면서도 글쓰기의 진정한 목적, 즉 기원전 4천 년에서 기원전 3천 년 사이에 처음 발명된 문자의 목적을 우연히 알게 되었다면 어떠할까?

우리는 이렇게 가정하고 싶을 것이다. 문자를 통해 사람들은 기억을 저장하고 업적을 기록으로 남길 수 있게 되었고, 이러한 문자 덕분에 문맹 문명이 말하자면 역사를 곧게 이끌 것이며 스스로 설정한 목표를 향해 더욱 빠르게 전진해갈 것이라고. 레비스트로스가 말했듯이, 문자가 없었다면 사람들은 "시작도 없고 지속적인 목표의식도 없이 그저 등락만 거듭하는 역사에 갇히는"(Lévi-Strauss 1955: 296) 운명에 처하지 않았을까? 그는 숙고한 끝에 그러한 결론을 정당화할 만한 근거는 어디에도 없다고 결론 내린다. 제조, 예술 및 공예, 건축 분야 등 인류 역사상 가장 위대한 업적 중 일부가 문자의 발명 이전 시기에 이뤄졌을 뿐 아니라, 문맹 세계의 사람들 대부분에게 역사는 일관된 방향 감각 없이 계속해서 요동쳐왔다. 그렇다면 문자의 목적은 무엇일까? 그것은 어떤 위대한 혁신과 연관돼 있을까? 레비스트로스의 추측으로 그 답은 건축에 있다. 문자의 기원과 건축의 탄생 사이의 연관성을 찾고자 한다면, 문자가 기념건축물의 건설에서 사람들을 대규모로 조직하고 그들의 노동력을 착취하는 데 중요한 역할을 했을 가능성을 생각해봐야 한다. 그래서 레비스트로스는 "글을 통한 커뮤니케이션의 일차적인 기능은 인간을 손쉽게 노예화한다는 것이다"(ibid.: 299)라고 단언했다. 그것은 계몽의 도구가 아니라 착취의 수단이다. 문자에서 얻은 모든 가능한 지적 혜택은 부산물, 즉 부차적 결과일 뿐이다.

오늘날 레비스트로스를 읽으면, 남비콰라족의 문자 사용에 관한 그의 설명이 가르치려 들고 자민족 중심적이라는 인상을 받는다. 레비스트로스의 글에 대한 비판적 논평에서 데리다는 "쓰지 않는 사람들(people without writing)"이라는 개념 자체가 쓰기와 그리기 사이의 분열에 근거한다고 지적한다(Derrida

1974: 118-126). 이 분열은 우리가 앞서 살펴봤듯이 문자의 음성화와 알파벳화의 결과로 나타난 것이다. 실제로 레비스트로스는 박사학위 논문에서 남비콰라족에게 글쓰기 행위를 가리키는 용어를 직역하면 "선 그리기"가 될 것이라고 인정했다(ibid.: 123에서 재인용). 글쓰기를 뜻하는 말의 어원을 서양의 전통에서 추적해보면, 이와 거의 같다는 것을 알 수 있다. 고대 영어[198]에서 writan과 그리스어 graphein은 모두 뾰족한 촉으로 표면을 긁거나 새기거나 절개한다는 의미를 담고 있다(Howe 1992: 61; Elkins 1999: 83). '쓰지 않는 사람들'이란 '쓰다'라는 단어가 문자 그대로 '긁다' 또는 '휘갈기다'였기 때문이라고 생각해야 할까? 이는 데리다가 신랄하게 지적하듯이(Derrida 1974: 123), '말하다'를 가리키는 동사가 '노래하다'로 번역되기 때문에 사람들이 말할 수 없다는 것과 같은 말이다! 역사로의 엄청난 도약이라는 발상에서 쓰는 사람들과 쓰지 않는 사람들을 구분하기보다 르루아구랑의 앞선 연구를 좇아 어떤 경계도 넘지 않는다

---

[198] [역주] 고대 영어(the Old English)는 5세기 앵글로 색슨족이 영국에 정착한 때부터 노르만 침략 이후 11세기 후반까지 700년 동안 사용된 언어를 말하며, 중세 초기에 잉글랜드와 스코틀랜드 남부 및 동부에서 사용된 영어의 가장 오래된 기록 형태를 말한다. 그것은 5세기 중반에 앵글로 색슨 정착민들에 의해 영국으로 가져온 언어에서 발전했으며, 최초의 고대 영어 문학작품은 7세기 중반부터 시작되었다. 1066년 노르만족의 정복 이후 영어는 수 세기 동안 상류층의 언어로서 앵글로-노르만어로 대체되었다. 이것은 고대 영어 시대의 끝을 표시하는 것으로 간주하는데, 그 후 얼마간 영어는 앵글로 노르만인의 영향을 받아 현재 영국의 중세 영어와 스코틀랜드의 초기 스코틀랜드어로 알려진 것으로 발전했다.

는 그래피즘 내에서 [그리기에서 쓰기로의] 이행을 말하는 것이 더 합리적일 것이다. 앞서 살펴봤듯이, 손으로 하는 모든 글쓰기는 그리기다. 그리고 만약 그렇다면, 건축도 그와 마찬가지로 말할 수 있지 않을까? "모든 건물은 드로잉이다"라고 한 언윈의 말을 떠올려보라(Unwin 2007: 108).

　이제 르 코르뷔지에로 돌아가보자. 미래 도시에 대한 위대한 건축가의 비전을 쓰기에 대한 위대한 인류학자의 교훈과 병치하면, 쓰기와 건축의 관계에 대해 무엇을 배울 수 있을까? 건축이론가 캐서린 잉그레이엄(Catherine Ingraham)은 르 코르뷔지에와 레비스트로스 각각의 이야기에는 두 가지 공통점이 있다고 말한다(Ingraham 1992). 하나는 선형에 대한 강박관념이며, 또 하나는 짐꾼 동물과의 기묘한 만남이다. 그리고 둘다에서 당나귀와 노새라는 두 짐승이 "선이라는 짐을 짊어진다"(ibid.: 143). 여기서 선은 점과 점을 연결하는 따위가 아니라 만물의 한가운데서 생겨나 그로부터 그저 이어가는 선이다. 르 코르뷔지에의 관점에서 그러한 선은 건축과 도시성의 고유한 특성인 직교성에 반한다. 그는 배회하는 당나귀 또는 자기 방식으로 일하는 투박한 서민들을 상대하지 않는다. 레비스트로스 또한 직선의 인간이며 노새나 남비콰라족과 다르다. 노새와 남비콰라족은 떠나는 길에서 직선 경로를 따라가다 길을 헤매고, 반면 레비스트로스는 돌아오는 길에서 노새를 따라가다 길을 잃는다. 여하간 남비콰라족은 노새의 흔적을 추적해서 길 잃은 인류학자를 손쉽게 찾아낸다. 레비스트로스는 직선을 그리지만, 남비콰라족은 오직 물결선을 그린다. 하지만 레비스트로스는 직선이 인류에게 가져온 혜택을 반기지만은 않는다. 그는 토착 선의 상실을 한탄한다. 르 코르뷔지에는? 그는 그러한 선이 지워지는 것을 보고 기뻐한다. 남비콰라족 사람들과 족장의 '익살극'과 같은 책략, 물결선, 방향 없이 요동치는 역사에 대한 그의 모든 경멸에도 불구하고 레비스트로스는 문명화라는 명확한 사명과 함께 그 목표 및 목적의식에 투철한 사람들이 원주민들에게 가한 혼란과 파괴를 너무도 잘 알고 있었다. 직선의 문제점은 바로 여기에 있다. 직선이 종착점에 도착하면 그다음은 어떻게 될 것인가?

A에서 B로, 그 너머로

2009년 6월에 애버딘 대학교에서 개최한 콘퍼런스에서(Ingold 2011b) 맥신 시츠존스톤이 워크숍을 진행했는데, 워크숍의 참가자들은 무엇보다 자신의 이름을 춤춰야 했다. 우리는 회장 전체를 가로지르며 이리저리 몸을 움직이면서, 목소리는 내지 않고 온몸을 사용해 각자 자기 이름을 표현해야만 했다. 내 이름의 몸짓은 간단했다. '팀(Tim)'을 위해 한 획을 크게 한 번 긋고 쓸어내리고, 조금 망설인 후에 '잉(In-)'을 위해 가볍게 껑충 뛰기를 했다. 그리고 '골드(-gold)'를 위해 더 길게 위로 솟아오르는 동작을 과장되게 연출했다. 그런데 뜻밖에도 그 동작이 손에 펜을 쥐고 내 이름을 사인할 때 나오는 몸짓의 리듬 및 모양과 완전히 같다는 놀라운 사실을 발견했다. 나는 내 이름글자가 나를 부르는 이름의 단순한 표기가 아니라 이름을 말할 때와 쓸 때 모두의 근감각적 자아 감각(정체성이라고도 말할 수 있는)을 행사한다는 것을 깨달았다. 물론 말하기와 쓰기의 차이는 후자가 영속적인 흔적을 남긴다는 데 있다. 그러나 앞서 살펴봤듯이, 우리가 손으로 글을 쓸 때나 그림을 그릴 때 움직임의 성질은 종이 위에 나타나는 선으로 확장한다. 그 선에는 지속성, 리듬, 다양하게 변화하는 박자, 멈춤과 약음(弱音), 음높이와 진폭이 모두 있다. 이 선들은 우리의 정서적 삶에 영감을 받고 또 그것을 이어간다. 그리고 가장 중요한 것은 그 선들이 묘사하는 것은 한 점과 다른 점, 출발지와 목적지, A와 B 사이의 연결이 아니라 계속 진행하는 움직임이라는 것이다.

바로 이러한 이유로 움직임에 관한 가장 근본적인 지식은 언어학자 조지 레이코프(George Lakoff)와 철학자 마크 존슨(Mark Johnson)이 말하는 소위 "원점-경로-목표점(source-path-goal)"이라는 도식으로는 절대로 파악할 수 없다(Lakoff and Johnson 1999: 33-34). 이 도식에서 신체는 움직임 그 자체로서, 움직임의 집합체로서 이해되지 않으며, 오히려 자기충족적이고 외부로부터 경계 지어진 움직이는 물체로 이해된다. 레이코프와 존슨은 이것을 "탄도체(trajector)"라고 부른다. 그리고 특정 위치의 특정 순간에 있는 이 탄도체는 어느 한 점(원점)에서 또 다른 점(목표점)을 향해가는 도중에 있다. 그러나 실제 삶은 원점도 없고 목표점도 없다. 있는 것은 지평선뿐이다. 그것은 가까이 다가가면 사라지고 저 멀리 어렴풋이 다시 나타난다. 유아 시절 우리는 약동하는 세계로 뛰어들어, 때로는 뒤쫓다가 때로는 뒷걸음질치고, 업혀 가다가 반대로 업어가고, 가까이 다가갔다가 멀어지고, 주변을 배회한다. 우리는 그렇게 최종 목적지로 향하는 도중에 잠시 잠깐 이끌리는 모든 목적지에 계속해서 들르고 떠난다. 시츠존스톤이 설명하듯이, '원점-경로-목표점' 도식의 문제점은 사물들 사이에서 끊임없이 발생하면서도 연결되지 않은 채 움직이는 생명선의 근감각적 성질을 논할 여지가 없다는 것이다(Sheets-Johnstone 2011: 121-123). 움직임에 관한 우리의 지식이 근감각의 경험을 구성하는 바로 그 질적인 역동성을 배제하려는 도식에 어떻게 근거할 수 있겠는가?

그와는 대조적으로 우리 자신의 이름을 춤춘 경험은 역으로 디지털화된 사회의 실체를 가감 없이 드러낸다. 고도로 디지털화된 사회에서는 사물보다 객체를, 움직임보다 이동성을, 손으로 쓰고 그린 글이나 그림보다 인쇄된 글자를 더욱 중요시한다. 그러한 사회에서는 연결망이 패권을 장악하고 모든 선이 연결된다. 객체는 집합체로, 목적지는 도로 지도로, 글자는 말이나 약어로 연결된다. 르 코르뷔지에가 예견했듯이, 미래 도시의 주민들은 모두 직선적인 사람들일 것이며, 그들은 A에서 B로 출발해서 목적에 매진하며 신변에서 일어나는 일들을 알지 못할 것이다. 하지만 르 코르뷔지에가 자신의 설교를 몸소 실천했다면 그의 건축이 과연 실현되었을까? 그리고 정해진 목표를 향해 곧바로 나아가지 않고 길을 벗어나 정처 없이 구불구불한 길에 들어서기로 작정한 사람들, 르 코르뷔지에가 우회적으로 표현했듯이 짐꾼 당나귀처럼 행세하는 자들은 어떻게 될까? 그런 사람들은 길을 고집하는 대신 들판을 돌아다닌다. 꽃의 색깔과

향기에 눈과 귀가 들떠 있으며, 지저귀는 새소리에 귀 기울인다. 그들은 때때로 멈춰 서서 휴식을 즐기고 누군가와 이야기꽃을 피우며 주변을 돌아본다. 그리고 팔짱 끼는 대신 양손을 흔들어 공기를 품에 안는다. 그들은 사랑에 빠지고 아이를 낳는다. 우리가 사람들을 직선형과 짐꾼 당나귀형으로 나눈다면 그들 중 어느 쪽이 어리석고 어느 쪽이 현명할까?

직선형 사람들이 열중하는 것은 혁신과 변화다. 시인 T. S. 엘리엇은 그것을 「바위에서 나오는 합창(Choruses from The Rock)」에서 "관념과 행동의 끝없는 순환, 끝없는 발명, 끝없는 실험(The endless cycle of idea and action, endless invention, endless experiment)"이라고 했다. 색다른 것이 없으면 직선형 사람들은 꼼짝하지 않는다. 운동하는 분자처럼 그들은 쉴 새 없이 한 점에서 다른 점으로 질주하며 바로바로 소통한다. 그들은 모두 연결돼 있으며, 아바타로서 네트워크화된 세계에 살고 있다. 그들의 표어는 '통합되고 일관된 사고'다. 직선형 사람들은 정보를 가지고서 그것을 지식으로 착각한다. 이미 다 알고 있는데 세계에 물을 필요가 있겠는가? 정보를 맹신하고 이미지에 눈이 먼 그들은 눈앞에 일어난 일을 보지 못한다. 엘리엇은 "우리가 지식 속에서 잃어버린 지혜는 어디에 있는가? 우리가 정보 속에서 잃어버린 지식은 어디에 있는가?"[199]라고 되묻는다. 정말로 세계 역사상 이렇게 많은 정보와 이렇게 적은 지혜가 결합한 적은 일찍이 없었다. 내게 지혜는 직선이 아니라 당나귀의 길

---

199 T. S. 엘리엇 「황무지」(T. S. Eliot, *The Waste Land and Other Poems* 1940: 72).

을 따라 흐른다. 이 하찮은 짐승은 느리지만 민첩하고 사시 눈에 큰 귀를 가졌고 가장 험난한 땅이어도 도로, 레일, 화석연료의 도움 없이 아무 탈 없이 지나갈 수 있으며 지난 수천 년간 인간을 위해 봉사해왔다. 자동차는 도로 끝에 이르면 돌아 나와야 하지만, 당나귀는 가던 대로 간다. 인간이 아닐지라도 당나귀가 우리에게 말하려는 것에 주의를 기울여야 하지 않을까? 참된 학자는 모두 당나귀다. 완고하고 변덕스럽고 끈질기고 호기심이 왕성하고 성급하다. 자신의 세계에 매료되고 감탄한다. 그는 서두르지 않고 자신의 속도대로 나아가고자 한다. 그들은 희망 속에서 살아갈 것이며, 확실성 따위의 환상을 믿지 않는다. 그들이 가는 길은 이리저리 열려 있다. 그것은 예측 불가능하다. 그들은 사물의 씨알을 마음에 담고 좇으며, 그렇게 하면서 자기 자신을 찾아간다. 이미 알고 있겠지만, 모든 배움은 자기 발견이다. 다음은 어디인가? 스스로 알아라!

역자 후기
선의 애니미즘으로 향하는 만들기의 조응

1. '선의 인류학'의 학제적 융합

이 책은 팀 잉골드의 2013년 저작 *Making: Anthropology, archaeology, art and architecture*, Routledge의 한국어 번역본이다. 이 책에 앞서 『라인스』, 『모든 것은 선을 만든다』, 『조응』 등의 저작이 번역 출간되어서 그의 이름이 우리에게는 아주 낯설지 않다. 그는 케임브리지 대학교에서 사회인류학을 전공했고, 1970년대 핀란드 북동부 지역의 사미족에 관한 현장연구에 기초한 수렵채집민의 생활양식을 주제로 박사학위를 취득했다. 그 후 잉글랜드의 여러 대학에서 인류학을 가르치는 한편 근대 너머의 인류학을 모색해왔다. 그렇게 해서 그가 만들어낸 것이 '선의 인류학'이며, 이 책은 그것의 학제적 융합을 꾀하고 있다.

특히 그는 '선의 인류학'의 학제적 파트너로서 고고학, 예술, 건축을 논하는데, 이를 이해하려면 우선 그의 이력을 살펴볼 필요가 있다. 잘 알려졌다시피 그는 타고난 조직가로서 다양한 분야의 연구자들과 이러저러한 연구회를 끊임없이 조직했고, 1990년대부터는 맨체스터 대학교에서 예술과 건축과 인류학의 융합을 시도하는 〈내부로부터 알기(KFI: Knowing From Inside)〉라는 연구회를 결성해서 매월 세미나를 진행했다. 이 책을 포함하여 '선의 인류학 3부작'이라고 부를 만한 『라인스』와 『모든 것은 선을 만든다』에서 언급되는 학자나 연구자 중 상당수가 KFI에서 함께 공부하며 영감을 주고받은 동료들이라는 것에서 알 수 있듯이, 그의 '선의 인류학'은 KFI 덕분이라고 해도 과언이 아니다. 이 동료들의 전공이 주로 예술과 건축이라는 것인데, 반대로 말하면 주로 예술과 건축 분야의 연구자들이 잉골드의 '선의 인류학'에 공명한 것이라고 할 수 있다.

잉골드는 여기서 발전시킨 문제의식과 다양한 분야의 연구자들에게 받은 학문적 자양분을 바탕으로 1999년 애버딘 대학교의 인류학과에 부임한 후 〈네 개의 A〉라는 강좌를 개설한다. 강좌명이 인류학, 고고학, 예술, 건축의 영어 단어 첫 글자 A를 가리키는 것이듯이, 그는 이 강좌를 통해 네 개의 학문 분야를 횡단하며 새롭게 생성되는 앎의 지평을 열고자 했다. 그리고 그 배움과 가르침의 방식은 다만 지식의 일방적 전수가 아닌 다양한 실습과 현장연구를 수반한다. 이 책은 그 여정에 대한 보고서와 다름없다. 이제 책의 내용을 간략하게 살펴보자.

2. 인류학적인 앎: 내부로부터 알기

이 책은 인류학, 고고학, 예술, 건축의 네 학문 분야를 아우르지만, 어디까지나 이 책의 방향은 인류학에 맞춰져 있다. 이 말은 이 책이 네 학문의 학제적 융합을 통해 20세기 인류학을 비판하고 그와 동시에 21세기 인류학의 새로운 전망을 제시하고자 한다는 것을 뜻한다. 제1장에서 인류학과 민족지를 구별할뿐더러 그 구별 지점을 강조한 것도 그러한 의도를 담고 있다. 잉골드가 보기에 인류학의 본질은 참여 관찰을 통해 이 세계의 앎을 내부로부터 알아가며 그와 동시에 인류학자 스스로 생성 변화하는 '탐구의 기술'에 있는데, 20세기 인류학은 자신을 민족지와 동일시함으로써 그러한 인류학의 본질을 간과해왔다는 것이다.

이를테면 근대의 인류학자는 민족지학자로서 조사집단을 참여 관찰하고 그렇게 수집한 자료에 기반해서 지식을 정립한다. 이 과정에서 민족지 작성은 인류학의 중심적인 활동이 된다. 미국의 문화 인류학자 클리퍼드 기어츠(Clifford Geertz) 또한 '저자로서의 인류학자'를 논하며 그 점을 거듭 강조한다. 그는 "인류학 또는 사회인류학에서 실천가들이 하는 일이란 민족지다. 그리고 민족지가 무엇인지 혹은 더 정확하게는 민족지를 하는[쓰는] 것이 무엇인지를 이해하는 것은 인류학적 분석이 지식의 한 형태로서 어디에 이르는지를 파악하는 출발점이 될 수 있다"(Geertz 1973: 5-6)[200]라고 말한다. 이렇듯 인류학자의 학문적 실천은 민족지학자의 그것과 별반 다르지 않았고 20세기 인류학에서 민족지는 그만큼 중요했다.

---

200 [역주] Clifford Geertz, 1973, "Thick Description: Toward an Interpretive Theory of Culture," *The Interpretation of Cultures: Selected Essays*, New York: Basic Books, pp. 3-30.

한편 1980년대 이후 탈식민주의의 영향으로 인류학자/민족지학자의 저자성(authority), 달리 말해 관점의 객관성을 둘러싼 저자로서의 권위는 의문시되었고 민족지의 위상 또한 흔들리기 시작했다. 이로부터 성찰 인류학(Reflexive Anthropology)의 조류가 형성되었으며 인류학자는 자신의 제국주의적 시선을 성찰하며 다시금 '무엇을 어떻게 써야 하는가?'의 문제에 봉착하게 되었다.

여기서 잉골드는 이 문제를 해결하기 위해서는 먼저 현지 조사를 민족지로부터 떼어 내야 한다고 말한다. 가령 인류학의 통상적인 '민족지적 현지 조사(ethnographic fieldwork)'는 '민족지'와 '현지 조사'를 결합함으로써 현장의 생성 변화의 흐름을 '민족지적'이라는 회고적 순간에 가둬버린다는 것이다. 다른 곳에서 잉골드는 인류학자 요하네스 파비안(Fabian 1973: 37)을 인용해서 이에 대해 인류학의 "시간 분열적 경향성(schizochronic tendencies)"[201]이라고 비판한다(Ingold 2014: 386).[202] 나아가 현재적 생성을 회고적 순간에 가두는 민족지적 현지 조사의 모순은 인류학자가 현장에서 만나는 사람들과 그들의 삶을 민족지적 기술의 대상 및 자료로 전락하게 만든다.

그리하여 잉골드는 인류학과 민족지를 각각 엄밀하게 재정의한다. 민족지는 어원에 따라 '사람들에 관한 기술'로서 회고

201 [역주] Johannes Fabian, 1973, *Time and the Other: How anthropology makes its object*, New York: Columbia University Press.
202 [역주] Tim Ingold, 2014, "That's enough about ethnography!" *Hau: Journal of Ethnographic Theory* 4(1): 383-395.

적이며 기록적인 성격을 지니지만 인류학은 현실의 시간이 흘러가는 세계 속에서 이뤄진다고 그는 말한다. 그에 따르면, 인류학의 핵심적 실천은 민족지가 아니라 현장의 사람들과 함께하는 참여 관찰이다. 사회과학에서 보통 참여 관찰은 질적 자료를 수집하는 방법으로 운위되지만, 잉골드는 그러한 방법론적 규정이 매우 문제적이라고 지적한다. 그러한 규정에는 인간과 세계에 대한 어떤 전제가 깊게 자리잡고 있는데, 그 전제란 인간이 세계와 분리되어 있고 우리는 세계의 외부에서 세계에 관해 연구하면서 그로부터 자료를 추출하여 분석할 수 있다는 것이다. 이에 따라 지식은 세계의 외부에서 사후에 구축된다.

그러나 잉골드는 참여 관찰은 다만 자료 수집의 기술이 아니며 우리가 연구하고자 하는 세계에 우리의 존재를 빚지고 있다는 존재론적 책무에 기반한다고 주장한다. 애초에 우리가 참여 관찰을 할 수 있는 것은 제1장에서 인용한 캐런 버라드의 말처럼 우리의 삶이 세계의 일부이기에 세계에 대한 앎을 얻을 수 있는 덕분이다(25-26쪽). 그런데도 참여 관찰을 단지 세계에 대한 질적 자료의 추출기술로 규정하는 것은 우리의 삶과 앎의 관계를 전도시킨다. 이러한 전도는 잉골드에 따르면 근대과학이 자신을 견지해온 방식과 일맥상통한다. 그것은 인간이 자연에 속한 일부이면서도 자연을 초월하는 존재여야 한다는 역설이다. 잉골드는 참여 관찰이 이 역설을 드러내고 그 논리를 바로잡을 수 있다고 본다. 참여와 관찰은 서로 모순된 개념이 아니라 상호 의존적인 개념으로서, 우리가 세계에 이미 참여하고 있기에 관찰할 수 있다는 사실을 암시한다. 그런 의미에서 참여 관찰은 내부로부터 아는 방법이다.

그렇다면 우리는 내부로부터 어떻게 아는가? 잉골드는 공예가의 실천에서 그 실마리를 찾는다. 공예가는 작업하는 물질의 흐름에 따름으로써 만들고, 만듦으로써 사고한다. 이와 같은 공예가의 실천은 세계를 재현하기보다 세계에 우리의 지각을 열어두고 이에 응답한다. 즉, 공예가의 실천이란 세계와 조응의 관계를 맺는 것이다. 잉골드는 이러한 실천을 '탐구의 기술'로 명명한다. 그리고 탐구의 기술을 가장 잘 실천하는 학문 분야가 예술이다. 인류학은 예술로부터, 그리고 예술과 함께하며 탐구의 기술을 배우고 실천할 수 있다. 이에 따라 인류학의 미래를 조망하는 데에서 인류학과 예술의 관계를 재정립해야 한다고 잉골드는 말한다. 지금까지 인류학은 예술을 탐구의 '대상'으로 간주하고 예술 그 자체의 창조적 과정보다 그 결과물의 사회문화적 가치를 중점적으로 분석해왔다. 예술 인류학은 예술에 대한(of) 인류학이었지 예술과 함께하는(with) 인류학이 아니었다. 잉골드는 '~에 대한(of)'을 '~와 함께하는(with)'으로 바꾸고자 한다.

이제 인류학은 '~와 함께하는' 실천으로 이해된다. 반복하자면, 인류학은 탐구의 기술이며 탐구의 기술은 이를테면 공예가가 무언가를 만드는 과정과 같다. 사냥꾼이 사냥감을 추적하며 그 주변 환경에 주의를 기울이고 이에 응답할 때, 그는 관찰하며 사고하는 것이지 관찰이 다 끝난 다음에 사고하는 것이 아니다. 그렇다면 잉골드의 〈네 개의 A〉 수업은 단지 학제 간 융합을 꾀하지 않으며 함께 만드는 실천 그 자체로서 인류학을 하는 방법을 실험적으로 탐구한다고 할 수 있다. 그래서 이 만들기란 도대체 무엇인가?

3. 조응의 실천: 질료형상론 너머의 만들기

잉골드는 만들기를 본격적으로 논하기에 앞서 우리가 "만들기를 일종의 투영(project)으로 생각하는 데 익숙하다"(62쪽)라고 지적한다. 우리는 만들기를 특정한 재료에 디자인(설계)을 투영함으로써 인공물을 얻어내는 것으로 생각한다는 것이다. 만들기에 대한 이러한 통념은 제2장에서 간단한 도식(61쪽 그림 2.3)으로 표현되는데, 도식에는 의식의 흐름과 물질의 흐름을 나타내는 두 개의 평행선과 그 위에 이미지라는 한 점과 대상이라는 한 점이 각각 놓여 있다. 이 두 점의 횡단적 연결은 이미지와 대상의 상호포착으로서 질료형상론의 사고방식을 드러낸다.

　질료형상론이란 사물의 본질에 대한 아리스토텔레스의 논의를 가리키는데, 현실 세계에서 질료가 형상을 구현한 것이 사물이라고 주장한다. 이러한 사고방식은 유럽의 형이상학을 지배해온 신체와 정신의 이분법, 나아가 자연과 문화의 이분법으로 이어진다. 즉, 질료에 형상이 부과되듯이 신체에 정신이 부과된다. 또 문화는 형상을 제공하고 자연은 질료를 제공한다. 하지만 잉골드는 만들기의 과정이 이처럼 단순하지 않으며, 위의 도식에서 만들기는 두 점의 횡적 연결이 아니라 두 선의 종적 흐름으로 이해되어야 한다고 주장한다. 이때 만들기는 처음과 끝이 명확히 주어져 있지 않은 과정의 끊임없는 흐름 속에서 실천자가 물질에 관여하는 것이다. 실천자의 물질에 대한 관여가 다름 아닌 조응이다.

잉골드는 네 개의 A 분야에서 만들기에 대한 기존의 이해는 질료형상론에 기반해 있다고 지적한다. 예를 들어 고고학에서 유물은 특정한 목적으로 디자인된 인공물이다. 그런데 잉골드는 선사시대의 주먹도끼가 정말로 그것의 제작자가 상상했을 최종 형태인지를 의심한다. 그것은 만들어져 막 사용된 것이 아니라 닳고 닳아 더는 사용할 수 없을 때 버려진 것이 아닐까? 그렇다면 주먹도끼의 형태는 질료에 형상이 부과된 것이라기보다 조응의 창발일 수 있다. 애당초 주먹도끼 제작자에게 전형적인 아슐리안 석기 분류에 부합하는 형상이란 존재하지 않으며, 다만 이어지는 활동들의 흐름과 만나는 물질의 속성에서 형상들이 발생한 것이지 않을까? 주먹도끼는 잉골드의 표현처럼 "흐르는 돌"이 된다.

건축 분야에서도 마찬가지다. 통상적으로 건물의 짓기(만들기)는 최초의 디자인(설계)을 실현하기 위한 과정으로 간주하지만, 건물을 짓는 자의 실천은 전혀 그렇지 않다. 예를 들어, 과학사회학자인 데이비드 턴불은 중세 시대 대성당의 축조 작업을 대규모 연구 실험실의 작업에 비유하는데, 여기서 핵심은 건물이나 지식 체계가 특정 인물의 정합적인 아이디어가 아니라 여러 작업자의 엉성한 실천에서 비롯된 결과물이라는 것이다. 건축에서 디자인(설계)과 구축(건설)의 분리는 앎과 삶, 이론과 실천, 형상과 질료 사이의 분리와 상통한다. 중세의 목공들과 석공들의 손에서 대성당은 퍼즐 조각 맞추듯 맞춰지는 것이 아니라 조각보 퀼트처럼 점진적으로 더해지며 지어졌다. 그들에게는 설계도가 없지 않았지만, 그것은 디자인이라기보다는 기술의 전수를 위한 안내서였다.

그래서 디자인(설계)은 애당초 존재하지 않는다는 것인가? 그렇지 않다. 잉골드는 디자인을 부정하려는 것이 아니라, 디자인은 마치 전지적 창조주가 세상을 창조하듯이 세계 밖에 있는 무언가가 아니라 세계가 생성되는 가운데 존재하는 것임을 역설한다. 리처드 도킨스는 소위 복잡한 자연현상의 설계자로서 신의 존재를 부정하며 자연선택을 '눈먼 시계공'에 비유했다. 자연선택은 미래를 내다보며 계획하는 것이 아니라 무의식적이며 창발적인 과정이라는 것이다. 잉골드는 여기서 더 나아가 '눈뜬 시계공'에 주목한다. 눈뜬 시계공은 앞을 내다보는 능력, 곧 예지를 지닌 시계공을 의미한다. 그러나 여기서 예지란 제작 이전에 그 완성된 형태를 미리 내다보는 것이 아니라, 스파이브룩의 말을 빌리면 "그것들이 어디로 향하고 있는지를 감각"(184쪽)하는 것이다. 눈뜬 시계공은 부품들 위나 너머가 아닌 그것들 사이의 영역에서 그것들이 서로 조응하는 과정에 눈뜨며 앞으로 나아간다.

그리하여 디자인은 질료에 구현되는 머릿속 형상이 아니라 드로잉의 선처럼 미끄러진다. 드로잉에서 종이 위의 선은 어떠한 의도의 재현이 아니라 움직임의 흔적이다. 이 흔적은 끊임없이 날아오르는 상상력을 뒤쫓으며 그것을 선이라는 물질에 붙잡아둔다. 예를 들어, 작곡가는 상상의 영역에서 새처럼 날아다니는 음악을 그것이 사라지기 전에 채보하고, 소설가는 끊임없이 탈주하는 캐릭터를 추적해서 글로 옮겨 적는다. 이처럼 디자인은 날아오르는 희망과 꿈을 뒤쫓으며 그것들이 도망가기 전에 고삐를 죄어 실천의 장에 이정표처럼 흔적을 남기는 것과 같다. 결국에 작곡가, 소설가, 건축가, 화가는 '꿈을 잡는 사람들(dream catchers)'이며, 이들의 작업은 언제나 꿈을 붙잡는 것과 물질을 다루는 것 사이에서 균형을 잡는다.

잉골드의 만들기는 사물(things)을 경험하는 방식에까지 확장된다. 선사학의 전통에서 둔덕(mound)은 고대 기념물로 분류되고 보존되는데, 마치 그것이 어느 한 시기에 특정한 목적을 가지고 누군가에 의해 설계돼 지어졌다고 가정한다. 멀리서 보면 둔덕은 우뚝 선 기념물처럼 멈춰 있는 듯 보이지만, 사실 그 내부는 끊임없는 생명 활동으로 북새통을 이루며 계속해서 둔덕-되기를 실천하고 있다. 그래서 잉골드는 둔덕의 고대성을 밝히고자 하는 선사학의 전통은 만들기를 질료형상론의 모델로 사고하는 것과 같다고 비판한다. 이와 마찬가지로 경관(landscape)은 공통의 규범에 따라 행하는 그곳 주민들의 노동을 통해 형성된 광대한 토지인데도, 근대적 사고에서는 예술가와 건축가의 연출적 투영에 그 공로를 돌리며 그것이 마치 완성된 전체인 것처럼 본다.

결국에 선사학의 둔덕, 근대의 경관 모두 그 자체로 완결된 '존재인 '대상'이 되었다. 잉골드는 하이데거의 논의를 가져와 대상과 우리의 관계는 대립적 '맞섬(over-againstness)'으로 정의된다는 점을 강조한다. 이 속에서 우리는 대상을 보거나 만질 수는 있어도 대상의 형성 과정에 참여할 수 없다. 그렇지만 사물은 우리와 함께한다. 잉골드에 따르면, 사물의 경험은 우리가 움직임으로써, 달리 말해 연행함으로써 이뤄진다. 돌무덤을 유적으로 보존하는 것이 아니라 돌멩이 하나를 주워 그 위에 올려놓을 때, 옛 오두막을 우두커니 쳐다볼 때가 아니라 어깨를 움츠려 그 안에 들어갈 때, 비로소 우리는 돌무덤과 오두막을 사물로써 경험한다. 하이데거의 표현으로는 우리가 사물들의 '모임(gathering)'에 참여함으로써 세계 짓기에 동참하는 것이다. 이것은 곧 생성하는 세계에서 사물-되기를 실천하는 것들에 조응하는 것이다. 요컨대 만들기는 조응이다.

4. 만들기의 선: 활성화하는 세계

우리가 잉골드의 조응에서 무엇보다 주목해야 하는 것은 만들기를 통한 생성 변화가 유기물뿐만 아니라 무기물에서도 이뤄진다는 점이며 그 움직임이 '선(line)'으로 나타난다는 점이다. 사물의 움직임 그 자체로서의 '선'이라는 발상은 그의 앞선 저작 『라인스』에서도 밝혔다시피 들뢰즈와 과타리의 철학에서 영감을 얻은 것이다. 들뢰즈와 과타리는 『천 개의 고원』에서 국가나 가족의 억압으로부터 탈영토화를 꾀하는 '도주선'을 개념화하는데, 잉골드는 이 정치 철학적 개념으로부터 근대 너머의 세계로 나가는 단서를 얻는다. 우리의 삶은 문자를 쓰고 음악을 악보에 그려 넣고 옷감을 짜고 춤을 추고 이야기의 대본을 만드는 등 온통 선으로 이뤄졌지만, 근대 세계에서 이 선은 은폐되어 보이지 않는다. 여기서 잉골드는 존재론적 지평에서 과감히 선을 드러냄으로써 근대 너머로 나아가고자 한다. 그리고 『천 개의 고원』에서 '도주선'이 무기물에까지 확장되듯이 잉골드의 '선'은 유기물과 무기물을 가리지 않는다.

『천 개의 고원』에서 광물로 채굴된 금속이 녹여지고 주형에 담겨 형태를 얻어 단련되는 일련의 과정을 '비유기적 생명'으로 묘사한 것과 마찬가지로, 잉골드는 사물의 끊임없는 물질적 흐름을 살아 있는 것으로서 접근한다. 이 사물의 활성화(animacy)는 만들기의 본질이다. 공예가, 장인, 기술자뿐만 아니라 우리는 모두 사물에 대한 기술적 영위를 통해 물질-흐름에 조응하며 사물에 생명을 불어넣는다. 이때 사물이 살아 있음을 우리가 느낀다면, 그것은 우리 자신이 세계 속에 있다는 것이다. 잉골드는 응당 인류의 유구한 존재 양식이었을 사물의 활성화로서의 만들기를 문명의 전환기에서 다시 인류학적으로 불러들이고 있다. 주변 세계에 주의를 기울임으로써 지혜를 익히고 그 속에서 자신을 변화시키며 자연과 우주를 있는 그대로 이해하는 앎과 삶의 여정으로서 인류학, 이것이 잉골드가 말하는 인류학이다.

그렇다면 잉골드의 인류학은 21세기를 살아가는 우리에게 어떤 의미가 있을까? 인류학은 사람들이 어떻게 살아왔으며 또 어떻게 살아가야 하는지를 질문해왔다. 잉골드는 이에 대해 우리가 직선의 세계, 전도된 세계에 살아왔다고 답한다. 정해진 출발점과 종착점을 오가는 직선의 삶은 본말이 전도된 삶이라고 반문한다. 어쩌면 우리는 이 사실을 이미 알고 있을 수도 있다. 직선의 삶이 우리를 얼마나 피폐하게 만드는지 절감하고 있을

지도 모른다. 그러나 직선이 아닌 삶은 무엇인가라는 물음에는 쉽게 답하지 못했다.

그런데 잉골드는 우리 세계에는 직선만 있지 않다고 목소리를 드높인다. 이를테면 현대의 건축가가 그려내는 기하학적 도면이 아무리 빈틈없는 직선으로 이뤄졌다 해도, 바로 그렇기에 그러한 도면으로 지어진 건축은 바람과 비와 같은 날씨에 뒤틀릴 수 있으며 새와 쥐와 같은 짐승에 의해 갉아 먹히고 파헤쳐질 수 있다. 고정불변의 완벽한 건축이란 있을 수 없다. 차라리 잉골드는 직선 너머의 인류학, 다시 말해 A에서 출발해서 B에 도착하는 직선적 삶에서 그 목적지를 초과해 나아가는 여정으로 행진할 것을 제안한다. 우리가 그 길에서 만나는 것들에 주의를 기울인다면, 유기물이든 무기물이든 인간이든 비인간이든 가리지 않고 그것들에 조응한다면, 우리는 살아 숨 쉴 수 있다. 이것이 바로 세계의 활성화이며 애니미즘이다. 잉골드의 애니미즘은 사물에 행위성을 부여하는 것이 아니다. 그물망을 이루는 선과 같이 형성적이며 변환의 힘을 지닌 관계들 그 자체다. 근대의 논리에 의해 잠시 직선에 압도되었고 고정불변의 디자인에 갇혔지만, 우리는 여전히 세계에 거주하며 움직이고 성장할뿐더러 세계의 형성 과정에 참여하고 있음을 잉골드는 일깨우고자 한다.

이 책은 세 사람이 나누어 번역했다. 1장과 3장과 4장은 권혜윤이, 2장과 5장과 6장은 오성희가, 7장과 8장과 9장은 차은정이 각각 도맡아 번역했다. 역자 후기는 세 사람의 번역자가 함께 작성했다. 월딩시리즈의 다른 번역서와 마찬가지로 서울대학교 인류학과 대학원 세미나 모임인 〈존재론의 자루〉에서 번역본을 함께 읽고 번역어를 상의했으며 여러 오역을 바로잡았다. 늘 든든한 동학이 되어주는 김지혜, 손성규, 김수경, 김수지, 김세연, 박지수, 최남주에게 감사의 마음을 전한다. 또 작년 여름 『오늘날의 애니미즘』 번역서 출간을 계기로 만들어진 강독 모임에서 이 책을 함께 읽고 토론했다. 다양한 전공의 연구자들의 고견은 인문학의 탈근대적 전환을 꾀하는 이 책의 학문적 의의를 우리 지식계에 비춰볼 수 있었다. 포도밭출판사는 팀 잉골드의 저작을 두 권째 번역 출간하게 되었다. 잉골드의 글이 내용과 형식 모두에서 학술적 글쓰기의 관성을 깨는 탓에 번역하기가 까다로운 측면이 많았고 편집 또한 쉽지 않았을 것이다. 포도밭출판사의 최진규 대표는 인류학에 관심을 가지고 '어떻게 살아왔으며 또 어떻게 살아갈 것인가?'라는 삶의 숙제를 〈존재론의 자루〉의 연구자들과 인류학적으로 함께 풀어가고 있다. 월딩 시리즈의 번역서들은 그렇지 않으면 출판하기 어려운 책들이다. 이 자리를 빌려 감사의 마음을 전한다.

2025년 7월

참고문헌

Adamson, G. 2007. *Thinking Through Craft*. Oxford: Berg.
Aggeler, W. 1954. *The Flowers of Evil*. Freno, CA: Academy Library Guild.
Alberti, B. 2007. Destabilising meaning in anthropomorphic forms from northwest Argentina. In *Overcoming the Modern Invention of Material Culture*, eds. V. O. Jorge and J. Thomas (special issue of *Journal of Iberian Archaeology* 9/10). Porto: ADECAP, pp. 209–223.
Alberti, B. and Y. Marshall 2009. Animating archaeology: local theories and conceptually open-ended methodologies. *Cambridge Archaeological Journal* 19(3): 345–357.
Alberti, L. B. 1972. *On Painting*, trans. C. Grayson, ed. M. Kemp. Harmondsworth: Penguin.
Alberti, L. B. 1988. *On the Art of Building in Ten Books*, trans. J. Rykwert, N. Leach and R. Tavernor. Cambridge, MA: MIT Press.
Anderson, B. and J. Wylie 2009. On geography and materiality. *Environment and Planning A* 41: 318– 335.
Andrews, F. B. 1974. *The Mediaeval Builder and his Methods*. Totowa, NJ: Rowman and Littlefield.
Badmington, N. 2007. Declaration of ink dependence. *Writing Technologies* 1(1), http://www.ntu.ac.uk/writing_technologies/back_issues/Vol.%201.1/Badmington/51321p.html
Bailey, G. 2007. Time perspectives, palimpsests and the archaeology of time. *Journal of Anthropological Archaeology* 26: 198–223.
Baker, T. 2006. The Acheulean handaxe. http://www.ele.net/acheulean/handaxe.htm
Barad, K. 2003. Posthumanist performativity: toward an understanding of how matter comes to matter. *Signs: Journal of Women in Culture and Society* 28: 801–831.
Barad, K. 2007. *Meeting the Universe Halfway*. Durham, NC: Duke University Press.
Barnes, C. F. Jr. 2009. *The Portfolio of Villard de Honnecourt: A New Critical*

Edition and Color Facsimile. Farnham: Ashgate.
Bateson, G. 1973. *Steps to an Ecology of Mind*. London: Fontana.
Baudelaire, C. 1986. *The Painter of Modern Life and Other Essays*, trans. and ed. J. Mayne. New York: Da Capo.
Bell, C. 1833. *The Hand: Its Mechanism and Vital Endowments as Evincing Design* (2nd edition). London: William Pickering.
Bennett, J. 2010. *Vibrant Matter: A Political Ecology of Things*. Durham, NC: Duke University Press.
Berger, J. 2005. *Berger on Drawing*, ed. J. Savage. Cork: Occasional Press.
Bergson, H. 1946. *The Creative Mind*, trans. M. L. Andison. New York: Philosophical Library.
Billeter, J. F. 1990. *The Chinese Art of Writing*, trans. J. M. Clarke and M. Taylor. New York: Rizzoli International.
Blier, S. P. 1987. *The Anatomy of Architecture*. Cambridge, UK: Cambridge University Press.
Boas, F. 1955. *Primitive Art*. New York: Dover Publications (original 1927).
Boesch, C. and H. Boesch 1990. Tool use and tool-making in wild chimpanzees. *Folia Primatologica* 54: 86–99.
Boivin, N. 2008. *Material Cultures, Material Minds: The Impact of Things on Human Thought, Society and Evolution*. Cambridge, UK: Cambridge University Press.
Bourdieu, P. 1977. *Outline of a Theory of Practice*, trans. R. Nice. Cambridge, UK: Cambridge University Press.
Brand, S. 1994. *How Buildings Learn: What Happens to Them after They're Built*. New York: Penguin.
Brinkmann, S. and L. Tanggaard 2010. Toward an epistemology of the hand. *Studies in the Philosophy of Education* 29: 243–257.
Bruner, J. 1986. *Actual Minds, Possible Worlds*. Cambridge, MA: Harvard University Press.
Bryson, N. 2003. A walk for walk's sake. In *The Stage of Drawing: Gesture and Act*, ed. C. de Zegher. London: Tate Publishing; New York: The Drawing Center, pp.149–158.
Bucher, F. 1979. *Architector: The Lodge Books and Sketchbooks of Medieval Architects*, Volume 1. New York: Abaris Books.
Bunn, S. 2010. From enskillment to houses of learning. *Anthropology in Action* 17(2/3): 44–59.
Cain, P. 2010. *Drawing: The Enactive Evolution of the Practitioner*. Bristol: Intellect.
Calvin, W. 1993. The unitary hypothesis: a common neural circuitry for novel manipulation, language, plan-ahead and throwing. In *Tools, Language and Cognition in Human Evolution*, eds. K. R. Gibson and T. Ingold. Cambridge, UK: Cambridge University Press, pp. 230–250.
Candler, P. M. Jr. 2006. *Theology, Rhetoric, Manuduction, or Reading Scripture Together on the Path to God*. Grand Rapids, MI: William B. Eerdmans.
Carruthers, M. 1990. *The Book of Memory: A Study of Memory in Medieval Culture*. Cambridge, UK: Cambridge University Press.

Carruthers, M. 1998. *The Craft of Thought: Meditation, Rhetoric and the Making of Images, 400-1200*. Cambridge, UK: Cambridge University Press.

Carsten, J. and S. Hugh-Jones eds. 1995. *About the House: Lévi-Strauss and Beyond*. Cambridge, UK: Cambridge University Press.

Clark, A. 1997. *Being There: Putting Brain, Body and World Together Again*. Cambridge, MA: MIT Press.

Clark, A. 1998. Where brain, body and world collide. *Daedalus: Journal of the American Academy of Arts and Sciences* 127: 257–280.

Clark, A. 2001. *Mindware: An Introduction to the Philosophy of Cognitive Science*. Oxford: Oxford University Press.

Clark, A. and D. Chalmers 1998. The extended mind. *Analysis* 58: 7–19.

Conneller, C. 2011. *An Archaeology of Materials: Substantial Transformations in Early Prehistoric Europe*. London: Routledge.

Connerton, P. 1989. *How Societies Remember*. Cambridge, UK: Cambridge University Press.

Coote, J. and A. Sheldon eds. 1992. *Anthropology, Art and Aesthetics*. Oxford: Clarendon.

Crapanzano, V. 2004. *Imaginative Horizons: An Essay in Literary-Philosophical Anthropology*. Chicago, IL: University of Chicago Press.

Darwin, C. 2008. *The Autobiography of Charles Darwin: From the Life and Letters of Charles Darwin*. Teddington, Middlesex: The Echo Library.

Davidson, I. and W. Noble 1993. Tools and language in human evolution. In *Tools, Language and Cognition in Human Evolution*, eds. K. R. Gibson and T. Ingold. Cambridge, UK: Cambridge University Press, pp. 363–388.

Dawkins, R. 1986. *The Blind Watchmaker*. Harlow, Essex: Longman Scientific & Technical.

Deleuze, G. and F. Guattari 2004. *A Thousand Plateaus: Capitalism and Schizophrenia*, trans. B. Massumi. London: Continuum.

Derrida, J. 1974. *Of Grammatology*, trans. G. C. Spivak. Baltimore, MD: Johns Hopkins University Press.

Derrida, J. 1993. *Memoirs of the Blind: The Self-Portrait and Other Ruins*, trans. P.-A. Brault and M. Nass. Chicago, IL: University of Chicago Press.

Dibble, H. 1987a. Reduction sequences in the manufacture of Mousterian implements of France. In *The Pleistocene Old World: Regional Perspectives*, ed. O. Soffer. New York: Plenum Press, pp. 33–44.

Dibble, H. 1987b. The interpretation of Middle Palaeolithic scraper morphology. *American Antiquity* 52(1): 109–117.

Dormer, P. 1994. *The Art of the Maker: Skill and its Meaning in Art, Craft and Design*. London: Thames & Hudson.

Douglas, M. 1966. *Purity and Danger: An Analysis of Concepts of Pollution and Taboo*. London: Routledge & Kegan

Edgeworth, M. 2012. Follw the cut, follow the rhythm, follow the material. *Norwegian Archaeological Review* 45(1): 76–92.

Eisenberg, L. 1972. The *human* nature of human nature. *Science* 176: 123–128.

Eliot, T. S. 1940. *The Waste Land and Other Poems*. London: Faber & Faber.

Elkins, J. 1996. *The Object Stares Back: On the Nature of Seeing*. New York: Simon & Schuster. Elkins, J. 1999. *The Domain of Images*. Ithaca, NY: Cornell University Press.

Elkins, J. 2000. *What Painting Is: How to Think About Painting, Using the Language of Alchemy*. London: Routledge.

Erlande-Brandenburg, A. 1995. *The Cathedral Builders of the Middle Ages*, trans. R. Stonehewer. London: Thames & Hudson.

Fagan, B. 1989. *People of the Earth: An Introduction to World Prehistory* (6th edition). Glenview, IL: Scott, Foresman.

Farnell, B. 2000. Getting out of the *habitus*: an alternative model of dynamically embodied social action. *Journal of the Royal Anthropological Institute* (N.S.) 6: 397–418.

Faure Walker, J. 2008. Pride, prejudice and the pencil. In *Writing on Drawing: Essays on Drawing Practice and Research*, ed. S. Garner. Bristol: Intellect, pp. 71–92.

Flusser, V. 1995. On the word design: an etymological essay (trans. J. Cullars). *Design Issues* 11(3): 50–53.

Flusser, V. 1999. *The Shape of Things: A Philosophy of Design*. London: Reaktion.

Frampton, K. 1995. *Studies in Tectonic Culture: The Poetics of Construction in Nineteenth and Twentieth Century Architecture*. Cambridge, MA: MIT Press.

Frascari, M. 1991. *Monsters of Architecture: Anthropomorphism in Architectural Theory*. Savage, MD: Rowman and Littlefield.

Friedman, T. 1996. Stonewood. In *Wood*, by A. Goldsworthy. London: Viking, pp. 6–12.

Gatewood, J. 1985. Actions speak louder than words. In *Directions in Cognitive Anthropology*, ed. J. Dougherty. Urbana, IL: University of Illinois Press, pp. 199–220.

Gell, A. 1998. *Art and Agency: An Anthropological Theory*. Oxford: Clarendon.

Gibson, J. J. 1979. *The Ecological Approach to Visual Perception*. Boston, MA: Houghton Mifflin.

Gosden, C. 2010. The death of the mind. In *The Cognitive Life of Things: Recasting the Boundaries of the Mind*, eds. L. Malafouris and C. Renfrew. Cambridge: McDonald Institute for Archaeological Research, pp. 39–46.

Gowlett, J. 1984. Mental abilities of early man: a look at some hard evidence. In *Hominid Evolution and Community Ecology*, ed. R. Foley. London: Academic Press, pp. 167–192.

Graves-Brown, P. 2000. Introduction. In *Matter, Materiality and Modern Culture*, ed. P. M. Graves-Brown. London: Routledge, pp. 1–9.

Grierson, H. J. C. 1947. *Metaphysical Lyrics and Poems of the Seventeenth Century: Donne to Butler*. Oxford: Clarendon Press.

Gunn, W. 2007. Learning within the workplaces of artists, anthropologists and architects: making stories for drawings and writings. In *Skilled Visions: Between Apprenticeship and Standards*, ed. C. Grasseni. Oxford: Berghahn, pp. 106–124.

Hägerstrand, T. 1976. Geography and the study of the interaction between nature and society. *Geoforum* 7: 329–334.

Hallam, E. 2002. The eye and the hand: memory, identity and clairvoyants' narratives in England. In *Temporalities, Autobiography and Everyday Life*, eds J. Campbell and J. Harbord. Manchester: Manchester University Press, pp. 169–192.

Hallowell, A. I. 1955. *Culture and Experience*. Philadelphia, PA: University of Pennsylvania Press.

Harman, G. 2005. Heidegger on objects and things. In *Making Things Public: Atmospheres of Democracy*, eds. B. Latour and P. Weibel. Cambridge, MA: MIT Press, pp. 268–271.

Harvey, J. 1972. *The Mediaeval Architect*. London: Wayland.

Harvey, J. 1974. *Cathedrals of England and Wales*. London: B. T. Batsford.

Heidegger, M. 1971. *Poetry, Language, Thought*, trans. A. Hofstadter. New York: Harper and Row.

Heidegger, M. 1992. *Parmenides*, trans. A. Schuwer and R. Rojcewicz. Bloomington, IN: Indiana University Press.

Heidegger, M. 1993. *Basic Writings*, ed. D. F. Krell. London: Routledge.

Heidegger, M. 1995. *The Fundamental Concepts of Metaphysics: World, Finitude, Solitude*, trans. W. McNeil and N. Walker. Bloomington, IN: Indiana University Press.

Helmreich, S. 2009. *Alien Ocean: Anthropological Voyages in Microbial Seas*. Berkeley, CA: University of California Press.

Henderson, K. 1999. *On Line and on Paper: Visual Representations, Visual Culture, and Computer Graphics in Design Engineering*. Cambridge, UK: Cambridge University Press.

Henderson, K. 2007. Achieving legitimacy: visual discourses in engineering design and green building code development. *Building Research and Information* 35(1): 6–17.

Herzfeld, C. and D. Lestel 2005. Knot tying in great apes: etho-ethnology of an unusual tool behaviour. *Social Science Information* 44(4): 621–653.

Hicks, R. D. 1907. *Aristotle, De Anima*, trans. R. D. Hicks. Cambridge, UK: Cambridge University Press.

Hiscock, N. 2000. *The Wise Master Builder: Platonic Geometry in Plans of Medieval Abbeys and Cathedrals*. Aldershot: Ashgate.

Hockey, J. and M. Forsey 2012. Ethnography is not participant observation: reflections on the interview as participatory qualitative research. In *The Interview: An Ethnographic Approach*, ed. J. Skinner. New York: Berg, pp. 69-87.

Holloway, R. 1969. Culture, a *human* domain. *Current Anthropology* 10(4): 395–412.

Holtorf, C. 2002. Notes on the life history of a pot sherd. *Journal of Material Culture* 7: 49–71.

Holtorf, C. 2009. On the possibility of time travel. *Lund Archaeological Review* 15: 31–41.

Howe, N. 1992. The cultural construction of reading in Anglo-Saxon England.

In *The Ethnography of Reading*, ed. J. Boyarin. Berkeley, CA: University of California Press, pp. 58–79.
Hugh of St Victor 1961. *The Didascalicon of Hugh of St. Victor: A Medieval Guide to the Arts*, trans. J. Taylor. New York: Columbia University Press.
Ingold, T. 1990. Editorial. *Man* (N.S.) 26: 1–2.
Ingold, T. 1993. The reindeerman's lasso. In *Technological Choices: Transformation in Material Cultures Since the Neolithic*, ed. P. Lemmonier. London: Routledge, pp. 108–125.
Ingold, T. 1999. 'Tools for the hand, language for the face': an appreciation of Leroi-Gourhan's *Gesture and Speech*. *Studies in the History and Philosophy of Biological and Biomedical Science* 30(4): 411–453.
Ingold, T. 2000. *The Perception of the Environment: Essays on Livelihood, Dwelling and Skill*. London: Routledge.
Ingold, T. 2001. From the transmission of representations to the education of attention. In *The Debated Mind: Evolutionary Psychology Versus Ethnography*, ed. H. Whitehouse. Oxford: Berg, pp. 113–153.
Ingold, T. 2004. André Leroi-Gourhan and the evolution of writing. In *Autour de l'homme: contexte et actualité d'André Leroi-Gourhan*, eds. F. Audouze and N. Schlanger. Antibes: APDCA, pp. 109–123.
Ingold, T. 2007. *Lines: A Brief History*. London: Routledge.
Ingold, T. 2008a. Earth, sky, wind and weather. In *Wind, Life and Health: Anthropological and Historical Perspectives*, eds. E. Hsu and C. Low. Oxford: Blackwell, pp. 17–35.
Ingold, T. 2008b. The social child. In *Human Development in the Twenty-First Century: Visionary Ideas from Systems Scientists*, eds. A. Fogel, B. J. King and S. G. Shanker. Cambridge, UK: Cambridge University Press, pp. 112–118.
Ingold, T. 2010. The man in the machine and the self-builder. *Interdisciplinary Science Reviews* 35(3/4): 353–364.
Ingold, T. 2011a. *Being Alive: Essays on Movement, Knowledge and Description*. London: Routledge.
Ingold, T. ed. 2011b. *Redrawing Anthropology: Materials, Movements, Lines*. Farnham: Ashgate.
Ingold, T. n.d. In defence of handwriting. In *Writing Across Boundaries*, eds. R. Simpson and R. Humphrey, Department of Anthropology, University of Durham, http://www.dur.ac.uk/ writingacrossboundaries/writingonwriting/timingold/
Ingraham, C. 1992. The burdens of linearity. In *Strategies of Architectural Thinking*, eds. J. Whiteman, J. Kipnis and R. Burdett. Cambridge, MA: MIT Press, pp. 130–147.
Irigaray, L. 1999. *The Forgetting of Air in Martin Heidegger*, trans. M. B. Mader. London: Athlone.
James, J. 1985. *Chartres: The Masons Who Built a Legend*. London: Routledge & Kegan Paul.
James, K. H. and T. P. Atwood 2009. The role of sensorimotor learning in the perception of letter-like forms: tracking the causes of neural specialization for

letters. *Cognitive Neuropsychology* 26(1): 91–110.
James, P. ed. 1966. *Henry Moore on Sculpture: A Collection of the Sculptor's Writings and Spoken Words*. London: Macdonald.
Johannsen, N. 2012. Archaeology and the inanimate agency proposition: a critique and a suggestion. In *Excavating the Mind: Cross-sections Through Culture, Cognition and Materiality*, eds. N. Johannssen, M. D. Jessen and H. J. Jensen. Aarhus: Aarhus University Press, pp. 305–347.
Johnson, M. 2007. *The Meaning of the Body: Aesthetics of Human Understanding*. Chicago, IL: University of Chicago Press.
Jones, A. M. 2004. Archaeometry and materiality: materials-based analysis in theory and practice. *Archaeometry* 46: 327–338.
Jones, A. M. 2007. *Memory and Material Culture*. Cambridge, UK: Cambridge University Press.
Jones, A. M. and N. Boivin 2010. The malice of inanimate objects: material agency. In *The Oxford Handbook of Material Culture Studies*, eds. D. Hicks and M. C. Beaudry. Oxford: Oxford University Press, pp. 333–351.
Joulian, F. 1996. Comparing chimpanzee and early hominid techniques: some contributions to cultural and cognitive questions. In *Modelling the Early Human Mind*, eds. P. A. Mellars and K. R. Gibson. Cambridge: McDonald Institute for Archaeological Research, pp. 173–189.
Kandinsky, W. 1982. *Kandinsky: Complete Writings on Art, Vols. 1 (1901-1921) and 2 (1922-1943)*, eds. K. C. Lindsay and P. Vergo. London: Faber & Faber.
Klee, P. 1961. *Notebooks, Volume 1: The Thinking Eye*, ed. J. Spiller, trans. R. Manheim. London: Lund Humphries.
Knappett, C. 2005. *Thinking Through Material Culture: An Interdisciplinary Perspective*. Philadelphia, PA: University of Pennsylvania Press.
Knappett, C. and L. Malafouris eds. 2008. *Material Agency: Towards a Non-Anthropocentric Approach*. New York: Springer.
Lakoff, G. and M. Johnson 1999. *Philosophy in the Flesh: The Embodied Mind and its Challenge to Western Thought*. New York: Basic Books.
Laning, E. 1971. *The Act of Drawing*. New York: McGraw Hill.
Lapacherie, J.-G. 1994. Typographic characters: tension between text and drawing, trans. A. Lehmann. *Yale French Studies* 84: 63–77.
Latour, B. 1999. *Pandora's Hope: Essays on the Reality of Science Studies*. Cambridge, MA: Harvard University Press.
Latour, B. and A. Yaneva 2008. 'Give me a gun and I will make buildings move': an ANT's view of architecture. In *Explorations in Architecture: Teaching, Design, Research*, ed. R. Geiser. Basel: Birkhäuser, pp. 80–89.
Lave, J. 1990. The culture of acquisition and the practice of understanding. In *Cultural Psychology: Essays on Comparative Human Development*, eds. J. W. Stigler, R. A. Shweder and G. Herdt. Cambridge, UK: Cambridge University Press, pp. 309–327.
Lave, J. and E. Wenger 1991. *Situated Learning: Legitimate Peripheral Participation*. Cambridge, UK: Cambridge University Press.
Le Corbusier 1947. *The City of Tomorrow and its Planning*, trans. F. Etchells.

London: Architectural Press.
Leach, E. R. 1964. Anthropological aspects of language: animal categories and verbal abuse. In *New Directions in the Study of Language*, ed. E. H. Lennenberg. Cambridge, MA: MIT Press, pp. 23–63.
Leary, J., T. Darvill and D. Field eds. 2010. *Round Mounds and Monumentality in the British Neolithic and Beyond*. Oxford: Oxbow Books.
Lee, J. and T. Ingold 2006. Fieldwork on foot: perceiving, routing, socialising. In *Locating the Field: Space, Place and Context in Anthropology*, eds. S. Coleman and P. Collins. Oxford: Berg, pp. 67–85.
Lefebvre, H. 2004. *Rhythmanalysis: Space, Time and Everyday Life*. London: Continuum.
Leroi-Gourhan, A. 1993. *Gesture and Speech*, trans. A. Bostock Berger, ed. R. White. Cambridge, MA: MIT Press.
Lévi-Strauss, C. 1955. *Tristes Tropiques*, trans J. and D. Weightman. London: Jonathan Cape.
Longcamp, M., M. Zerbato-Poudou and J. L. Velay 2005. The influence of writing practice on letter recognition in preschool children: a comparison between handwriting and typing. *Acta Psychologica* 119: 67–79.
Loos, A. 1985. *The Architecture of Adolf Loos*. London: Precision Press.
Lord, J. V. 2005. A journey of drawing: an illustration of a fable. In *Drawing: The Process*, eds. J. Davies and L. Duff. Bristol: Intellect, pp. 29–37.
Lucas, G. 2005. *The Archaeology of Time*. London: Routledge.
Luke, D. 1964. *Goethe*, ed., trans. and intr. D. Luke. London: Penguin.
Malafouris, L. 2004. The cognitive basis of material engagement: where brain, body and culture conflate. In *Rethinking Materiality: The Engagement of Mind with the Material World*, eds. E. DeMarrais, C. Gosden and C. Renfrew. Cambridge: McDonald Institute for Archaeological Research, pp. 53–62.
Malafouris, L. 2008. At the potter's wheel: an argument for material agency. In *Material Agency: Towards a Non-Anthropocentric Approach*, eds. C. Knappett and L. Malafouris. New York: Springer, pp. 19–36.
Malafouris, L. and C. Renfrew eds. 2010. *The Cognitive Life of Things: Recasting the Boundaries of the Mind*. Cambridge: McDonald Institute for Archaeological Research.
Marchand, T. H. J. 2001. *Minaret Building and Apprenticeship in Yemen*. London: Curzon.
Marchand, T. H. J. 2009. *The Masons of Djenné*. Bloomington, IN: Indiana University Press.
Marzke, M. W. 1997. Precision grips, hand morphology and tools. *American Journal of Physical Anthropology* 102(1): 91–110.
Massumi, B. 2009. 'Technical mentality' revisited: Brian Massumi on Gilbert Simondon (with A. de Boever, A. Murray, J. Roffe). *Parrhesia* 7: 36–45.
Maynard, P. 2005. *Drawing Distinctions: The Varieties of Graphic Expression*. Ithaca, NY: Cornell University Press.
McGrew, W. C. 1992. *Chimpanzee Material Culture: Implications for Human Evolution*. Cambridge, UK: Cambridge University Press.

Merleau-Ponty, M. 1964. Eye and mind, trans. C. Dallery. In *The Primacy of Perception, and Other Essays on Phenomenological Psychology, the Philosophy of Art, History and Politics*, ed. J. M. Edie. Evanston, IL: Northwestern University Press, pp.159–190.

Merleau-Ponty, M. 1968. *The Visible and the Invisible*, ed. C. Lefort, trans. A. Lingis. Evanston, IL: Northwestern University Press.

Mills, C. W. 1959. *The Sociological Imagination*. New York: Oxford University Press.

Mitchell, V. 2006. Drawing threads from sight to site. *Textile* 4(3): 340–361.

Miyazaki, H. 2004. *The Method of Hope: Anthropology, Philosophy and Fijian Knowledge*. Stanford, CA: Stanford University Press.

Naji, M. and L. Douny 2009. Editorial. *Journal of Material Culture* 14: 411–432.

Napier, J. 1993. *Hands*, revised edition, ed. R. H. Tuttle. Princeton, NJ: Princeton University Press.

Nonaka, T., B. Bril and R. Rein 2010. How do stone knappers predict and control the outcome of flaking? Implications for understanding early stone tool technology. *Journal of Human Evolution* 59: 155–167.

Norman, D. A. 1988. *The Design of Everyday Things*. New York: Basic Books.

Oliver, P. 1990. *Dwellings: The House Across the World*. Austin, TX: University of Texas Press.

Olsen, B. 2003. Material culture after text: re-membering things. *Norwegian Archaeological Review* 36: 87–104.

Olsen, B. 2010. *In Defense of Things*. Plymouth, UK: Altamira Press.

Olwig, K. 2008. The Jutland cipher: unlocking the meaning and power of a contested landscape. In *Nordic Landscapes: Region and Belonging on the Northern Edge of Europe*, eds. M. Jones and K. R. Olwig. Minneapolis, MN: University of Minnesota Press, pp. 12–49.

Pacey, A. 2007. *Medieval Architectural Drawing: English Craftsmen's Methods and their Later Persistence (c.1200-1700)*. Stroud: Tempus.

Paley, W. 2006. *Natural Theology; or, Evidences of the Existence and Attributes of the Deity, Collected from the Appearances of Nature*. Oxford: Oxford University Press.

Pallasmaa, J. 1996. *The Eyes of the Skin: Architecture and the Senses*. London: Academy Editions.

Pallasmaa, J. 2009. *The Thinking Hand: Existential and Embodied Wisdom in Architecture*. Chichester: Wiley.

Palsson, G. 1994. Enskilment at sea. *Man* (N.S.) 29: 901–927.

Panofsky, E. 1968. *Idea: A Concept in Art Theory*, trans. J. J. S. Peake. Columbia, SC: University of South Carolina Press.

Parrish, C. 1957. *The Notation of Medieval Music*. New York: W. W. Norton.

Pelegrin, J. 1993. A framework for analysing prehistoric stone tool manufacture and a tentative application to some early stone industries. In *The Use of Tools by Human and Non-Human Primates*, eds. A. Berthelet and J. Chavaillon. Oxford: Clarendon Press, pp. 302–314.

Pelegrin, J. 2005. Remarks about archaeological techniques and methods of knapping: elements of a cognitive approach to stone knapping. In *Stone Knapping: The Necessary Conditions for a Uniquely Hominin Behaviour*, eds. V. Roux and B. Bril. Cambridge: McDonald Institute for Archaeological Research, pp. 23–33.

Petherbridge, D. 2010. *The Primacy of Drawing: Histories and Theories of Practice*. New Haven, CT: Yale University Press.

Petroski, H. 1989. *The Pencil: A History of Design and Circumstance*. London: Faber & Faber.

Pevsner, N. 1942. The term 'architect' in the Middle Ages. *Speculum* 17(4): 549–562.

Phipps, B. 2006. *Lines of Enquiry: Thinking Through Drawing*. Cambridge: Kettle's Yard.

Pickering, A. 1995. *The Mangle of Practice: Time, Agency and Science*. Chicago. IL: University of Chicago Press.

Pickering, A. 2010. Material culture and the dance of agency. In *The Oxford Handbook of Material Culture Studies*, eds. D. Hicks and M. C. Beaudry. Oxford: Oxford University Press, pp. 191– 208.

Polanyi, M. 1958. *Personal Knowledge: Towards a Post-critical Philosophy*. London: Routledge & Kegan Paul.

Polanyi, M. 1966. *The Tacit Dimension*. London: Routledge & Kegan Paul.

Pollard, J. 2004. The art of decay and the transformation of substance. In *Substance, Memory, Display*, eds. C. Renfrew, C. Gosden and E. DeMarrais. Cambridge: McDonald Institute for Archaeological Research, pp. 47–62.

Pye, D. 1968. *The Nature and Art of Workmanship*. Cambridge, UK: Cambridge University Press.

Pye, D. 1978. *The Nature and Aesthetics of Design*. London: Herbert Press.

Rawson, P. 1979. *Seeing Through Drawing*. London: British Broadcasting Corporation.

Reid, M. 1994. Legible/visible (trans. N. P. Turner). *Yale French Studies* 84: 1–12.

Roche, H. 2005. From simple flaking to shaping: stone-knapping evolution among early hominins. In *Stone Knapping: The Necessary Conditions for a Uniquely Hominin Behaviour*, eds. V. Roux and B. Bril. Cambridge: McDonald Institute for Archaeological Research, pp. 35–48.

Rogoff, B. 1990. *Apprenticeship in Thinking: Cognitive Development in Social Context*. New York: Oxford University Press.

Rogoff, B. 2003. *The Cultural Nature of Human Development*. Oxford: Oxford University Press.

Roque, G. 1994. Writing/drawing/color (trans. C. Weber). *Yale French Studies* 84: 43–62.

Rosenberg, T. 2008. New beginnings and monstrous births: notes towards an appreciation of ideational drawing. In *Writing on Drawing: Essays on Drawing Practice and Research*, ed. S. Garner. Bristol: Intellect, pp. 109–124.

Ruskin, J. 1903. *The Stones of Venice, Volume 1, The Foundations* (Volume 9 of *The Works of John Ruskin*, eds. E. T. Cook and A. Wedderburn). London: George Allen.

Ruskin, J. 1904. *The Elements of Drawing* (Volume 15 of *The Works of John*

Ruskin, eds. E. T. Cook and A. Wedderburn). London: George Allen.
Rybczynski, W. 1989. *The Most Beautiful House in the World*. New York: Penguin.
Saenger, P. 1982. Silent reading: its impact on late medieval script and society. *Viator* 13: 367–414.
Sanabria, S. L. 1989. From Gothic to Renaissance stereotomy: the design methods of Philibert de l'Orme and Alonso de Vandelvira. *Technology and Culture* 30(2): 266-299.
Schama, S. 1995. *Landscape and Memory*. London: HarperCollins.
Schick, K. and N. Toth 1993. *Making Silent Stones Speak: Human Evolution and the Dawn of Technology*. New York: Simon & Schuster.
Schneider, A. and C. Wright eds. 2006. *Contemporary Art and Anthropology*. Oxford: Berg.
Schneider, A. and C. Wright eds. 2010. *Between Art and Anthropology: Contemporary Ethnographic Practice*. Oxford: Berg.
Schutz, A. 1951. Making music together: a study in social relationship. *Social Research* 18: 76–97.
Schutz, A. 1962. *The Problem of Social Reality*, collected papers volume I, ed. M. Nathanson. The Hague: Nijhoff.
Sennett, R. 2008. *The Craftsman*. London: Penguin (Allen Lane).
Serres, M. 1995. *The Natural Contract*, trans. E. MacArthur and W. Paulson. Ann Arbor, MI: University of Michigan Press.
Sheets-Johnstone, M. 1998. *The Primacy of Movement*. Amsterdam: John Benjamins.
Sheets-Johnstone, M. 2011. The imaginative consciousness of movement: linear quality, kinaesthesia, language and life. In *Redrawing Anthropology: Materials, Movements, Lines*, ed. T. Ingold. Farnham: Ashgate, pp. 115–128.
Shelby, L. R. 1970. The education of medieval English master masons. *Mediaeval Studies* 32: 1–26.
Shelby, L. R. 1971. Mediaeval masons' templates. *Journal of the Society of Architectural Historians* 30(2): 140–154.
Shelby, L. R. 1972. The geometrical knowledge of mediaeval master masons. *Speculum* 47(3): 395– 421.
Simmel, G. 1969. Sociology of the senses: visual interaction. In *Introduction to the Science of Sociology* (3rd edition), eds. E. W. Burgess and R. E. Park. Chicago, IL: University of Chicago Press, pp. 146–150.
Simondon, G. 1964. *L'individu et sa génèse physico-biologique*. Paris : Presses Universitaires de France.
Simondon, G. 1989. *L'individuation psychique et collective*. Paris: Aubier.
Simondon, G. 1992. The genesis of the individual (trans. M. Cohen and S. Kwinter). In *Incorporations*, eds. J. Crary and S. Kwinter. New York: Zone, pp. 297–319.
Simondon, G. 2005. *L'individuation à la lumière des notions de Forme et d'Information*. Grenoble: Editions Jérôme Millon.
Siza, A. 1997. *Alvaro Siza: Writings on Architecture*. Milan: Skira Editore.
Sperber, D. 1985. *On Anthropological Knowledge: Three Essays*. Cambridge, UK: Cambridge University Press; Paris: Maison des Sciences de l'Homme.

Spuybroek, L. 2011. *The Sympathy of Things: Ruskin and the Ecology of Design.* Rotterdam: V2_ Publishing.

Steadman, P. 1979. *The Evolution of Designs: Biological Analogy in Architecture and the Applied Arts.* Cambridge, UK: Cambridge University Press.

Stewart, K. 1983. *Katie Stewart's Cookbook.* London: Victor Gollancz.

Stout, D. 2002. Skill and cognition in stone tool production. *Current Anthropology* 43: 693–722.

Stout, D., N. Toth, K. Schick and T. Chaminade 2008. Neural correlates of early Stone Age toolmaking: technology, language and cognition in human evolution. *Philosophical Transactions of the Royal Society B* 363: 1939–1949.

Suchman, L. 1987. *Plans and Situated Actions.* Cambridge, UK: Cambridge University Press.

Sugiyama, Y. and J. Koman 1979. Tool-using and -making behaviour in wild chimpanzees at Boussou, Guinea. *Primates* 20: 513–524.

Summers, D. 2003. *Real Spaces: World Art History and the Rise of Western Modernism.* London: Phaidon.

Talbot, R. 2008. Drawing connections. In *Writing on Drawing: Essays on Drawing Practice and Research*, ed. S. Garner. Bristol: Intellect, pp. 43–57.

Tallis, R. 2003. *The Hand: A Philosophical Inquiry into Human Being.* Edinburgh: Edinburgh University Press.

Thomas, J. 2007. The trouble with material culture. In *Overcoming the Modern Invention of Material Culture*, eds. V. O. Jorge and J. Thomas (special issue of *Journal of Iberian Archaeology* 9/10). Porto: ADECAP, pp. 11–23.

Tiffany, D. 2001. Lyric substance: on riddles, materialism, and poetic obscurity. *Critical Inquiry* 28(1): 72–98.

Tilley, C. 2004. *The Materiality of Stone: Explorations in Landscape Archaeology.* Oxford: Berg.

Tilley, C. 2007. Materiality in materials. *Archaeological Dialogues* 14: 16–20.

Tilley, C., S. Hamilton and B. Bender 2000. Art and the re-presentation of the past. *Journal of the Royal Anthropological Institute* (N.S.) 6: 35–62.

Tisseron, S. 1994. All writing is drawing: the spatial development of the manuscript. *Yale French Studies* 84: 29–42.

Turnbull, D. 1993. The ad hoc collective work of building Gothic cathedrals with templates, string, and geometry. *Science, Technology and Human Values* 18(3): 315–340.

Turnbull, D. 2000. *Masons, Tricksters and Cartographers.* Amsterdam: Harwood Academic.

Turnbull, D. 2002. Performance and narrative, bodies and movement in the construction of places and objects, spaces and knowledges: the case of Maltese megaliths. *Theory, Culture and Society* 19(5/6): 125–143.

Uexküll, J. von 2010. *A Foray into the Worlds of Animals and Humans (with 'A Theory of Meaning')*, trans. J. D. O'Neil. Minneapolis, MN: University of Minnesota Press.

Unwin, S. 2007. Analysing architecture through drawing. *Building Research and Information* 35(1): 101–110.

Vergunst, J. 2012. Seeing ruins: imagined and visible landscapes in north-east Scotland. In *Imagining Landscapes: Past, Present and Future*, eds. M. Janowski and T. Ingold. Farnham: Ashgate, pp. 19–37.

Vitruvius 1914. *The Ten Books on Architecture*, trans. M. H. Morgan. Cambridge, MA: Harvard University Press.

Waterson, R. 1997. *The Living House: An Anthropology of Architecture in South-East Asia*. New York: Watson-Guptill.

Webmoor, T. and C. L. Witmore 2008. Things are us! A commentary on human/things relations under the banner of a 'social' archaeology. *Norwegian Archaeological Review* 41(1): 53–70.

Wendrich, W. 1999. *The World According to Basketry: An Ethno-Archaeological Interpretation of Basketry Production in Egypt*. University of Leiden: CNWS.

West, D. A. 2002. *Horace Odes III. Dulce Periculum*. Oxford: Oxford University Press.

Whitehead, A. N. 1938. *Science and the Modern World*. Harmondsworth: Penguin.

Willerslev, R. 2006. 'To have the world at a distance': reconsidering the significance of vision for social anthropology. In *Skilled Visions: Between Apprenticeship and Standards*, ed. C. Grassemi. Oxford: Berghahn, pp. 23–46.

Wilson, F. R. 1998. *The Hand: How Its Use Shapes the Brain, Language and Human Culture*. New York: Pantheon.

Wilson, P. J. 1988. *The Domestication of the Human Species*. New Haven, CT: Yale University Press.

Wynn, T. 1993. Layers of thinking in tool behavior. In *Tools, Language and Cognition in Human Evolution*, eds. K. R. Gibson and T. Ingold. Cambridge, UK: Cambridge University Press, pp. 389–406.

Wynn, T. 1995. Handaxe enigmas. *World Archaeology* 27(1): 10–24.

Zumthor, P. 2006. *Atmospheres: Architectural Environments: Surrounding Objects*. Basel, Boston, Berlin: Birkhäuser.

찾아보기

ㄱ
가르치기 36, 48, 93
감응 260, 263, 267, 276, 301, 306
개체화 70, 71
객체 행위성 238
객체; 대상; 물체 30, 31, 32, 33, 38, 39, 44, 45, 55, 56, 57, 59, 60, 61, 64, 84, 87, 117, 141, 164, 167, 169, 171, 172, 184, 185, 201, 205, 208, 210, 217, 218, 219, 225, 236, 238, 239, 240, 243, 245, 246, 247, 283, 284, 297, 298, 299, 300, 313, 315, 316, 325, 329, 336, 338, 340, 349, 350
거푸집 116, 146
건축; 건축학 7, 9, 10, 11, 34, 35, 36, 37, 38, 39, 43, 44, 61, 65, 71, 85, 86, 90, 123, 127, 128, 129, 130, 131, 132, 133, 134, 135, 136, 137, 138, 140, 142, 148, 149, 150, 151, 152, 153, 154, 155, 157, 158, 178, 179, 180, 183, 184, 187, 188, 190, 192, 197, 198, 199, 202, 203, 206, 207, 213, 218, 234, 277, 312, 314, 315, 319, 320, 332, 341, 342, 345, 347, 350
걷기 261, 292
겔, 알프레드 31, 239
경관 11, 39, 46, 48, 191, 205, 212, 213, 214, 215, 216, 217, 219, 220, 326, 340, 341
경외의 선 339
계약 2, 334
고고학 7, 9, 10, 11, 36, 37, 38, 39, 40, 41, 43, 61, 63, 73, 74, 76, 78, 79, 80, 82, 85, 96, 100, 102, 106, 107, 108, 109, 110, 111, 118, 119, 123, 199, 203, 206, 207, 208, 209, 211, 215, 235, 243, 244, 273, 274, 277, 294, 319, 320, 338
고야, 프란시스코 335, 341
골드워시, 앤디 258
공감 84, 183, 276, 329, 330
공기 43, 59, 60, 99, 244, 246, 247, 248, 249, 250, 251, 254, 255, 258, 277, 351
과타리, 펠릭스 71, 73, 74, 84, 88, 89, 121, 122, 191, 235, 245, 299, 332, 333, 337, 340
괴테, 요한 볼프강 폰 265
교수 학습 37
교육 9, 19, 28, 47, 141, 142, 189, 273, 274
굳은살 291, 292
귀 21, 27, 31, 81, 88, 98, 141, 167,

188, 203, 223, 238, 239, 241, 242, 250, 277, 278, 279, 283, 294, 301, 325, 329, 341, 342, 347, 350, 351, 352
규구법 146, 147
그래피즘 289, 322, 323, 347
그래픽 인류학 322
그리기; 드로잉 35, 44, 45, 150, 151, 182, 186, 187, 311, 312, 314, 316, 317, 318, 320, 321, 322, 323, 324, 326, 327, 329, 330, 336, 338, 345, 346, 347
그림; 회화; 사진 33, 34, 55, 56, 58, 61, 65, 66, 67, 68, 71, 72, 80, 81, 89, 93, 94, 109, 110, 111, 114, 115, 143, 144, 151, 155, 156, 179, 180, 183, 189, 196, 197, 199, 201, 202, 204, 216, 217, 220, 221, 222, 223, 224, 229, 230, 231, 232, 236, 237, 245, 247, 249, 252, 253, 255, 256, 257, 258, 259, 263, 264, 291, 295, 296, 297, 298, 311, 312, 313, 316, 317, 318, 319, 320, 323, 324, 328, 329, 331, 334, 335, 336, 337, 339, 340, 349, 350
그물망 329, 330, 333, 336, 340, 365
근감각 246, 251, 254, 255, 320, 328, 349, 350
기계 73, 141, 158, 165, 170, 171, 173, 192, 196, 197, 198, 241, 246, 258, 274, 287, 298, 300, 301, 303, 304, 305, 306, 313, 341
기념물 12, 45, 76, 85, 201, 202, 203, 204, 205, 206, 207, 208, 212, 213, 219, 233
기대 18, 63, 69, 84, 143, 181, 182, 184, 187, 190, 258, 275
기록 19, 21, 22, 23, 28, 39, 45, 47, 62, 80, 98, 101, 133, 137, 142, 204, 205, 206, 208, 209, 210, 216, 225, 254, 258, 298, 319, 329, 335, 339, 344, 346
기억 10, 42, 49, 181, 188, 191, 203, 204, 205, 206, 212, 214, 235, 285, 286, 288, 296, 298, 299, 316, 327, 343, 344
기하학 70, 100, 108, 110, 111, 114, 115, 116, 117, 121, 130, 137, 138, 139, 140, 141, 142, 143, 145, 146, 150, 157, 186, 187, 299, 332, 333, 334, 336, 337, 340
기획성; 의도성 116
깁슨, 제임스 19

ㄴ
네 개의 A 7, 8, 9, 11, 36, 37, 42, 43, 44, 46, 48, 55, 56, 58, 65, 214, 245, 293, 294, 329
노래 188, 278, 323, 325, 326, 346
노블, 윌리엄 106, 107, 109, 117
노화 210, 261
농인-수어 327
뇌 102, 103, 104, 105, 167, 243, 244, 245, 248, 279, 280, 283, 285, 287
눈 49, 62, 63, 66, 99, 139, 145, 147, 159, 166, 167, 173, 174, 176, 177, 179, 181, 183, 187, 205,

206, 207, 210, 215, 220, 224, 225, 232, 233, 240, 247, 252, 256, 261, 262, 263, 265, 273, 276, 277, 278, 279, 283, 285, 293, 296, 299, 300, 306, 316, 324, 326, 327, 328, 329, 330, 334, 335, 336, 338, 351, 352
느낌; 감정 28, 57, 60, 68, 69, 120, 217, 218, 260, 263, 266, 267, 273, 276, 296, 299, 300, 302, 305, 306, 314, 321, 334, 335, 341

ㄷ
다윈, 찰스 168, 172, 173, 178, 179
단면을 따라가기 41
당나귀 341, 342, 347, 350, 351, 352
대지-하늘 세계 211, 340
대칭 78, 97, 100, 107, 114, 116, 118
던, 존 262
데리다, 자크 181, 182, 278, 327, 328, 330, 345, 346
데이비드슨, 이언 106, 107, 108, 109, 117
도구 25, 41, 83, 96, 99, 102, 106, 109, 110, 111, 112, 113, 116, 119, 127, 133, 141, 142, 145, 209, 248, 279, 280, 281, 284, 287, 288, 291, 293, 303, 313, 318, 345
도미니쿠스 군디살리누스 140
도예; 도자기 248, 251, 252, 257, 286
도킨스, 리처드 172, 173, 174, 175, 176, 177, 179
되기 10, 41, 70, 71, 79, 81, 87, 89, 129, 148, 149, 153, 171, 174,

184, 185, 189, 201, 202, 206, 210, 211, 218, 219, 237, 238, 262, 263, 293, 304, 330, 346
둔덕 12, 193, 195, 196, 197, 198, 199, 200, 201, 202, 205, 206, 207, 208, 209, 210, 211, 212, 213, 218, 219, 225, 233
듣기; 경청하기 321
들뢰즈, 질 71, 73, 74, 84, 88, 89, 121, 122, 191, 235, 245, 299, 332, 333, 337, 340
디블, 해롤드 110, 111
디자인; 설계 11, 39, 42, 44, 46, 48, 63, 65, 77, 83, 99, 100, 101, 103, 104, 105, 113, 114, 116, 119, 128, 130, 131, 132, 133, 137, 140, 145, 146, 149, 150, 151, 152, 153, 155, 157, 158, 161, 162, 163, 164, 165, 166, 167, 168, 169, 170, 171, 172, 173, 174, 175, 176, 177, 178, 179, 181, 182, 183, 184, 185, 186, 187, 188, 191, 192, 200, 201, 206, 256, 283, 286, 287, 300, 312, 314, 320, 341
따라가기; 찾아가기 16, 41, 188, 326
땅; 대지 17, 24, 30, 40, 43, 66, 67, 69, 139, 158, 165, 169, 193, 195, 197, 198, 199, 200, 201, 202, 210, 211, 212, 214, 218, 223, 224, 225, 266, 279, 292, 335, 340, 341, 352

ㄹ

라이트, 프랭크 로이드 23, 60, 130, 131
러스킨, 존 338, 339
레비스트로스, 클로드 342, 343, 344, 345, 346, 347, 348
레스커닉 언덕(콘월) 215, 216, 225
레이브, 진 11, 46, 47, 76
로슨, 필립 316, 318, 324
르 코르뷔지에 341, 342, 347, 348, 350
르페브르, 앙리 224
리듬 59, 68, 103, 123, 189, 224, 285, 286, 287, 296, 298, 348, 349

ㅁ

마찰 66, 190, 192, 297, 298, 299
만지기; 촉각 41, 62, 139, 190, 191, 279, 289, 290, 291, 300, 306, 314, 321, 326, 340
말라푸리스, 람브로스 148, 244, 248
말하기 16, 74, 222, 272, 278, 279, 300, 311, 312, 324, 327, 349
매듭 44, 293, 299, 330, 331
매장 199, 211
맥관 254, 302, 318, 319, 329
메를로퐁티, 모리스 188, 190, 335, 338
목공 134, 135, 143, 292
목소리 88, 263, 265, 272, 278, 279, 291, 323, 348
몸돌 95, 98, 106, 107, 108, 109, 110, 113, 117, 120
몸짓; 신체 동작 44, 58, 71, 75, 81, 83, 88, 89, 117, 186, 235, 257, 283, 288, 298, 302, 303, 312, 318, 321, 348
몸짓과 새김 143, 289, 302, 329
무스테리안 공작 110
무어, 헨리 215, 225, 229, 230, 231, 232, 233, 234, 235, 238, 257, 258, 263, 267
문화 24, 28, 31, 32, 38, 46, 59, 62, 63, 66, 71, 75, 76, 77, 78, 79, 87, 93, 95, 102, 105, 106, 108, 114, 118, 119, 132, 133, 153, 181, 187, 203, 204, 205, 209, 215, 236, 244, 245, 252, 283, 284, 285, 336
물질문화 31, 38, 59, 62, 63, 75, 76, 78, 106, 215, 244, 245, 252
물질성 40, 75, 76, 77, 78, 79, 80, 116, 256
물질의 되기 89
물질의 속성 38, 83, 87, 120
물질의 지속성 255
물질의 흐름 40, 60, 61, 84, 238, 243, 245, 251, 255
민족지 19, 21, 22, 23, 24, 25, 28, 31, 33, 37, 38, 39, 40, 48, 62, 84, 101, 321, 322
밀스, 찰스 라이트 23

ㅂ

바구니 35, 65, 66, 67, 68, 69, 71, 84, 85, 89, 294, 296, 299, 343
바람 65, 67, 130, 220, 222, 223, 224, 250, 266, 281, 292, 294, 314, 340
바사리, 조르조 137, 186, 312

박물관 37, 66, 78, 102, 110, 210, 237, 252
발화 106, 276, 279, 284, 323, 325
배우기 15, 36
버라드, 캐런 25, 87, 241, 242
버저, 존 102, 317, 318, 321, 328
베나히 언덕 216
베넷, 제인 89, 235, 240, 242
베이트슨, 그레고리 17, 243
베일리, 제프 79, 80
벤드리히, 리커 293, 294
벨, 찰스 196, 281
벽돌 만들기 70, 74, 84
변환 40, 41, 62, 302, 319, 321, 322, 328
보들레르, 샤를 189, 265
보아스, 프란츠 286, 287, 298
부아뱅, 니콜 76, 241
분절 62, 272, 275, 276, 277, 312, 324, 329
분절적 지식 62, 276, 277
브라이슨, 노만 317, 320
브랜드, 스튜어트 128, 129, 130
빈치, 로라 196, 197, 198, 258, 338
빌레르슬레우, 라네 190

ㅅ
사냥 16, 41, 42, 99, 191, 192, 273, 274
사물 9, 16, 23, 24, 26, 29, 42, 44, 45, 48, 55, 60, 62, 65, 69, 71, 73, 78, 80, 88, 93, 96, 97, 99, 100, 104, 106, 109, 114, 116, 128, 165, 166, 182, 183, 184, 185, 186, 190, 191, 204, 206, 208, 209, 210, 211, 212, 213, 218, 219, 225, 234, 235, 236, 237, 238, 239, 244, 248, 250, 254, 255, 258, 273, 287, 300, 314, 328, 334, 335, 337, 338, 339, 340, 350, 352
사용자 중심 디자인 163, 185
상상력 23, 132, 187, 192, 285, 361
상호작용 31, 62, 76, 82, 83, 188, 201, 215, 218, 245, 247, 248, 250, 251, 252, 253, 259, 261, 262, 263, 264, 306
생 빅토르의 위그 140, 148
샤르트르 대성당 152, 153, 154, 155, 156, 179
샤마, 사이먼 214
석공 38, 64, 85, 134, 135, 136, 138, 139, 140, 141, 142, 143, 145, 146, 147, 148, 149, 150, 151, 154, 155, 208, 292, 300, 315
석기 12, 63, 76, 82, 85, 90, 93, 95, 96, 98, 99, 100, 101, 103, 104, 106, 107, 108, 109, 110, 111, 112, 113, 114, 116, 117, 118, 119, 120, 122, 123
세넷, 리차드 181, 290, 291, 292, 298
셸비, 론 140, 145, 146, 150
손가락 35, 57, 93, 248, 254, 276, 280, 281, 289, 290, 291, 292, 295, 304, 305, 306, 321, 327
손과 도구 288
손글씨 259, 291, 326, 329
손으로 말하다 269

손의 인간성 277, 280, 281, 282, 283, 288
손이라는 맥관 302, 318, 329
손재주 98, 135, 180
수수께끼 9, 85, 88, 93, 99, 118, 120, 167, 274
숙련된 실천의 의도성 116
순례 204, 205
슈츠, 알프레드 261
스베덴보리, 에마누엘 264
스케치 45, 142, 143, 158, 314, 315, 326, 329, 337
스탈링, 사이먼 231, 232, 234
스테드먼, 필립 178
스파이브룩, 라스 150, 182, 184, 266, 330, 339
시각문화 31
시간 8, 20, 30, 33, 39, 43, 44, 45, 67, 68, 78, 96, 118, 182, 188, 197, 200, 202, 203, 204, 206, 207, 209, 216, 224, 231, 232, 233, 255, 256, 260, 261, 264, 301, 311, 318, 330, 343
시몽동, 질베르 70, 71, 72, 73, 74, 84, 254
시자, 알바루 129, 130, 168, 209
시츠존스톤, 맥신 234, 246, 348, 350
신체화 234, 238, 250
실용 기하학 137, 140, 141
실천 9, 18, 19, 23, 24, 26, 29, 30, 31, 33, 35, 36, 37, 38, 40, 41, 46, 47, 48, 49, 51, 58, 63, 74, 81, 83, 84, 85, 87, 88, 108, 116, 121, 131, 135, 137, 142, 145, 147, 152, 153, 154, 157, 158, 182, 185, 187, 188, 189, 212, 213, 244, 248, 251, 271, 272, 273, 274, 275, 276, 277, 287, 288, 291, 292, 313, 316, 321, 322, 329, 350
실험 29, 30, 33, 40, 55, 81, 118, 119, 152, 154, 157, 173, 190, 200, 210, 216, 217, 220, 245, 250, 258, 297, 298, 299, 325, 326, 351
쓰기 7, 8, 40, 44, 48, 86, 188, 189, 212, 283, 302, 311, 320, 322, 323, 324, 325, 326, 329, 344, 345, 346, 347, 349

ㅇ
아리스토텔레스 104, 116, 359
아슐리안 주먹도끼 94, 97, 99, 100, 105, 112, 121
아트오브제 239
안내서 305, 361
알베르티, 레온 바티스타 131, 132, 133, 135, 136, 137, 138, 149, 153, 186, 213, 312, 333, 334
알베르티, 벤저민 236, 256, 257
앎 11, 16, 18, 23, 25, 26, 27, 28, 44, 87, 267, 277
앤드루스, 프란시스 66, 149, 151
야금술 74, 84, 249
양면 석기 93, 95, 100, 101, 103, 104, 109, 114, 118
언어 17, 31, 34, 77, 81, 106, 112, 113, 137, 186, 204, 218, 272, 275, 276, 277, 282, 284, 291, 300, 311, 323, 324, 346, 349

찾아보기 385

언원, 사이먼 157, 320, 347
엘리엇, T.S. 351
엘킨스, 제임스 81, 324, 327
연결망 138, 330, 350
연금술 81, 82, 83, 85, 89
연날리기 44, 246, 248, 250, 251, 258
연필 109, 110, 118, 313, 315, 317, 318, 319, 328, 329, 335, 344
예술 7, 9, 10, 11, 23, 30, 31, 32, 33, 34, 35, 36, 37, 38, 39, 43, 44, 46, 58, 61, 64, 65, 71, 76, 83, 136, 137, 139, 140, 151, 165, 179, 182, 184, 186, 189, 196, 204, 213, 218, 223, 232, 239, 253, 256, 258, 276, 277, 286, 287, 312, 313, 316, 317, 318, 324, 330, 334, 335, 336, 337, 345
예술작품 33, 34, 37, 239, 256
예지 174, 180, 181, 182, 184, 187, 190, 191, 274, 275
올가미 251, 252, 253, 256
올센, 뵈르나르 78, 255, 256
올위그, 케네스 205, 211, 212
완성된 인공물 오류 105, 110
요리법 50
움직임 속의 사고 246
움직임; 운동 12, 16, 33, 42, 43, 44, 58, 60, 67, 69, 73, 89, 108, 112, 119, 120, 123, 127, 137, 178, 185, 186, 187, 190, 197, 198, 208, 217, 218, 219, 234, 246, 248, 251, 252, 254, 255, 258, 260, 261, 264, 273, 276, 287, 288, 296, 298, 302, 306, 313, 314, 318, 319, 321, 325, 330, 334, 337, 338, 341, 349, 350, 351
움직임의 경로 60, 264
위상기하학 299, 332, 340
웍스퀼, 야콥 폰 265, 266
윈, 토머스 107, 108, 110, 111, 113, 114, 119, 122, 157, 168, 172, 173, 178, 179, 347
윌슨, 프랭크 279, 280
유기체 64, 168, 169, 172, 173, 176, 209, 224, 233, 234, 235, 238, 241, 250, 337
유기체-인격 235, 250
유클리드 기하학 138, 140, 187
음악 20, 21, 34, 35, 48, 149, 150, 188, 251, 253, 261, 267, 279, 312, 318
의식의 흐름 60, 61
이론 9, 17, 23, 24, 25, 27, 29, 41, 47, 49, 50, 51, 63, 70, 71, 78, 83, 84, 89, 99, 101, 107, 131, 135, 137, 138, 140, 141, 142, 150, 152, 157, 163, 168, 178, 179, 182, 186, 187, 190, 207, 238, 242, 243, 244, 265, 314, 336, 347
이야기 9, 34, 37, 55, 56, 60, 75, 81, 87, 88, 123, 133, 139, 140, 152, 166, 168, 203, 204, 221, 223, 240, 246, 261, 263, 273, 274, 275, 276, 277, 278, 279, 280, 291, 322, 332, 342, 343, 347, 351
이차 학습 17
인간성 26, 28, 77, 78, 106, 277, 280, 281, 282, 283, 288, 301, 303, 304
인격; 사람 235, 250, 271

인격과 유기체 235
인공물 31, 48, 62, 63, 64, 65, 77, 79,
    80, 96, 97, 99, 100, 102, 103,
    105, 107, 109, 110, 112, 113,
    114, 116, 118, 123, 127, 128,
    169, 176, 243, 245, 250, 252,
    253, 287, 297, 303, 324
인공적 주형 117
인류학 7, 9, 10, 11, 12, 16, 17, 18,
    19, 21, 22, 23, 24, 25, 27, 28, 30,
    31, 32, 33, 34, 35, 36, 37, 38, 39,
    40, 42, 43, 46, 47, 48, 50, 51, 61,
    62, 66, 70, 73, 74, 100, 102, 105,
    106, 110, 119, 138, 190, 203,
    215, 235, 254, 272, 273, 277,
    290, 316, 322, 336, 342, 343,
    344, 347
인류학과 민족지 19, 21, 321
인지 9, 20, 24, 37, 39, 40, 46, 48, 49,
    55, 62, 69, 73, 82, 85, 87, 89,
    106, 107, 117, 119, 120, 133,
    138, 155, 166, 185, 192, 204,
    207, 231, 243, 244, 265, 285,
    291, 293, 303, 311, 338
읽기와 보기 323, 324

ㅈ
자연과 문화 283, 359
자연선택 173, 174, 175, 177, 178
작곡 188, 190, 191, 192
작업의 연쇄 74
장인정신 93, 157
전환 18, 26, 32, 61, 64, 77, 78, 123,
    199, 210, 211, 213, 219, 220,
    254, 255, 256, 267, 284, 285,
    319, 320, 328
전환과 지속 254, 255
점유 127, 225
점토 62, 70, 71, 141, 248, 249, 251,
    252, 254, 255, 256, 266, 290
정신; 마음 12, 17, 19, 25, 73, 77, 93,
    99, 101, 103, 106, 108, 110, 113,
    115, 116, 117, 119, 132, 136,
    137, 148, 149, 151, 153, 157,
    170, 174, 177, 182, 186, 188,
    213, 244, 253, 254, 290, 298,
    303, 304, 316, 337
조각보 147, 155, 275, 332, 361
조각상 45, 197, 229, 258, 263
조응 8, 10, 30, 32, 33, 37, 40, 41, 42,
    44, 62, 88, 90, 113, 183, 185,
    219, 234, 245, 251, 253, 259,
    260, 263, 264, 265, 266, 267,
    275, 276, 277, 287, 297, 300,
    302, 305, 306, 320, 321, 322, 328
존스, 앤드루 76, 234, 241, 246, 348,
    350
주의의 교육 19
주체와 객체 236
주형 40, 70, 71, 108, 110, 111, 115,
    116, 117, 121, 142, 146, 150, 155
줄 7, 16, 20, 21, 33, 35, 37, 44, 45, 51,
    63, 97, 104, 110, 116, 122, 130,
    141, 142, 143, 148, 189, 209,
    223, 233, 245, 246, 249, 251,
    252, 254, 255, 256, 266, 267,
    278, 292, 293, 294, 295, 296,
    297, 298, 299, 300, 301, 302,

321, 330, 332, 333, 334, 343
쥐기 289, 290, 291, 306
즉흥성 49, 146, 246
지각 11, 19, 23, 26, 28, 30, 36, 38, 43, 44, 46, 48, 62, 75, 119, 120, 130, 167, 188, 214, 243, 278, 299
지속; 지속성 18, 20, 21, 25, 34, 57, 64, 73, 79, 80, 85, 87, 101, 103, 104, 111, 120, 155, 182, 188, 197, 201, 205, 206, 208, 209, 210, 212, 215, 219, 222, 234, 236, 238, 254, 255, 256, 258, 287, 312, 322, 331, 345, 349
지식 11, 15, 18, 19, 21, 25, 26, 29, 30, 32, 40, 41, 44, 46, 47, 48, 62, 81, 83, 85, 132, 135, 136, 139, 142, 147, 152, 154, 155, 271, 272, 273, 275, 276, 277, 306, 324, 349, 350, 351
지적 설계 99, 170, 171, 173, 175, 177, 178, 183
직관 18, 74, 291
직물; 직조; 뜨개질 46, 66, 67, 68, 69, 84, 89, 151, 209, 224, 251, 279, 286, 332, 333
진화 74, 96, 100, 102, 103, 105, 106, 107, 119, 168, 169, 172, 173, 175, 177, 178, 201, 213, 252, 265, 280, 284, 285, 303
질료형상론 63, 70, 71, 73, 80, 84, 105, 120, 140, 238
짐멜, 게오르크 262, 263, 334

ㅊ

참여 관찰 23, 24, 25, 26, 36, 40, 48, 273
창조성 31, 36, 65, 158
첼로 연주 20, 291
촉감; 감촉 57, 291, 292, 297, 298, 306, 307, 334, 340
최종 형상 109, 151
추상적 선 333, 338, 340
춤 60, 75, 86, 246, 247, 248, 249, 250, 251, 254, 261, 262, 263, 266, 306, 318, 334, 348, 349, 350
춤토르, 페터 86
칠하기; 회화 81, 220, 257, 311, 312, 317, 318, 335

ㅋ

카인, 파트리시아 203, 313, 315
칸딘스키, 바실리 318, 337
캐루더스, 메리 204
코넬러, 샹탈 82, 83, 84, 86
퀼트 147, 275, 332
클락, 앤디 243
클레, 파울 139, 186, 230, 231, 256, 257, 338
키보드 259, 302, 306, 325, 328, 329

ㅌ

타자기 301, 302, 305, 328, 329
탤벗, 리차드 315
턴불, 데이비드 152, 153, 154, 157, 177, 178, 179, 217
텍스트 33, 42, 319, 323, 324, 328, 329
투미, 클레어 256, 257, 258
틸리, 크리스토퍼 75, 215, 216

ㅍ
파넬, 브렌다 235
파이, 데이비드 83, 150, 163, 182, 183, 184, 266, 330, 339
팔라스마, 유하니 187, 218, 224, 314, 319, 321
팔림프세스트 80
패각상 깨짐 95, 97, 98
페일리, 윌리엄 166, 167, 168, 169, 170, 171, 172, 173, 174, 175, 177, 180, 183
펠레그랭, 자크 100, 101, 108, 110
펠트 66, 333
폴라니, 마이클 147, 271, 272, 275, 276, 277
폴라드, 조슈아 76
플루서, 빌렘 165
피부의 눈 187, 224
피커링, 앤드루 246, 247, 250

ㅎ
하늘 56, 193, 210, 211, 218, 224, 225, 241, 246, 265, 335, 340, 341
하비, 존 147, 149, 150, 151, 152
하이데거, 마르틴 165, 218, 219, 281, 282, 283, 301, 302, 303, 304, 328
학제적 43, 353, 355
할로웨이, 랠프 105
해거스트란트, 토르스텐 209
행려 74
행위성 31, 178, 237, 238, 239, 240, 241, 242, 247, 248, 249, 250, 252, 258, 263

행위성의 춤 247, 248, 249, 250, 263
현지조사 19, 28
형태; 형상; 형식 11, 15, 20, 29, 34, 38, 39, 46, 48, 55, 57, 60, 62, 63, 64, 65, 66, 67, 69, 70, 71, 72, 73, 74, 75, 77, 78, 79, 80, 81, 82, 84, 87, 88, 89, 93, 95, 97, 99, 100, 101, 102, 103, 104, 105, 106, 107, 109, 113, 114, 115, 116, 117, 118, 120, 121, 123, 128, 129, 130, 132, 133, 136, 138, 139, 140, 141, 145, 148, 150, 151, 153, 155, 165, 168, 174, 175, 178, 179, 182, 195, 200, 206, 207, 208, 210, 212, 213, 214, 215, 218, 224, 225, 229, 232, 233, 235, 236, 238, 244, 251, 252, 254, 256, 257, 258, 261, 271, 274, 275, 276, 283, 284, 285, 286, 287, 288, 290, 298, 303, 312, 315, 319, 323, 327, 328, 334, 337, 338, 339, 340, 346
형태발생 64, 71, 251
호모 에렉투스 98, 100, 101, 102, 106, 108, 117
홀토르프, 코넬리어스 79
화학 81, 82, 147
환경 세계 265
활성의 춤 249, 250, 251, 254, 263
활성화 234, 238, 242, 248, 250, 251, 275, 306, 337
희망의 방법 30

만들기

인류학, 고고학, 예술, 건축

팀 잉골드 지음
차은정, 오성희, 권혜윤 옮김

초판 1쇄 발행 2025년 8월 11일

펴낸곳 포도밭출판사
펴낸이 최진규
등록 2014년 1월 15일 제2014-000001호
주소 충청북도 옥천군 옥천읍 성신로 16, 필성주택 202호
팩스 0303-3445-5184
전자우편 podobatpub@gmail.com
웹사이트 podobat.co.kr

ISBN 979-11-88501-41-0 93380

이 책은 저작권법에 따라 보호받는 저작물이므로
무단 전재와 복제를 금합니다.

책값은 뒤표지에 있습니다. 잘못된 책은 바꾸어 드립니다.